REISEN HEUTE

Mylène Rémy

Kenia in Farbe

Übersetzung
Alfred Winterthur
mit 56 Seiten Farbfotos
von Jean-Claude Carton
8 Karten

Inhalt

Umschlag Foto :
*Der Reiz ungebändigten Lebens...
Ein prächtiger Löwenkopf
taucht aus dem Gewirr
der Savannengräser auf.
Ein Raubtier mit furchtlosem Blick :
wilde Tiere werden in den
kenianischen Parks streng geschützt.*

Vorhergehende Seiten :
*Infolge seiner Höhe von
weit über 5 000 Metern sowie
seiner Lage hart am Äquator
verbindet sich am Mount Kenya
der Zauber afrikanischer
Landschaft mit dem Reiz des
Hochgebirges.*

Überblick

8	**Land, Leute… und Tiere**
8	Eine Seenkette
9	Kenias Bergriesen
12	Fließende Gewässer
13	Sand, Wasser und Korallen
17	Die Verschmelzung der Volksstämme
20	Die religiöse Toleranz
21	Die politischen Traditionen
22	Die indische Volksgruppe
23	Die Nationalparks
24	Parks und Reservate
25	Die wichtigsten Tierarten
28	Andere Tierarten
32	**30 Millionen Jahre Entwicklungsgeschichte**
32	Die Steinzeit
33	Die große Wasserkultur
37	Die Niloten im Hochland
38	Die Bantu der Küstenregion
40	Die Verbreitung des Islam
41	Die portugiesischen Eroberer
45	Das Kaleidoskop der Volksstämme im Westen
46	Die zweite Bantuwelle
49	England — Gegner des Sklavenhandels
52	Der Wettlauf der Europäer in Afrika
56	Vom Schutzherrn zum fremden Unterdrücker
58	Die politische Organisation
60	**Die Wirtschaft**
60	Die politische Ausrichtung des 4. Entwicklungsplans
64	Das Problem der Nationalparks
66	**Künstlerisches und literarisches Leben**
66	Perlengehänge und Metalldrähte
67	Phantasiereichtum kreative Volkskunst
68	Moderne Kunst
69	Das literarische Leben
72	**Traditionsgebundene Tänze und Musik**
73	Rückbesinnung auf verlorenes Erbe

Von Ort zu Ort

76	Amboseli (Nationales Wildreservat)
79	Baringo See
81	Baragoi
84	Bogoria (See und Nationalpark)
85	Diani Beach
88	Eldoret
89	Elgon (Berg und Nationalpark)
93	Elmenteita-See
94	Garissa
96	Garsen
97	Gedi
101	Homa Bay
105	Isiolo
106	Kakamega
108	Kenya (Berg und Nationalpark)
112	Kericho
114	Kisumu
116	Kitale
118	Kiwayu
120	Lamu
126	Limuru
128	Loiengalani
130	Magadi
132	Malindi
136	Maralal
138	Marsabit
141	Maasai Mara
144	Mau (Gebirge und Wald)
145	Mayer Farm
148	Meru
150	Mombasa
160	Nairobi
174	Naivasha
176	Nakuru
180	Nanyuki
181	Narok
181	Naro Moru
183	Ngong Hills
184	Nyahururu (Thomson's Falls)
185	Nyandarua
187	Pate
188	Samburu
189	Thika
190	Tsavo (National Park)
192	Turkana-See

Die Reise

196	**Wie kommt man nach Kenia**
196	Auf dem Luftweg
196	Auf dem Seeweg
	Auf dem Landweg
201	**Reisemöglichkeiten im Landesinneren**
201	Luftverkehr
201	Eisenbahnverkehr und Straßenverkehrsmittel
202	Schiffsverkehr und Stadtverkehrsmittel
204	**Empfang und Aufenthalt**
204	Einreiseformalitäten
208	Was muß man mitnehmen?
212	**Das Alltagsleben**
216	**Das Essen**
220	**Unterkunft**
220	Nairobi
221	An der Küste von Süden nach Norden
221	Innerhalb der Parks und in ihrer Nähe
222	Von Luxushotels zu Zeltlagern
223	Im Westen
224	**Sport, Theater, Tanzvorführungen**
226	**Hotels**
235	**Ortsverzeichnis**
	Kenia in 8 Karten
78	Amboseli (Nationalpark)
139	Marsabit (Nationalpark und Reservat)
142	Maasai Mara (Reservat)
151	Mombasa
158	Nairobi
198	Hauptverkehrsverbindungen Nationalparks und Reservate
206	Die wichtigsten Berggipfel, Volksstämme, landwirtschaftlichen Erzeugnisse
210	Tourenvorschläge für Kenia

Überblick

Land, Leute... und Tiere

■ Strände unter ewiger Sonne, gesäumt von Kokospalmen und Filaobäumen, die von der Meeresbrise sanft gefächelt werden, Feentänze märchenhafter Fische auf der Korallenbank, in taufunkelndem Gras weidende Tiere zu Tausenden, Scharen rosiger Flamingos, die sich über einem stahlblauen See zum Himmel emporschwingen, oder bezaubernde Gärten voll grüner Schatten und vielfarbenen Lichts — solche gängigen Bilder von Kenia rufen bei Menschen unseres religiösen Hintergrunds unwiderstehlich die Vorstellung des Gartens Eden wach ! Da die Paläontologen (bis zum Nachweis des Gegenteils) herausgefunden haben, daß der Mensch das tierische Stadium nicht in Asien sondern in Ostafrika überwunden hat, wird auch der Garten Eden in einen anderen Erdteil verlagert und just in Kenia angesiedelt !

Nur ist der Garten Eden nicht mehr die paradiesische Idylle, in der sich das erste Menschenpaar, ein glückseliges Lächeln auf den Lippen, in der Sonne ausruht ! Anstatt sich in einer beruhigenden Stille tödlich zu langweilen, erblickt nun die erschreckte Menschheit das Licht der Welt inmitten eines Infernos, angesichts dessen die biblische Sintflut sich wie ein Regenschauer ausnimmt...

Mehr als eine Milliarde von Jahren ist vergangen, seitdem eine erste Spaltung die riesige Landmasse, die sich von Brasilien bis Australien erstreckte, in zwei Teile auseinanderbrach und dabei den Indischen Ozean entstehen ließ. Und Afrika hatte Zeit, seine Eigengesetzlichkeit zu altern, sanft zu altern und schon ein wenig gebrechliche Knochen zu haben, als vor erst zwanzig Millionen Jahren die Erde von heftigen Zuckungen ergriffen wurde, die in Ostafrika einen gewaltigen Grabenriß verursachten, den man... einige Zeit später das *Rift Valley* nannte.

Natürlich geschah so etwas nicht an einem Tage. Eine lange Folge paralleler Einbrüche, die an einigen Stellen eine Reihe von Stufen bis zur Talsohle bildeten, welche manchmal auf einer Höhe von nur 1 000 m liegt und eine Breite von 100 Kilometern erreicht, war von Erdbeben, sekundären Rissen und vulkanischen Eruptionen begleitet. Vollzog sich auch der Beginn der Vorstellung einige Zeit bevor die ersten Zuschauer ein genügend entwickeltes Gehirn erworben hatten, um zu begreifen, daß damit ihre Leiden anfingen, trat erst lange danach, vor 500 000 Jahren, Ruhe ein.

Während dieser ungeheuren Zeitspanne wuchsen in einem vom Sambesi bis zum Vorderen Orient reichenden Bogen aus Lavaströmen Gebirge empor, und zwar sowohl außerhalb wie auch auf der eigentlichen » Sohle « des Grabeneinbruchs. In Kenia waren dies vor allem die Berge *Schomboli* und *Olorgesailie* südlich von Nairobi, der *Suswa* und der *Longonot* südlich Naivasha, die *Menengai-Berge* östlich Nakuru und der Vulkan *Teleki* am Südufer des Rudolf-Sees.

Eine Seenkette

Am Fuß dieser Krater höhlten sich Senken aus, die sich mit Wasser füllten und eine Reihe von Seen bildeten, welche oft sehr viel größer als die heutigen waren. Der südlichste von ihnen, der *Magadi-See* ist jetzt fast ausgetrocknet und von einer dicken Sodaschicht bedeckt, die sich allmählich auf dem Boden ablagerte (sie ist heute eine der wirtschaftlichen Einnahmequellen des Landes). Der *Naivasha-*, der *Elmenteita-* und der *Nakuru See* im Zentrum dieses Gebiets bildeten früher einen einzigen riesigen See. Der *Baringo-* und der *Bogoria-See* liegen viel tiefer als die vorher genannte Gruppe, ziemlich nahe beieinander dort, wo sich die Landschaft zu den Ebenen des Nordens hin öffnet ; der *Rudolf-* oder *Turkana-See* beschließt diese Seenkette.

Zwischen Feuchtigkeits- und Trockenperioden sind die Seenspiegel im Laufe der Jahrtausende häufig gestiegen und gesunken. Seit dem Beginn des Quartärs herrschte Trockenheit vor. Die umrahmenden Gebirgszüge scheinen zwar keine Vulkane mehr zu sein, doch in ihrer Nähe schießen Dampfstrahlen empor, steigt aus Quellen kochendes Wasser, entweichen den Erdspalten Fumarolen, so daß sie den Reisenden beständig daran denken lassen, daß die Erde unter einer hauchdünnen Rinde noch immer einem riesigen Hexenkessel ähnelt. Übrigens treibt sie offenes Spiel, denn in jedem Jahr werden seismische Beben registriert, die verhindern, daß der letzte Ausbruch des *Teleki* im Jahre 1888 in Vergessenheit gerät.

Wenn die Seen auch eher schrumpfen, werden sie doch ständig mit Wasser

Vorhergehende Seiten :
Hunderttausende von rosa Flamingos,
unlängst noch die Hauptattraktion des Nakuru Sees,
Sind zu den Gestaden des Bogoria Sees abgewandert.
Was tut's ? Ob hier oder dort, sie sind
noch immer einer der reizvollsten
Anblicke im Land.

versorgt : die sturzflutartigen Regenfälle in den Gebirgen des Rift Valley werden zum Teil direkt von den Seen aufgefangen, zum Teil dringen sie ins Erdreich ein bis in heiße Tiefenregionen, von wo sie nach der Berührung mit vulkanischen Tiefengesteinen mit Mineralsalzen angereichert als Dampfstrahlen oder heiße Quellen wieder emporsteigen. Mit Ausnahme der Quellen, die den *Waso* oder *Ewaso Narok* speisen — den einzigen Fluß, der statt in das Rift Valley von den Hängen des *Laikipia* (oder *Nyahururu*)-Gebirges nach Nordosten herabfließt — werden diese Wasserströme von den verschiedenen Seen aufgefangen, die sie meist nicht mehr entweichen lassen, denn sie haben keinen Abfluß. Früher einmal nutzte der Rudolf-See einen verborgenen Durchfluß zum weißen Nil hin, der dem Viktoria See entfließt. Aber seitdem dieser Ausgang verstopft ist, versalzt sein Wasser immer stärker. Nur der Baringo See hat noch einen unterirdischen Abfluß, der ihn reinigt, und der Naivasha-See besitzt in den umgebenden Sedimentgesteinen einen natürlichen Filter.

Der *Viktoria-See*, mit seinen 70 000 Quadratkilometern das » Mittelmeer « zwischen Kenia, Uganda und Tansania, liegt abseits des *Rift Valley*. Beiderseits dieses Längstales ragen etwa auf der geographischen Breite des Viktoria-Sees schroffe Gebirgsränder empor (das Mau-Gebirge im Westen, das Aberdare-(oder Nyandarua-) Gebirge sowie das Laikipia-Gebirge im Osten). Jenseits der Gebirgskanten senken sich diese riesigen Aufwölbungen der Erdkruste schwach geneigt ab : dort liegen die *Highlands*, eine Reihe mit Wäldern und Weideland bedeckter Plateaus beiderseits des Rift Valley. Im Osten gehen sie bald in hohe Gebirge über ; im Westen wechseln auf ihrer sanfter geneigten Oberfläche fast flache Gebiete von endloser Weite mit weniger hohen Gebirgszügen als im Osten oder Senken wie das Tal des Merio ab. Diese Hochländer, oft höher als 2 000 Meter, senken sich gleichmäßig und allmählich nach Norden, Westen, Süden und Südosten hin, obgleich auch aus diesen in Ebenen übergegangenen Hochflächen noch vielerorten unvermittelt imposante Erhebungen emporwachsen.

Welche Gegend man auch immer durchreist, selbst in den flachen Weiten des Nordens und Ostens kommt es sehr selten vor, daß man am Horizont nicht irgendeine Bergspitze, einen Rücken oder Gebirgskamm erblickt, deren Profil unendlich variiert und deren vulkanische Felsen von außerordentlichem Farbenreichtum sind.

Eine geheimnisvolle Alchimie hat in Jahrtausenden ihre zahllosen Farbkombinationen geschaffen, so daß diese Vielfarbigkeit unter anderem die Schönheit des Landes ausmacht und ihm seinen unverwechselbaren Charakter gibt — die fast preziöse Sanftheit rosa-, malven- und goldfarbener Felsen verschmilzt in zarten Harmonien, deren Mannigfaltigkeit sich dem Auge erst offenbart, wenn das grelle Sonnenlicht in der Abenddämmerung verfließt, und auf diese folgen dann tiefe Braun-, Schwarz-, Violett- und Rottöne oder heben sich unter dem gleichen Blickwinkel von ihnen ab. Sie haben eine bald glatte, bald rissige Oberfläche, bald sind es abgerundete Buckel mit senkrechten Spalten, die ihnen das Aussehen von Orgelpfeifen geben : dort, wo die Oberfläche kahl bleibt, wird auf ihr das Sonnenlicht reflektiert oder gebrochen, wenn sie jedoch mit Wald oder einer Zwergvegetation bedeckt ist, wird es von ihr absorbiert.

Kenias Bergriesen

Abgesehen von diesen bescheidenen » Hügeln «, die nur eine Höhe von 2 000 bis 2 500 Metern erreichen, wird das Panorama des Hochlands von einigen Bergriesen bestimmt.

Ehre, wem Ehre gebührt : Herr des Landes ist der *Mount Kenya*. Praktisch im Zentrum gelegen, beherrscht er es mit seinen 5 240 Metern. Freilich hat seit seiner Entstehung vor 20 000 Jahren die Zeit an ihm genagt, schätzt man doch seine ursprüngliche Höhe auf über 7 000 Meter. Auch dies Gebirge war einst ein Vulkan, der jahrhundertelang Lavaströme ausspie. Sie erstarrten auf seinen Hängen, bis ein geschmolzener Felspfropfen am Ausgang des Schlotes, durch den er die Lava ausspuckte, erkaltete und ihn versperrte. Der ursprünglich aus einem einzigen Block gebildete Gipfel verwitterte allmählich und ließ härtere Spitzen hervortreten, die bis dahin im Inneren des Kraters verborgen gewesen waren. Von den höchsten Gipfeln, dem *Batian*, dem *Nelion* und dem *Lenana*, die am Anfang des *Hobleytals* emporragen, setzen sich der *Tereri* und der *San-*

*Täglich strömen Scharen von Touristen
zu den Thomson's Falls.
Nur wenige von ihnen steigen bis zur Sohle
des Canyons hinab, in den sich die Wasserfälle stürzen.
Aber die Mühe lohnt sich.*

deyo mit geringerer Höhe ab. Die Eismassen, die das Massiv seit der Eiszeit vor 10 000 Jahren bedecken, haben übrigens gewaltig zu dieser Erosion beigetragen und die heutigen Täler entstehen lassen, ebenso wie die » Tarns «, bezaubernde kleine Seen, die sich an den Ursprüngen dieser Täler an die Gletscherenden schmiegen. Der schönste ist wohl der ovale, türkisfarbene *Michaelsen-See*, beherrscht von dem nach den *Hall Tarns* benannten gewaltigsten Felsabsturz des Massivs.

Dies etwa 3 250 Meter herausragende Bergmassiv ist vor allem wegen der umgebenden Hochflächen interessant, die ihre üppige Vegetation dem Zusammentreffen von tropischem Klima und Höhenlage verdanken. Früher erstreckte sich der Wald, zu dessen schönsten Vegetationsarten die Kampferbäume auf dem Ostabhang und die Zedern und Podocarpus Taxazeen auf dem Westabhang zählen, fast bis auf das untere Plateau hinab. Aber die intensiven Rodungen in den letzten hundert Jahren haben ihn unterhalb der 2 000-Metergrenze vollständig verschwinden lassen. Mit steigender Höhe verändert sich die Vegetation : auf die Baumriesen folgen Bambus und andere Riesengräser, die mehrere Meter hoch werden können, dann die grasigen » Heide « flächen, auf denen Kreuzkraut, Lobelien und Farne wachsen. In noch höheren Lagen weicht der Pflanzenwuchs den Felsen und Gletschern.

Westlich von diesem Gebirgsstock erstreckt sich das *Aberdare* (oder *Nyandarua*) Gebirge, das sich ebenfalls aus mehreren durch Plateaus und Sattel miteinander verbundenen Bergspitzen zusammensetzt und eine durchschnittliche Höhe von annähernd 4 000 Metern erreicht. Dort findet man zwar keine Gletscher, aber sozusagen als Vorankündigung der Wälder in den niedrigeren Lagen auch heideähnliche Landstriche. Diese Wälder sind ausgedehnter und vielleicht noch schöner, weil weniger von der Zivilisation berührt. Das ganze Gebirgsmassiv weist einen solchen Reichtum an Pflanzenarten auf, daß wohl noch nicht alle wissenschaftlich erfaßt sind. Dies gilt übrigens auch für den Bergriesen im Westen, den Gebirgsstock des *Mount Elgon*, dessen 4 321 m hoher Gipfel bereits in Uganda liegt. Auf kenianischem Gebiet erhebt sich am Rande des Kraters von 6 km Durchmesser, über den hier die Grenze verläuft, die *Koitoboss-Spitze*, der Aufstieg führt ebenfalls zunächst durch Wälder und danach durch eine heideähnliche Zone von ungewöhnlichem Reichtum an Zwergpflanzenwuchs sowie Kreuzkraut, Farnen und Baumheide.

Fließende Gewässer

Diesen riesigen Gebirgsmassiven entströmen mancherlei Wasserläufe, die sie noch reizvoller machen. Viele sind einfache Gebirgsbäche, die sich in die Hänge eingraben, bevor sie im Erdreich versickern oder in größere Flüsse einmünden. Gleichgültig, von welcher Größe sie sind, durcheilen sie, jedes Hindernis bewältigend, das Land, stürzen in Wasserfällen oder in Kaskaden hinab, fließen bei geringerem Gefälle gemächlicher, bis sie das Hindernisrennen von neuem beginnen. In sehr vielen dieser Bäche, die vom *Mount Elgon,* aus den *Cherangani Hills* nordöstlich von diesem, vom *Mau Rand*, vom *Aberdaregebirge* und vom *Mount Kenya* herabfließen, haben die englischen Kolonisatoren zu Beginn dieses Jahrhunderts Forellen ausgesetzt, die man in *Kiganyo* auch heute noch züchtet. Zur Erleichterung des Fischfangs hat man Pfade angelegt — oder sie haben sich ganz von selbst ausgetreten. Es braucht nicht besonders erwähnt zu werden, daß man diese prachtvollen Spazierwege auch ohne Angelgerät genießt, umso mehr, da es in diesen Gegenden Holzhüttenlager gibt, in denen man in unmittelbarer Berührung mit der Natur leben kann. Sobald diese Gebirgsbäche nicht mehr durch Wälder auf schnellstem Wege talwärts fließen, sondern sich Seen und Sumpfgebieten nähern, wachsen an ihren Ufern Schilf, Binsen und Papyrus ; und in den vollkommen zur Ruhe gekommenen Gewässern der Sümpfe blühen Seerosen und Wasserhyazinthen.

Entlang der von diesen Bächen gespeisten größeren Flüsse zieht sich auch eine Uferwaldvegetation wechselnder Breite, die umso willkommener ist, als sie manchmal mitten in wüstenähnlichen Savannen emporwächst. Die Hauptflüsse sind die *Tana*, mit 700 Kilometern der längste, der im Aberdare Gebirge entspringt, und die *Athi-Sabaki-Galana*, ein 890 km langer Fluß, der von seiner Quelle südlich der Tanaquelle bis zu seiner Mündung in den Indischen Ozean bei Malinki dreimal seinen Namen wechselt. Beide werden von Gebirgsbächen gespeist, die entweder aus dem Mount-Kenya-Massiv oder aus dem Aberdaregebirge kommen. Die *Suam* entspringt am Mount Elgon und mündet in die *Turkwell*, die aus den Cheranganibergen kommt (390 km) und wie die *Kerio* in den Rudolf-See mündet. Die gleichfalls in den Cherangani Hills entspringende *Nzoia* mündet in den Viktoria-See.

Die *Mara* im Westen und die *Uaso* (*Ewaso*) *Nyire* im Osten sind jeweils eine Zierde der beiden Nationalparks von Maasai Mara und Samburu. Die erstgenannte fließt von den Hängen des Mau nach Südwesten (290 km), die letztere vom Aberdaregebirge zunächst in nordöstlicher Richtung (140 km). Die majestätische Silhouette des Kilimandscharo, der sich unmittelbar jenseits der Grenze auf tansanischem Gebiet erhebt, trägt sehr zur Verschönerung des Tsavo Nationalparks bei, den die beiden Flüsse *Voi* und *Tsavo* durchströmen. Längs ihrer Ufer wird die Grassavanne zur Baumsavanne : verschiedene Akazienarten, darunter die Schirmakazie, Mimosenarten, Ölbäume, Banyans, Euphorbien, Tamarinden, Sykomoren und Affenbrotbäume verwandeln die Landschaftsszenerie durch ihre malerisch bizarren Formen in einen wunderbaren Park. Dort sind auch Doumpalmen mit ihren gabelförmigen Stämmen, Fächerpalmen (Borassus), Bambusgräser und, sowie man in bewohntes Gebiet kommt, sogar Obstbäume zu finden, Blütenbäume aus der ganzen Welt, Pflanzen jeglicher Art und saftig grüne Rasenflächen.

Stellt man sich jene dunkle Zeit vor, als die ersten Menschen in einer unvollkommenen Welt nicht einmal sündigen konnten, weil es keine Apfelbäume gab, und betrachtet man dagegen das heutige Kenia dort, wo das Wasser Wunder wirkt, so ist es ein nach 20 Millionen Jahren Wirklichkeit gewordener Garten Eden.

Welch ein Entschädigung !

Das ist jedoch leider nicht überall der Fall, im Gegenteil ! Das immer trockenere Klima bewirkt, daß die Zahl der Flüsse, die nur zeitweise Wasser führen, beständig zunimmt ; in vielen Gegenden ist der seit einem Jahrhundert übermäßig genutzte Boden ausgelaugt ; allzu umfangreiche Rodungen beschleunigen den Erosionsprozeß und verwandeln die Ackerkrume in Laterit — schön wie der Tod in ihrer blutroten Farbe, aber wie dieser unfruchtbar. Die Wüstenflächen oder Steppen, auf denen sich die Nomaden um den Besitz eines der seltenen Brunnen gegenseitig totschlagen, vergrößern sich überall in Afrika Jahr für Jahr. In Kenia ist der größte Teil des Landes nicht anbaufähig. Vergeblich sucht man nach technischen Mitteln, um den Wassermangel zu beheben — und ruft Gott mit vielen Namen an. Die Steppen bestehen unterdessen weiter, bestenfalls mit Dornbüschen bedeckt, hier und da mit Schirmakazien, Kandelaberbäumen und Aloen ; schlimmstenfalls ist die Landschaft fast bar jeden Pflanzenwuchses und wird nur durch höchst eindrucksvolle Gesteinsaufschüttungen belebt.

In den letzten Jahren des 19. Jahrhunderts stellte die *Wüste Taru*, unweit Mombasa, die Eisenbahnkonstrukteure auf eine harte Bewährungsprobe. In der *Wüste Chalbi* im Norden zwischen dem Rudolf See und dem Mount Marsabit spricht nur die Stimme des Windes, unaufhörlich, furchterregend, und zum » Meer aus Türkis «, dem See des Nordens, hin zu höchster Stärke anwachsend. Zwischen diesen beiden Wüsten und denen des Nordwestens breitet sich unfruchtbare Steppe, es sei denn, ein Wasserlauf verwandelt sie wie in den Oasen *South Horr, Baragoi, Loyengalani,* oder die Höhenlage läßt, wie im Falle der *Mathew Kette,* dem *Nyiru* und *Ndoto* Gebirge in der Land schaft Samburu, erneut Waldwuchs zu.

Sand, Wasser und Korallen

Ganz im Süden gibt sich der Sand freundlich, nämlich dort, wo er zu Strand wird und sich mit Ozean und Korallen verbündet. Aber in dieser Ehe zweier gegensätzlicher Elemente bleibt Streit nicht aus : jeder von ihnen gewinnt abwechselnd Terrain. Südlich Mombasa zeugt das Korallenriff, das einen zwanzig Meter breiten Gürtel des Strandes beherrscht, von einer erdgeschichtlichen Epoche, in der das Meeresniveau noch sehr viel höher lag. Korallen bestehen aus Kalk, der von Meeresorganismen, entfernten Verwandten der Meeresanemonen, erzeugt und nach und nach abgelagert wird, einem Stoff, auf dem sich dann eine dünne Decke von Mikroorganismen ausbreitet, deren Mundöffnungen oder Polypenarme die vorbeiziehende Nahrung einfangen ; wie siamesische Zwillinge sind sie durch Algen und Meereswür-

*Der Oryx mit seinem prächtigen grauen Fell und den
schwarzen, geringelten Hörnern begnügt sich
mit wüstenähnlichen Steppen, wie auch die
bekannten »thorn trees« aus der Familie der Akazien.
Sie wachsen selbst in den trockensten Ebenen.*

mer miteinander verkittet. Dieser Vorgang hat sich an dem früheren Strandsaum abgespielt. Dann hat sich das Meer weiter zurückgezogen und an seinem neuen Flutsaum begann der gleiche unaufhörliche Prozeß. Dort bildet sich eine zweite Korallenbarriere, die sich weiterhin mit Myriaden von Lebewesen, halb pflanzlicher, halb tierischer Natur anreichert, die auf die geringste Berührung sehr aggressiv reagieren.

Dies zerklüftete Riff, von vertikalen Grotten und horizontalen Mulden durchsetzt, in denen sich bei Ebbe das Wasser staut, wird von einer ungewöhnlichen Meeresfauna bevölkert. Unzählige Fische warnen ihre Artgenossen nach einem bestimmten Kode, wenn sie sich in ein von anderen besetztes Gebiet hineinwagen, denn ein Überqueren dieser unsichtbaren Grenze führt zum Krieg mit dem Platzinhaber. So steckt hinter der Vielfalt der Farben und Zeichnungen, die das Auge des Beobachters entzücken, ein ganz und gar nüchterner Zweck.

Das Korallenriff ist eine der wunderbarsten Attraktionen der Küste Kenias ; deshalb hat man mehrere Seeparks geschaffen, in denen alles unter Naturschutz steht, von den Fischen bis zur Korallenvegetation und den eigentlichen Korallen. Übrigens ergibt sich daraus noch ein weiterer Vorteil : Haie halten respektvoll Abstand zu den Stränden.

Zu Lande zeugt die Vegetation von einer erstaunlichen Vitalität. Denn viele Pflanzen passen sich dem Sand an : fleischige Pflanzen, Affenbrotbäume, Banyans, Kokospalmen, Filaobäume, sämtliche tropischen Obstbaumarten, viele Nahrungspflanzen, sowie in den Städten und in der Umgebung der Hotels eine Fülle weiterer Pflanzen, Sträucher und blühender Bäume. Doch diese Gartenpracht ist nicht auf die Küste beschränkt : in fast allen Landschaften, besonders in den um 1 500 bis 2 000 Meter Höhe gelegenen Zonen, kann man sie bewundern. Die Korallenklippen haben noch eine Besonderheit : auf ihnen wachsen Pflanzen und Blüten aus Muschelwerk, die höchst reizvolle Verwendung finden.

Von Kilifi ab nach Norden ist die ganze Küste von einem Mangrovengürtel gesäumt, der ein Eindringen ins Landesinnere überall dort verhindert, wo sich nicht Buchten öffnen wie Breschen in einem undurchdringlichen Wall aus diesen halb im Wasser wachsenden Pflanzen mit ihren im Schlick verankerten Luftwurzeln.

Solche Buchten, an deren Ausgang auch das Korallenriff unterbrochen ist, ermöglichten seit 2 000 Jahren arabischen, persischen und indischen Seglern einen bequemen Zugang zur Küste. Sie kamen jeweils in den Wintermonaten, vom Nordostmonsun getrieben, der von der arabischen Halbinsel und Indien her auf Afrikas Küste zu weht ; und für die bequeme Heimfahrt mit dem von April bis Oktober wehenden Südwestmonsun brauchten sie nicht einmal die Segel zu wenden.

Dank diesem einzigartigen Zusammentreffen natürlicher Häfen und einer kostenlos gelieferten » Antriebskraft « ist das Volk der Suaheli entstanden, jene besonders geglückte und ohne Blutvergießen zustandegekommene rassische, religiöse und kulturelle Mischung zwischen den von weither stammenden seefahrenden Handelsleuten und den ansässigen Schwarzen. Übrigens hat dies keineswegs verhindern können, daß sich die Städte der Suaheli wie zänkische Schwestern in der Folgezeit gegenseitig gnadenlos bekriegten.

Für die Regierung Kenias, der an einer intensiven Entwicklung des Tourismus gelegen ist, ist diese Küste mit ihren unvergleichlichen Vorzügen natürlich besonders wichtig. Es ist jedoch bedauerlich, daß die (unbestreitbaren) Vergnügungsmöglichkeiten am Strande und die erstklassige Ausstattung der Hotels hauptsächlich gefördert werden, anstatt daß man das Interesse der Fremden auf Vergangenheit und Gegenwart der hochstehenden, liebenswürdigen und durchweg sehr ansehnlichen Suaheli-Bevölkerung lenkt. So macht man zum Beispiel keine besonderen Anstrengungen, daß der Besucher aus dem Ausland *Gedi* und *Jumba* genauer kennenlernt, zwei blühende Städte, in denen man noch hoch interessante Überreste aus dem 14. oder 15. bis hin zum 17. Jahrhundert findet, oder jene circa 60 weiteren historischen Sehenswürdigkeiten, welche die Küstenregion zu bieten hat. *Lamu*, die Krone dieser Städte, oder das benachbarte *Shela* ganz im Norden hätten wahrlich mehr Beachtung verdient, als sie in den knappen Stunden möglich ist, die man dem Touristen auf seinem Marathonlauf gönnt — man könnte ihm beispielsweise die außergewöhnliche Architektur aus dem 18. Jahrhundert zeigen oder ihm die Zeit lassen, einmal in einem alten arabischen

Dhau-Segler (mit erhöhtem Heck und dreieckigem Segel) aufs Meer hinauszufahren.

Was das eigentliche Leben der Bevölkerung dieses so jungen und zugleich so alten Landes anlangt, gibt es noch so viele Dinge kennenzulernen, die man aufgrund einer Fehleinschätzung der Besucherinteressen in den Hintergrund treten läßt, indem man die Massai-Tänze oder vor allem die große Attraktion Kenias, die *Nationalparks* mit ihrer *Tierwelt*, überbetont. Diese sollen damit keineswegs herabgewürdigt werden, und es wird auch noch die Rede von ihnen sein. Aber mehr als die Tiere zählen ja doch die *Menschen*, und unter diesen gibt es nicht nur die Massai, wenn sich auch deren Kostüme, Brauchtum und Ansehen ebenso wie ihre erstaunlichen Sprünge, — die ihnen eigentümliche Form des Tanzes — für eine systematische und im übrigen recht peinliche Reklameausbeutung anbieten.

Interessant sind sie gewiß, diese Massai. Aber wohl nicht mehr als viele andere Kulturgemeinschaften Kenias... man darf sich natürlich nicht auf solche Rundreisen versteifen, auf deren man nur einen kleinen Teil des Landes kennenlernt und vor allem nur allzu wenig Kontakt mit den Menschen bekommt, der ja umso faszinierender ist, wenn er sich zufällig ergibt. Erst wenn man sich auf seiner Reise unter die kenianische Bevölkerung mischt und an ihren Gesprächen teilnimmt, wird einem zum Beispiel das Geheimnis der so schwer richtig auseinanderzuhaltenden Kulturgemeinschaften bewußt, und zwar unter historischem Blickwinkel (der sehr häufig fast unbekannt ist) als auch im Hinblick auf ihre heutige Erscheinungsform.

Die Verschmelzung der Volksstämme

In » *Kenya Uhuru 81-82* «, einem amtlichen Werk, in welchem das heutige Land unter seinen verschiedenen Aspekten vorgestellt wird, erscheinen die Suaheli nicht in der Liste der dreizehn Hauptkulturgemeinschaften (vgl. unter dem Stichwort » Die Völkerschaften Kenias «). Gleichwohl wird

UBER DIE HERKUNFT DER MERU

Die Bantu Meru behaupten, sie kämen von der Küste, und zwar aus einem Ort namens » Mbwa «, wo ihre Vorfahren von den » Nguo Ntuni « (Rotröcke) versklavt wurden ; sie zwangen sie, unlösbare Aufgaben zu erfüllen, wie zum Beispiel weißes Rinderfett herzustellen oder ein Schwert zu schmieden, das zugleich die Erde und den Himmel berührt...
Zur Flucht entschlossen befragten sie ihren Propheten Mugwe. Der erklärte, um den Erfolg des Unternehmens zu garantieren und zum Schutz der Meru müßten sich drei junge Männer opfern. Von diesen drei Helden — Gaita, Kiuma und Muthetu — erhielten die drei ersten Stämme ihre Namen.
Nach der Opferhandlung ernannte Mugwe einen gewissen Koomenjoe zum Häuptling und gab ihm einen ein Meter langen Zauberstab. Berührte er damit eine Wasserfläche, so teilten sich die Wassermassen und ließen einen trockenen Durchgang frei. Die Meru verließen also Mbwa in drei Gruppen ; die Nguo Ntuni verfolgten sie, stürzten sich in den freien Korridor zwischen den Wasserwänden und ertranken allesamt.
Unwillkürlich denkt man an Agamemnons Opferung seiner Tochter Iphigenie oder an Abrahams Opferung seines Sohnes, die er beinahe auf Jahwes Geheiß vollzogen hätte, sowie an den Durchzug der Israeliten durch das Rote Meer. Es wird behauptet, der Einfluß der christlichen Missionare habe sich hier ausgewirkt. Vielleicht... Aber woher stammt eigentlich der Ritus der Beschneidung ?

der Begriff Kulturgemeinschaft mehr und mehr mit dem der Sprachgemeinschaft als mit dem der »Rasse« verbunden, einem allgemein suspekt gewordenen Ausdruck, der noch dazu in diesem Fall angesichts des unaufhörlichen Verschmelzungsprozesses, der seit Menschengedenken stattgefunden hat, für gänzlich inadäquat gehalten wird. Übrigens ist in diesem Werk nunmehr von kuschitisch, nilotisch oder bantu sprechenden Gruppen die Rede und nicht mehr von entsprechenden Kulturgruppen. Nun ist allerdings *Suaheli* neben *Englisch* die offizielle Landessprache in Kenia. Aber zu welcher jener großen Sprachfamilien rechnet man die Suaheli? Zu den Bantu, deren Sprache der ihrigen gewiß als Grundlage gedient hat, die aber heutzutage völlig verschieden von ihr ist (siehe unter »Die verschiedenen Sprachgruppen«)! Das ist zwar keine Ungereimtheit vonseiten der Sprachforscher, aber es wird daran doch deutlich, wie schwierig es ist, das klar auszudrücken, was früher das Wort »Stamm« beinhaltete, das man zugunsten des Begriffs »Kulturgemeinschaft« aufgegeben hat, mit dem man wiederum heute offenbar nichts mehr anzufangen weiß. Die Sache wäre einfacher, wenn es sich dabei um ein altes Phänomen handelte und wenn man (was übrigens nur schwer möglich ist, wie wir noch im Kapitel »Geschichte« sehen werden) die immer unentwirrbarere Mischung verschiedener Elemente innerhalb dieser »Kulturgemeinschaften« in dem Begriff der kenianischen »*Nation*« vollständig auflösen könnte.

Die Wirklichkeit sieht indessen ganz anders aus. Es ist offenkundig, daß vom Städter bis zum Nomaden, vom Intellektuellen bis zum Analphabeten (die übrigens immer seltener werden, wie man der Regierung zugute halten muß) die Mehrheit der Kenianer zäh festhält an diesem Begriff Kulturgemeinschaft, der sich zu verflüchtigen scheint, sowie man ihn zu analysieren versucht. Geht man nämlich von dem Kriterium aus, daß die Angehörigen einer Kulturgemeinschaft eine bestimmte Sprache gemeinsam haben, gibt es genügend Beispiele dafür, daß eine Gruppe von einer anderen Wörter übernommen hat, ohne daß sie deswegen ihre Autonomie aufgegeben hätte. So sprachen zum beispiel die *El Molo*, insgesamt 400 Menschen, die am Ostufer des Turkana-Sees leben, vor noch nicht langer Zeit kuschitisch und haben all-

Der junge Samburukrieger genießt wie der Moran vom Stamm der Maasai den Vorzug, sein mit Ocker gefärbtes Haar lang zu tragen. Die Frauen hingegen haben einen völlig kahl rasierten Schädel.

*Als Kind schon muß ein Maasai es lernen, den Viehbestand
— den einzigen Reichtum seines Volkes —
genau zu kennen. Später muß er dann bereit sein,
zum Schutz der Tiere sein Leben zu opfern...
oder sie den Nachbarn zu stehlen.*

mählich den Samburu-Dialekt angenommen. Verzichteten sie damit auf ihre völkische Eigenart ? Keineswegs. Worauf gründet sich dann diese Eigenart ? Auf ihre Sitten ? Viele von diesen haben sie von den benachbarten *Samburu* und *Turkana* angenommen, welche sie ihrerseits die Höflichkeit gelehrt haben. Auf ihren Ursprung ? Man weiß nicht einmal genau, woher sie kommen, von wem sie abstammen !

Wird man also in einem allgemeinen Sinne wieder auf Begriffe wie Rasse und » Blut « zurückgreifen auf die Gefahr hin, daß man damit die Wissenschaftler und die argwöhnischen Leute irritiert ? Das wäre nicht tragisch. Man kann nicht einmal die sehr alten Blutsmischungen anführen, die unter den » Sprachgruppen « Kenias, wie den *Kuschiten* und den *Niloten* lange vor ihren Wanderungen begannen, als sie noch in den Grenzgebieten zu Äthiopien und zum Sudan lebten. Fassen wir nur einmal das Beispiel der *Kikuyu* und *Massai* ins Auge, Stämme, die heute so verschieden voneinander wie nur irgend möglich sind. Der heftige Krieg, den sie während des ganzen 19. Jahrhunderts gegeneinander führten, hat ganz unbestritten die Blutsgemeinschaften zwischen Kriegern und Gefangenen auf beiden Seiten nur vermehrt. Trotz dieser Blutsmischung, trotz des Austauschs verschiedener Sitten und Gebräuche... sind die Kikuyu und die Massai so gut wie unverändert geblieben !

Kann man mit der Bindung an das Dorf, mit den Erinnerungen aus der Kindheit das Phänomen besser erklären ? — Selbst die zahlreichen Kikuyu und *Luo,* die heute vollkommen in das Stadtleben integriert sind, ein tadelloses Englisch sprechen und manchmal schon seit zwei Generationen keine Verbindung zum Ort der Herkunft ihrer Familien haben, berufen sich auf ihren völkischen Ursprung.

Soll man sich also auf die gemeinsame geschichtliche Herkunft verlassen ? Was soll man dann beispielsweise von den *Meru* halten, die in dem Verdacht stehen, ihre Herkunft mehr oder weniger ersonnen zu haben, als sie in ihrer Reaktion auf die Kolonisierung das Bedürfnis empfanden, sich als ein von den anderen verschiedenes Volk zu sehen, während sie sich doch früher ohne viel Federlesens gegenseitig umbrachten, und verschiedene » traditionelle « Gruppen erst aus der Kolonialepoche stammen, so daß eine von diesen, nämlich die *Tschuka,* sich nicht an dieselben Dinge wie die anderen erinnert ?

Und dennoch existiert dies geheimnisvolle Phänomen der Volksgemeinschaft. Warum bemüht man sich also dann, es unbedingt zu erklären, anstatt sich darauf zu beschränken, daß man es konstatiert ?

Eine der großen Lehren, die ein an Descartes geschulter Geist aus seinen Kontakten mit Afrikanern ziehen kann, ist eine Toleranz, die sich nicht darauf beschränkt zuzugeben, daß andere nicht so denken oder glauben wie er, sondern aufgrund deren es auch denkbar ist, daß in demselben Menschen, genau wie im Leben, einander widersprechende Gedanken oder Begriffe nebeneinander existieren, wodurch sich Gegensätze und scheinbare Unverträglichkeiten so leicht miteinander vereinigen lassen. In Afrika, in Kenia, nimmt man die Wirklichkeit so wie sie ist, ohne so zu tun, als ob man sie mit Gewalt in fragwürdigen Denkprozessen erfassen könnte. Besteht darin nicht die wahre Vernunft ?

Die religiöse Toleranz

Diese weitreichende Toleranz in Bezug auf verschiedene Lebensfragen erstreckt sich auch auf die religiöse Einstellung der Menschen. Im Westen » konvertiert « man zu einer neuen Glaubensform, was bedeutet, daß man (im Prinzip !) auf Glaubenssätze und Verhaltensweisen, die sie verbietet, verzichtet. In Afrika » nimmt « man sie » an « (wenngleich oft aus sentimentalen Gründen) ; jedenfalls bedeutet das nicht, daß man sich nun verpflichtet glaubt, jegliche Bindung an die frühere Religion und das von ihr vorgeschriebene Brauchtum radikal aufzugeben. Der Häuptling der Dorfgemeinschaft El Molo gibt zu, daß er sich zum Katholizismus bekehrt hat, um den Missionspatres, die die Dorfbewohner betreuen, eine Freude zu machen. Schließlich ist eine Bekehrung aus Dankbarkeit besser als eine solche, die aus Furcht vor Schlägen mit dem Gewehrkolben erfolgte. Allerdings ist Polygamie von der Kirche untersagt. Aber dadurch fühlt man sich heutzutage nicht etwa eingeengt : zwei Frauen zu halten ist teuer, und dazu hat hierzulande niemand das nötige Geld. Aber es versteht sich, daß man nicht zögern würde, eine zweite Ehe einzugehen, wenn die finanzielle Lage sich bessert, ob man Christ ist oder nicht. Nicht etwa, weil man betet und einen Gott verehrt, fühlt man sich verpflichtet, auf diese Dinge zu verzichten!

In Kenia ist nur ein Viertel der Bevölkerung der traditionellen Religion verbunden, die man im Westen *Animismus* nennt. 40 % sind *Christen* (Katholiken und Protestanten), 25 bis 30 % sind *Muslim*, die übrigen sind *Hindus* oder indifferent. Die Mehrheit der Bevölkerung nimmt also sonntags an irgendeinem Gottesdienst in einem Tempel oder in einer Kirche teil. Aber wieviele von diesen Leuten wenden sich in besonderen Nöten oder Schwierigkeiten an ihren gewohnten Gott? Daß man hier nach dem Sprichwort handelt, daß es immer besser ist, zwei Eisen im Feuer zu haben, zeigt sich sehr häufig. Im übrigen sieht man nicht recht ein, wem man damit schaden könnte: ist ein eifersüchtiger Gott denn wirklich ein Gott?

Anders stehen die Dinge bei den *Muslim*, größtenteils schon seit Jahrhunderten zum Islam bekehrten Suaheli der Küstenregion. Sie haben eine sehr alte Überlieferung der Religion des »Buches«, in der es keine Zauberei und keine sekundären Gottheiten gibt. Aber manche dieser Suaheli sind nur mit dem Munde Mohammedaner. Haben sich beispielsweise die *Osi*, im wesentlichen zum Islam übergetretene *Pokomo Bantu*, die Suaheli sprechen und zwischen Lamu und Malindi wohnen, vom Gesellschaftssystem der Pokomo gelöst, das mit Initiationsriten arbeitende Gemeinschaften kennt, deren eine in der ganzen Gegend bekannte Zauberer stellt? Hört man genau hin, entdeckt man sehr viele Anspielungen an die alten Glaubensformen. Es ist nur ein kleiner Schritt von den immer noch gefeierten Festen bis zu den religiösen Traditionen, die sich hinter ihnen verbergen, und niemand denkt daran, sie für unvereinbar mit den christlichen oder muselmanischen Riten zu halten. Hier ist kein Religionskrieg zu befürchten!

Die politischen Traditionen

Als die Engländer zuerst nach Ostafrika kamen, waren sie sehr beeindruckt von der »politischen Reife« der Königreiche Ugandas, die von Potentaten und Ministern regiert wurden — kurz gesagt, ein schwerfälliges System, das völlig darauf angelegt war, die Massen auszusaugen, und höchst raffinierte Foltermethoden sowie geradezu einen Einfallsreichtum in der Form der Hinrichtung entwickelt hatte.

Im Gegensatz dazu zeigten die »Stämme« Kenias einen rührenden Infantilismus, indem sie sorgsam jegliche Form absoluter oder auch nur zentralistischer Macht vermieden. Im allgemeinen hielten sie es so, daß sie einen *Ratgeber* aus ihren eigenen Reihen wählten: dessen Charakter und mutmaßliche Entwicklung konnte man so in Ruhe prüfen, da man ja seit seiner Kindheit mit ihm umgegangen war. Sicherheitshalber wurde ihm außerdem ein *Rat der Alten* beigegeben. Es kam auch vor, daß diese Alten, die eine bestimmte Zeit lang die Geschicke ihrer meist nicht sehr zahlreichen Gruppe in die Hand nahmen, vorher verpflichtet wurden, eine sehr lange Einführungsschulung, während der sie Geduld und Weisheit erwarben, durchzumachen. Die von diesen primitiven »Stämmen« praktizierten politischen Systeme zeigen zumeist eine deutliche Neigung zur Gleichheit und zu sozialer Gerechtigkeit. Hier scheint man sich in Wirklichkeit dem wahren Sozialismus angenähert zu haben, soweit er überhaupt realisierbar ist. Die instruktivste — und zugleich amüsanteste — Geschichte zu diesem Thema hat der berühmteste Kikuyu, Jomo Kenyatta, über seine Stammesgenossen erzählt. (vgl. den Abschnitt »Das politische System der Kikuyu«).

Es gibt sehr viele Beispiele dieses »Sozialismus auf afrikanische Art«: der gemeinsame Besitz des Landes, des größten Teils der Habe und der Produktions-»Werkzeuge«, sowie ein zwischen Männern und Frauen, Jungen und Alten vollkommen ausgewogenes Teilnehmen an der Verantwortung, das nach dem Alter der Betreffenden automatisch wechselt. Wenn im übrigen ein »Häuptling« vorhanden ist, so wird er unverzüglich abberufen, falls er einen schweren Verstoß gegen die Tradition begeht. Denn die Traditionen bilden das wahre »Grundgesetz«, dem ein jeder aus völlig freien Stücken gehorcht, weil dessen Nichtbeachtung bedeutet, daß das Gleichgewicht gestört wird, das aber ist gleichbedeutend mit dem Eindringen dämonischer und zerstörerischer Kräfte. Und wer würde hier schon das ursprüngliche Chaos herbeiwünschen?

Bei den *Suaheli* liegen die Dinge insofern anders, als die Araber die Regierungsform der Küstenstädte mitbrachten. Gewisse Sultane wurden von den umliegenden Städten als Oberherren anerkannt ; einige Dynastien haben manchmal mehrere Jahrhunderte lang regiert, wie zum Beispiel in Pate. Doch diese Oberherrschaft wurde kaum respektiert. In Wirklichkeit gaben sich die verschiedenen Stadtstaaten eine eigene Verwaltung in Gestalt eines Rates von angesehenen Persönlichkeiten, die zwar nicht immer Musterbeispiele von Bürgertugend darstellten, aber in diesem Rat drückte sich angesichts einer fremden und zentralistischen Macht das Verlangen nach Autonomie aus.

Dies Autonomiestreben und Mißtrauen gegenüber einem zentralistischen Staat manifestierte sich zum letzten Mal machtvoll in den Reihen der politischen *Kanu*-Partei, der Rivalin der von Jomo Kenyatta geführten *Kadu*-Partei, zu der Zeit, als Kenia seine Unabhängigkeit gewann, und zwar setzte sich die erstere für den Föderalismus und die ethnischen Minderheiten ein, während die zweite für eine starke und einigende Zentralgewalt focht. Diese trug den Sieg davon und schuf die erste unabhängige Regierung, die noch heute an der Macht ist. Doch darin liegt nur scheinbar ein Widerspruch, da in der Kadu-Partei die Kikuyu dominierten, der zahlenmäßig stärkste Volksstamm Kenias und zugleich derjenige, der im *Mau-Mau-Aufstand,* der für die Unabhängigkeit kämpfenden politischen Extremistenbewegung, den höchsten Blutzoll zu zahlen hatte. Darin ist jedoch nicht der einzige Grund für ihren Triumph zu sehen. Der Kolonialismus hatte die harte Wahrheit des Wortes » Einigkeit macht stark « erfahren müssen. Im übrigen scheint der demokratische Geist trotz der einzigen Partei nicht gelitten zu haben unter dieser Wahl, die sich auch aus dem Wunsch nach einer westlich orientierten Entwicklung ergab. Und die Zugehörigkeit des gegenwärtigen Präsidenten Kalengin zu der kleinen Volksgemeinschaft der *Tugen* muß diejenigen, die der Hegemonie der Kikuyu mißtrauen, beruhigen. Jedenfalls hinterlassen die allgemeinen Kritiken und Spöttereien den Eindruck, daß man sich frei äußern kann. Mag es auch schwierig sein, gewisse Dinge von außen zu beurteilen, sieht man doch schnell, ob die Leute unbehindert sprechen, ohne ihre Türen zweimal abzuschließen und unter ihre Betten zu gucken, ob auch keine Spione... oder Mikrophone darunter versteckt sind.

Die indische Volksgruppe

Diese Gruppe ist zahlenmäßig nicht sehr bedeutend im Vergleich zur Gesamtheit der Kenianer, besteht sie doch nur aus etwa 120 000 Menschen. (In den Statistiken umfaßt die zuletzt angegebene Ziffer von 167 000 Nichtafrikanern Araber, Inder und Europäer). Aber in den Hauptstädten machen sie sich deutlich bemerkbar, besonders in Nairobi, Mombasa, Malindi und Kisumu, und zwar sowohl hinter den Theken bescheidener Läden als auch hinter den Lenkrädern von Luxuswagen, und dazwischen rangieren alle Arten von Büroangestellten. Ein seltsames Schicksal haben diese Inder — von den englischen » settlers « (den ersten Ansiedlern) verabscheut, verächtlich behandelt oder umso mehr beneidet, als diese ihnen weder den historischen Vorrang, noch die Kultur, noch die Geschäftstüchtigkeit absprechen konnten.

In der Kolonialzeit schloß man sie soweit wie möglich aus von jeglicher Vertretung im legislativen oder exekutiven Rat ; niemals gestand man ihnen das Recht zu, in den » Highlands «, die ein für allemal als die Domäne der Weißen angesehen wurden, Land zu erwerben ; und wie die Afrikaner mußten sie eine Politik der Apartheid ertragen : bis zum Jahre 1950 waren afrikanische und indische Landesbewohner nicht berechtigt, gewisse Lokalitäten zu betreten, wie zum Beispiel die Terrasse der berühmten Hotelrestaurants *New Stanley* in Nairobi oder diejenige des nicht weniger renommierten *Norfolk.*

Sind sie im unabhängigen Kenia besser gestellt ? Gewiß, niemand hat mehr unter einer Form von Apartheid zu leiden. Dennoch ist ihre Stellung weiterhin recht heikel. Geld verdienen sie in Mengen, denn sie sind arbeitsam, wissen sich zu helfen und passen sich leicht an, wenn es nötig ist. Die Sprachen ihrer Nachbarn sprechen sie fließend und leben mitten unter ihnen. Dies ist allerdings zugleich ein Qualitätsbeweis und ein Fehler, denn besagte Nachbarn sehen auf diese Weise, daß jene vom Schicksal mehr begünstigt sind als sie selbst, daß sie weiterhin die Sprache ihres Ursprungslandes (insbesondere *Gugurati* und *Hindi)* sprechen, ihre Tempel, ihre Sitten, ihre Feste und ihre besonderen Speisen haben — kurz, ein Eigenleben führen, das von dem ihrer afrikanischen Mitbürger in eben dem Maße getrennt ist, wie ihr berufliches Dasein mit dem ihren vermischt ist.

Wen sollte es daher verwundern, daß diese Gemeinschaft sich gegen die Außenwelt mehr oder weniger verschließt, wenn er sich klar macht, daß sie immer noch nicht an der politischen Führung des Landes beteiligt ist ? Da sie früher niemals Farmer in den » Highlands « werden konnten, haben sie sich angewöhnt, sich in freien Berufen, wissenschaftlichen Laufbahnen und im Handel einzunisten. Dadurch sind sie nirgends tief verwurzelt, denn solche Tätigkeiten kann man überall ausüben, sofern man das nötige Geld hat,.... und das haben sie zumeist.

Die Kontakte, die ein Tourist mit ihnen bekommt, bleiben zwangsläufig ziemlich oberflächlich. Jedenfalls reichen sie kaum tiefer als — leider — diejenigen mit der afrikanischen Bevölkerung, denn offenbar wird bei der Ankurbelung des Tourismus zugestandenermaßen die menschliche Komponente zugunsten der Nationalparks praktisch vergessen.

Die Nationalparks

Der zweite Trumpf des Tourismus in Kenia, in Wirklichkeit aber schon seit langem der Haupttrumpf, ist die unvergleichliche *Tierwelt* des Landes. Seitdem die Engländer ins Land gekommen waren, ließen sich Nabobs aus aller Welt dazu verlocken, hier auf Großwildjagd zu gehen ; die Friedfertigeren erfreuten sich an dem großartigen Naturschauspiel, das sich ihren Augen allenthalben bot, besonders in den Ebenen, die sie im Zuge durchqueren, wenn sie von Mombasa, wo sie alle an Land gegangen waren, nach Nairobi fuhren. Liest man die Berichte aus jener Zeit, so sehnt man sich nach dem Anblick der Fülle von Tieren jeglicher Art, die damals ins Scharen das Land bis zum Horizont bevölkerten. Wieviele Arten sind seitdem verschwunden oder grausam dezimiert worden, wie zum Beispiel das weiße Rhinozeros, das man endgültig auf einer einzigen Farm unter Tierschutz gestellt hat !

Unterdessen hat man durch Schaffung von Tierparks und Reservaten diesem Prozeß Einhalt geboten. Man müßte schon sehr anspruchsvoll sein, wäre man nicht von dem, was man noch heute in diesen neununddreißig Schutzzonen entdeckt, geradezu hingerissen. Sie gliedern sich in » *Parks* « and » *Reservate* « : erstere werden von der » *Kenya National Parks Authority* « verwaltet, und keine menschliche Niederlassung wird in ihnen geduldet mit Ausnahme der Lodges oder Jagdhüttenlager ; in den letzteren hingegen, die dem » *Local Council* « unterstehen, läßt man noch Reste der ursprünglichen Bevölkerung wohnen. Manchmal ist ein Park mit einem Reservat vereinigt, wie in *Amboseli,* wo der in der Mitte des Gebietes gelegene Park von einem Reservat umgeben ist, in welchem Massai leben. Für den Besucher ist das ziemlich unerheblich, obgleich es natürlich interessant ist, bestimmte Volksgemeinschaften, wie gerade die Massai, in ihrem angestammten Siedlungsraum zu erleben.

Das Hauptproblem der Parks und Reservate bleibt die überall grassierende Wilddieberei : zahllose Jäger lockt der beachtliche Gewinn, den sie aus dem Verkauf von Elfenbein und Rhinozeroshörnern erzielen können, deren angeblich sexuell stimulierende Kräfte man im Orient mit barem Gold bezahlt. Dieses Problem kommt den Staat teuer zu stehen — denn er muß ein Heer von Wildhütern unterhalten — und noch mehr die Wildhüter selbst : jedes Jahr müssen einige von ihnen in den Kämpfen, die sie gegen die Wilderer (» poachers «) führen, ihr Leben lassen. Ganz offensichtlich kann das Problem nur von den Aufkäufern jener Naturprodukte gelöst werden. Vielleicht gelingt es einigen weltbekannten Persönlichkeiten, das Gewissen der Nationen in dieser Frage wachzurütteln, wie es ja bereits im Hinblick auf den Konsum von Pelzmänteln geschehen ist.

In allen Parks und Reservaten düfen die Touristen photographieren was sie wollen, müssen jedoch dabei *bestimmte Vorschriften einhalten :* niemand darf im Auto schneller als 25 Stundenkilometer fahren, auch ist das Fahren in der Nacht ab 18 Uhr verboten, und nie darf man sein Fahrzeug verlassen, außer an den ausdrücklich bezeichneten Stellen. Auskünfte über die Lodges und einige Rundwege für Fußgänger erhält man an den *Eingängen zu den Parks* oder auch beim *Tourism Departement* in Nairobi.

Ebenso müssen Touristen jede heftige Bewegung sowie allen Lärm, der die Tiere erschrecken könnte, vermeiden.

Die Begleitung von Wildhütern ist manchmal obligatorisch, sie ist jedoch immer zu empfehlen, damit man sich nicht verirrt, damit man die interessanten Stellen zu sehen bekommt und einer unvorhergesehenen Gefahr begegnen kann. Alleinfahrenden Automobilisten wird angeraten, keinen Hund mitzunehmen : seine Anwesenheit bringt die Raubkatzen in Erregung. Verlangt ein Schild besondere Achtsamkeit vor Krokodilen, sollte man es ruhig ernst nehmen : die heimtückischen Krokodile sind fast die einzigen Tiere, die den Menschen angreifen, selbst wenn dieser ausnahmsweise einmal unschuldig ist.

Parks und Reservate

— *Amboseli* : 292 km², an der Grenze zu Tansania zu Füßen des Kilimandscharo, einer der schönsten, reich mit Lodges (oder Motels), Bandas (möblierten strohgedeckten Bungalows) und Campinganlagen ausgestattet.
— *Arawale* : Reservat, keine Unterkünfte, praktisch nicht besucht, längs des Tanaflusses gelegen.
— *Bisanadi* : 600 km² großes Reservat, völlig unbekannt.
— *Boni* : 1 339 km² großes Reservat, sehr wenig besucht, im Hinterland, in der Nähe der Grenze zu Somalia.
— *Buffalo Springs* : 339 km² großes Reservat, an Samburu angrenzend, immer gleichzeitig mit diesem besucht, besitzt aber eine eigene Attraktion : ein natürliches Schwimmbad, mit oder ohne Krokodil !
— *Dodori* : 877 km² großes Reservat in unmittelbarer Nähe der Küste, noch näher der somalischen Grenze gelegen als Boni, unter militärischer Überwachung, praktisch niemals aufgesucht.
— *Kisite-Mpinguti ;* 230 km² großer Seepark aus Inseln und Meeresflächen, viel weniger bekannt als die anderen Seeparks des Nordens, ganz im Süden bei Shimoni gelegen ; Hotels machen einen Besuch dieser Zone möglich, einer der interessantesten ihrer Art.
— *Kiungu* : 250 m² großer Seepark, an der Nordküste, dazu gehört eine von einigen Buschböcken bewohnte Insel.
— *Kora* : 1 787 km² großes Reservat, niemals von Touristen aufgesucht.
— *Lake Bogoria* : 107 km² großes Reservat, wird immer bekannter, seitdem ein Teil der reichen Population von rosa Flamingos vom Nakuru-See zu diesen weniger verschmutzten Gewässern und Ufern gezogen ist, nordöstlich von Nakuru gelegen, am Ort keine Hotels, aber mehrere Unterkünfte in Nakuru oder am Ufer des ganz in der Nähe gelegenen Baringo-Sees.
— *Lake Nakuru* : (576 km²), einer der bekanntesten Tierparks, seit dem Wegzug zahlreicher Flamingos jetzt ein wenig verlassen, es sind jedoch genügend von ihnen übriggeblieben, außerdem 400 verschiedene Vogelarten, Flußpferde, zahlreiche Antilopen und Giraffen ; Unterkunft reichlich vorhanden.
— *Lambwey-Valley* : 308 km² großes Reservat, sehr wenig besucht, nahe dem Südufer des Viktoriasees gelegen, Standort der Rappenantilope ; keine Unterkunft, doch das Hotel Homa Bay ist ganz in der Nähe.
— *Losai* : 1 806 km² großes Reservat, nie besucht, verloren zwischen der Straße nach Marsabit und dem Ndoto-Gebirge ; keine Unterkunft, schwer zu finden.
— *Maasai Mara* : Dieses 1 672 km² große Reservat, unmittelbar an der Grenze zu Tansania gelegen, ist eines von jenen, die die größte Vielfalt von Tieren aller Arten und ebenso Unterkünfte aller Kategorien besitzen.
— *Malindi-Watamu* : zusammengelegte Seeparks von insgesamt 160 km² Fläche mit wunderbaren Korallenstökken ; man findet dort außer bezaubernden Fischen alle Arten von Meeresvögeln.
— *Marsabit* : 2 088 km² großes Reservat, wenig aufgesucht, weil an einer ziemlich schlechten Piste im Nordosten gelegen ; man kann es mit dem Flugzeug erreichen und findet dort bequeme Unterkunft auf dem im Zentrum gelegenen waldbedeckten Gebirge ; berühmt wegen seiner riesigen Elefanten.
— *Meru* : 879 km² großer Park, von den Organisatoren der Rundfahrten immer weniger angeboten, man fragt sich, warum, denn seine mannigfaltigen Landschaftsbilder sind ebenso interessant wie seine Tiere ; Unterkunft gesichert.
— *Mount Elgon* : 169 km² großes Reservat, verlassen, weil im äußersten Westen gelegen, wo niemand hinkommt ; Wälder, Heideflächen, Felsen mit Höhlen, Möglichkeit zu prächtigen Fußwanderungen.
— *Mount Kenya* : 715 km² großer Park mit Wäldern, Heidefläche, Gletschern und Seen ; Rundwege aller Arten für Fußgänger, Gelegenheit zum Forellenangeln, verschiedene Unterkünfte, darunter ein Baum-Hotel, von dem aus man Tag und Nacht zahllose Tiere

beobachten kann.
— *Nairobi* : 17 km² großer Park, ganz nahe der Hauptstadt gelegen, der älteste, 1947 entstandene, alle Touristenagenturen haben ihn in ihrem Programm.
— *Nasalot* : 920 km² großes Reservat, unbekannt, keine Unterkunft, ganz neu im Norden der Highlands, westlich des Rift Valley.
— *Ngai Ndethya* : an den Tsavo-Park im Südosten angrenzendes Reservat, praktisch unbekannt, in Kenzil gelegen, von den Ackerbau treibenden Kamba bewohnt.
— *North Kitui* : Reservat im Lande der Kamba, ganz neu und unbekant.
— *Nyandarua* : 720 km² großer Park (der frühere Aberdare Park), ebenso bekannt wie der Mount Kenya Park, sehr häufig von Leuten aufgesucht, die das Land zu Fuß durchwandern, aber selten im Auto durchfahren, weil die Straßen oft schlecht sind ; ist vor allem wegen seiner Baum-Hotels bekannt.
— *Ol Doinyo Sabuk* : 182 km² großer Park, in der Nähe von Thika, d.h. von Nairobi, zahlreiche Wasserfälle in der Nähe, früher Eigentum eines amerikanischen Millionärs, Sir Mac Millan, nach dem eine Bibliothek in Nairobi benannt ist.
— *Rahole* : 1 270 km² großes Reservat im Nordosten, völlig unbekannt, keine Unterkunftsmöglichkeit.
— *Saiwa Swamp* : knapp 2 km² großer Park, ganz nahe bei Kitale, setzt sich aus Sümpfen zusammen, in denen eine sehr seltene Antilopenart, das Sitatunga, lebt, keine Unterkunft außer in Kitale.
— *Samburu* : 225 km² großes Reservat, eines der bekanntesten, ausgezeichnete Unterkunft und ein schöner Fluß, der sehr häufig von zahlreichen Tieren aufgesucht wird ; an der großen Straße nach Norden, jenseits des Mount Kenya Gebirges gelegen.
— *Sibiloi* : 1 570 km² großer Park am Nordostufer des Turkanasees, gar nicht besucht, keine Unterkunft, sehr schwieriger Zugang ; vielleicht hat sich hier der echte Adam versteckt !
— *South Kitui* : 1 833 km² großes Reservat, nördlich von Tsavo-East, ganz neu, nicht häufig aufgesucht. Keine Unterkunft.
— *Shaba* : 239 km² großes Reservat, direkt gegenüber von Samburu gelegen, auf der anderen Seite der Straße Isiolo-Archer's Port. Touristen findet man dort selten, desto mehr Tiere. Unterkunft in Samburu.
— *Shimba Hills* : 192 km² großes Reservat, ganz in der Nähe von Diani Beach südlich von Mombasa ; sehr schöne Landschaft, mit Blick auf das Meer , dort ist die Säbelantilope beheimatet.
— *South Turkana* : 1 091 km² großes Reservat, in glühendheißem Wüstengebiet und ohne Unterkunft.
— *Tana River* : 168 km² großes Reservat, zum Schutzgebiet bestimmt für einen schönen Uferwald und eine Affenart, den Mangabey, der in Ostafrika selten ist ; abseits von den üblichen Touristenpfaden.
— *Tsavo* : 20 800 km² großer Park, in zwei Teile, Ost und West, geteilt, an der Straße von Mombasa bei weitem der größte ; berühmt wegen seiner Elefanten und früher wegen seiner indische Kulis fressenden Löwen ; sehr viele Lodges, Bandas und Camginganlagen seit mehreren Jahren weniger besucht, besonders die östliche Zone, die zum Teil für Besucher gesperrt ist, damit man die Wilddiebe besser bekämpfen kann.

Die wichtigsten Tierarten

Viele Reservate sind dazu bestimmt, ein ökologisches Milieu und nicht nur die dort lebenden Tiere zu schützen. Das ändert nichts an der Tatsache, daß die Touristen und Landeseinwohner von Kenia hauptsächlich von den Tieren angezogen werden. Es folgen die wichtigsten Tierarten in alphabetischer Reihenfolge :

Affenarten : die *Grünaffen* haben eine graues Fell und ein schwarzes Gesicht, sie sind keineswegs aggressiv.
— Die *Blauaffen* leben vorzugsweise in den Baumwipfeln der Highlands. Man nennt sie zwar blau, aber ihr Fell sieht von nahem gesehen eher dunkelgrau aus. — Ebenso in den Wäldern in einer bestimmten Höhe lebend, sind die *Colobus* die hübschesten Affen, sie haben ein sehr dichtes schwarz-weißes Fell und einen sehr buschigen Schwanz. — Die *Paviane* sind die vorherrschende Affenart in Kenia ; man findet sie in allen Gegenden des Landes. Sie sind 0,50 m bis 1 m groß und haben ein grau getöntes oder beige-rostfarbenes Fell. Sie sind äußerst dreist ; in den Lodges stehlen sie die Gläser der Speisenden und drohen ihnen, wenn sie sie abwehren wollen ; gelegentlich beißen sie auch. Die Horde wird von einem alten männlichen Tier angeführt, das die jungen Tiere schändlich ausbeutet und

tyrannisiert. — Die *Galagos* sind Halbaffen, die zwischen 18 und 30 cm groß werden; sie haben einen kleinen Kopf und große runde Augen und leben gerne auf Akazien. Sie machen erstaunliche Sprünge.

Antilopenarten: die Antilopen bilden eine sehr große Familie von Wiederkäuern, die hierzulande reichlich in allen Arten von ökologischen Milieus vertreten ist — kahlen Ebenen, Buschsavannen, Wäldern bis zu einer Höhe von etwa 3 000 Metern, Sümpfen und feuchtem Gelände. Einige Arten können sich allen Umweltbedingungen anpassen, andere können es nicht. In den vegetationsarmen Ebenen sind vor allem die zahllosen *Thomson-Gazellen* beheimatet, sie sind an dem feinen braunen Strich zu erkennen, der quer über ihre Flanken verläuft sowie an der unaufhörlichen Bewegung ihres dunklen Schwanzes. — Fast ebenso verbreitet ist die *Grant Gazelle* mit ihrem weißen Bauch und ihren lyraförmigen Hörnern. Beide Arten werden etwa 75 cm hoch. — Der *Steinbock* und das *Oribi* sind noch kleinere Antilopenarten mit sehr kurzen, parallel gestellten und ganz geraden Hörnern und einem braunroten Fell; sie leben gewöhnlich allein oder zu Paaren, anders als die Gazellen, die gerne Herden bilden. — Der etwas größere *Wasserbock (*oder *Riedbock)* wird 90 cm hoch und hat sehr eigenartige Hörner, die im oberen Teil leicht hakenförmig nach vorn gebogen sind. — Der *Uganda-Bock* (Dorkasgazelle) mit elegant nach hinten gebogenen Hörnern, deren Spitzen leicht nach oben gekrümmt sind, hat weiße Ringe um die Augen. — Der ihm verwandte *Crescent-Bock* ist sehr viel größer: 1,30 m, und hat ein braungraues Fell mit längeren Haaren. Er entfernt sich niemals sehr weit vom Wasser (er vermehrt sich stark in der Nähe des Nakuru-Sees und auf der Insel Crescent im Naivasha-See). — Die noch größere (1,50 m) *Rappenantilope* ist ziemlich selten. Sowohl männliche wie weibliche Tiere haben, entgegen der Norm, Hörner, die sehr hoch, stark nach hinten gebogen und geringelt sind. Wehe dem, von dem sie sich verfolgt fühlt, denn sie kann angreifen. — Die *Säbelantilope* ist etwas kleiner, ebenso selten und hat sehr lange und sehr stark über den Hals hinweg gebogene Hörner, sie trägt eine zwar kleine, aber sehr viel dichtere Mähne als die gefleckte Antilope. Ihre Decke ist schwarz, Bauch und Schnauze sind weiß. Sie ist sehr gefährlich, wenn sie

*Gnus — in allen Parks mit weiten Ebenen
sieht man sie zu Tausenden —
sind sehr friedliche Tiere ; nur zur Zeit der Paarung
werden auch die sanftesten Geschöpfe
mitunter aggressiv.*

Angst hat oder verwundet ist. — Das *Topi* hat sehr viel kleinere, geringelte Hörner, die seitwärts ausgestellt sind, keine Mähne und ein sehr glänzendes rotbraunes Fell sowie schwarze Flecken an der Schnauze und an den Hufen. — Das *Gnu* findet man in den Ebenen zu Hunderten. Man erkennt es an seinem weißen Kinnbärtchen, seinen kurzen büffelartigen Hörnern, sein Fell ist struppig grau ; es wird etwa 1,30 m groß. Unter den in den Ebenen lebenden Antilopen ist es eine der am häufigsten vorkommenden Arten. — Ein wenig kleiner ist die Cokes *Kuhantilope* (1,20 m) mit großen waagerecht abstehenden Ohren, geringelten, u-förmig ausgestreckten Hörnern und einem zum Hinterteil hin stark abfallenden Rücken. — Die *Elen-Antilope* ist die größte ihrer Gattung, fast 1,80 m hoch am Widerrist, ihre Hörner sind ganz gerade nach hinten gerichtet, ihr Rücken wiederum steigt zum Hinterteil hin etwas an. — Der *Buntbock (*damaliscus pygargus) zeichnet sich durch sein prächtiges Fell aus : es ist an den Läufen, am Hals und am Kopf schiefergrau, falb bis goldbraun am Bauch und an der Kruppe. Er macht gerne auf sich aufmerksam, indem er ganz allein auf einem Erdhügel » posiert «. — Der *Kudu* lebt vorzugsweise in den Buschsavannen ; er kommt in zwei verschiedenen Größen vor : der große Kudu mißt 1,50 m und wird bis zu 275 kg schwer ; mit seinen ungewöhnlichen, spiralförmigen Hörnern (die nur die männlichen Tiere haben), seinem Halsbart und den vertikalen weißen Streifen auf dem Rumpf sieht er prächtig aus.

Der etwas kleinere *Oryx* hat einen sehr schmalen Kopf (etwas zu schmal für seinen 1,20 m hohen Körper) mit einer schwarzweißen Zeichnung. Seine im unteren Teil geringelten Hörner sind nur wenig nach hinten gebogen. Er kann sogar in fast wasserlosen Wüsten leben und kämpft mit den Löwen, bevor er stirbt. — Ebenfalls in der Buschsavanne (z.B. in einigen Zonen von Samburu, die nicht allzu weit vom Fluß entfernt sind) lebt das *Gerenuk* oder die *Giraffen-Antilope* mit ihrem sehr langen Hals. Man sieht sie häufig, auf ihren Hinterläufen aufgerichtet, wie sie die Dornen der Akazien abfrißt. Sie ist ganz klein und von einer außerordentlichen Feinheit der Proportionen. — Das *Impala* ist von mittlerer Größe, hat eine falbe Decke, die derjenigen der Gazellen ähnelt ; es liebt alle Arten von Buschwerk ; man findet es ebenso in Nakuru wie in den Wäldern am Mount Elgon. Es hat einen weißen Bauch und schwarze Haarbüschel an den Hinterläufen. Die alten männlichen Tiere haben einen beeindruckenden Harem und halten die männlichen ledigen Jungtiere außer Reichweite ! — Der *Oreotragus* mißt nicht mehr als 50 bis 60 cm am Widerrist. Er liebt die Felsen, scheint auf der Kante seiner Hufe zu laufen und hat eine Decke, die so dicht ist, wie die eines Bären. — Das *Dikdik* ist noch kleiner (30 cm), hat eine lange Nase, lebt paarweise und stellt seine riesigen Ohren auf, die nicht im Verhältnis stehen zu seinem winzigen Kopf. Es hat eine graue Decke. — Der *Bongo* mit seinem mahagoniroten Fell und seinen weißen vertikalen Streifen mißt etwa 1,20 m und lebt nur in Wäldern (z.B. im Nyandarua-Gebirge). Er ist ein prächtiges, gut gebautes Tier, lediglich seine Hörner, die ein wenig konkav gebogen sind und sich dann hinter dem Kopf wieder aufrichten, erscheinen etwas zu klein im Verhältnis zu seiner Körperfülle. Auf der Brustseite befindet sich ein helleres großes » V «.

In den Sümpfen schließlich lebt das sehr seltene *Sitatunga*, eine Antilope mittlerer Größe mit stark länglichen Hufen. Wenn sie sich fürchtet, taucht sie bis zum Hals ins Wasser ein.

Andere Tierarten

Nach dieser umfangreichen Liste von Antilopenarten wird die alphabetische Aufstellung der wichtigsten anzutreffenden anderen Tierarten fortgesetzt.

Der *Büffel,* ein Verwandter des Stiers, erreicht ein Gewicht von 700 kg. Er ist allgemein als jähzornig bekannt und greift, wenn er schlechte Laune hat, jeden Gegner an. Seine Hörner sind von der Stirnmitte aus nach unten gekrümmt und biegen sich nach hinten zu wieder etwas auf. Es empfiehlt sich, ihm nicht zu nahe zu kommen. Er selbst weicht sehr häufig vor den Touristenbussen keinen Zentimeter aus und scheint sich über sie nur zu mokieren. Er badet gerne in Flüssen und Sümpfen.

Die *Damans* oder Klippschliefer ähneln mit ihrem beige-rötlichen Fell den Murmeltieren : ein kugelrundes Nagetier, das gerne zu Scharen auf Felsen lebt und in den Campingzelten herumschnüffelt.

Die *Elefanten* trifft man wirklich überall an ; sie sind vollkommen friedlich, sofern sie nicht beunruhigt werden. Wenn sie in langer Reihe hintereinander herziehen, die Kleinen jeweils zwischen den Großen, kommt es vor, daß einer plötzlich den Rüssel zur Warnung aufrichtet. Die größten Elefanten Kenias findet man in Marsabit.

Die *Flußpferde* wälzen sich den ganzen Tag im Wasser herum und es kommt sehr selten vor, daß man sie in ihrer vollen Größe sieht. Ihre sehr kurzen Beine wirken ziemlich lächerlich unter dem massigen dunkelgrauen Rumpf. Hat man jedoch Gelegenheit, sie unter Wasser beim Schwimmen zu beobachten, merkt man, daß diese wuchtigen Tiere sehr anmutig sind.

Die *Geparden* sind wahre Schnelläufer und übertreffen darin alle anderen Tiere bei weitem. Diese Raubkatzen haben ein falbes Fell mit runden schwarzen Flecken ; sie sehen im Sitzen sehr anmutig aus, wenn sie mit aufgerichtetem Kopf ihre Umgebung überwachen. Anders als die Katzen können sie ihre Krallen nicht einziehen. Von den Panthern unterscheiden sie sich durch ihre längeren Pranken und zwei schwarze Markierungen, die von den Augen bis zu den Lefzen herunterlaufen.

Die *Ginsterkatzen* sind Fleischfresser. Sie werden etwa 30 cm groß, haben eine aschgraues Fell und ernähren sich von kleinen Säugetieren, Vögeln und Reptilien.

Die *Giraffen* gehören zu mehreren Familien, die alle bis zu 5 Meter hoch werden und sich durch die Zeichnung ihrer rostfarbenen Decke unterscheiden. Die *Netzgiraffe* hat eine Fellzeichnung in Form eines Haarnetzes. Man trifft sie vor allem in den Ebenen des Nordens an. Die Giraffen ernähren sich hauptsächlich von den Dornen und Blättern der Akazien.

Die *Hyänen* werden ungefähr 1,50 m hoch. Sie spielen in den afrikanischen Erzählungen nicht gerade eine rühmliche Rolle. Sie ernähren sich von Aas. Andererseits reinigen sie den Busch, was die Touristen jedoch nicht dazu verleiten sollte, ihre Abfälle und Filmpackungen einfach wegzuwerfen :
— Die *Streifenhyäne* ist nicht ganz so widerwärtig und ein wenig größer als die *gefleckte Hyäne*.

Der *Leopard* oder *afrikanische Panther* hat, anders als der Gepard, in Fünfergruppen angeordnete Flecken. Tagsüber begegnet man ihm so gut wie nie, denn er liebt die Hitze nicht und wartet, auf einem Baum versteckt, der Einbruch der Nacht ab. Er greift alle Arten von Tieren an, sogar Fische denn er kann sehr gut schwimmen.

Die *Löwen* machen tagsüber den Eindruck, als ob sie die friedlichsten Tiere wären, denn sie (sehr häufig sieht man Gruppen von weiblichen Tieren mit ihren Jungen) schlafen zusammengeschart unter dornigen Bäumen. Die Löwinnen sind zumeist müde, denn sie sind es, die im allgemeinen für ihren Herrn und Meister auf Jagd gehen. In der Nähe dieser großen schlafenden Raubkatzen den Wagen zu verlassen kann ein Unternehmen mit tödlichem Ausgang sein, wenn es auch nicht immer den Anschein hat.

Die *Lycaons* oder *Wildhunde* jagen in Gruppen und reizen ihre Beute solange, bis sie erschöpft ist ; dabei lösen sich die einzelnen Tiere von der Gruppe ab. Im Körperbau und mit ihrer spitzen Schnauze gleichen sie dem Wolf, aber auch der Hyäne ; sie sind sehr wild.

Die *Mangusten* (in Indien *Mungos* genannt), kleine Fleischfresser mit spitzer Schnauze, haben in Rudyard Kipling einen berühmten Lobredner gefunden, der ihre Geschicklichkeit im Schlangentöten feierte. Wie Füchse haben sie ihren Bau unter der Erde, lassen sich aber leicht zähmen.

Das *Nashorn* ist wirklich abstoßend häßlich mit seinen beiden, mitten über dem Maul hintereinander aufragenden Hörnern, seinen winzigen Augen, einem massigen beige-grauen Rumpf und den kurzen Beinen. Es kann sehr gefährlich sein, wenn es angreift... offenbar haben seine Artgenossen nicht genügend angegriffen, denn das in Wirklichkeit grau aussehende *Schwarz-* oder *Spitznashorn* wird immer seltener und das ebenfalls graue *Weiß-* oder *Stumpfnashorn* ist auf einer Farm unter Naturschutz gestellt worden. Es ernährt sich von Kräutern und man trifft es oft in der Nähe eines Sumpfes oder in einem Dickicht hoher Gräser an, und zwar einzeln oder paarweise. Kleine weiße Vögel, die Zeckenvögel, leben auf seinem Rücken und fressen die Parasiten, die sich dort eingenistet haben.

Die *Pangolins* (oder *Schuppentiere*) können bis zu 1,40 m lang werden. Sie sind nicht gerade schön mit ihrem von scharfen Schuppen bedeckten Körper und mit ihrer wurmartig ausstreckbaren Zunge, mit der sie Insekten fangen. Sie bleiben allerdings meist in ihren Erdlöchern und stören niemand.

Die *Schakale* sind mit den Wölfen die Vorfahren der Hunde. Sie sind klein (ungefähr 50 cm), haben eine spitz zulaufende Schnauze und ein rötliches Fell. Abends nähern sie sich auf der Lauer nach Nahrung den Lodges. Das *Riesenwaldschwein* (Hylocheros) ist ganz schwarz, hat lange Borsten, und 30 cm lange Hauer ; es hält sich gern im Wald auf, wo es den Boden auf der Suche nach Wurzelknollen durchwühlt. Es gehört zur gleichen Familie wie unsere Eber. — Das *Warzenschwein* (Phakocheros oder Potamocheros) gehört ebenfalls zu der Familie der Eber. Es hat kleine Ohren, eine rechteckige Schnauze und hat etwas unterhalb der Augen warzenartige Auswüchse. Man trifft es im allgemeinen im Familienverband an. Beide Tiere sind Allesfresser.

Das *Ameisenschwein* hat Ähnlichkeit mit dem Schwein und dem Ameisenbär und frißt am liebsten nachts Termiten. Es hat eine lange und bewegliche Zunge, mit der es bequem seine Beute erreicht ; außerdem besitzt es sehr stabile Pfoten, mit denen es die Termitenhügel aushöhlt. Seine großen, senkrecht aufgestellten Ohren über der langen Schnauze erinnern allerdings eher an ein Kaninchen.

Man unterscheidet zwei *Zebra-Arten* : das *Grant* und das *Grevyzebra* ; letzteres hat mehr und schmalere Streifen als das erste. Dies sehr hübsche Tier ist gesellig und lebt bald mit Antilopen, bald mit Rindern oder Zebus zusammen (insbesondere in den Ebenen des Nordens, im Samburu-Land). Die *Zibetkatze* hat die Größe einer Katze, eine längliche Schnauze, ein helles Fell und einen dicht behaarten Schwanz, unter dem sich ein Drüsensack verbirgt, der eine früher zur Parfümherstellung benutzte Substanz enthält.

Die Fahrer der organisierten Rundfahrten kennen sich zumeist gut in der Tierwelt aus. Sie nennen einem unermüdlich den Namen der Tierarten, die man zu sehen bekommt, aber nicht auf den ersten Blick unterscheiden kann. Jedoch kennen sie offenbar, abgesehen von den Namen in der Eingeborenensprache, nur die englischen Bezeichnungen. Daher ist es unbedingt zu empfehlen, daß man sich vor der Abreise ein reich bebildertes Buch besorgt... und ein englisches Wörterbuch, wenn man zum Beispiel die Sammlungen des *Museums in Nairobi* mit Gewinn besuchen will. □

Löwen sind nach ein paar Tagen
fast schon ein vertrauter Anblick,
und es stört sie keineswegs,
wenn man ihnen beim Verschlingen der Beute zuschaut.
Geparden hingegen bekommt man nur selten zu sehen.

*Das feingliedrige Gerenuk
wirkt fast wie ein Strich,
wenn es sich nach den höchsten Trieben
der Dorngewächse, seiner Lieblingsnahrung,
ausreckt.*

30 Millionen Jahre Entwicklungsgeschichte

■ Vor etwa 30 Millionen Jahren war es soweit : von den » *Affen* «-Primaten zweigte die neue Familie der *Hominiden* ab. So lange schon ist die Entwicklung des heutigen Menschen im Gange... Er hat sich dabei viel Zeit gelassen : ein gewisser *Keniapithecus Wickeri,* den man — 14 Millionen Jahre alt — in *Fort Ternan* in Kenia entdeckte, wußte zwar damals schon Werkzeuge zu gebrauchen, aber er schaffte trotzdem das » Versetzungsexamen «nicht. Um ein Mensch zu sein, muß man aufrecht auf seinen Hinterbeinen laufen und Werkzeuge herstellen, nicht bloß gebrauchen können. Unser Primat tat sein bestes. Er begann, den Wald zu verlassen, wo er noch gezwungen war, alle viere zu gebrauchen, um sich von einem Baum auf den anderen zu schwingen. Auf freiem Gelände konnte er sich auf zwei Füße aufrichten... hätte er damals nur gewußt wozu ! Für *Australopithecus* scheint das aufrechte Gehen auf zwei Beinen schon eine fest angenommene Gewohnheit gewesen zu sein. Er sah zwar nicht gerade sehr intelligent aus mit seiner niedrigen Stirn ; aber immerhin war der zweifüßige Aufrechtgang ein außerordentlich wichtiger (r) evolutionärer Schritt : auf diese Weise konnte er einen Feuerstein in die Hand nehmen und mit einem anderen Feuerstein darauf klopfend, zum ersten Mal jenes Werkzeug gebrauchen, von dem sein künftiges »Ansehen« abhängen sollte. Er hatte es geschafft. Und wenn nicht er, dann sein Verwandter »homo«.

Denn in jener fernen Epoche nahm die unerschöpfliche Werkstatt Natur mehrere Primatenlinien » in Arbeit «, die an Findigkeit miteinander rivalisierten, um die Rasse zu veredeln und sie schließlich » dem Bilde Gottes « gleich zu machen. Leider sind uns von diesen tapferen Pionieren nur schwache Spuren geblieben : hier ein Backenzahn (in *N'Gorora,* unweit des Baringo-Sees, Alter : 9 Millionen Jahre), da ein Stück eines Unterkiefers, in dem sogar noch ein Zahn sitzt (in *Lothagam,* in der Nähe des Turkana-Sees, 5 bis 6 Millionen Jahre alt) oder ein Oberarmknochen (*Kanapoi,* in derselben Gegend, etwa 4 Millionen Jahre alt).

Die Fragmente von Skeletten aus dem Zeitraum zwischen 3 bis 1 Millionen Jahren vor unserer Zeitrechnung mehren sich, und die Familie » « homo « beginnt ihre Konkurrenten eindeutig zu übertreffen. Der » homo habilis « in *Kobi Foora* im Nordosten Kenias ruht in Reichweite einiger von seiner Hand bearbeiteter Feuersteine. Dann erscheint der » homo erectus «, dessen ältester Vertreter (auf 1,6 Millionen Jahre geschätzt) gleichfalls in Ostafrika gefunden wurde ; er kann als Repräsentant einer lokalen Rasse angesehen werden, die jedoch wahrscheinlich schon ein bis zwei Millionen Jahre vorher aus Afrika ausgewandert war, um über die anderen Kontinente auszuschwärmen. Es handelt sich wohlgemerkt um einen Zweifüßler, dessen Schädeldecke bereits ein Volumen von 1 000 ccm erreicht (das sind zwei Drittel von der unseren) und der mit Hilfe der Werkzeuge aus Stein und Knochen, die er herzustellen verstand, sich von der Jagd und von aufgesammelten Früchten ernähren konnte.

Schließlich wird der *homo sapiens* geboren — der älteste Vertreter dieser Gattung (2 Millionen Jahre alt), in der Oldovay Höhle bei Kanjera in Kenia von *Louis Leakey* gefunden, hat eine mit der des heutigen Menschen vergleichbare Morphologie, und er bevölkerte schon mehrere Regionen des Landes.

Die Steinzeit

Datiert der Paläontologe das erste menschliche Wesen, das als echter Vertreter seiner Art gelten kann, etwa in dieser Epoche, so ist für den Prähistoriker die Fähigkeit, etwas herzustellen, das entscheidende Kriterium und nicht morphologische Gegebenheiten. Unter diesem Aspekt mißt er den Beginn der *Steinzeit* an der Herstellung des ersten Werkzeugs, das heißt vor ungefähr 3 Millionen Jahren. In Afrika dauerte dies endlose Zeitalter praktisch bis zum Ende des letzten Jahrtausends v. Chr. an ; es zerfällt in drei große Abschnitte.

Diese Ära, deren Puls lentissimo zu klopfen scheint, beginnt mit der *Älteren Steinzeit :* sie nimmt ungefähr die Zeitspanne zwischen 3 Millionen und 100 000 Jahren vor unserer Zeitrechnung ein. Aus der ersten Phase fand man zunächst Quarzsplitter in der Nähe des *Turkana-Sees,* dann die wiederbearbeiteten Feuersteine, die schon der zur *Oldovay-Kultur* gerechnete *Australopithecus* und der *homo habilis* benutzt hatten. Aus der zweiten Phase (der nach dem französischen Fundort Saint-Acheul benannten *Acheuléen-Kultur),* die etwa 500 000 Jahre vor unserer Zeitrechnung begann, stammen zweiseitig und sehr viel sorgfältiger behauene Steine, wie die in *Olorgesailie,* südlich von Nairobi, in *Kariandusi* nahe dem Elmenteita-See oder auch um den *Turkana-See* zutage geförderten. Diese zweiseitig behauenen Steine laufen spitz zu und haben zwei lange Schneiden oder ein viereckig geformtes, als Meißel geeignetes Ende. Am Ende der ersten Phase, also wahrscheinlich vor 500 000 Jahren, machte man eine andere revolutionäre Entdeckung : den Gebrauch des Feuers. Welche Hautfarbe hatten jene Menschen wohl und wie mag erst ihre Stimme geklungen haben ? Darüber weiß man nichts.

Es folgte die *mittlere Steinzeit* von 100 000 bis 15 000 Jahren v. Chr. Um 20 000 v. Chr. tritt der *homo sapiens sapiens* auf. Womit begründet man diese nach Stottern klingende Verdoppelung ? Mit einer Verbesserung seiner Arbeitstechnik ! Dabei war er doch gar nicht auf jenen großartigen Gedanken gekommen, sich das Feuer nutzbar zu machen, eine genialere Idee als die, Werkzeuge zu verbessern ! Aber die Vielfalt der zu verschiedenen Zwecken behauenen Steine, die mannigfaltigste Formen haben und mit einem Stiel aus Holz oder Knochen versehen sind, zeigt, daß der Mensch sich offenbar seiner Umgebung besser anzupassen verstand und unter anderem mit dem starken und relativ häufigen Klimawechsel besser fertig werden konnte. Es fiel ihm in dieser Epoche schon leichter, sich verschiedenen Klimazonen und Lebensformen anzupassen. Damit setzte eine gewisse Differenzierung ein zwischen der Großwild jagenden Savannenbevölkerung und den Waldbewohnern, die sich mehr durch Früchtesammeln ernährten.

In der *Jüngeren Steinzeit,* von 20 000 bzw. 15 000 v. Chr. bis zum Beginn der historischen Zeitrechnung vermehren sich diese Werkzeuge. Man findet unter ihnen vor allem eine wachsende Zahl von Klingen, hauptsächlich aus Obsidian, einem dunkelgrünen Vulkangestein, und zwar im Rift Valley. Man stellte Bohrer her, Meißel, Schaber, Pfeile mit hölzernem Schaft. Mit Hilfe der Bohrer und Pfrieme machte man Kleidung, Decken, Unterkünfte und Boote aus Fellen. Körner, Knochen, Straußeneierschalen wurden zu Halsbändern und Ohrgehängen verarbeitet. Mit rotem Ocker, den man in Mörsern zerrieb, bemalte man sich den Körper und färbte sich die Haare. In Mörsern zerstampfte man aber auch Kräuter zu Nahrungs- oder Arzneizwecken.

Spätestens zu Beginn dieser Periode gab es eine fast gleichmäßig von Kenia bis zum südlichen Afrika zerstreute Bevölkerung von Jägern und Sammlern, die die *Schnalzsprache* der *San* und *Khoi-Khoi* sprachen und den heutigen Buschmännern und Pygmäen ähnelten. Man weiß, daß sie eine hellbronzefarbene Haut hatten, von niedrigem Wuchs waren und negroide Gesichtszüge hatten.

Die große Wasserkultur

Von 10 000 bis 5 000 v. Chr. hatte Afrika, insbesondere Kenia, ein extrem feuchtes Klima ; damals bildeten sich viele Seen und Flüsse, an denen sich eine Fischerkultur entwickelte. In der Jüngeren Steinzeit entspricht sie der *Capsa-Kultur* (nach dem Fundort der Werkzeuge in Tunesien benannt, A.d.Ü.) in Kenia. Die Werkzeuge unterscheiden sich durch lange Klingen aus Obsidian, wie sie beispielsweise in *Gamble's Cave* bei Nakuru gefunden wurden.

Wahrscheinlich erstreckte sich diese Kultur, deren äußerste südöstliche Grenze die Highlands und das Rift Valley bildeten, damals vom Atlantik bis zum Nil, von der damals weniger als heute ausgedehnten Sahara bis zur tropischen Waldzone, die damals weiter nach Norden reichte. Es ist nicht bewiesen, daß unter jener Bevölkerung der Ackerbau bekannt war, man hat nur Vermutungen. Bekannt ist jedenfalls, daß man an den Ufern des *Nakuru-* und *Turkana-Sees* die Korbflechterei und die mit Brennöfen arbeitende Töpferei kannte ; das wiederum ermöglichte die Erfindung und Entwicklung der Kochkunst sowie die Aufbewahrung von Lebensmitteln, und es läßt eine gewisse Neigung zum Seßhaftwerden erkennen, denn dies Material eignete sich wegen seiner Zerbrechlichkeit schlecht für einen häufigen Ortswechsel.

Aber obwohl im *dritten Jahrtausend* noch einmal eine Feuchtigkeitsperiode herrschte, erlosch diese Kultur allmählich infolge der fortschreitenden Trok-

Pelikane gehören zu den häufigsten Wasservogelarten an allen Seen, insbesondere an der Seenkette des Rift Valley.

kenheit. Seit dem sechsten Jahrtausend hat sich die Trockenperiode immer mehr verstärkt und ein ständiges Vordringen der Wüste bis in unsere Zeit hinein bewirkt. Seltsamerweise hat man an den Ufern des Viktoria-Sees keinerlei Spuren aus der Blütezeit jener Kultur entdeckt. Man weiß nur, daß im ersten Jahrtausend v. Chr. eine Bevölkerung von Jägern, Fischern und Sammlern in dem heutigen *Süd-Njansa* an seinem Ufer und auf Inseln wie *Rusiniga* lebte und Töpferwaren herzustellen verstand, die denjenigen der voraufgegangegen großen Kultur sehr ähnlich sind. Vielleicht lebte jene Kultur in ihr weiter, hier, wie im Umkreis aller verbliebenen Wasserflächen.

Diese Fischervölker waren Schwarze, und man hat sie in die nilosaharische Gruppe, genauer in deren ostsudanesischen Zweig eingestuft. Hier treffen wir also zum ersten Mal jene *Niloten* an, die in Kenia eine solche Bedeutung erlangen sollten... und von denen viele den Fischgenuß verbieten !

Wahrscheinlich übernahmen sie die Verachtung der Fische von den *Kuschiten,* deren Geschichte man bis in das südliche Bergland Äthiopiens zurückverfolgen kann, das heißt in eine ganz in der Nähe des Sudan, dem Ursprungsland der Niloten, gelegene Region. Genau genommen gehören die Kuschiten zu den Völkern afroasiatischer Sprache, deren Ursprung man in Wirklichkeit nicht genau kennt. Sie haben eine hellere Hautfarbe als die Niloten, auch andere Gesichtszüge : eine gebogene Nase und schmalere Lippen. Sie zeichnen sich durch ein verblüffend radikales Verbot des Fischgenusses aus, haben eine auf Altersgruppen basierende Gesellschaftsordnung und einen Initiationsritus, der durch Zirkumzision und Exzision vorgenommen wird. Sie treiben Ackerbau mit Bewässerung und bauen Sorgho, eine afrikanische Getreidepflanze, an. In ihren Gräbern findet man einen beträchtlichen Vorrat an Grabbeigaben, u.a. Besitztümer des Toten, die ihn ins Jenseits begleiten sollen. Das entspricht dem Brauch der alten Ägypter, die zur gleichen Sprachgruppe gehören. Unter diesen Grabbeigaben sind Mühlsteine und Stößel zu erkennen, ferner hölzerne Milchgefäße, Töpferwaren, Schnüre, Körbe, steinerne Schalen und Flaschen.

Ohne Zweifel war die erste Welle südlicher Kuschiten, die Kenia überflutete, ein Hirtenvolk. Man hat sich gefragt, ob sie diese Liebe zum Herdenvieh, insbesondere Rindern ohne Höcker und mit kurzen Hörnern, die sie nach Kenia mitbrachten, als sie zu Beginn des letzten Jahrtausends vor Chr. nach Süden zogen, von den Niloten übernommen hatten, deren Nachbarn sie seit ca. zwei Jahrtausenden an den Grenzen des Sudan und Äthiopiens gewesen waren.

Der Einfluß der Kuschiten sollte sich in Kenia erheblich auswirken : eine große Zahl von Jägern und Sammlern paßte sich ihnen an, vermutlich auch die durch die Trockenheit besitzlos gewordenen Überlebenden der Wasserkultur. Später wurden sie von neuen Einwandererwellen, zu denen die Niloten und die Bantu gehörten, absorbiert.

Die Kultur der Eisenzeit

Ohne sich an jener noch ungelösten wissenschaftlichen Auseinandersetzung zu beteiligen, darf man jedenfalls feststellen, daß alles, was über diese aufeinanderfolgenden Wanderungen behauptet worden ist, zumindest zweifelhaft bleibt. Die linguistischen Untersuchungen, die archäologischen Funde und die mündlichen Überlieferungen der Völker schaffen schwierige Widersprüche, die es noch zu lösen gilt.

Das trifft auch auf die *Wanderungen der Bantu* zu. Wer sind sie überhaupt ? Sie haben die Sprache, und nicht etwa die Rasse gemeinsam, obwohl sie auf jeden Fall alle einer negroiden Rasse von eindeutig schwarzer Hautfarbe angehören. Es ist eine überraschende Feststellung, daß die Menschen des ursprünglichen Kerns, in dem sich die Grundlagen der Sprache bildeten, weder geistig noch blutsmäßig miteinander verbunden waren. Vor zwei bis drei Millionen Jahren begann dieser ursprüngliche Kern sich in kleinen Gruppen zu zerstreuen, und auf ihrem Wege vermittelten diese Gruppen ihre Bantusprache Bevölkerungen, die ihnen vollkommen fremd waren.

Von wo ging ihre Wanderung aus ? Zunächst vermuteten einige Forscher ihr Ursprungsland in *Katanga,* andere in den Grenzgebieten Nigerias und Kameruns. Gegenwärtig scheint es, als ob die ersten Spuren einer Eisenbearbeitung in Afrika auf dem Plateau von *Jos* in Nigeria gefunden wurden ; sie reichen in das VI. Jahrhundert v. Chr. zurück. Trifft die Theorie zu, daß die Herstellung und Verarbeitung des Eisens in Afrika (zumindest in Kenia) von den Bantu verbreitet wurde, erschiene es logischer anzunehmen, sie seien aus Nigeria gekommen. Aber die Logik hat hier wenig Argumentationskraft ; schon einige Funde anderswo, insbesondere in Katanga, würden genügen, den Stand der Forschung zu verändern. Sollte das Eisen in Kenia durch die Bantu eingeführt worden sein, wie will man dann z.B. die Behauptung der *Kikuyu Bantu* erklären, sie hätten, als sie gegen Ende des 16. Jahrhunderts am Mount Kenya Gebirge ankamen, dort zwei alte Völker von Jägern und Sammlern vorgefunden, von denen eines (die in den Ebenen wohnenden und den Pygmäen gleichenden *Gumba*) ihnen die Kunst der Eisenherstellung beigebracht habe ? Soll man etwa annehmen, daß die Gumba sie Jahrhunderte früher von anderen Bantu erlernt hatten und daß die Kikuyu, die möglicherweise in einer Region ohne Erzvorkommen saßen, jene Technik inzwischen vergessen hatten ?

Ziemlich sicher ist jedenfalls, daß die Bantu sich zu Beginn des ersten Jahrtausends in Ostafrika ausbreiteten, und zwar zunächst in *Uganda,* wo viele sich für mehrere Jahrhunderte niederließen. Andere zogen auf dem anderen Ufer des Viktoriasees weiter bis ins *Hochland,* das an den westlichen Rand des Rift Valley grenzt ; dort kamen sie mit den *Kuschiten,* dann mit den *Niloten* in Berührung und ihre Kenntnisse und ihr Brauchtum vermischten sich.

Ein ganz anderer Zweig der Bantu zog in weitem Bogen durch *Tansania* und darauf teils genau nach Norden bis in die Gegend östlich des *Viktoria-Sees,* teils an der Küste des Indischen Ozeans entlang. Dieser Zweig ließ wahrscheinlich hier und da kleine Gruppen zurück, während der Hauptstrom an der Küste in *Shundwaya,* im Süden des heutigen Somalia, seßhaft wurde.

Ohne Zweifel war mit dieser sehr rasch und sehr kraftvoll erfolgenden ersten Bantu-Kolonisierung eine ebenso rasche Verbreitung der Eisenverarbeitung, eine Rodung des Waldes und die Anpflanzung von Hirse und Sorgho verbunden. Wo immer die Bantu hinkamen, war ihre erste Sorge, den Boden durch Kultivierung in Besitz zu nehmen. Man nimmt an, daß auf dieser ersten Wanderung um das Jahr 500 bereits die äußerste Ausdehnungszone erreicht wurde, und daß die Bantu für Jahrhunderte in den erreichten Gebieten seßhaft wurden, bis andere Wanderer die eingewurzelten Siedler verdrängten. Eine alte Geschichte — aber unbefriedigend für den, der genau orientiert sein möchte, denn das Erinnerungsvermögen der Bantubevölkerung, die seit dem 16. Jahrhundert die Landesmitte besetzte, reicht bestimmt nicht so weit in die Jahrhunderte zurück. Zwischen ihren Erinnerungen und ihrem bisher erforschten mutmaßlichen Ursprung klaffen noch erhebliche Lücken, die vielleicht nie gefüllt werden.

Die Niloten im Hochland

Wahrscheinlich in der gleichen Epoche, in der die Wanderung der Bantu sich von Süden nach Norden, dann von Westen nach Osten vollzog, fand eine andere Bewegung von Norden nach Süden, das heißt vom *Sudan* nach *Kenia,* dem *Rift Valley* folgend und durch das westliche angrenzende *Hochland,* statt. Die Niloten, die diese Route im ersten Jahrtausend einschlugen, waren ein Teil jener gemeinsamen Hauptlinie, die schon mit den Kuschiten in Verbindung gestanden hatte. In Wirklichkeit waren sie nicht die ersten, die sich nach Süden in Bewegung setzten. Die sogenannten » *Niloten der Seen* «, die sehr viel später in Kenia eintrafen, waren bereits im voraufgehenden Jahrtausend aufgebrochen. Aber sie waren nach ihrer langen Reise nilaufwärts und entlang der Seen schließlich am Westufer des Viktoria-Sees angelangt und dort fast zweitausend Jahre lang geblieben.

Die das Rift Valley aufwärts ziehenden Niloten waren viel länger als ihre Stammesverwandten mit den Kuschiten in Berührung geblieben, die ja fast im gleichen Gebiet wohnten wie sie ; und zur Zeit ihres Aufbruchs hatten sie sich wahrscheinlich schon mit ihnen vermischt und Gedankengut und Brauchtum ausgetauscht. Auf ihrer Wanderung zwischen dem Turkana- und dem Nakuru-See trafen sie auf die erste Welle der südlichen Kuschiten, die sich seit dem voraufgegangenen Jahrtausend in den Ebenen niedergelassen hatten, sowie auf eine gewisse Anzahl von Bantu, die in der Zwischenzeit aus der Gegend westlich des Viktoria-Sees hierhergezogen waren. So fanden neue Blutsmischungen und ein kultureller Austausch zwischen diesen drei Gruppen statt. Aus dieser Rassenmischung gingen nach und nach die *Kalenjin* oder vielmehr deren Vorfahren hervor, denn der Name » Kalenjin « wurde erst um die Mitte unseres Jahrhunderts erfunden, um mehrere Völkerschaften gleicher Sprache und Kultur, die heute immer noch im Hochland westlich des Rift Valley leben, zu bezeichnen.

Daneben wurden viele andere Niloten dieses Wanderzuges von weiteren Bantu, die von Uganda her kamen, absorbiert. Zu erwähnen bleibt noch die Gruppe der *Kadam,* welche sehr viel später von einem anderen Einwandererstrom assimiliert wurde, den » Niloten der Ebenen «, die sich gegen Ende des ersten Jahrtausends in der Umgebung des Turkana-Sees neu zusammensetzten.

Sowohl die späteren Kalenjin als auch die Niloten der Ebenen hatten irgendwann einmal Berührung mit den Kuschiten gehabt : allen gemeinsam ist das Fischverbot, ferner die nach Altersgruppen gegliederte Gesellschaftsstruktur, der Initiationsritus durch Zirkumzision und Exzision, eine mehr oder weniger exklusive Berufung von Erziehern sowie der seltsame Brauch, die unteren Schneidezähne auszuziehen.

Die Bantu der Küstenregion

Die *Bantu,* die sich im ersten Jahrtausend in *Tansania* und entlang der *Küste* bis nach *Shungwaya* verbreiteten, trafen dort keineswegs ein menschenleeres Land an. Alte Völker von Jägern und Sammlern wie die am unteren Tanafluß sitzenden *Dahalo* oder die *Boni* und die *Sanye* zwischen *Lamu* und dem *somalischen Grenzgebiet,* die hier übrigens immer noch beheimatet sind, wohnten dort als Nachbarn der Kuschiten ; diese wurden zwar von den Bantu absorbiert, vermittelten ihnen aber, wie erwähnt, manche ihrer Sitten, wie die Altersklassifizierung, die Beschneidung, die Bewässerung der Felder sowie die Gewohnheit, die Milch und das Blut der Herdentiere zu trinken. Nördlich von Shungwaya schließlich kamen sie mit der östlichen Gruppe von Kuschiten in Berührung, die seit ihrer ersten Niederlassung in jener Gegend den Namen *Somali* beibehalten haben.

Im übrigen wissen wir aus sicheren Quellen, daß seit langem Griechen und

*Kenia hat für viele Religionen Platz;
In Nairobi liegen Moscheen — wie die Djamia-Moschee
mit ihren versilberten Zwiebelkuppeln —
Synagogen, katholische und protestantische Kirchen
sowie Hindutempel nicht weit voneinander entfernt.*

Ägypter an der ostafrikanischen Küste Handel trieben. Ebenso machten es, zumindest seit Beginn des ersten Jahrtausends, die Araber und Perser. Ohne einheimische Agenten und Lieferanten konnte dieser Handel nicht vonstatten gehen ; denn sie selbst drangen niemals ins Landesinnere vor. Der Tauschhandel umfaßte im wesentlichen Elfenbein, Palmöl, Pantherfelle, graue Ambra, Schildpatt, Gummi und Rhinozeroshorn. Seit dem 10. Jahrhundert wurde das aus dem Inneren Afrikas herbeigeschaffte Gold ein wichtiges Tauschobjekt.

Die Verbreitung des Islam

Inzwischen hatte sich vieles verändert. Im 7. Jahrhundert war der *Islam* entstanden. Bis dahin war noch kein Ausländer auf den Gedanken gekommen, in Ostafrika eine Niederlassung zu gründen. Alle, die vom Wintermonsun getrieben Jahr für Jahr aus Arabien kommend, hier anlegten, wohnten auf ihren Schiffen, den » Dhaus « mit dem dreieckigen Segel, wie man sie heute noch in den Häfen Kenias sieht. Wehte der Wind von Mai bis Oktober aus der entgegengesetzten Richtung, kehrten die handeltreibenden Seefahrer nach Hause zurück.

Der Islam spaltete sich bald nach seiner Entstehung in zwei Glaubensrichtungen : die *Schiiten* und *Sunniten* ; sie bekämpften sich von Anfang an, und im Verlauf dieser Kämpfe wanderten immer wieder viele von ihnen aus. Die Bewegung des Islam neigt an sich schon zur Expansion. Seit dem 8. Jahrhundert begnügten sich die mohammedanischen Kaufleute aus Arabien deshalb nicht mehr damit, die Küste Ostafrikas, das *Land der Sindj* (persisch für » Land der Schwarzen «) nur vorübergehend anzulaufen. Außerdem hatte es im Land der Schwarzen schon immer eine ganze Anzahl von Mischlingen gegeben, die ihnen ähnlich sahen : man bleibt nicht monatelang an einem Ort, ohne auch intime Beziehungen mit den Einheimischen anzuknüpfen. So war die *Suaheli-Sprache* entstanden, die hinsichtlich Grammatik und Wortschatz ein mit arabischen, persischen und indischen Elementen durchsetzter Bantu-Dialekt ist. Denn die Kauffahrer kamen ja zum Teil aus Indien oder sogar aus China. So hatte sich gleichzeitig eine aus Bantu, Arabern und Persern gemischte Bevölkerung gebildet.

Nun aber gründeten zum ersten Mal Araber und Perser Städte an der Küste. Zum Beispiel ließ sich *Said,* das Oberhaupt der *Schiiten,* als religiöser Flüchtling im 8. Jahrhundert dort nieder, wo dann im 11. Jahrhundert Leute aus *Bahrein* die Stadt *Mogadishu* (im heutigen Somalia) gründeten. Andere Städtegründungen folgten : das von Familien aus *Schiras* (Shiraz), gegründete *Shungwaya, Lamu, Pate, Manda, Pemba, Sansibar, Kilwa. Pate* entstand zum Beispiel aus der Verbindung der arabischen Familie *Batawi* mit Töchtern der Familie *Sanye,* die zu den bekannten Elfenbeinlieferanten gehörte. Später heiratete eine andere arabische Familie, die *Nabhani,* in die Familie Batawi ein und gründete das bis ins 19. Jahrhundert bestehende *Sultanat Pate.* Überall wurde die zunächst fremde Herrenschicht durch Vermischung allmählich autochthon. In der übrigen Bevölkerung spielte sich ein entsprechender Prozeß ab, so daß zumindest in den Städten nicht mehr zu erkennen war, ob die Einwohnerschaft sich aus Bantu oder anderen Volksstämmen zusammensetzte, die wiederum aus der Urbevölkerung von Jägern und Sammlern oder aus ersten kuschitischen Einwanderern hervorgegangen war.

In diese unaufhörlich wachsenden Städte, deren Lebensstil keinerlei Ähnlichkeit mit dem der alten Küstendörfer hatte, strömten ständig Afrikaner, die sich von dem für sie unvorstellbaren Luxus und Reichtum anlocken ließen ; so wurde das Rassengemisch immer komplizierter. Im 11. Jahrhundert führten Indonesier, die sich auf der Insel Madagaskar niedergelassen hatten, an der Küste des Kontinents den Anbau von Bananenstauden ein und machten das Xylophon, genähte Schiffe und Kanus mit Auslegern bekannt. Man kann annehmen, daß auch sie zur Vergrößerung des Volkes der Suaheli ihr Teil beitrugen.

Die Bantu gehörten zwar zum Grundbestand dieses Mischvolkes, doch waren auch manche für sich geblieben wie die Bantu im Gebiet von Shungwaya, die im 14. Jahrhundert vor der neuen Welle der Kuschiten, den *Galla,* nach Süden und Westen flohen. Diese Galla verbreiteten immer noch Schrecken. Sie griffen übrigens in erster Linie die ihnen rassisch verwandten Somali an und zwangen sie, nach Norden auszuweichen. Wahrscheinlich verloren *Mogadishu* und *Shungwaya,* die bis zum 14. Jahrhundert blühende Suaheli-Städte gewesen waren, deswegen ihre Vorherrschaft zugunsten von Städten, die viel weiter im Süden lagen, wie *Kilwa, Pate* oder *Mombasa*.

Die große Expansionsbewegung der Galla wirkte sich besonders vom 16. bis zum 18. Jahrhundert auf die Besiedelung der Küste und des Hinterlandes beträchtlich aus. Gegen Ende dieser Zeitspanne übten die vorher nach Norden abgedrängten *Somali* Vergeltung. Sie begannen, wieder nach Süden vorzudringen und griffen nun ihrerseits die Galla an, um sie im 19. Jahrhundert mit Hilfe der *Massai* völlig machtlos zu machen. Sie selbst dehnen sich übrigens auch heute noch im gesamten Osten Kenias aus. Am Ende des 16. Jahrhunderts wurden die Städte der Suaheli plötzlich von einer anderen Gefahr bedroht : von den portugiesischen Karavellen *Vasco da Gamas*.

Die portugiesischen Eroberer

Den europäischen Seefahrern ging es zwar hauptsächlich darum, den *kürzesten Seeweg nach* dem sagenhaft reichen *Indien* zu entdecken. Sie hätten also nicht als Eroberer, sondern als Kauffahrer in dieses Land kommen können, um es friedlich zu durchdringen, hatte man doch Fremde hier niemals zurückgewiesen. Aber meinten es schon die Mohammedaner ernst mit ihrer Religion, so wurden sie darin von den portugiesischen Katholiken noch übertroffen, denn diese waren beständig darauf aus, Proselyten zu machen. Wo immer sie hinkamen, zwangen sie den Menschen mit allen Mitteln die Religion des » wahren Gottes « auf. In dem mohammedanischen Hafen *Mombasa* verschloß man sich ihnen schon beim ersten Versuch. Vasco da Gama insistierte nicht und fuhr weiter nach *Malindi*. In dieser mit Mombasa rivalisierenden Hafenstadt empfing man ihn mit offenen Armen. Mochte Malindi seit dieser ersten Kontaktaufnahme im Jahre 1499 auch manche Vorteile gewinnen, so erlitt Mombasa durch seine abwartende Haltung doch keine Verluste. Die Portugiesen ließen es jedoch nicht bei diesem einen Versuch bewenden. Im Jahre 1502 wurde Kilwa bestürmt ; drei Jahre später griff dann *Almeida*, der erste Offizier Vasco da Gamas, den Hafen noch einmal an mit dem Ziel, eine Tributzahlung zu erreichen ; das wiederholte sich im südlicher gelegenen *Sofala* und *Mombasa*. Stets vollzog sich der gleiche Vorgang : Mit großem Zeremoniell brachte man das Kreuz an Land und richtete es für alle sichtbar auf. Danach zogen die Eroberer los, um zu plündern und zu töten, gerade so, als wollten sie den Menschen einhämmern, ihr Gott dürste nach Blut und Menschenopfern.

Natürlich wurden die Portugiesen und die Araber als Handelskonkurrenten um die Vorherrschaft in diesem ganzen Gebiet handgemein. Zur Suaheli-Bevölkerung unterhielten die Europäer deshalb jedoch gute Beziehungen ; diese waren sogar unentbehrlich, denn die Portugiesen hatten nicht genügend Truppen, um sich eine dauernde Oberherrschaft zu sichern.

Dennoch ließen die Eindringlinge, nachdem sie in *Mozambique* ihr Hauptquartier eingerichtet hatten, anstatt ihren guten Willen und ihre Toleranz zu beweisen, keine Gelegenheit ungenutzt, um die » Rebellen « zu » bestrafen «, wie zum Beispiel Mombasa, wo man über die portugiesische Anmaßung, den Einheimischen ihre Religion, ihren König und ihre Ansichten aufzuzwingen, empört war.

Im Jahre 1585 lief *Ali Bey*, der Oberbefehlshaber einer türkischen Flotte, die wichtigsten Küstenniederlassungen von Mogadishu bis Kalifi an, um zu verkünden, der Sultan, der einzige mohammedanische Machthaber jener Zeit, der stark genug war, den Portugiesen Trotz zu bieten, habe ihn beauftragt, die Städte der Suaheli zu befreien. In ihrer Begeisterung erhoben sie sich allesamt. Leider reichte Ali Beys Stärke nicht ganz aus. Seine Verbündeten wurden furchtbar bestraft. Es heißt, daß in *Faza* auf dem Archipel von Lama damals alle Einwohner und sogar das Vieh getötet wurden ! Dennoch erhoben sich drei Jahre später die Küstenbewohner von neuem, wieder auf die Aufforderung Ali Beys hin, und wieder mit dem gleichen Ergebnis. Mombasa, das sich offenbar auch an diesem Aufstand beteiligte, wurde noch von einem besonders schrecklichen Schicksal getroffen : in jenem Jahr 1588, als sich die Portugiesen anschickten, die Stadt zu belagern, nahten von *Sambesi* stammende *Zimbakrieger*, die bereits ein Jahr zuvor *Kilwa* verwüstet hatten, und die im Rufe von Menschenfressern standen, und sie hausten ihrem Ruf entsprechend. Mombasa wurde verwüstet und oben-

*In der Volkskunst stellt sich das Alltagsleben dar.
Der unbekannte Künstler hat es vorzüglich verstanden,
auf dieser Batikarbeit die dörfliche Atmosphäre
mit den beruflichen Tätigkeiten
und dem Gemeinschaftsleben wiederzugeben.*

drein im folgenden Jahr abermals zerstört, diesmal durch die Leute von Malindi, unterstützt von *Segeju,* die, von den Galla vertrieben, aus dem Norden kamen. Nachdem sie die Stadt geplündert hatten, übergaben sie sie den Portugiesen, die nun, da man gesehen hatte, wie leicht sie zu erobern war, beschlossen, das *Fort Jesus* zu bauen, das 1593 fertig war und dem Kommando des *Sheikh Ahmad* von Malindi unterstellt wurde.

Der Zerfall der portugiesischen Autorität

Eigentlich hätten sich Ahmad und seine neuen Untertanen hassen müssen. Stattdessen wurde sein Verhältnis zu den Portugiesen immer schlechter ; der Scheich von Malindi beklagte sich sogar über die Besatzungsarmee beim *Vizekönig von Goa,* dem die in Ostafrika stationierten Truppen unterstanden. Um seine Feinde zu beschwichtigen, ließ Ahmad seinen Sohn von christlichen Priestern erziehen und auf den Namen *Don Geronimo* taufen. Dadurch änderte sich jedoch nichts, denn 1631 bemächtigte er sich, nun als *Jussuf* und Muselmane, des Forts Jesus und ließ in der Stadt und in der Festung alle Portugiesen umbringen. Obwohl die Europäer sechs Jahre später zurückkehrten, war ihre Zeit abgelaufen. Seit Anfang des 17. Jahrhunderts befreiten sich die hundert Jahre vorher von den Portugiesen unterworfenen Städte Arabiens eine nach der anderen, und als neue Macht wurde allmählich *Oman* erkennbar. Trotzdem blieb die Herrschaft in Arabien und am persischen Golf im Laufe des 17. Jahrhunderts heftig umstritten. Die suahelischen Städte zögerten im übrigen, sich an den Sultan von Oman zu wenden : sie wußten nur zu gut, daß er nach dem Abzug der Portugiesen ihr neuer Landesherr werden würde. Dennoch entschieden sie sich nach 1652 für ihn, und nach jahrelangen Kämpfen, in denen u.a. die Städte *Pate* und *Sansibar* verwüstet wurden, fiel *Mombasa* 1698 nach dreijähriger Belagerung in die Hände der Araber von Oman.

Natürlich konnte das den Suaheli nichts nützen, denn von wem die Macht auch ausgeübt wurde, sie waren die Leidtragenden. Im 18. Jahrhundert wandten sich einige sogar noch einmal an die Portugiesen um Hilfe gegen den Sultan, sogar Mombasa !

Im Jahre 1741 ernannten die Omaner einen *Masrui* zum Gouverneur von Mombasa — ein wichtiges historisches Ereignis. Die Familie Masrui hatte während der Belagerung des Forts Jesus ihre Loyalität bewiesen und sich nach dem Abzug der Portugiesen in der Stadt niedergelassen. Sie hatten Suaheli-Frauen geheiratet, sich in ihren Handelsbeziehungen umgestellt, kurz, sich völlig » assimiliert «, als einer von ihnen an die Spitze der omanischen Verwaltung berufen wurde.

Als die omanische *Yarubi*-Dynastie, der Masrui seinen Aufstieg verdankte, von ihren Rivalen, den *Basaidi,* vertrieben wurde, zeigte sich, daß sein Ehrgeiz doch stärker als seine Loyalität war. Durch die Revolution in Oman von lästigen Verpflichtungen befreit, erklärte er sogleich seine Unabhängigkeit von der Zentralgewalt. Ebenso machten es die auf den Inseln gelegenen Küstenstädte. Die Städte *Malindi, Gedi* und *Jumba* auf dem Festland gingen unter dem Ansturm der Galla zu Beginn des 17. Jahrhunderts zugrunde. Malindi kam erst zwei Jahrhunderte später zu neuem Leben, die beiden anderen verfielen.

Die kriegerischen Galla hatten sich damals vielleicht von Fort Jesus mit seiner portugiesischen Besatzung davon abhalten lassen, weiter als bis *Kilifi* vorzustoßen. Jedenfalls konnte die Familie *Masrui* ein Jahrhundert später ungehindert die Macht ergreifen und nicht nur die wie immer schon um die Vormacht kämpfenden anderen Familien beherrschen, sondern auch die *Mijikendastämme,* die schon seit zwei Jahrhunderten von Somalia aus sich längs der Küste von Kilifi bis Mombasa festgesetzt hatten.

Bis 1822 machte niemand den Masrui ihre Herrschaft streitig, nicht einmal die *Sultane von Pate* oder von dem südlicher gelegenen *Vumba,* obwohl diese Sultanate älter waren als die ständig wechselnde Macht in Mombasa ; sie erkannten sogar die Oberhoheit der Masrui an. Zweifellos entfalteten die wichtigsten Küstenstädte unter der Herrschaft dieser völlig suahelisierten Familie ihren ganzen Glanz und zwar sowohl in der Architektur (die schönsten Beispiele ihres originalen Baustils sind in Lamu zu sehen) als auch in der dekorativen Kunst und in der Dichtung.

Im Jahre 1806 aber wurde *Seyyid Said* Sultan von Oman ; damit verschlechterte sich die Lage der Masrui. Im Jahre darauf schickten sie Gesandte nach *Bombay,* dem Sitz des englischen Vizekönigs in Indien, und trugen 1809 den *Engländern* die Oberherrschaft über die Insel *Pemba* an. Doch die Briten wollten damals trotz dringender Bitten von einer Machtübernahme in Ostafrika nichts wissen. Dann beschleunigte im Jahre 1812 ein unerwartetes Ereignis den Lauf der Dinge. Als die Masrui und der Sultan von Pate beschlossen, in Lamu, der Vasallenstadt von Pate, einen seit langem begonnenen Festungsbau fertigzustellen, und zu diesem Zweck in *Shela* Truppen an Land gehen ließen, machten die Einwohner von Lamu alle samt den Schiffsbesatzungen nieder; dann aber wandten sie sich in ihrer Angst vor den möglichen Folgen an Seyyid Said um Hilfe.

Für diesen war es eine Chance, auf dem Festland einen Brückenkopf zu bilden, und er nutzte sie. Durch ein geschicktes Täuschungsmanöver überzeugten die Masrui den Befehlshaber der englischen Flotte, er solle in eigener Machtvollkommenheit Mombasa unter britisches Protektorat stellen, um so Seyyid Said an der Einnahme der Stadt zu hindern; für diesen bedeutete das jedoch nur einen Zeitaufschub. *Owen* wurde von seiner Regierung desavouiert und zog mit seiner Flotte ab. 1837 ließ Seyyid Said die Masrui festnehmen und deportieren. Dann verlegte er seine Hauptstadt von Oman nach *Sansibar,* das als Insel relativ leicht zu verteidigen war, einen für Hochseeschiffe geeigneten Hafen besaß und vor allem gegenüber von *Bagamoyo* gelegen war, dem Endpunkt einer der wichtigsten, von den Sklavenhändlern benutzten Handelsstraßen. Der Sklavenhandel brachte inzwischen die höchsten Gewinne ein, und Sansibar wurde rasch zum größten Umschlagplatz für Sklaven in Ostafrika. Dies hatte übrigens zur Folge, daß sich die Engländer später trotz ihrer tiefen Abneigung doch noch hier festsetzten. Bevor wir auf diese burleske Episode zurückkommen, muß noch von den letzten Einwandererströmen, die in den letzten Jahrhunderten die Bevölkerung Kenias vermehrten, die Rede sein.

Im Westen wie im Osten des Landes war das 16. Jahrhundert eine Zeit großer Erschütterungen, in der eine Volksgruppe die andere vorfolgte. Aus Uganda, wo sich die *Niloten der Seen* und die *Bantu* seit Jahrhunderten bekämpften, vermischten und verschiedene Gebiete miteinander geteilt hatten, zogen Gruppen dieser beiden Stammesfamilien an das Nordufer des Viktoria-Sees. Was dort mit ihnen geschah, wissen wir nicht genau. So ist z.B. die Schlacht am *Ramogi Hill* im heutigen Distrikt Siaya eines der großen, aber von der Forschung umstrittenen Ereignisse in der Geschichte der *Luo.*

Das Kaleidoskop der Volksstämme im Westen

Diese von den Niloten der Seen abstammenden und mit Bantu vermischten *Luo* zogen in vier großen Gruppen nach Kenia. Die erste, die von *Ramoji Ajwang* angeführten *Joka-Jok,* soll miteinander verbündeten Bantu, die wie sie selbst aus Uganda stammten, eine 24-stündige Schlacht geliefert und sie besiegt haben. Die Geschlagenen waren *Luhya,* die sich dann weiter nördlich niederließen, sowie *Kuria* und *Kisii,* die nach Osten und Südosten hin verdrängt wurden.

Ob die Schlacht am Ramogi Hill nun stattgefunden hat oder nicht — jedenfalls blieben die Luo den Bantu auf den Fersen. Sie wurden von nachdrängenden Luo bis *Kisumu,* östlich des Sees, und dann weiter nach Süden in das heutige Süd-Njansa vertrieben. Die zurückweichenden Bantu hatten es nicht allein mit den Luo zu tun: auf ihrem Rückzug stießen sie zunächst auf die *Kalenjin,* die noch immer im Hochland westlich des Rift Valley saßen. Dann waren ja die zu Beginn des Jahrtausends von der Gegend nördlich des Turkanasees aufgebrochenen *Niloten der Ebenen* langsam nach Süden vorgedrungen. Besonders die *Massai,* die bekanntesten unter ihnen, sollten noch von sich reden machen. Von den *Kuschiten* hatten sie das Fischverbot und einen ausgesprochenen Hang zum Nomadenleben übernommen und die Rinderzucht gelernt. Anders als die Kalenjin, die sich unter dem Druck der Umstände auch dem Ackerbau anpassen konnten, verachteten die Massai zum Beispiel alles, was sie nicht gewohnt waren; selbst heute sind sie noch vor allem ein Hirtenvolk. Zu Beginn des 17. Jahrhunderts rückten sie also auf den Spuren der Kalenjin vor, die nun ihrerseits zwischen den Massai, den Luo und den Bantu saßen; dabei waren die Bantu wie die Kalenjin die Verfolgten, während Massai und Luo ihre Gebiete immer weiter ausdehnten.

Die Bantu ließen sich dann südlich der Kalenjin und östlich der Luo nieder. Die Kalenjin wichen nach und nach aus der Ebene des Rift Valley in das Hochland auf dem westlichen Gebirgsrand zurück. Die Massai bewohnten zu Beginn des 18. Jahrhunderts alle Ebenen vom Plateau von *Uassin Gishu* und dem *Laikipia* bis nach *Tansania,* und in westöstlicher Richtung dehnten sie sich vom heutigen Maasai-Mara Park bis zu den Taita Bergen östlich des Tsavo Parks aus. Obwohl sie gar nicht so zahlreich waren, hatten alle Angst vor ihnen, weil sie militärisch organisiert waren : die » *Moran* «, mannbare, noch nicht verheiratete Männer, die zum Schutz der Gruppe und als Stoßtrupps eingesetzt wurden, waren ein wahrer Vernichtungsapparat.

Sie wurden zur völligen Verachtung jeglicher Gefahr, von Schmerzen, und sogar zur Verachtung des Todes erzogen und bildeten eine schlagkräftige, gut geölte und verpflegte Truppe, die sich auch als Söldner verdingten. Das trug ihrem Stamm nicht nur Viehreichtum und Ehre ein, sondern verbreitete überall ihren Ruf der Unbesiegbarkeit. Die Kaufleute und Träger der Karawanen, die auf dem Wege von der Küste zum Viktoria-See die Ebenen der Massai durchquerten und den Moran Tributzahlungen leisten mußten, wußten von den Heldentaten, den übermäßigen Preisforderungen und den Gewalttaten dieser Krieger zu berichten. Hinzu kam noch, daß *Joseph Thomson,* der 1883 auf seiner Reise von Mombasa bis zum Viktoria-See und zurück das Land der Massai zweimal zu Fuß durchquerte, mit der Veröffentlichung seines Tagebuchs den Ruf dieser reizbaren Hirten im 19. Jahrhundert durch ganz Europa trug.

Im 18. Jahrhundert folgten andere Niloten der Ebenen den Spuren der Massai, mit denen sie übrigens die Sprache gemeinsam haben : die *Samburu* und die *Njemps ;* über ihre Abstammung ist nichts weiter bekannt, aber sie lieben einander wie enge Verwandte. Erstere gleichen sehr stark den Massai, ohne allerdings deren Aggressivität zu besitzen. Sie ließen sich auf dem Nyandarua- und auf dem Mount-Kenya-Gebirge nieder. Mit ihren nomadischen Stammesbrüdern aus dem Norden verstehen sie sich sehr gut... sofern diese sie in Ruhe lassen.

Eine andere Gruppe von Niloten der Ebenen, die *Turkana,* ist nicht so friedfertig. Im 18. Jahrhundert verließen sie aus unbekanntem Grund Uganda, wohin sie mit anderen Volksstämmen gleichen Ursprungs ausgewandert waren ; sie drangen vom äußersten Nordwesten her in kleinen Gruppen nach Kenia ein. Zwar ebenso aggressiv wie die Massai, aber wählerischer als diese, sind sie heutzutage Kamel- oder Rinderhirten, zum Teil auch Bauern oder sogar Fischer, trotz des unter Niloten allgemein verbreiteten Fischverbots. Wie die Somali im Osten, so verbreiteten sie sich immer weiter nach Süden, doch auch, den Somali entgegen, nach Osten.

Die *Njemps* ließen sich im Laufe des 19. Jahrhunderts in der Nähe des Baringo-Sees nieder ; dort wurden sie Ackerbauern oder Fischer, auch belieferten sie die damaligen Karawanen (bewirteten u.a. Joseph Thomson), behielten aber sonst viele Bräuche der Massai bei.

Die zweite Bantuwelle

Im 16. Jahrhundert, zu derselben Zeit, als die Luo nach Westen vorstießen, wanderten die *Bantu, Kikuyu, Meru, Embu, Mbere* und *Thamka* vom Osten in die Mitte des Landes. Die Kikuyu wohnten in der Mitte des 19. Jahrhunderts westlich des Mount-Kenya-Massivs und im ganzen Nyandarua-Gebirge, die übrigen Stämme staffelten sich vom Ostabhang des Mount-Kenya-Gebirges nach Süden. Die *Kamba* schließlich saßen in einem ziemlich weitläufigen Gebiet südöstlich von der Region dieser Bantustämme verteilt.

Woher kamen alle diese, offenbar nah verwandten *Bantustämme ?* Die Überlieferungen der Kikuyu wissen z.B. nichts von einem anderen Wohngebiet als der Hügellandschaft, in der sie auch heute sitzen, oder auf dem Mount-Kenya selbst, obwohl man ihren Weg bis ins 16. Jahrhundert zurückverfolgen kann, als sie noch östlich dieses Massivs wohnten. Erst im 19. Jahrhundert erreichten sie die westlichen und südlichen Grenzen ihres heutigen Gebiets, wo sie mit den Massai zusammenstießen, besonders dort, wo der Nairobifluß die Grenze zwischen ihren Wohngebieten bildet. Die *Meru* berufen sich auf ein geheimnisvolles *Mbwa* am Meer. Flohen sie vielleicht vor den Galla auf die Insel Man-

*Die Frauen der Samburu heben
die klare Schönheit ihrer Kopfform
nicht durch eine Haartracht hervor,
sondern durch ein buntes Perlenhalsband
und durch einen Stirnschmuck aus Metall.*

da, wo sie dann später die anfängliche Zusammenarbeit mit arabischen Sklavenhändlern aufgaben ? Es gibt keinen Beweis für diese Vermutung. Daß nah verwandte Volksstämme so verschiedene Überlieferungen über ihre Herkunft haben, bleibt verwirrend.

Die *Kamba* z.B. wollen von den Hängen des Kilimandscharo herstammen ; von dort seien sie im 16. Jahrhundert aufgebrochen, durch die Chyulu Hills gezogen und schließlich gegen Ende des 18. Jahrhunderts in Kitui angelangt. Wieso sie dann nahe mit den Kikuyu verwandt sind bleibt ein weiteres ungelöstes Rätsel.

Zwiste und Solidarität der Stämme

Diese *Kamba* sind ausgesprochene Opportunisten, die sich jeder Situation anpassen können. Da ihr neues Wohngebiet nicht sehr fruchtbar war, wurden die meisten von ihnen Händler. Seit dem 18. Jahrhundert zogen regelmäßig Karawanen bis nach Uganda, um die Küstenmärkte mit Sklaven, Gold, Elfenbein und Rhinozeroshorn zu versorgen — an diesen nahmen sie entweder selbst teil oder stellten sie zusammen.

Stießen sie auch häufig mit den Massai zusammen, so waren diese Kämpfe doch nicht so heftig, wie die zwischen Kikuyu und Massai. In kriegerischen Auseinandersetzungen wurden die Frauen nie getötet, sondern von den Siegern auf der Stelle geheiratet ; das schuf familiäre Bande zwischen den Stämmen, die sie zu nutzen wußten, wenn es nötig wurde ; wenn sich einmal zwei miteinander verfeindete Massai-Clans wild bekriegten, flohen die Unterlegenen zu ihren Verwandten vom Stamme der Kikuyu.

Die engen Handelsbeziehungen blieben übrigens selbst im Kriegsfall bestehen. Bestimmte Karawanenpfade, zwischen dem Land der Kikuyu und den wichtigen Märkten in *Naivasha, Narok* oder *Nanyuki* blieben auch dann offen, und die Kaufleute wurden nie angegriffen. Als im 19. Jahrhundert Stammesfehden, Epidemien und Trockenperioden die Maasai dezimierten, verdankten die ihrer Herden Be-

DIE VERSCHIEDENEN SPRACHGRUPPEN

 Ureinwohner
Boni und Sanye *(in den Ebenen des Südostens)*

Niloten
Niloten der Highlands : *die Gruppe der Kalenjin, im Hochland westlich des Rift Valley verteilt, setzt sich zusammen aus den Kipsigi, Nandi, Sabaot, Tugen (am weitesten östlich um den Baringo-See wohnend), El Geyo, Marakwet, Pokot.*

Niloten der Ebenen : *die Turkana (Nomaden des Nordwestens), Iteso, (entlang der ugandischen Genze nördlich von Kitale), Massai (entlang der tansanischen Grenze und in der Landesmitte), Samburu (in den Ebenen des Nordens von den Highlands bis zum Turkanasee), Njemps (neben den Tugen in der Nähe des Baringo-Sees).*

Niloten der Seen : *Die Luo (um die Bucht von Kavirondo).*

raubten ihr Überleben häufig den landwirtschaftlichen Produkten der Kikuyu.

England — Gegner des Sklavenhandels

So war die Bevölkerung in Kenia verteilt, als die ungewöhnliche Geschichte der *englischen Kolonisation in Ostafrika* einsetzte. Zu Beginn des 19. Jahrhunderts lag der britischen Regierung nichts ferner, als in dieser Region Macht auszuüben, konnte man sie doch nur unter großen Kapitalinvestitionen aufrechterhalten. Im Gegensatz zu Ihrer Majestät war auch der letzte ihrer Untertanen ein entschiedener Gegner des Sklavenhandels.

Wollte man ihn im Orient unterdrücken, mußte man zuerst *Seyyid Said,* den Sultan von Sansibar, überzeugen, denn er bezog den Hauptteil seiner Einkünfte aus einem Handel, den in Afrika oder in Arabien niemand verurteilte. Dies war nicht einfach, denn trotz allen Gefühlsengagements mußte man in seiner Nächstenliebe behutsam zu Werke gehen und durfte auf keinen Fall Gewalt anwenden — war doch die Insel dieses potentiellen Bundesgenossen eine Flottenbasis ersten Ranges am Rande des Indischen Ozeans.

Aufgrund zweier Verträge von 1822 und 1847 verpflichtete Großbritannien den Sultan, seine Tätigkeit auf diesem Gebiet stark einzuschränken. Darüber hinaus mischte es sich in dessen Angelegenheiten und ernannte — sei es auch nur unter dem Vorwand, die Einhaltung seiner Verpflichtungen zu überwachen und durch Einsetzung seines Sohnes Bargash seine Thronfolge zu regeln — im Jahre 1870 einen beherzten Mann zum englischen Vizekonsul in Sansibar : *John Kirk.* Dieser wurde ein aufrichtiger Freund des Sultans und der Bevölkerung, und Großbritannien wurde, fast unmerklich, praktisch sein Vormund.

Im Jahre 1872 führte Kirk Bargash dahin, daß er den Sklavenhandel völlig verbot, darunter auch jene Karawanen, die seit 1852 von Bagamoyo aus nach *Baganda* am Nordufer des Viktoria-Sees zogen. Aber es gab noch

---

Kuschiten
Somali, Rendille, Orma, Boran, Gabbra, Sakuya : Nomaden des Ostens von der abessinischen Grenze bis zum Tanafluß und nach Garissa.

Bantu
Westliche Bantu : *die Luhya (neben den Iteso entlang der ugandischen Grenze), Kuria (beiderseits der tansanischen Grenze neben den Luo), Kisii (im Südwesten).*

Mittlere Bantu : *di Kamba (um Kitui und Machakos), Kikuyu (am Westabfall des Mount Kenya und des Nyandarua-Gebirges bis zur Linie Naivasha-Nakuru), Embu, Mbere, Tharaka, Meru (von Süden bis zum Norden, östlich des Mount Kenya sowie an den Hängen des Massivs).*

Östliche Bantu : *die Pokomo (am Tanafluß), Mijikenda (von Malindi bis zur tansanischen Grenze am Küstensaum), Taita, Taveta (entlang der tansanischen Grenze, zwischen den Digo Mijikenda im Hinterland von Mombasa und dem Tsavogebiet), Suaheli (in den Küstenstädten und auf den Inseln), Bajun (an der Nordküste bis zur somalischen Grenze).*

*Während die Krieger der Maasai stolz
ihre lange Lanze halten, ist für den jungen Hirten
die lässige Gebärde typisch,
in der er seinen Stab
quer über den Schultern trägt.*

andere Karawanen, die ihre »Ware« aus dem Inneren Afrikas holten.

Im Jahre 1862 zog ein englischer Offizier namens *Samuel Baker* nilaufwärts und alarmierte die Weltöffentlichkeit, indem er sie über den widerlichen Menschenhandel, dem er überrall auf seinem Weg begegnet war, aufklärte. Um sich der englischen Sympathien zu versichern, setzte daher der Khedive von Ägypten 1869 zwei Expeditionen nach Baganda in Marsch, angeblich gegen die Sklavenhändler (zu denen er selbst gehörte!), in Wahrheit aber, um das ganze obere Niltal sowie einen Teil der Besitzungen des Sultans von Sansibar zu annektieren.

Als die beiden Expeditionen scheiterten, forderte Bargash von England, auf das er als den Garanten seiner Interessen zählte, eine wirksamere Präsenz. *Mutesa,* den König von Baganda, interessierte jedoch nur eins: die beiden Expeditionen waren von Engländern geleitet worden. Seitdem war er von einer Anzahl Engländer umgeben, und das bedeutete für ihn nichts Gutes.

Seit 1862, als der Forschungsreisende *Speke* am Ufer des Viktoria-Sees eintraf, waren christliche Missionare ins Land geströmt: zuerst englische Protestanten, dann französische Katholiken. Mutesa sah in ihnen zunächst ein Gegengewicht gegen die Muselmanen, die sich im Gefolge der arabisch-suahelischen Karawanen bei ihm festgesetzt und wachsenden Einfluß gewonnen hatten. Dann aber sah er, wie Katholiken und Protestanten, die allesamt Christen waren, sich gegenseitig bekämpften; er fand das befremdend und seine Begeisterung für ihre Religion der Liebe schwand dahin.

Als dann die von Engländern geleiteten ägyptischen Expeditionen ankamen, waren ihm bereits alle englischen Portestanten zuwider. Da er jedoch ihren Vorgesetzten, *Alexander Mackay,* nicht anzutasten wagte, ließ er die jungen Katechumenen von Baganda festnehmen, foltern und töten. Die Folge war, daß sich die öffentliche Meinung in England von neuem empörte, während die Regierung ihre Blicke schon anderswohin richtete...

Der Wettlauf der Europäer in Afrika

Seit 1869 ließ die englische Regierung Ägypten nicht aus dem Auge, denn dort war soeben der *Suezkanal* eröffnet worden, der Seeweg nach Indien, dem Empire, das nicht angetastet werden durfte. Außerdem hatte man einige Jahre vorher entdeckt, daß der *Viktoria-See* eine der Nilquellen war. Daraus entstand eines der Axiome jener Epoche: wer die Nilquellen hat, hat Ägypten, wer Ägypten hat, hat den Suezkanal... und kann den kürzesten Seeweg nach Indien unterbrechen. Noch war die Gefahr nicht akut.

Zunächst begnügten sich die Engländer im Jahre 1882 damit, ganz Ägypten zu besetzen, was die Franzosen, die den Suezkanal finanziert hatten, zutiefst empörte. Dann beteiligten sie sich an einer militärischen Unternehmung in Oberägypten, wobei der englische Major *Gordon* fiel. In London herrschte große Empörung: Premierminister Gladstone wurde gestürzt und durch Salisbury ersetzt. Dieser vertrat gegenüber dem, was in Ostafrika geschah, die gleiche Ansicht wie sein Vorgänger, der Interventionspolitiker Gladstone. Höflich begrüßten sie die Leistung des Deutschen Karl Peters, der aus eigener Initiative die Deutsch-Ostafrikanische Gesellschaft gegründet hatte, durch Abschluß von Protektoratsverträgen mit lokalen Häuptlingen einen guten Teil der kontinentalen Besitzungen des Sultans von Sansibar annektierte und sich offensichtlich auch damit nicht begnügen wollte. Den entrüsteten Kirk bat Salisbury zu schweigen: im diplomatischen Spiel durfte die Regierung es nicht mit Deutschland verderben. Unterdessen unternahmen die mit Schmetterlingsnetzen bewaffneten Belgier immer häufiger Expeditionen in Richtung des *Tanganjika-Sees.*

Auf Bitten Deutschlands versammelten sich die europäischen Großmächte auf dem *Berliner Kongreß* von 1886 und teilten, ohne daß auch nur ein Vertreter der afrikanischen Völker, etwa der Sultan von Sansibar, anwesend war, deren Kontinent in »Einflußsphären« auf — mit diesem schamhaften Ausdruck bezeichneten sie ihre imperialistischen Absichten. Auf dieser Konferenz, die Salisbury leitete, zeigte die englische Regierung erste Anzeichen von Gereiztheit und verlangte, was sie eigentlich nicht wollte: ein Stück von diesem Ostafrika (worum Bargash sie jahrelang vergeblich gebeten hatte), nur damit die Preußen es nicht bekämen! Hatte man die Rechte einmal bekommen, mußte man sie geltend machen, sonst gingen sie wieder ner Vertrag. Wie aber sollte man sie geltend machen, ohne einen Pfennig auszugeben? Doch daran sollte es nicht scheitern. Groß-Britannien ermächtigte *Mackinnon* — der damit einigen Mut bewies — im Jahre 1877 die *Imperial British East Africa Company (IBEA)* zu gründen; es wurde beauftragt, in Privatinitiative diese » englische Einflußsphäre «, mitsamt dem verkleinerten Gebiet von Bargash, d.h. etwa das heutige Kenia, zu erkunden. Damit wurde die IBEA mit erheblicher Vollmacht betraut und mit nicht weniger erheblichem Kostenaufwand belastet. Mackinnon hatte beträchtliche Schwierigkeiten zu bewältigen; ebenso mußte sich *Karl Peters* ganz allein an die Eroberung *Ugandas* machen. Währenddessen setzten Engländer und Deutsche ihre Salon-Schachspiele fort — sie endeten damit, daß der Kaiser der alten Queen ein fürstliches Geschenk machte: Peters desavouierend » bot « er den Engländern im Jahre 1890 Uganda » an «.

Natürlich waren die Engländer erfreut, daß die Deutschen auf die Nilquellen verzichteten, aber sie waren nach wie vor nicht gewillt, das Geld des englischen Steuerzahlers für diese entlegenen Gegenden auszugeben. Da die IBEA bereit war, England zu vertreten und alle Ausgaben auf ihre Rechnung zu setzen, stand der Fortsetzung der bisherigen Politik nichts im Wege. Leider ruinierte sich die IBEA bei diesem Spiel. Nachdem sie den höchst energischen *Frederick Lugard* nach Uganda geschickt hatte, der sich mit Protestanten, Katholiken, Mohammedanern, einem verrückten Potentaten namens *Mwanga,* dem Nachfolger des nicht weniger verrückten Mutesa herumgeschlagen hatte, erklärte die IBEA, sie sei gezwungen, sich zurückzuziehen!

Nun überstürzten sich die Ereignisse. Der Forschungsreisende *Stanley* und *Lugard,* der nach England zurückkehrte, um die Öffentlichkeit zu mobilisieren, sowie der Sekretär des Außenministeriums *Rosebery* machten Propaganda für den Bau einer *englischen Eisenbahn von Mombasa nach Uganda*: nur so könnten die Karawanen der Sklavenhändler unterbunden und die englischen Interessen in Ostafrika wirksam vertreten werden. Imperialistisch Gesinnte und Anhänger von » Klein England « diskutierten, stritten und beleidigten sich in den Salons, im Oberhaus, im Unterhaus...

Die Regierung schickte einen mit Untersuchungen beauftragten Kommissar namens *Portal* nach Uganda. Vor seinem Tode konnte er noch die Fahne der IBEA, die sich zum vorgesehenen Termin, dem 31. März 1893, zurückzog, durch den Union Jack ersetzen. Ohne zu wissen, wie so etwas passieren konnte, beschloß die Regierung halb widerwillig am 1. Juni 1894 Uganda *Schutzherrschaft* zu » gewähren «. Als Salisbury 1895 wieder an der Macht war, ließ er das Gesetz zum Bau der Eisenbahn im Juli desselben Jahres votieren, was die Unterzeichnung eines *Protektoratsvertrags* über das Gebiet zwischen Mombasa und dem Rift Valley zu Folge hatte.

Das Land des weißen Mannes

Zunächst vom *Konsul von Sansibar,* dann von dem aus Beamten des Foreign Office zusammengesetzten *Eisenbahn-Komitee* verwaltet, galt Kenia im wesentlichen als eine Art Schutzkorridor für die Züge. *Charles Eliot,* der 1901 ernannte Hauptkommissar, entschied als erster, die Eisenbahn, die den britischen Steuerzahler 5 1/2 Millionen Pfund gekostet hatte, sollte das Instrument zur Entwicklung dieses unerschlossenen Landes sein. Durch einen groß angelegten Werbefeldzug wollte er möglichst viel weiße Farmer ins Land bringen, um die als das Traumland der Weißen angesehenen » Highlands « zu erschließen; im Jahre 1902 wurde der ganze östlich des Viktoria-Sees gelegene Teil Ugandas dem East Africa Protectorate einverleibt und wurden Verordnungen erlassen, nach denen jeder Ausländer, der in der Lage war, das Land zu bewirtschaften, sehr billige Konzessionen bekommen konnte.

Die Weißen strömten ins Land. Seit 1903 wurden sie von einer außergewöhnlichen Persönlichkeit, *Lord Delamere,* einem sehr reichen Adligen, der England verlassen hatte, um in der Gegend von *Nakuru* Farmer zu werden, vertreten, verteidigt, ja, geradezu verkörpert. Als zwei Jahre nach der Ernennung eines Gouverneurs, *Sir Hayes Saddler,* der nun dem Kolonialministerium und nicht mehr dem Foreign Office unterstand, im Jahre 1907 ein gesetzgebender Rat mit 6 offiziellen und 2 nicht-offiziellen Vertretern gegründet wurde, sollte Delamere die Interessen der » settlers « wahrnehmen. Von nun an zogen sich die Auseinandersetzungen in der Ratsversammlung unendlich in die Länge ; ihren besonderen Akzent erhielten sie durch die Aufsehen erregenden Rücktrittsdrohungen des adligen Agronoms.

Es ging vor allem um den Gütertarif der Eisenbahn, der so hoch war, daß die » settlers « die spärlichen Erträge, die sie dem Land in jahrelanger Arbeit abrangen, nicht mit Gewinn verkaufen konnten, kannten sie doch weder das Klima, noch die Krankheiten und Viren, von denen Pflanzen und Vieh befallen wurden, das heißt : sie lernten, dies alles nur zu gut kennen, ohne indes zu wissen, wie sie sich dagegen wehren sollten. Es war nicht leicht, die Regierung davon zu überzeugen, daß es besser sei, die für die Eisenbahn aufgenommenen Kredite langsam zurückzuzahlen und stattdessen die Siedler zu unterstützen, damit sie mit ihren großen Schwierigkeiten fertig wurden. Die zweite kritische Frage betraf das Landeigentum — bzw. die Konzessionen.

Die Bestrebung der Regierung, eine Bodenspekulation zu verhindern, war zwar gerechtfertigt, aber doch unvernünftig angesichts der Bestimmung, daß der Farmer sein Land, nachdem er es 21 Jahre lang bewirtschaftet hatte, ohne Entschädigung verlassen mußte. Daß der » settler « einheimische Arbeitskräfte zur Feldbestellung und Ernte anforderte, war unvermeidlich. Doch er konnte gegenüber der Bevölkerung keine legitimen Rechte geltend machen, wenn sie nicht bei ihm arbeiten wollte, denn Geld interessierte die Leute nicht, und die eigenen Felder wollten sie nicht verlassen. Die Regierung hatte bereits mit der Einführung der Hüttensteuer genug getan, um die Afrikaner zu nötigen, sich also dem Währungssystem anzupassen ! Sie hatte auf jeden Fall Recht, wenn sie darauf achtete, daß niemand auf Häuptlinge oder Einzelne Druck ausübte, was nach » Zwangsarbeit « hätte aussehen können.

Letzter Streitpunkt zwischen Farmern und Regierung war die Anzahl ihrer Vertreter im legislativen Rat, die sie auf vier erhöhen wollten. In Wirklichkeit erstrebten sie eine autonome weiße Regierung, das heißt ein britisches Dominion. Diese vier Streitpunkte wurden, außer dem ersten, nie geregelt. Dadurch sammelte sich mehr und mehr Zündstoff an, nicht nur, was die Beziehungen zu ihrem Mutterland und seinem Vetreter, dem Gouverneur, be-

*Zahlreiche Volksstämme haben endgültig
europäischen Kleidungsstil angenommen ;
alle bewahren indes Freude an der Farbe,
so daß jede Menschenansammlung
einen farbenfrohen Anblick bietet.*

traf, sondern auch, was ihr Verhältnis zu den Afrikanern anging.

Vom Schutzherrn zum fremden Unterdrücker

Wie nahm die Bevölkerung die Ankunft des weißen Mannes auf ? Zumeist mit einem Lächeln, abgesehen von den *Kikuyu* und vor allem den *Nandi,* die jahrelang mit Waffengewalt ihrem Willen, Herren im eigenen Land zu bleiben, Ausdruck verliehen hatten. Selbst die *Massai* waren, als sie überraschenderweise einmal Recht bekommen hatten, zu dem Schluß gekommen, daß man dem weißen Mann vertrauen könne, wenn dieser fähig sei, einen der eigenen Leute ins Unrecht zu setzen. Konsequenterweise hatten diese, von ihrem religiösen Häuptling, dem *Laibon,* wie ein Mann gelenkten Krieger es akzeptiert, daß die Engländer sich im Lande niederließen und ihnen selbst zwei Reservate zuwiesen, das eine im *Laikipia,* nördlich von Nakuru, das andere an der Grenze zu *Tanganjika* (dem heutigen Tansania). Widerstand erhob sich, als man ihnen 1913 das Reservat Laikipia entzog, trotz des gerichtlichen Vorgehens eines ihrer Häuptlinge namens *Legalishu* ; dennoch reagierten diese als wildeste Krieger Ostafrikas berüchtigten Massai nicht mit einer Gewalttat auf die offenkundige Beraubung. Übrigens griffen selbst die Kikuyu kaum zu den Waffen, als sie einen großen Teil ihres Landes zugunsten der » settlers « verloren. Nach den letzten Repressalien im Jahre 1905 gegen die Kikuyu und Nandi, die als einzige die Engländer ablehnten, scheint ein großer Teil der Bevölkerung, soweit sie mit den Siedlern in Berührung kam (auf viele Stämme, z.B. alle Nomaden im Norden, traf dies überhaupt nicht zu) bis zum 1. Weltkrieg die von den Fremden eingeführten Neuerungen neugierig und interessiert verfolgt zu haben ; ja, die Aufgeschlossensten, *Luo, Kikuyu* und *Kamba,* übernahmen die Gewinn abwerfende Landwirtschaft ohne Schwierigkeit. Besonders viele Kikuyu und Luo begannen, von der Regierung dazu ermuntert, mit Geld umzugehen und verkäufliche Produkte anzupflanzen, zuerst Kaffee, dann Sisalhanf usw. Dadurch zogen sie sich den Zorn der » settlers « zu, die sich dadurch geschädigt fühlten und auf diese Weise den Verlust dringend benötigter Arbeitskräfte befürchteten. Allein, die Umstellung vollzog sich recht langsam und ohne daß die Beziehungen zwischen » settlers « und Eingeborenen wesentlich darunter litten ; denn die Bevölkerung war angesichts so vieler Umwälzungen noch gar nicht imstande zu beurteilen, ob ihre Erwartungen sich, auf die Dauer gesehen, erfüllen würden oder nicht.

Die Beziehungen zwischen *Weißen* un *Indern* waren anders geartet. Die zum Eisenbahnbau nach Kenia geholten Inder blieben im Lande, um dessen städtische Infrastruktur aufzubauen. Ihre Zahl nahm zu, und der Einzelhandel war in ihrer Hand. Die » settlers « verachteten sie, behandelten sie geringschätzig und verleumdeten sie, weil sie sie zu allen Lastern fähig glaubten. Obwohl *John Ainsworth,* einer der Pioniere der englischen Verwaltung, im Jahre 1905 feststellte, 80 % des damals in Kenia investierten Kapitals sowie ein großer Teil der dort aufgewandten Arbeitskraft sei Indern zu verdanken, untersagten die » settlers « jedem Inder den Zugang zu den Highlands ; und als *A.M. Jevanjee,* seit 1898 hoch qualifizierter Leiter eines öffentlichen Bauunternehmens und Gründer der Zeitung » The Standard «, sich als Repräsentant seiner Landsleute im legislativen Rat zur Verfügung stellte, behalfen sich die Engländer ohne ihn, damit er sich im Gefühl des Übergangenseins von selbst zurückziehen solle.

Indessen herrschte weiterhin eine recht gute Atmosphäre im Land, die Geschäfte blühten — für » settlers « auch das gesellschaftliche Leben. Da löste der 1. Weltkrieg bei den farbigen Soldaten, die mit der westlichen Welt zum ersten Mal in Berührung kamen, einen starken Schock aus. Mehr und mehr Afrikaner durchschauten nun manche Mißstände, Schikanen, ungerechte Urteile oder Beispiele von Gefühlskälte, und das Bild des väterlichen Freundes, den man gern um Rat gefragt hatte, verwandelte sich langsam in das des Unterdrückers.

Wirtschaftliche und politische Schwierigkeiten

Ab 1920 wurde Kenia von den Weltwirtschaftskrisen betroffen. Man begann zu merken, daß die den Eigenbedarf deckende Wirtschaftsform nicht nur Mängel aufwies. Wenn der Erzeuger überhaupt keinen Einfluß mehr auf die Kurse seiner im Ausland verkauften Erzeugnisse hat, erweist die Profitwirtschaft ihre Schwächen und Gefahren. Angesichts solcher Schwierigkeiten verloren die » settlers «, in dem Bewußtsein, ihr Teil am erfolgreichen Ausgang des Krieges beigetragen zu haben, Geduld und Einsicht. Im Jahre 1920 wurde aus dem *East African Protectorate* die Kolonie Kenia. Die » settlers « erhielten Sitze in der exekutiven, sowie elf gewählte Vertreter auch in der legislativen Ratsversammlung.

Während Afrikaner und Inder eine gerechte Beteiligung an der Regierung der Kolonie und der Einführung neuer Rechte — wie dem Recht auf Ausbildung für die Afrikaner oder für die Inder das Recht, sich im Hochland niederzulassen — forderten, drangen die » settlers « auf Rassentrennung sowie eine Beschränkung der indischen Einwanderung und des Emporkommens unabhängiger afrikanischer Farmer. Dabei fanden sie Unterstützung durch *General Northey*, den neuen Gouverneur, der im Jahre 1920 in einem Runderlaß forderte, daß man auf die Häuptlinge mehr Druck ausübe, um die von den » settlers « reklamierten Arbeitskräfte bereitzustellen. Er führte auch das »*kipanda*« ein, einen Personalausweis für alle Männer über 16 Jahren, damit man vertragsbrüchige Arbeiter leichter kontrollieren konnte.

Kurz, die » settlers « verstärkten zum Nachteil der Afrikaner — und der Inder — ihre Forderungen nach Arbeitskräften, dem Monopol der landwirtschaftlichen Produktion, ihren politischen Vollmachten und dem Vorrang im täglichen Leben ; gleichzeitig wurden sich Afrikaner und Inder ihrer Rechte bewußt.

Vom zweiten Weltkrieg bis zur Unabhängigkeit

Während des zweiten Weltkriegs mußten viele Kenianer wiederum alle Gefahren mit den Weißen teilen ; das vertiefte aber nur die Kluft zwischen den » settlers « mit ihren Wünschen und den Afrikanern, die ihre eigenen Ansprüche erhoben. Darüber war eine neue Generation herangewachsen, hatte Schulen besucht, manchmal auch in England studiert, wie *Jomo Kenyatta*, der dort 15 Jahre verbrachte.

Im Jahre 1944 erkannte *Mitchell*, der neue Gouverneur, die Notwendigkeit, wirklich alle Rassen an der Regierung zu beteiligen. Aber schon blieb er hinter den Forderungen der Afrikaner, wenn auch vorerst nur weniger Intellektueller, nach voller Unabhängigkeit zurück. Bis diese Unabhängigkeit im Dezember 1963 verwirklicht wurde, führten die » settlers « einen erbitterten Kampf um ihre Privilegien, an denen sie immer noch festhielten, obwohl ihnen eines nach dem andern entglitt.

Anstatt ein Übereinkommen anzustreben, das umso unentbehrlicher war, als sie in diesem Land, das ihnen nicht gehörte, bleiben wollten, verstärkten sie ihre Provokationen, die Erklärungen ihrer Überlegenheit und ihres Willens, die Herrschaft allein auszuüben. Sie lösten dadurch im Jahre 1947 einen großen Streik in Mombasa aus und provozierten die Entstehung der *Kenia African Union,* an deren Spitze noch im selben Jahr Jomo Kenyatta trat, und schließlich die Bildung einer Extremistenpartei, die, 1951 für illegal erklärt, unter dem Namen *Mau-Mau* berühmt wurde ; sie bestand im wesentlichen aus *Kikuyu*, die im Njandarua- und Mount-Kenya-Gebirge im Maquis lebten.

Im Jahre 1953 wurden Kenyatta und viele Mau-Mau-Häuptlinge verhaftet und die *KAU* aufgelöst. 1956 wurde die Mau-Mau Bewegung, nachdem 58 Europäer getötet worden waren, gewaltsam unterdrückt, wobei 10 000 Kämpfer und 2 000 Zivilisten der Kikuyu umkamen. Während dieser Zeit erzwangen die Afrikaner eine Reform nach der anderen. Im Jahre 1960 wurden in Kenia zwei große Parteien gegründet : die *KANU* — die Partei Kenyattas, der im folgenden Jahr freigelassen wurde — setzte sich vor allem aus Luo und Kikuyu zusammen und erstrebte eine starke Zentralgewalt ; die *KADU* strebte eine föderalistische Regierung an, die auch die Interessen der kleinen ethnischen Minderheiten zur Geltung brachte. Beide waren sich einig in der Forderung nach Unabhängigkeit.

Die Wahlen von 1961 gewann zwar eindeutig die *KANU*, aber beide Parteien regierten gemeinsam bis zu den Wahlen von 1963, als die *KANU* in der Abgeordnetenkammer 73 Sitze, die *KADU* 31, und im Senat 18 gegen 16 errang.

Am 12. Dezember 1963 erklärte Kenia seine *Unabhängigkeit* und wurde im folgenden Jahr eine *Republik ; Jomo Kenyatta* wurde ihr erster Präsident, Regierungschef und Führer der einzigen politischen Partei, denn 1954 löste sich die *KADU* auf, und ihre Mitglieder traten der *KANU* bei. Im Jahre 1966 gründete zwar ein Flügel der *KANU* die *Kenia People's Union,* doch nach Unruhen in Kisumu wurde diese Partei 1969 verboten, und als einzige offizielle Partei blieb die *KANU* übrig.

Die politische Organisation

Ihren Richtlinien entsprechend wurde die politische Organisation Kenias stark zentralisiert und zielt auf Beseitigung der Stammesdifferenzen ab. In die legislative Gewalt teilen sich der Präsident der Republik — seit dem Tode Kenyattas im August 1978 *Daniel Arap Moi* — und die Nationalversammlung mit 170 Abgeordneten (von denen 158 gewählt und 12 vom Präsidenten ernannt werden). Die exekutive Gewalt geht vom Präsidenten, dem Vizepräsidenten und den Ministern aus, die übrigens auch Abgeordnete der Nationalversammlung sind. Alle 5 Jahre wird diese aufgelöst, und ihre Mitglieder werden ebenso wie der Präsident neu gewählt.

Die *Wirtschaftsgemeinschaft Ostafrikas,* in der sich Kenia, Uganda und Tansania seit ihrer Unabhängigkeit zusammengefunden hatten, wurde 1977 leider aufgelöst, und zwar im Zuge politischer Ereignisse, die den Sturz Amin Dadas in Uganda zur Folge hatten, außerdem führte die Intervention Tansanias zu einer Abkühlung der Beziehungen zwischen diesem Land und Kenia. Dies ist umso mehr zu bedauern, als die drei Länder seit dem Ende der Kolonialepoche offensichtlich daran interessiert waren, zahlreiche Projekte gemeinsam anzupacken, zum Beispiel das Verkehrswesen, die Zollbestimmungen oder die Industrie. Es ist nur zu wünschen, daß die guten Beziehungen zwischen den Nationen Ostafrikas wieder aufgenommen werden.

Inzwischen hat Kenia seine eigenen Verkehrsgesellschaften gegründet — die *Kenia Railways* und die *Kenia Airways* — und versucht mutig und verständig die zahllosen Schwierigkeiten zu meistern, mit denen es alle Länder der Dritten Welt zu tun bekommen, die ihre Wirtschaft hauptsächlich auf den Ackerbau und die Entwicklung des Tourismus gründen.

*Voll Eifer gehen alle Kinder
regelmäßig zur Schule, insbesondere,
wenn sie seßhaften Volksgruppen angehören.
Doch selbst unter den Nomaden im Norden
macht der Schulbesuch stetig Fortschritte.*

Die Wirtschaft

■ Wie alle Länder der Dritten Welt hat auch Kenia, vor allem seit der Wirtschaftskrise von 1973, eine ganze Reihe besonderer Probleme zu bewältigen, die noch zu denen, die die übrige Welt ebenso kennt und vergeblich zu bewältigen versucht, hinzukommen. Zunächst seien einige Zahlen genannt, die eine bessere Beurteilung ermöglichen.

Zur Zeit der letzten Volkszählung im Jahre 1979 zählte die Bevölkerung Kenias 15 327 061 Einwohner, darunter 167 860 Nicht-Afrikaner. Der für die Zeit von 1979 bis 1983 entworfene *4. Entwicklungsplan* rechnete mit einem jährlichen Bevölkerungszuwachs von 266 000 Personen, das entspricht 50 000 neuen Arbeitsuchenden pro Jahr. 85 % der Bevölkerung lebt auf etwa 20 % des gesamten anbaufähigen Landes und ist total abhängig von der Landwirtschaft, sowohl hinsichtlich der Ernährung als auch der finanziellen Einnahmen. Lag im Jahre 1980 auch das durchschnittliche Einkommen pro Person bei 2 800 Ksh (Kenian shillings), so kamen doch 41 % der Kleinbauern, die 80 % der Gesamtbevölkerung ausmachen, nicht einmal auf 200 Ksh im Jahr.

Die Entwicklung der Landwirtschaft, die noch immer bei weitem Kenias größter Reichtum ist, hängt von zwei Faktoren ab, auf die das Land gar keinen oder nur geringen Einfluß hat : erstens verringern manchmal katastrophale klimatische Bedingungen, wie die Trockenperiode von 1978 bis 1979, die Maisernte um die Hälfte — dabei ist Mais eines der Grundnahrungsmittel für die gesamte Bevölkerung und zudem das Verbrauchsprodukt mit dem höchsten Ertrag ; zweitens hängt die Festsetzung der Preise auf dem Weltmarkt für beinahe die Gesamtmenge der ausgeführten Rohprodukte nicht vom Erzeuger, sondern vom Verbraucher ab, und als dieser aber hat Kenia praktisch keinen Einfluß auf die Kurse der eingeführten Produkte, wie man am Ölpreis erkennt.

Die folgenden Ziffern in Tonnen und Millionen Shilling beziehen sich auf die letzte Mitteilung der Produktionsziffern von 1979. Produktion in Tonnen (in abnehmender Reihenfolge) : Mais : 241 717 t ; Weizen : 200 968 t ; Tee : 99 275 t ; Kaffee : 75 082 t ; Reis : 37 466 t ; Sisal : 36 457 t : Baumwolle : 27 597 t ; Insektenpulver (aus Asternsamen) ; Rohrzucker.

Die Einkünfte der Bauern betrugen in Millionen Ksh (in abnehmender Reihenfolge und unter Berücksichtigung der Tatsache, daß einige der o.g. Produkte nicht zum Verkauf, sondern zum Eigenverbrauch bestimmt sind) : Kaffee : 2 128 ; Tee : 1 346 ; Rohrzucker : 466 ; Weizen : 296 ; Mais : 186 ; verschiedene, zum Verkauf bestimmte Erzeugnisse : 236 ; Insektenpulver : 102 ; andere Getreidesorten : 124 ; zeitbedingte Produkte : 144 ; hinzu kommt der Verkauf von Vieh : 590 und Milchprodukten : 348.

Da in der Zeit von 1976-77, die Kurse für Kaffee und Tee spürbar anzogen, war der Export und Import in jenem Jahr fast ausgewogen. Leider machte das starke Ansteigen der Preise für Einfuhrwaren diesen Vorteil praktisch wieder zunichte, und 1980 vergrößerte sich das Defizit sprunghaft. Im übrigen stagnierten die Kaffeepreise nach dem Boom von 1977, was eine Produktionsbaisse zur Folge hatte. Demgegenüber steigt die Erzeugung von Tee, Sisal und Rohrzucker auch weiterhin. Trotzdem ist die Wachstumsrate in Kenia, nachdem sie im Jahre 1978 12,6 % betrug, 1980 auf 4,6 % gesunken und es besteht kaum Hoffnung, daß sie in den kommenden Jahren ihre frühere Höhe wieder erreicht.

Die politische Ausrichtung des 4. Entwicklungsplans

Angesichts der allgemeinen Weltentwicklung und derjenigen Kenias im besonderen sind die im 4. Entwicklungsplan augzeigten Orientierungslinien sehr klar und logisch.

Unbestreitbar mußte sich das Land nach Erreichung seiner Unabhängigkeit vorwiegend um die Entwicklung seiner Infrastruktur und um die wachsende Beherrschung des Arbeitsmarkts durch Kenianer kümmern. Das Straßennetz (4 640 km asphaltierte Straßen und 47 610 km befestigte Überlandpisten im Jahre 1981 gegen 1 811 bzw. 10 135 km im Jahre 1964), Schulen (10 140 Grundschulen im Jahre 1980 gegen 5 150 im Jahre 1964 : 1 987 weiterführende Schulen gegen 222), Krankenhäuser (zur Zeit 226), Sanitätszentren (233), medizinische Betreuungsstationen (1 088) ; die Vermehrung des Bestands an Motorfahrzeugen (88 900 Fahrzeuge im Jahre 1964 gegen 300 000 im Jahre 1980), verschiedene

Fabriken (die weiter unten behandelt werden), Bewässerungsprojekte, die Gründung von zwei staatlichen Flug- und Eisenbahngesellschaften nach der Auflösung der Ostafrikanischen Union zwischen Kenia, Tansania und Uganda im Jahre 1977... all das hat Geld, Zeit und Energie gekostet. Das Gleiche gilt für die Personalumstellung auf dem Arbeitsmarkt : zu Beginn der Periode, d.h. im Jahre 1979 blieben von 900 000 mit Kenianern zu besetzenden Stellen nur 15 000 übrig, die noch in den Händen von Ausländern waren.

Mit anderen Worten : um die auf den Arbeitsmarkt nachdrängenden Jugendlichen zu beschäftigen, brauchte man nicht mehr auf diese » Kenianisierung « zu achten, und es konnte auch nicht mehr um die großen Infrastrukturprojekte gehen, denn die herrschende Wirtschaftskrise verlangte eine Beschränkung auf die dringlichsten Unternehmungen und andere zu bewältigende Schwierigkeiten.

Durch den Plan wurden drei große Aufgabenbereiche abgesteckt, um die Lage zu verbessern und um der hohen Zahl von völlig unterbezahlten Arbeitern ein menschenwürdiges Leben zu ermöglichen.

Zuerst ging es darum, die Handhabung der vorhandenen Produktionswerkzeuge effektiver zu machen. Man stellte nämlich fest, daß die Zahl dieser Werkzeuge zugenommen hatte, ohne daß die Produktion gestiegen war. Man mußte also durch eine bessere allgemeine und berufliche Ausbildung und eine besser angewandte finanzielle Hilfe Qualität und Ertrag steigern.

Im Bereich der Landwirtschaft ergab sich daraus eine zweite allgemeine Orientierungslinie : der Wille, kleine Farmen und Landarbeiter systematisch zu begünstigen. Dazu mußte man nicht nur die technische Hilfe verstärken, damit die Bauern aus dem von ihnen genutzten Land mehr Gewinn zogen, sondern herausfinden, wo das Land nicht genügend Erträge brachte bzw. ausgenutzt wurde, weil entweder die finanziellen Mittel oder die Kenntnisse fehlten, oder weil ganz einfach ein Teil des Landes brach liegen blieb.

Man beschloß, für diese vordringliche Aufgabe das Budget des Landwirtschaftsministeriums schneller als die anderen zu erhöhen. Von 1979 bis 1983 wurde es verdoppelt ; denn es genügt nicht, die technischen Gerätschaften zu verbessern und ungenutztes Land, auf dem zahlreiche, jetzt unbeschäftigte Arbeiter eingesetzt werden könnten, zu untersuchen. Es ist ebenso wichtig zu prüfen, wie man einige Kaffee- und Teeplantagen wieder rentabler gestalten und sie vergrößern kann, und wie man das Anbauverfahren dieser beiden Hauptdevisenbringer, aber auch das für alle anderen geeigneten Produkte, verbessern kann.

Wenn man bis jetzt etwa 80 % des kenianischen Landes für nicht anbaufähig gehalten hat, weil die Niederschlagsmenge nicht ausreiche oder der Boden für die allgemein angebauten Pflanzen nicht geeignet sei, so heißt das noch lange nicht, daß dem nicht abzuhelfen wäre. Überall in der Welt erforscht man, welche Pflanzensorten in humusarmen und trockenen Böden wachsen können. Die in Israel erzielten Resultate eröffnen zum Beispiel immer interessantere Perspektiven für die unter Regelmangel leidenden Gebiete. Man entdeckt nicht nur Pflanzenarten, die mit wenig Wasser auskommen, sondern man erfindet technische Verfahren, mit denen das vorhandene Wasser am besten auszunutzen ist, sowie neue Bewässerungssysteme. Durch dies alles wird dem Ackerbau neues Land erschlossen, wie die Bemühungen in Süd-Njansa zeigen, wo man die von Tse-Tse-Fliegen verseuchten Zonen, in denen sowohl menschliches wie tierisches Leben bedroht war, desinfiziert hat. Das Ausmerzen von Ungeziefer auf weiten Landflächen ist zwar teuer, aber die Ausweitung der anbaufähigen Zonen ist in solchen ausgelaugten Gebieten lebensnotwendig.

Man bemüht sich auch, die Nomaden dahin zu bringen, daß sie ihr Hirtenleben zwar nicht aufgeben — was nicht einmal wünschenswert wäre — es aber wenigstens mit anderen Tätigkeiten verbinden, wie dem Fischfang (vor allem am Turkana-See) oder der Landwirtschaft. So sind z.B. *Samburu* mit dem Aufbau einer Musterfarm in der Gegend von Marala beauftragt worden. Solche Experimente haben einen doppelten Vorteil. Zum einen stellte sich im letzten Jahrhundert heraus, daß bäuerliche Stämme unter Trockenheiten und Seuchen, die das Vieh dezimierten, sehr viel weniger zu leiden hatten. Zum andern gelangt der Mensch durch Ackerbau zu größerer Kenntnis dessen, was der Boden hergibt und zur Rücksichtnahme auf das, was er braucht. Es genügt hier, auf den Raubbau der Hirtenstämme hinzuweisen : jährlich werden Millionenwerte

*Grantgazellen mit ihrem hübschen
rostfarbenen Fell und weißen Bauch
sind in allen Parks reichlich vertreten —
in Savannen, Wäldern und kahlen Ebenen,
auch in den tieferen Lagen der Gebirgshänge.*

vernichtet, wenn die Hirten den Busch in Brand stecken, damit ihr Vieh auf dem ausgebrannten Weideland das zarte nachwachsende Gras findet — um die vielen Hektar verwüsteter Buschsavanne kümmern sie sich nicht weiter — von der Manie, seinem Nachbarn den Garaus zu machen, um sich in den Besitz seiner Herden zu setzen, ganz zu schweigen !

Wenn der Mensch Weideland aufgibt, sobald es nicht mehr genug abwirft, so ist das eine schlechte Voraussetzung für die Suche nach der besten Methode, es zu regenerieren ; ein nur halbwegs seßhaftes Leben jedoch kann ihn dazu führen. Die dringliche Aufgabe, überall die beste Bodennutzung zu erforschen, kann nur dann die gebührende Beachtung finden, wenn das Landwirtschaftsministerium mit einer Reihe anderer Ministerien besser zusammenarbeiten kann, wie z.B. den Ministerien für Bodenschätze, Entwicklung, Zusammenarbeit und selbst dem für Tourismus und Wildbestand.

Das Problem der Nationalparks

Aus der Förderung des Tourismus und der Pflege des Wildbestands ergeben sich schwerwiegende Probleme, sofern man beide Aufgaben optimal lösen will (wozu übrigens auch die Jagderlaubnis gehört), ohne daß die Landwirtschaft vernachlässigt wird. Die Situation im Tsavo-Park ist symptomatisch dafür, wie die zugleich menschlichen, tierischen und ökologischen Belange die Situation äußerst komplizieren. Die sehr ausgedehnte Fläche dieses Parks besteht fast ausschließlich aus Land, das insbesondere wegen Regenmangels für völlig unfruchtbar angesehen wird.

In dieser Zone wohnten früher Jäger, deren Haupteinnahmequelle das Elfenbein war. Nach der Schaffung des Parks und einem ersten energischen Einschreiten gegen Wilddiebe vermehrten sich die Elefanten so stark, daß das ökologische Milieu gefährdet war, was wiederum eine Bedrohung für alle Tiere, die dort Unterschlupf fanden, bedeutete. Dann jedoch wurde durch ein besonders intensives Zunehmen der Wilddieberei die Zahl der Elefanten in 5 Jahren auf ein Drittel des vorherigen Bestandes dezimiert. Läßt man also die Wilddiebe gewähren, riskiert man damit die völlige Ausrottung der Elefanten ; ein radikales Verbot der Wilddieberei aber läuft darauf hinaus, daß die Elefantenjäger ihrer Haupteinnahmequelle beraubt werden (wozu auch das Fleisch zu rechnen ist !), und man riskiert außerdem die endgültige Verschlechterung des ökologischen Milieus.

Andererseits kann man auf diesem für unfruchtbar gehaltenen Land vielleicht in naher Zunkunft aufgrund neuer Kreuzungen und Techniken bestimmte Pflanzensorten anbauen. Wem also soll man den Vorzug geben : Dem *Schutz der Tierwelt,* das heißt praktisch dem Tourismus (denn viele zieht es hauptsächlich deswegen nach Kenia, weil dort eine sonst unbekannte Tierwelt zu sehen ist) oder der Existenzgrundlage einer explosionsartig anwachsenden Bevölkerung ?

Im Jahre 1980 brachten die Touristen 1,6 Millionen Ksh ein. Das ist weniger als das Devisenaufkommen allein durch den Kaffee-Export. Dieses Problem stellt sich nicht nur für den Tsavo Park, sondern droht so allgemein zu werden, daß die Regierung in einem schweren Dilemma steckt. Um es zu meistern, müssen alle betroffenen Ministerien zusammenarbeiten : es gilt, eine Bilanz aufzustellen, in der alle Faktoren berücksichtigt werden — das dürfte nicht einfach sein.

Bis heute sind kaum 10 % der kenianischen Arbeiter in der Industrie beschäftigt. Allerdings sind die übrigen Einwohner des Landes auf indirekte Weise an ihr beteiligt. Es wäre in der Tat eine grobe Vereinfachung zu meinen, jeder beliebige Lebensbereich diene nur zur Schaffung von Arbeitsplätzen. Zwar ist es das vornehmste Ziel des geltenden Plans, daß alle Arbeit finden können. Deshalb wurde beschlossen, Menschen, die nicht klassifizierbaren Tätigkeiten in der Stadt nachgehen, selbst dann darin zu bestärken, wenn sie dem Staat direkt keine Steuern einbringen (wozu der Kleinhandel auf den Straßen gehört — fliegende Händler, Schuhputzer u. dgl.), denn man schätzt, daß im Jahre 1977 100 000 Personen davon lebten.

Aber natürlich versucht man gleichzeitig, mit Umsicht industrielle Projekte zu fördern, um dadurch neue Arbeitsplätze zu schaffen, die Produktion von Konsumgütern oder Ausrüstungsgegenständen zu steigern und den Import im gleichen Maße zu beschränken ; ferner, den Export zu steigern, d.h. das Deviseneinkommen zu vermehren, in den einzelnen Regionen die Entwicklung zu beschleunigen und die Bevölkerung seßhaft zu machen. Die Gefahr der Abwanderung in die großen Städte, besonders in die Hauptstädte, ist zwar in Kenia nicht so akut, aber vorhanden ist sie auch hier. Die dritte Orientierungslinie des Plans zielt deshalb auf eine systematische Entwicklung solcher Industrien ab, die wenig finanzielle Mittel erfordern, hingegen vielen Arbeitskräften erlauben, in einer Gegend Fuß zu fassen, sekundäre Industrien nach sich ziehen, wodurch wiederum neue Arbeitsplätze entstehen, und die technische Ausbildung einer größeren Zahl von Arbeitern ermöglichen.

Die im 4. Entwicklungsplan vorgesehenen Hauptprojekte lassen den Trend erkennen, die Investitionsgelder auf möglichst viele Regionen zu verteilen und eine möglichst große Zahl verschiedenartiger Unternehmen zu schaffen.

So ist bei Machakos im Kambaland eine 400 ha große Ananasplantage entstanden, die für den Export arbeitet. Im Hinterland der Küste bei Kilifi sollen bis 1985 jährlich 100 000 Tonnen Futtermittel aus Maniok zum Export nach Westeuropa erzeugt werden.

Die Wüstenflächen im Norden und Nordosten sind zum Anbau des Brustbeerenbaums, dessen Früchte ölhaltig sind, geeignet. Dazu ist ein 1 000 ha großes Gelände ausersehen, auf dem auch ein Ölpreßwerk errichtet wird, das 200 Arbeiter in dieser noch wenig bekannten Industrie beschäftigt. Einen variableren Anreiz zur Seßhaftwerdung wird der Anbau zahlreicher einheimischer Pflanzenarten bilden, die in der Herstellung von Arzneimitteln, Kosmetika und Parfüms Verwendung finden. Kleinbetriebe, in denen ihnen die Ölessenz entzogen wird, sollen in den zahlreichen geeigneten ländlichen Zonen verstreut eingerichtet werden.

Andere Projekte betreffen die Polyäthylenerzeugung, eine Gießerei mit einer Kapazität von 4 000 Tonnen Gußeisen pro Jahr, ein Walzwerk bei Mombasa u.a.m.

Leider ist der Boden Kenias arm an Erzen oder energiespendenden Stoffen. Das gesamte Rohöl wird importiert und in einer bei Mombasa erbauten Raffinerie veredelt. Man darf jedoch die Soda-Erzeugung von jährlich 100 000 Tonnen am Magadi-See nicht unterschätzen, ebenso wenig wie die Ausbeutung von Flußspatlagern bei Nairobi.

Um den Mangel an energiespendenden Stoffen wettzumachen, hat man bei Kisumu (der drittgrößten Industriestadt Kenias) einen agro-industriellen Komplex errichtet. Hier werden 20 Millionen Liter Alkohol produziert, der, mit Öl vermischt, für alle Fahrzeuge als Kraftstoff dienen kann. Die Öleinfuhr wird dadurch um 5 % verringert. Darüberhinaus findet der Alkohol vielseitige Verwendung. Er ermöglicht die Erzeugung zahlreicher Nebenprodukte : Zitronensäure, frische oder zur industriellen Verarbeitung bestimmte Hefe, Gips, Nährmittelalkohol ; sie alle werden sowohl auf dem heimischen wie auf dem ausländischen Markt verkauft und sollen den Import in Höhe von 100 Millionen Ksh verringern. In technologischer Hinsicht wertet man eine Kombination neuester Verfahren der Schweden, Brasilianer, Österreicher und Schweizer aus, so daß Kenia in Afrika an der Spitze dieser Industrie steht. Mit Hilfe von Ingenieuren aus jenen Ländern werden kenianische Ingenieure in diesen fortschrittlichen industriellen Verfahren, nach denen sogar die im eigenen Lande abgebaute Molasse ausgewertet wird, ausgebildet. Durch diese Anlage entstehen unmittelbar 780 und mittelbar 3 000 Arbeitsplätze.

Als Beispiel von Industrieanlagen, die einem ganzen Bereich oder einer ganzen Region zur Entwicklung verhelfen, läßt sich auch die Gesellschaft *BAT* Kenia anführen. Sie hat das Monopol der Zigarettenfabrikation (ein Dutzend Marken) und nutzt ihre Verbindungen zu allen Tabakpflanzern in den verschiedenen Gebieten aus, um bei ihnen technisch beratend tätig zu sein hinsichtlich der Methoden des Fruchtwechsels und der Kombination anderer Kulturen mit der des Tabaks sowie hinsichtlich der Düngemittel, des Aufforstungsprogramms, des Straßen- und Brückenbaus, der Entwicklung lokaler Märkte usw. Die Papierfabrik *Pan African Paper-Mills* im westlich gelegenen Webuye, nördlich von Kakamega, hat zur Entwicklung dieser alten Kleinstadt enorm beigetragen : sie zählt jetzt 20 000 Einwohner und hat zahlreiche Dienstleistungs- und Ausrüstungsanlagen. Auch hier haben die Mitarbeiter dieser Fabrik eine Wieder-Aufforstungsprogramms, des Straßenzung entspricht, in die Hand genommen und so ein Beispiel für die Umweltpflege gegeben. □

Künstlerisches und literarisches Leben

■ Oft ist das Nationalmuseum der Ort, an dem man sich ein Urteil bilden kann, welche Rolle die Kunst im Lande spielt. Das auf einigen Gebieten so reichhaltige *Nationalmuseum in Nairobi* ist in dieser Hinsicht allerdings seltsam zurückhaltend ; insbesondere sind Skulpturen durch eine einzige Maske oder Figur von Bedeutung vertreten.

Das heißt jedoch nicht, daß man die rituellen Masken völlig ignoriert : aus Gräsern geflochtene Masken, wie sie von den jungen Initianden der *Nandi* getragen wurden, lassen darauf schließen, daß bei anderen Stämmen ähnliche im Gebrauch waren, doch leider nicht erhalten sind.

Dafür findet man in den Vitrinen des Museums Gegenstände der Gebrauchskunst, wie Stammeskostüme, und stellt fest, daß Körperschmuck häufig aus pflanzlichen Bestandteilen gefertigt ist.

Verschiedene Arten von Körperschmuck

Bei fast allen Völkerschaften spielte die Kleidung kaum eine Rolle, außer in den gebirgigen Gegenden, wo Tierfelle reiche Verwendung fanden, besonders Schaffelle, die noch heute an den Straßen verkauft werden, sowie an der Küste, wo die mohammedanischen Einwohner fein gearbeitete und oft kostbare Gewänder trugen. Am bekanntesten ist hier noch heute der schwarze *Bui-Bui*, in den sich die Frauen von Lamu bis zu den Augen verschleiert einhüllen, und der *Kikoi*, den die Männer sich um die Hüfte drapieren und der bis zu den Fersen hinabreicht. Auf dem Kopf tragen sie eine Art weißen Fez, der mit Seide oder Baumwolle bestickt ist. Die *Giriam* haben eine besonders eigenartige Mode : die Frauen tragen unter ihrem langen Kleid ein Stück mehrfach gefalteten Baumwollstoffs, wodurch ihre Körperformen fülliger erscheinen sollen, ähnlich der Turnüre im letzten Jahrhundert.

In Kenia hat man allerdings zur Koketterie stets eher Haartracht, Schminke und Schmuck verwendet.

Am bekanntesten ist die Haartracht der » *Moran* « der Massai oder Samburu, jener jungen Männer, die nach ihrer Beschneidung und ihrer Initiation einige Jahre lang der » Stoßtrupp « des Stammes blieben. Sie ließen ihre mit Ocker und Tierfett eingeschmierten Haare bis in Schulterlänge wachsen und trugen sie lose, öfter jedoch als Pferdeschwanz oder zu sehr kunstvollen Frisuren aufgesteckt. Die *Samburu* zeichneten sich durch ein Haartracht aus, die auf der Stirn eine Art Schirm bildete. Die *Turkana* standen ihnen an Einfallsreichtum nicht nach : sie gaben ihren prächtigen, mit blauem Ton bedeckten Haarknoten kühne Formen. Früher trugen sie mit ihrem eigenen Haar verbundene Perücken, die schon einer langen Reihe von Ahnen gehört hatten. Der moderne Kenianer schmiert sich natürlich weder Ton noch Ocker aufs Haar, sondern läßt es im allgemeinen ganz kurz schneiden. Dafür klemmt er sich oft einen farbigen Kugelschreiber hinein ; solche Koketterie erinnert an die der *El'Molo*, die sich in Ermangelung eines Kugelschreibers Kormoranfedern in die Haare stecken.

Mit Ocker, gelb oder weiß schminkt man sich auch den Körper zu verschiedenen Anlässen (Kriegen, Begräbnissen, Flußpferd- oder Krokodiljagden). Den Samburu, die großen Wert auf Ästhetik legen, gelingen sehr schöne Schminkauflagen in Dreiecksform.

Perlengehänge und Metalldrähte

Männer wie Frauen aber wetteifern in der Herstellung von Schmuck. Am hübschesten ist wohl die bunte Perlenbinde mit ihrem metallischen Schmuck auf dem Stirnteil, welche die jungen *Samburu-Mädchen* um den kahl rasierten Kopf tragen, während der Hals von einem breiten Schmuckband aus zwanzig bis dreißig Reihen winziger Perlen aus dem gleichen Material umgeben ist. Besonders die Männer tragen als Schmuck riesige, sowohl durch den oberen Teil der Ohrmuschel als auch durch das Ohrläppchen gezogene Ohrgehänge. Am bekanntesten sind die langen, schweren, mit kleinen Perlen bedeckten Gehänge der *Massai, Samburu* und *Njemps* : sie dehnen das Ohrläppchen bis zur Halsmitte. Viele andere Stämme haben ihre eigenen Formen entwickelt. Die *Nandi* vergriffen sich während des Eisenbahnbaus an Schienen oder Telegraphendrähten, um den englischen Eindringlingen die Stirn zu bieten... und machten aus dem Metall Pfeilspitzen oder Schmuck. Den Draht wickelten sie sich um den Hals oder hängten ihn sich in großen Scheiben an die Ohren ; sie zwängten ihn auch in Zylinderform durch die Löcher in ihren Ohrläppchen. In ihrer Phantasie erfanden sie immer neuen Ohrenschmuck ; sie machten daraus Erkennungszeichen für die Mitglieder verschiedener Sippen oder markierten damit die Krankheit oder Gebrechlichkeit eines Einzelnen.

Phantasiereichtum kreative Volkskunst

Die *Luo* machten aus Metall hauptsächlich kupferne oder silberne Armbänder. Die Frauen der *Gabbra,* der Nomaden im Nordosten, tragen noch heute einen doppelten Aluminiumreifen um den Kopf wie die *Bantu-Kuria* im Südwesten. Diese Kuria befestigen auch gern mehrere Kilo schwere Metallzylinder an ihren Ohrläppchen. Die *Bantu* verstehen sich besonders gut auf das Schmieden von Schmuck. Die *Kamba* machen aus Kupferdraht Glöckchen für ihre Frauen, die *Kikuyu* zeichnen sich in der Herstellung von Knöchel- oder Wadenschmuck aus. Die *Turkana* sind nicht nur wilde Viehdiebe, sondern auch wahre Künstler in der Bearbeitung von Metall, namentlich Kupfer, sowie in der Verwendung von Sehnenbändern geschlachteter Tiere, Perlen, Federn, Getreidekörnern und Fasern aus Gras oder Baumrinde. Sie gelten als einer der künstlerisch begabtesten Volksstämme, und noch immer gestalten sie viele interessante Gegenstände. Insbesondere verarbeiten sie die getrockneten Pflanzenfasern zu sehr schönen geflochtenen oder gewebten Decken, Matten und Teppichen.

Die im Nordosten wohnenden *Somali* machen mit viel Phantasie und Geschmack hölzerne Schemel, Kopflehnen oder Kämme und weben aus Tierhaaren oder Pflanzenfasern Teppiche, Decken und Untersätze.

Die Verarbeitung von Pflanzenfasern ist bei zahlreichen Volksgruppen verbreitet. Die *Orma* im Osten, Nachfahren der kuschitischen Galla, haben sich auf die Verarbeitung von Palmblättern spezialisiert, die *Kikuyu* und *Meru* weben aus Baumrinde Kleidungsstücke, die *Mijikenda* an der Küste fertigen Hals- und Armbänder, letztere zum Befestigen der mit Körnern gefüllten Klappen an Armen oder Beinen.

Was kann man nun erwerben aus diesem kreativen Hort der Tradition ? Leider bekommt man die Erzeugnisse der Stämme im Norden nur zu sehen, wenn man sich dorthin begibt, was ziemlich selten vorkommt. In den zahllosen Verkaufsständen an den von Touristen besuchten Stellen findet man immer dasselbe. Nicht zu übersehen ist das Heer von Skulpturen aus schwarz poliertem *Muhugu*, das wie Ebenholz aussieht. Die *Kamba* stellen daraus Masken und Figuren aller Größen her — viele davon sind der Beachtung nicht wert. Diese serienmäßig gefertigten Gegenstände entsprechen keineswegs der Kamba-Tradition ; sie sind nach sehr viel kunstvolleren Erzeugnissen anderer Stämme, wie denen der *Makonde* in Tansania, kopiert. Einige Leute von diesem Stamm, die sich an der Küste oder in Nairobi niedergelassen haben, schaffen manchmal gute moderne Kunstgegenstände, die man bei den Kamba niemals finden kann.

Auch der zart beige-rosa getönte sogenannte Seifenstein aus der Landschaft *Kisi* ist ein bis zum Überdruß verwendetes Material : offenbar jedoch sind die kleinen, leicht zu transportierenden Mitbringsel wie Aschenbecher, Tierskulpturen, Lampenständer bei den Souvenirjägern äußerst beliebt.

Das Gleiche gilt für den aus winzigen farbigen Perlen gefertigten Schmuck (Halsketten, Stirnbänder, Ohrgehänge, auch Gürtel), der angeblich von den Massai stammt, in Wirklichkeit jedoch bei mehreren Stämmen in Mode ist. Er ist übrigens sehr hübsch, nicht nur als Schmuck, sondern auch als Wandbehang, wie man ihn in einigen Lodges sieht. Man findet auch mit solchen Perlen bestickte hübsche Ledertaschen, z.B in Narok. Seit dem Jagdverbot dürfen keine Arbeiten aus Elfenbein und keine Felle wilder Tiere mehr verkauft werden. Trotzdem bekommt man sie angeboten, vor allem in der Nähe der tansanischen Grenze... allerdings stammt dies Elfenbein häufiger aus einem Kunststoffwerk als von Elefanten oder Ebern.

Halbedelsteine werden zu Schmuck verarbeitet, wie Perlen, Anhängern, Ringen, aber auch zu anderen Gegenständen wie Aschenbechern und Brieföffnern. Am häufigsten sieht man den schönen grünen Malachit.

Straßenhändler bieten eine Vielfalt seltsamer und amüsanter » Schmuckstücke « an : Halsbänder aus alten Münzen, Armbänder aus glattem oder gehämmertem Kupfer, die von manchen Leuten gleich dutzendweise gekauft werden ! Als einzelne Stücke etwas unansehnlich, wirken sie erst, wenn drei Reifen gleichzeitig getragen werden. Fast überall, sowohl in den sehr schönen Läden » Afrikanisches Erbe « als auch bei den Straßenhändlern, findet man aus Bananenblättern gefertigte Gegenstände : Elefanten oder Giraffen, Halsketten aus Fasern mit eingearbeiteten Kupferkugeln, Tischsets... Solch ein Elefant kann einen schon entzücken, ist aber vermutlich etwas sperrig, wenn man ihn dann im Flugzeug unter den Arm klemmen muß. Beachtung verdienen auch die zu Taschen und Körben verschiedener Größe geflochtenen Korbwaren und die geschmückten Flaschenkürbisse... Gegenstände für jeglichen Geschmack.

Wer sich nicht scheut, Gebühren für das Übergewicht seines Gepäcks zu zahlen oder sich gar seine Einkäufe per Schiff schicken läßt, der mag sich wohl auch zum Kauf einer der Truhen mit eingelegter Metallarbeit verlocken lassen, wie man sie an der Küste findet ; oder auch von den prachtvollen Türrahmen aus geschnitztem Holz, einer Spezialität von Lamu, oder irgendeinem anderen sperrigen Einrichtungsstück. Andernfalls tröstet man sich vielleicht mit schönen Kikoi, Batikarbeiten, Schmuckstücken aus zisiliertem Silber oder notfalls auch mit kleinen hölzernen Etageren oder mit Schiffsmodellen aus Lamu.

Moderne Kunst

Die moderne Malerei und Bildhauerei hat zwar nichts mehr mit dem Kunstgewerbe zu tun, hat jedoch keineswegs die Verbindung mit der afrikanischen Vergangenheit verloren. So hat sich der Maler *Mumia Aukak,* ein Urenkel des letzten Königs der Abaluhya, vom Phantastischen inspirieren lassen und vor einigen Jahren eine » Traditions en dessins « (Tradition in Zeichnungen) betitelte Reihe von Kunstwerken geschaffen, deren Themen von den *Abaluhya* gesammelte Legenden sind.

Soi ist gleichfalls ein bekannter Maler, der ein ganz verschiedenes, naives Genre vertritt. Die beiden stehen nicht allein : eine ganze Generation junger Maler sucht mutig ihren Weg, denn sie haben noch keine Mäzene gefunden, so

EINE KIKUYULEGENDE

Der erste Kikuyu war der erste Mensch auf der Erde. Eines Tages schwoll sein Knie so sehr an, daß er es öffnete, damit der Schmerz aufhörte. Drei Kinder kamen heraus. Sie wuchsen alsbald heran. Einer wurde Jäger, ein zweiter sammelte Früchte und Pflanzen, und der dritte machte Feuer und erfand das Kochen. Die drei Kinder waren jedoch so intelligent, daß sich ein jeder von ihnen nicht auf eine einzige Spezialität beschränkte.

Bald lernte der erste, Tiere zu zähmen. Der zweite entdeckte das Geheimnis der Pflanzenvermehrung und wurde Ackerbauer. Und der dritte benutzte das Feuer, um Erde und Minerale zu verwandeln. So wurde er zum Töpfer und Schmied. Auf diese Weise entstanden die traditionellen Berufe der Kikuyu.

daß sie sich ganz auf ihre Arbeit konzentrieren könnten. Manchmal bekommen sie Aufträge von ausländischen Kunden, insbesondere nach einer Ausstellung im Maison Française in Nairobi, einem wichtigen Zentrum für den internationalen Gedankenaustausch auf allen Gebieten : Kunst, Literatur, Naturwissenschaften, und allgemein interessierenden Fragen.

Besser scheint sich die Bildhauerkunst zu entwickeln, denn in diesem Kunstzweig haben schon mehr Künstler Anklang gefunden : *Ongasa* hat sich auf Skulpturen aus dem Seifenstein von Kisi spezialisiert. Der ideenreiche *Samuel Wanjau* kultiviert eine ihm eigentümliche Form des Surrealismus. Unter diesen Bildhauern sind einige Künstler aus Uganda ; sie fanden hier eine für künstlerisches Schaffen aufgeschlossenere Umgebung — zu ihnen gehören *Sekanwaji, Fred Ibanda, Expedito Mwebe, Katarika We.*

Am 50. Jahrestag der Kunstschöpfung » Babar « fand in Nairobi eine Ausstellung statt : der Schöpfer dieses Werkes ließ sich von den Geschichten inspirieren, die ihm eine in Kenia bekannte Persönlichkeit *Gisèle Rocco*, die Mutter von Mirella Riccardi, einer der bekanntesten Autorinnen der europäisch-kenianischen Kolonie, erzählt hatte. Anläßlich dieser Ausstellung zeigten zahlreiche Künstler aus Nairobi — Maler, Bildhauer und Zeichner — ihre Arbeiten zum Thema » Die Tiergeschichte in der afrikanische Überlieferung «. *Wanjiku Mutia* hat bei dieser Gelegenheit einige Geschichten für das Marionettentheater bearbeitet, eine im Lande bis dahin unbekannte Kunstgattung, die bei einem buntgemischten Publikum viel Anklang fand ; auch Bewohner aus einigen Dörfern kamen zu diesen Vorführungen. Unter der Ägide des Maison Française arbeitet jetzt in Nairobi eine Marionnettenwerkstatt. Für die gleiche Ausstellung Babar begann eine Gruppe von Frauen aus einem einfachen Stadtviertel der Hauptstadt mit der Herstellung von Wandbehängen aus Patchwork (Flickenarbeit) : sie finden damit weiterhin Anklang.

Sowohl die mit der internationalen Intelligenz in Kontakt stehenden Künstler als auch die Künstler aus dem Volke haben hier immer noch schöpferischen Schwung. Die fragwürdigen Gegenstände, von denen die Souvenirshops überquellen, hat man nur dem Wunsch der Hersteller zu verdanken, sich unter geringstmöglicher Anstrengung dem mutmaßlichen Geschmack der Touristen anzupassen. Leider ist diese Anstrengung bei einer Kundschaft, die in ihrer Mehrheit jeden kulturellen Geschmack zu entbehren scheint, offenbar von Erfolg gekrönt !

Das literarische Leben

Auf literarischem Gebiet haben sich in den letzten Jahrzehnten große Talente herausgebildet mit ihren Romanen, Essays, Theaterstücken, Geschichtsdarstellungen und Dichtungen. Viele dieser Autoren schreiben auf Englisch, einige auf Suaheli, Luo oder Kikuyu.

Der berühmteste unter den modernen Schriftstellern ist *Ngugu Wa Thiango* mit Romanen wie » Petals of Blood « und Essays wie » Process of Dedan Kimathi «. *Charles Mwanji* ist ein großer Romanschriftsteller, sein bekanntestes Werk ist » Tail in the Mouth «. Die Romanschriftstellerin *Rebecca Njan* ist besonders durch » Ripples on the Pool « bekanntgeworden. *Grace Ogot* schreibt verschiedene Arten von Büchern in der Luosprache ; sie ist die Frau des Professors Ogot, eines der Verfasser der » Histoire Générale de l'Afrique «, die unter Leitung der UNESCO vom Verlag Jeune Afrique soeben publiziert wurde.

Unter den Dramatikern ist *Waigwa Wachira* zu nennen und vor allem der sehr begabte *John Ruganda,* der Autor von » The Floods « ; er hat mit seinem Ensemble im Jahre 1982 eine Tournee durch Europa gemacht.

Schließlich muß man noch auf den sehr alten und sehr lebendigen Strom weiblicher Poesie hinweisen — in Lamu reicht er wenigstens bis in das 18. Jahrhundert zurück. » Flowers of Lamu « heißt eine Anthologie originaler Lieder von Frauen, die ihrer Hausarbeit nachgehen und fast nie ihre häusliche Sphäre verlassen.

Es ist nicht mehr als billig, diesen afrikanischen Namen einige englische hinzuzufügen, weil ihr Zeugnis über das Kenia vor der Unabhängigkeitserklärung historischen oder literarischen Wert besitzt. Es handelt sich um berühmte Namen wie *Elspeth Huxley, Karen Blixen* oder *Mirella Riccardi,* die in Kenia geboren und an den Ufern des Naivasha-Sees aufgewachsen ist und soeben ein bedeutendes Werk über ihre Kindheitserinnerungen und ihr Leben als junge Frau herausgebracht hat. □

Spontane traditionelle Tänze bekommt man leider nur selten zu sehen. Aber anläßlich des Ländertreffens der OAU (Organisation der Einheit Afrikas) waren bei den Tanzvorführungen in Nairobi Ausnahmsweise einmal sämtliche Volksgruppen vertreten.
(Fotos P. Maitre/Jeune Afrique)

*Fehlen auch in Kenia seltsamerweise
die in Westafrika so verbreiteten Masken,
erinnern doch die Haartrachten der Tänzer,
genau wie viele Masken,
an mancherlei tierische Merkmale.
(Fotos P. Maitre/Jeune Afrique)*

Traditionsgebundene Tänze und Musik

■ Musikinstrumente, die menschliche Stimme und Tänze gehören fast immer zusammen. Oft kommt es sogar vor, daß die Tänzer sich auf Instrumenten selbst begleiten und dazu singen, wenn auch die Stimmbegleitung manchmal nur aus Vokalen besteht wie bei den Giriama.

Das von einem bestimmten Musiker für ihn selbst hergestellte Instrument kann an sich niemals ein Verkaufsobjekt sein. Dennoch haben einige Instrumentenhersteller gemerkt, daß man mit diesem Souvenir *made in Africa* eine Marktlücke schließen kann. Daß solche Instrumente nicht immer die besten sind, versteht sich.

Die Instrumente werden immer aus vorgefundenem Material hergestellt und man staunt, mit welcher Phantasie, besonders bei den zahllosen Instrumenten mit Eigenklang, man zu Werke geht : hohle Gegenstände, die mit Samenkörnern, Kieseln oder dergleichen gefüllt, zum Skandieren des Rhythmus geschüttelt werden.

Es gibt zahlreiche Glocken oder Glöckchen aus Metall die manchmal in einer Reihe an einem Leder- oder Stoffband befestigt sind, das man an den Armen oder Beinen trägt. Die Kikuyu banden sich z. B. zu ihrem *Nguchu*-Tanz Glöckchen mittlerer Größe um die Waden. Sie sind aber etwas davon abgekommen und gebrauchen jetzt eine größere Glocke, mit der sie im Rhythmus 3-2-3-2 einen sehr beliebten Tanz für beide Geschlechter, den *Muchong'wa*, begleiten. Die Tharaka ersetzen die Glocken durch Ölkanister ! Der geschlechtsreife Jüngling muß ihn während der Initiationszeit (von Juni bis Oktober) an seiner Wade angebunden mit sich herumschleppen, um zum Tanz ein Begleitinstrument zu haben. Die Kamba tragen den Kanister am Arm und die Luhya am Fußknöchel, wenn sie Trommel oder Leier spielen.

Ein anderes, sehr beliebtes Instrument mit Eigenklang ist die mit Körnern oder Steinen gefüllte Klapper aus geflochtenen Pflanzenfasern ; man findet sie häufig an der Küste ; leider ersetzt die Klapper aus Metall immer häufiger diejenige aus Fasern. Die Bajun flechten winzige Körbchen aus Palmfasern, die sie sich, auf Bändern aufgereiht, um die Beine binden. Flaschenkürbisse jeglicher Form werden entleert, mit Kieseln oder dicken Körnern gefüllt und geschüttelt oder, am Arm befestigt, mit einen Stock geschlagen.

Die Luhya tanzen ihren *Sikuti*, früher nur Begräbnissen vorbehalten, jetzt zu jeder Gelegenheit beim Klang des » *Ngotho* «, einer am Unterarm bis zum Ellbogen befestigten Flasche.

Ein aus Tansania stammendes und in Kenia sehr verbreitetes Instrument ist der *Kayamba* : er besteht aus zwei Lagen Sorghofasern, die mit Sisalhanf zu einer flachen, mit Kieseln oder Körnern gefüllten, rechteckigen Schachtel zusammengebunden werden. Während er überall zu Freudentänzen gespielt wird, gebrauchen ihn die Medizinmänner der Digo, um Verbindung mit dem Jenseits aufzunehmen, wenn sie die Ursachen einer Krankheit und die passenden Heilmittel ergründen wollen ; er ist auch bei Begräbniszeremonien zu hören.

Als Blasinstrumente kommen viele Arten von *Querflöten* vor. Sie variieren je nach der Zahl und der seitlichen Ansatzstelle der Mundstücke. Ihr Klang ertönt häufig zu magischen Handlungen oder Geisterbeschwörungen : die Hirten der Kikuyu dürten sie nicht spielen, während sie ihre Herden hüten, damit die Tiere nicht verzaubert werden. Zur Herstellung dieser Flöten benutzt man verschiedene Arten von Stengeln des Bambus- oder Papayabaums. Die Turkana drehen ein Stück Rinde von einem bestimmten Baum, bringen vier Löcher an, die sie mit Kamelmist verstopfen, und füllen das Instrument zum Trocknen mit Sand. Die Suaheli spielen in den Moscheen eine Flöte indischer Herkunft, den *Nai*, — während der *Zumari*, eine Oboenart, bei religiösen Handlungen verboten ist.

Ein weiteres, sehr verbreitetes Blasinstrument ist das *Horn*. Es hat jedoch seine eigentliche Bedeutung verloren, denn traditionsgemäß war es für Kriegserklärungen vorbehalten, an der Küste für Proklamationen des Sultans von Pate oder des Rates von Lamu. Natürlich erklingt dieses, oft aus Tierhörnern hergestellte Instrument auch infolge des Jagdverbotes immer seltener. Häufig wird es allerdings auch aus ausgehöhltem Holz oder Bambusstengeln gemacht. Der *Abu*, das Horn der Luo, besteht aus einer Reihe aneinandergeklebter, zum Mundstück hin kleinerer Kalebassen. Der *Soo*, das Horn der Kamba, ist ein 1 Meter langes Bambusrohr, das in einer als Resonanzboden dienenden Kalebasse endet.

Schließlich verwendet man überall Pfeifen, die früher auch aus pflanzlichem Material gefertigt wurden, heute jedoch häufig durch Polizeipfeifen ersetzt werden, die Männer wie Frauen ertönen lassen. Die Frauen haben übrigens selten Gelegenheit, andere Instrumente als Glocken oder Klappern zu bedienen, abgesehen von Heilkundigen, die zum Verkehr mit der Geisterwelt gebrauchen, was sie wollen.

Unter den Saiteninstrumenten sind zunächst die *Leiern* zu nennen. Sie haben Resonanzkästen verschiedener Größe und Form; auch die Anzahl der Saiten variiert bis zu 12 bei den Luhya. Sehr verbreitet ist die *kleine Violine* mit einer Saite, die auf einer Kalebasse, einem hohlen Stück Holz oder sogar einer Konservendose als Resonanzkasten aufgespannt ist. Die Mijikenda haben die *Karimba*, ein rechteckiges, hohles Holz, auf dem 8 oder 10 Regenschirmstangen gespannt sind.

Es bleiben noch die sehr zahlreichen *Trommelinstrumente* zu erwähnen. Sie sind entweder nur an einer, oft aber auch an beiden Seiten mit einem Fell bespannt; man stellt sie entweder wie einen Hocker auf den Boden, hält sie nach hinten geneigt, zwischen den Beinen, wie es die Giriama mit ihrer *Mshondo* machen, oder stellt sie auf den Boden und setzt sich rittlings darauf, wie die Kikuyu mit ihrer *Kithembe*. Die Chuka hängen sie vor die Brust. Klemmt man sie unter den Arm, kann man sich sogar mit ihr zum *Sikuti*, einem im Westen des Landes beheimateten Tanz, begleiten.

Die Trommel wird auf verschiedene Weise geschlagen: mit der flachen Hand, mit verschiedenen Fingern, den Nägeln oder mit einem oder zwei Stöcken.

Sowohl die Herstellungsart wie die Form der Trommeln und ihr Gebrauch wandeln sich unaufhörlich. Zum Beispiel wird die *Mukanda*, eine Trommel der Kamba, mit zwei Fellen, die diese zu ihren berühmten akrobatischen Tänzen schlagen, von den Giriama und Digo zu ihrem Zaubertanz *Ngoma* gerührt.

Leider werden die immer seltineren Dorftänze nicht bekannt gemacht, und es ist sehr schwierig, Musikanten und Tänzer bei Begräbnissen, Hochzeiten oder privaten Festen zu erleben. Manche Bräuche sind praktisch ausgestorben, wie die »beer parties«, auf denen die Alten das nur ihnen vorbehaltene Bier tranken und dabei über öffentliche Angelegenheiten diskutierten. Geblieben sind nur noch die Shows für Touristen, wie man sie an verschiedenen Orten zu sehen bekommt und deren Hauptattraktion meist die Tänze der *Massai* sind. Aber die Massai vollführen nicht als einzige jene erstaunlichen Sprünge, mit denen sie früher ihre Muskelkräfte üben und sich vor einem Kampf in Kondition bringen konnten oder ihre zukünftigen Gattinnen auf sich aufmerksam machten. Die Samburu und Njemps stehen ihnen darin nicht nach, was bei ihrer nahen Verwandtschaft nicht weiter verwundert. Die Kamba vollführten während dieser Sprünge eine regelrechte Luftakrobatik. Die Kuria machten sie noch eindrucksvoller, indem sie sich große Straußenfedern auf den Kopf steckten und sich mit Hilfe von Sockelsandalen das Aussehen von Riesen gaben — was die Sache nicht gerade erleichterte! — und ihre Frauen feuerten sie bei diesen akrobatischen Übungen an, indem sie Perlenschnüre und Metallringe um Hals und Hüften Kreisen ließen, immer schneller, wie tanzende Derwische, und zweifellos gerieten sie wie diese in eine Art Trancezustand, wie man es noch in Lamu erleben kann.

Rückbesinnung auf verlorenes Erbe

Gibt es auch in den Dörfern kaum noch spontane Tänze, so möchten doch die jungen Leute die alten Traditionen gern wieder aufnehmen. Auf den Festivals von Nairobi und Kisumu, wo Studenten von überall her in Wettbewerb miteinander treten, kann man sich davon überzeugen. Doch im ganzen Land haben sich die verschiedenen christlichen Missionare immer wieder darum bemüht, diese von ihnen für »anstößig« befundenen Tänze zu unterbinden; sie waren dabei nur allzu erfolgreich: eine traditionsgebundene Musikkultur ist kaum noch vorhanden.

Dafür studieren nun eine Reihe junger Leute, die sich für internationale Musik interessieren, am Konservatorium der *Kenyatta Universität* klassische Musik und bringen es zu Leistungen von beachtlichem Niveau. Aber von afrikanischer Musik oder Tanzkunst ist dort keine Rede.

Von Ort zu Ort Von Stadt zu Stadt

Amboseli (Nationales Wildreservat)

■ Zunächst enttäuscht die Landschaft den, der zum ersten Mal an einer Safari teilnimmt. Die ersten Kilometer sind denkbar monoton, auch wenn auf der endlosen Ebene von *Athi* die anmutigen Thomson-Gazellen mit ihren breiten braunen Querstreifen umherspringen und hier und da spärliches Gras knabbern. Am fernen Horizont zeichnen sich kaum merkliche Wellenlinien ab, die der Näherkommende als die *Machakosberge* auf der linken und den *Endoinyo Narok* auf der rechten Seite erkennt. Allmählich belebt sich auch der Boden: unter den verschiedenen Dorngewächsen fallen die bekannten »thorn trees« auf, denn ihre Zweige breiten sich wie Schirmpinien weit aus.

Hinter *Kajado* wachen schließlich alle Reisenden aus ihrer bleiernen Müdigkeit auf: inmitten der Hügellandschaft, deren Umrisse bald kulissenartig, bald wellenförmig ineinander übergehen, tauchen die ersten *Massaihirten* auf. Die Lanze zum Himmel gerichtet oder lässig über den Rücken geworfen, bewachen sie ihre Zebuherden. Die Kinder hüten die Ziegen, und in der Nähe der *»Manyattas«* (der Massai-Dörfer) passen Gruppen von kleinen grauen Eseln auf sich selbst auf.

Am Parkeingang werden die Touristen in wackeligen Verkaufsständen, in reich ausgestatteten Läden und von fliegenden Händlern beharrlich erwartet. Sobald die Fahrzeuge nachgetankt haben und die Eintrittskarten für das Reservat besorgt sind, bricht der Ansturm los: breite Massai-Halsketten aux kleinen bunten Perlen, lebensgroße Figuren von lanzenbewehrten Kriegern, mit Fellen bespannte Schilde, Körbe, Platten, Schmuckstücke aus Elfenbein (trotz des Verkaufsverbots aus Tierprodukten gefertigte Gegenstände) — damit wird der Fremde, der, vielleicht erst am selben Morgen angekommen, noch halb betäubt und völlig überwältigt ist, von einem Dutzend nicht abzuweisender Hände bestürmt. Nur einige geraten nicht in diesen Sog, weil sie im Augenblick an nichts anderes denken als an die Tiere, die sie dort hinter der Schranke ganz nahe wähnen.

So nahe sind diese nun allerdings nicht! Die Piste führt zunächst an dem endlos sich dehnenden, den größten Teil des Jahres trockenen *Amboseli-See* entlang oder quer durch ihn hindurch, und das einzige Schauspiel sind die senkrecht emporsteigenden Sandhosen, »Hexen« genannt, oder die Luftspiegelungen, die sich über nicht vorhandenen Wasserflächen bilden.

Die Zeit scheint still zu stehen, wenn man endlich die Gegend der Lodges erreicht hat; sie liegen in *Ol Tukai,* am Fuß des allgegenwärtigen *Kilimandscharo...* sofern er nicht hinter einem Wolkenschirm verborgen ist. Meist ist es noch zu früh, um »auf Safari zu gehen«; doch ab 16 Uhr fahren die Minibusse mit offenem Verdeck nacheinander los; jeder befördert acht bis zehn mit Fotoapparaten, Filmkameras und Ferngläsern bewaffnete Touristen. Sie merken bald, daß die bisherige Abwesenheit von Tieren nur ein kokettes Spiel der Natur war.

Tiere zu Hunderten

Denn jetzt gibt es Tiere zu sehen! — wenngleich nicht alle garantiert in der Rechnung inbegriffen sind : Panther, Geparden, Nashörner zum Beispiel wünscht man oft vergeblich zu Gesicht zu bekommen. Aber Hunderte von Gnus, Zebras und Gazellen grasen brüderlich miteinander oder galoppieren über die Ebenen. Die Gefühle der Zebras sind wohl weniger brüderlich, als es scheint: da die Gnus nicht so schnell laufen können wie sie, werden diese vom Löwen am ehesten erwischt.

Ob auf den ausgetrockneten Savannen oder auf dem grünen Sumpfgrasland von *Logineye* im Osten des Parks, dort, wo das Wasser den Boden einebnet und bis zum Ende der Trockenzeit Pfuhle bildet — diese Tiere sind schon ein wunderbarer Anblick!

Allmählich merkt man, daß der erste Eindruck von Monotonie sich als falsch erweist. Da die Zeit der drückenden Hitze (zwischen 11 und 16 Uhr), in der das grelle Tageslicht alle Farben auslöscht, vorüber ist, genießt man bei der gemächlichen Fahrgeschwindigkeit endlich ganz die unvermutete Schönheit dieser Landschaft. Aus harten kahlen Steppen gelangt man in feuchte, mit Papyrus und Schilf bedeckte Ebenen und befindet sich plötzlich in einem Gelände mit rötlich brauner Erde, wo unter vereinzelten Dornbäumen satte oder noch nicht zur Jagd aufgebrochene Löwen lagern, deren Fell sich von der Farbe der Schatten kaum unterscheidet.

Verblüffend ist die Ruhe dieser furchtlosen großen Raubkatzen, selbst wenn sie von einem Dutzend Wagen umzingelt sind, deren Fahrer sich um

Vorhergehende Seite:
Grant- und Grevyzebras (letztere haben ein
feiner gestreiftes Fell) weiden zu Hunderten
in den Ebenen der Trockenzonen.
Wenig menschenscheu kommen sie nachts gern
in die Nähe der Lodges und ihrer Bungalows.

den besten Blickwinkel streiten und unter dem Beifall oder Geschimpfe der Leute bremsen, zurücksetzen oder beschleunigen. Solange besagte Leute in ihrem Käfig bleiben, rühren sich die Löwen und Löwinnen nicht von der Stelle. Aber sobald ein Unvorsichtiger aus dem Wagen steigt oder auf ein Dach klettert, werden die großen, tolpatschigen Tiere, die zu schlafen scheinen, plötzlich wieder beweglich.

Manchmal, wenn man Glück hat, taucht ein schwarzes Nashorn auf. Sie sind leider sehr selten, weil sie von Wilddieben dezimiert wurden. Das früher in Amboseli beheimatete weiße Nashorn ist bis auf einige Exemplare, die auf einer Meru-Tierfarm überleben, völlig ausgestorben. Das schwarze Rhinozeros bekommt man nicht nur deshalb kaum zu sehen, weil es selten geworden ist, sondern auch, weil es sich gern im Schilf herumtreibt, wo nur ein geübtes Auge es unterscheiden kann. Mit etwas Geduld kann man erleben, wie es sich erhebt, ins Freie tritt, angesichts des Halbkreises von Wagen stehen bleibt und einen Ausweg sucht — kurz, sich wie auf einer Tierschau verhält, statt die aufdringlichen Gäste anzugreifen. Das muß man ihm hoch anrechnen, denn die begeisterten Filmkünstler gestikulieren und lärmen.

Und die Elefanten? Auch sie sind da: einzeln, im Familienverband oder in der Herde. Manchmal zeichnen sich am Horizont Herden von dreißig oder vierzig Tieren ab. Anderswo verschlingt ein Einzelgänger in aller Ruhe seine tägliche Mahlzeit von anderthalb Tonnen Laubwerk. Es kommt sogar vor, daß mitten auf der Wiese eines Lodge plötzlich eine Kette von Elefanten daherkommt, große und kleine, im gleichen majestätischen Schritt, und einer der Ältesten, ohne sich umzudrehen, seinen Rüssel emporschwingt, um den Zuschauern mit einem Trompetenstoß anzuzeigen, daß sie sich den Kleinen nicht nähern dürfen.

Daß sich Geier um einen Tierkadaver versammeln, kann man in der Nähe bewohnter Gegenden nicht erleben. Sie sind nicht sehr gerissen, diese Geier: sie lassen sich durch das herrscherische Gebaren eines anderen Tieres einschüchtern, das selbst wiederum viel zu sehr damit beschäftigt ist, die anderen am Näherkommen zu hindern, als daß es selbst zum Essen käme; so bedrohen sie sich gegenseitig oder zittern voreinander stundenlang, bis schließlich der Intelligentere von ihnen über die Beute herfällt.

Was gibt es sonst noch zu sehen? —natürlich Giraffen: ihr seltsamer, sozusagen mit Zeitlupe aufgenommener Galopp ist wie ein im Traum getanztes Ballett. Manchmal sieht man auch Geparden, diese herrlichen, eleganten Tiere, die so gern sphinxartig im Schatten posieren, um sich plötzlich — wenn man Glück hat — zu den Wagen hingewandt zu erheben und nach einem Moment des Zögerns in gestrecktem Galopp, mit dem sie alle anderen Tiere weit hinter sich lassen, zu verschwinden.

Natürlich hat Amboseli nicht immer so viel zu bieten. Im übrigen hat das Reservat einen Nachteil: der Boden besteht vorwiegend aus brüchiger vulkanischer Asche und muß deshalb geschont werden. Es ist daher strengstens untersagt, die Pisten zu verlassen, selbst, wenn man mit dem Glas in der Ferne einen Geparden oder ein Nashorn entdeckt. Auf jeden Fall kann man aber den Anblick tausender verschiedener Tiere genießen; manchmal ist das Schauspiel am schönsten, wenn man es von der Höhe des »*Observation Point*« betrachtet, einem kleinen Hügel, den man zu Fuß besteigen darf.

Oft taucht der Kilimandscharo ganz früh morgens aus dem Nebel auf, und der eisbedeckte Gipfel funkelt in der Sonne, während das Bergmassiv selbst sich noch nicht abzeichnet. Man wird nicht müde, vor diesem Hintergrund immer wieder neue Tiere in freier Wildbahn zu beobachten und man vergißt, welche Arten man diesmal nicht zu sehen bekommen hat...

AMBOSELI

Lage und Anreise: Parkeingang bei Namanga (Grenzstation auf dem Wege nach Tansania), 165 km von Nairobi auf der Teerstraße A 104. — 80 km Piste nach Ol Tukai und den nicht weit voneinander entfernten Lodges. — Kein öffentliches Verkehrsmittel. — Landepiste für Flugtaxis in der Nähe der Lodges.

Unterkunft: 1 Hotel der Klasse C in Namanga, 1 Hotel (Bandas ohne Restaurant) 14 km von dem Kimana Tor an der Straße nach Tsavo West, 2 Lodges Kl. A und B in Ol Tukai und 2 Gruppen von Bandas und Chalets in der Nähe. — Campinggelände in Ol Tukai etc.

Wichtige Einrichtungen: Tankstelle in Namanga und im Park bei den Lodges. — Läden in Namanga, einfaches Lebensmittelgeschäft bei Ol Tukai-Lodge. — Schwimmbäder in den Lodges. — Wagenvermietung für den Park nur in Amboseli Serena Lodge.

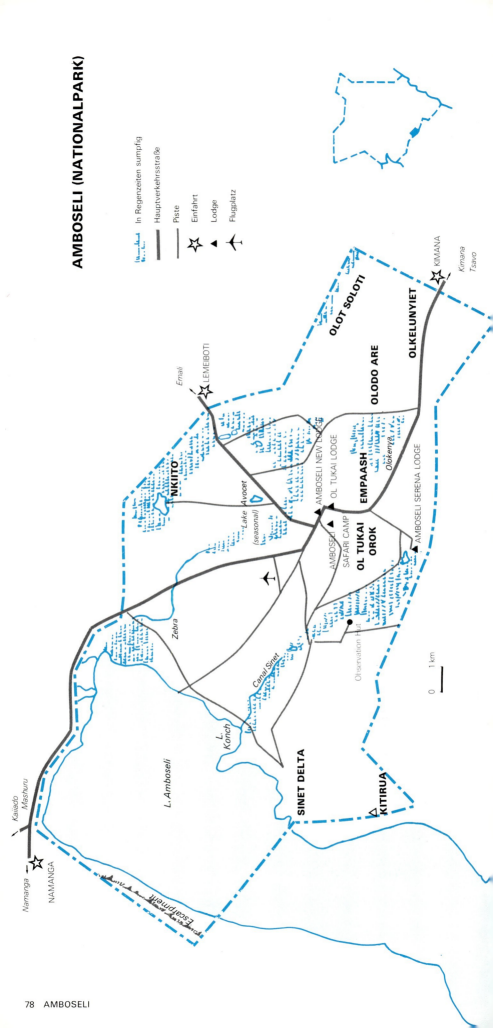

Baringo-See

■ Wer diesen See erreichen will, muß viel Geduld aufbringen, wenn er keinen Wagen zur Verfügung hat und auf den Bus angewiesen ist, der einmal am Tag von *Nakuru* dorthin fährt! Die fahrplanmäßige Abfahrt um 11 Uhr verzögert sich oft, besonders sontags, und über dem Warten kann man leicht mißmutig oder wütend werden.

Die Entfernung bis zum Lodge am Westufer des Sees oder bis zu dem 2 km weiter nördlich gelegenen Dorf *Kampi Ya Samaki* beträgt nicht einmal 120 km, und die Straße ist kürzlich erst geteert worden. Dennoch scheint das einzige Fahrzeug am Tag dazu bestimmt, die Geduld des Westeuropäers auf die Probe zu stellen! In *Mogotio* hält der Bus auf einem steil abfallenden Hügel, glücklicherweise im Schatten einer schönen, weiß blühenden Akazie, aber der Aufenthalt nimmt kein Ende...

Durch Urlandschaften und graue Vorzeit

Nach der Karte zu urteilen führt die Strecke durch das *Rift Valley,* das von *Nakuru* genau in nördlicher Richtung bis zum *Turkana-See* abfällt. Aber wie soll man das erkennen in einem gebirgigen Land, dessen Unebenheit die Sicht auf den östlichen Gebirgsrand des Tales verstellt Man kann die Berge, die überall herausragen, quer vorgelagert sind, sich lang hinziehen und gegen den Himmel abheben, nicht leicht identifzieren ; schließlich gehen sie dann in ausgedehntes Weideland über.

30 km vor *Marigat* fällt die Straße plötzlich steil ab, und man erblickt zum ersten Mal den See. Schon glaubt man sich am Ziel, aber da hat man ihn bereits wieder aus dem Blickfeld verloren und fährt durch eine Gesteinswüste. Der rote Boden ist rissig und über dem trockenen Flußbett des *Endao* ragen purpurrote Felsen mit schwarzen oder braunen Adern auf.

In dieser Gegend, bei *Ngoroa,* hat man den Zahn eines *Hominiden* gefunden, der vor 9 bis 12 Millionen Jahren hier lebte. Der Gedanke, daß die *Australopitheziden,* die man am *Turkana-See* fand, »nur« 3 Millionen Jahre alt sind, weckt geradezu Ehrfurcht vor diesem Vorfahren ! Das leichte Schwindelgefühl, das den Reisenden bei solchen Gedanken überkommt, verstärkt sich beim Anblick der wilden Landschaft: denn wie Orgelpfeifen geformt stehen die Felsen da, und man ist tief beeindruckt, je mehr man sich dem See nähert.

Plötzlich, wenn man gar nicht darauf gefaßt ist, hält der Bus am Straßenrand und man ist am Ziel der Reise. Nach der stundenlangen Fahrt durch Hitze und Trockenheit erfrischt der Anblick der niedrigen weißen Häuser des *Lake Baringo Lodge,* die sich um einen wunderbar grünen Park am Seeufer gruppieren, vom See selbst nur durch einen Schilfstreifen getrennt. Rasch hat man ein Schwimmbad ausfindig gemacht.

Farbe und Art der Bogengänge erinnern an den Stil einer Hazienda. Alles ist von einer so selbstverständlichen Schönheit, daß man darüber fast sogar das Staunen vergißt. Nachdem man sich im Wasser erfrischt und das Auge sich im Anblick der Blumen und des Sees ausgeruht hat, geht man auf Entdeckungstour. Aber das sumpfige, von Gräsern und Schilf bewachsene Ufer ist nicht für Spaziergänger geeignet. Man müßte ein Boot haben.

Zwischen dem etwas weiter nördlich gelegenen Dorf und der Hauptinsel *Ol Kokwa,* auf der ein Zeltlager errichtet wurde, besteht eine Bootsverbindung. Sowohl in diesem Lager als auch in dem Lodge kann man ein Boot mieten und allein oder mit anderen gemeinsam den See und seine Inseln kennenlernen. Auf *Gibralter Island* nisten zum Beispiel Goliathreiher; man kann auch die Dörfer der *Tugen-Fischer* besuchen. Wer sich nicht gern aufs Wasser wagt, der kann, ohne den Park des Lodge zu verlassen, eine Menge kleiner Vögel bewundern, aber auch Reiher, Pelikane und die posierenden Marabus. Zweihundert verschiedene Arten wurden in der Gegend festgestellt. Und nachts kann man, sofern man geduldig und sehr still ist, beobachten, wie die zahlreichen Flußpferde nur darauf gewartet haben, bis wieder Ruhe eingetreten ist, um im Mondschein am Ufer zu weiden.

Die einheimischen *Tugen* oder *Tuken,* die zum Kulturkreis der Kalenjin gehören, wohnen zwischen dem Gebirge östlich des *Baringo-Sees* und dem *Kerio-Fluß* im Westen; dort ist auch das Hauptverwaltungszentrum in *Kabarnet,* das mit *Marigat* durch eine Piste verbunden ist. Diese vielseitigen Menschen haben sich ganz verschiedenen Lebensumständen angepaßt. Hier sind sie Fischer, anderswo Ackerbauern oder Hirten. Sofern der Boden nicht zu steinig oder infolge der stark angewachsenen Bevölkerung ausgelaugt ist, bauen sie Sorgho, Hirse, Mais, Tabak und Bohnen an. Auf den trockeneren Böden züchten sie Schafe und die sehr genügsamen Ziegen.

Doch haben die Tugen keineswegs die fast mystische Vorliebe ihrer Ahnen, der Niloten, für das Rindvieh vergessen. Erst vor kaum hundert Jahren war der Viehdiebstahl für ihre jungen Krieger ein Lieblingssport, und wenn sich keine Gelegenheit dazu ergab, griffen sie auch gern die von der Küste kommenden Karawanen an. Dennoch begriffen sie sehr bald, daß der Verkauf von Lebensmitteln, welche die von Mombasa Heraufziehenden am dringendsten brauchten, mehr Gewinn erbrachte. Sie reagierten auch längst nicht so gewalttätig wie ihre Nachbarn, die *Nandi,* als die ersten Weißen eintrafen. Die Fischer, deren Vorfahren schon im Jahre 1883 den seit Monaten von *Massai* und *Kikuyu* gepeinigten *Joseph Thomson* im Dorfe *Njemps* gastfreundlich aufnahmen, rudern heute die Touristen gern in ihren Booten umher, um ihnen ihre Gegend zu zeigen.

Aber das abwechslungsreiche *Land der Tugen* mit seinen Tälern und Bergen verdient mehr Beachtung, als solche Spazierfahrten auf dem See erlauben. Der *Nationalpark* des *Bogoria-Sees* ist vom Baringo-See aus leicht zu erreichen (s.u. dem Stichwort). Für den Rückweg nach Nakuru kann man auch den Umweg über *Kabarnet* auf der nördlich von *Marigat* abzweigenden Piste wählen; kurz vor Kabarnet folgt man einer nach Süden abzweigenden Piste, die, von einer wunderbaren Gipfellinie begleitet, bis nach *Eldama Ravine* führt. Wer weiter nach Westen fahren will, biegt kurz hinter Kabarnet nach Norden ab, folgt ein Stück dem Kerio-Tal abwärts, um dann über den *Marich Paß* die *Cherangani Hills* zu überwinden und über *Kapenguria* auf *Kitale* zu wieder abwärts zu fahren.

Vor der Abreise sollte man im benachbarten Dorf eine Schlangenfarm besuchen, und zwar möglichst dann, wenn man den Tieren das Gift zur Serumgewinnung abnimmt.
(Auskünfte s.S. 92)

KENIAS BEVÖLKERUNG

■ *Da die letzte Volkszählung im Jahre 1979 durchgeführt wurde, beruhen die folgenden Ziffern auf einer amtlichen Schätzung für das Jahr 1981.*

Kikuyu :	3 522 500
Luo :	2 434 500
Luhya :	2 325 100
Kamba :	1 916 200
Kalenjin :	1 904 200
Kisii :	1 122 700
Meru :	886 700
Mijikenda :	832 800
Somali :	404 800
Turkana :	325 100
Maasai :	247 700
Embu :	188 600
Taita :	173 600
Verschiedene :	798 600
	17 083 100

Baragoi

■ Nördlich von Baragoi sprießt plötzlich üppiges Grün und bedeckt wie mit Kuppeln, Sonnenschirmen und Höhlen das Plateau zwischen den *Samburu-Bergen* und dem *Ndoto-Massiv*. Nachdem man, von Süden kommend, die karge *Ebene El Barta* durchfahren hat, hat man das Gefühl, als ob diese lieblichen, biegsamen Büsche in Mannshöhe den Menschen vor der Sonne schützen wollten. Das Wasser des *Lolilia*-Flusses läßt sie dort wachsen; oft ist er jedoch nur ein trockenes Wadi, dessen rötliche Ränder unter der sengenden Sonne rissig werden.

Ungerührt vom Grün und der trockenen Erde ziehen die Kamele vorbei. Ihre Treiber vom Stamm der *Turkana* sind selbst allzu häufig in Reibereien verwickelt, um nicht den Fremden zu mißtrauen. Sie haben es nicht gern, daß diese staubbedeckten Weißen daherkommen, ohne »Achtung« zu rufen, und drängen ihre Tiere etwas gereizt an den Rand der Piste.

Streitlustiger Turkana - Stamm

Dieser Abwehrreflex überrascht die Touristen ein wenig, nachdem sie gerade mit den Dorfbewohnern von Baragoi einen fast warmen Kontakt hatten, sich jedenfalls auf der einzigen Straße der Ansiedlung gegenseitig freundlich beäugt hatten. Weiße kommen nur selten hierher, und im allgemeinen sieht man keinen anderen Wagen als den »Turkana-Bus«, der alle 14 Tage im Dorf für einen Augenblick anhält.

Die Reisenden sind nicht wenig erstaunt über das Lokalkolorit, das sie hier zum ersten Mal sehen bekommen: die äußerst malerischen Menschen mit ihren Gewändern und ungewöhnlichen Haartrachten wirken im ersten Augenblick sehr exotisch.

Die Dorfbewohner kommen ihrerseits aus dem Staunen nicht heraus. Nachdem monatelang regelmäßig Fahrzeuge mit Fremden eingetroffen sind, fragen sie immer wieder verdutzt: »Wo wollt ihr hin?« — »Nach Loiengalani«. — »Was wollt ihr da?« — »Den See anschauen«. Haben sie auch schon zwanzigmal dieselbe Antwort erhalten, so erscheint sie ihnen doch so unglaubwürdig, daß sie ihre Frage jedesmal wiederholen, offenbar in der Hoffnung, einer werde ihnen endlich einmal den wahren Grund sagen: denn wenn man sich so dem Wind, dem Staub und der Hitze aussetzt, muß man schon einen ernsthaften Grund haben... oder ein Verbrechen abbüßen!

Wer sind die Einwohner von Baragoi? Da sind zunächst die *Samburu*: die Frauen am leichtesten an ihrem Perlenkopfband zu erkennen, die Männer an ihren mit Ocker und Fett beschmierten Haaren, die ihnen auf den Rücken herunterhängen und zum Teil schirmartig über die Stirn gekämmt sind.

Mitten unter ihnen aber leben die berüchtigten *Turkana,* vor denen in den Steppen des Nordens jeder zittert, weil sie niemanden verschonen, nicht einmal sich selbst: sie gehen ohne Zögern aufeinander los, um dem andern seine Zebus, Ziegen, Schafe und Kamele zu rauben. Das führt manchmal zu blutigen Repressalien: in der Ebene *El Barta* wurde ein Turkana-Dorf von einer anderen Sippe völlig niedergebrannt. Eine Spezialabteilung der Polizei überwacht seitdem das Gebiet, und in längeren Trockenzeiten oder wenn Viehseuchen ausbrechen, ist rasch eine Art Rettungsdienst zur Stelle, um die Turkana davon abzuhalten, ihre Nachbarn zu unterdrücken und sich gegenseitig auszulöschen.

In Baragoi erscheinen die Turkana nicht so wild! Der nette alte Mann dort, der einen dunkelroten Stoff um sich geschlungen hat und die Touristen etwas maliziös betrachtet, das kann doch kein Brandstifter sein, selbst wenn einem sein Lächeln ein bißchen gerissen vorkommt! Immerhin, nach seinem mit blauem Ton beschmierten Haarknoten zu urteilen ist er ein Turkana.

Ob Turkana oder Samburu, manche auf Lanzen oder lange Stöcke gestützt — die Alten schauen ernst drein, die Kinder hüpfen und sagen »guten Tag!«, die Frauen grüßen lächelnd. Ihr Hals ist von einem breiten Perlenhalsband umschlungen, dessen Farben je nach der Stammeszugehörigkeit verschieden sind. — Und dann rattern die Fahrzeuge wieder. Wir lassen diesen Farbenreichtum hinter uns und tauchen gleich hinter dem Ort in die grüne Landschaft ein.

Aber das Grün begleitet uns nicht lange. Bald steigt die Straße an, das Meer von Pflanzen und Lianen bleibt hinter uns, die Hügel, über die wir hinweg- oder zwischen denen wir hindurchfahren, werden immer höher. Bald heben sich ihre felsigen Umrisse fast schwarz gegen den Himmel ab,

bald lösen sie sich in Wellenlinien auf, und wieder beruhigt das dunkle Grün der Büsche das Auge nach dem flammenden Rot und Ocker der Felsen.

Auf einer unebenen Piste rumpelt unser Fahrzeug das Tal entlang, zwischen der *Ol Doinyo Mara-Kette* und dem Massiv des *Nyiru,* bis ganz unerwartet eine Oase auftaucht. *South Horr* ist mit seinen Häusern, die ausnahmsweise einmal nicht wie an einer Schnur aufgereiht stehen, ein kleines Paradies. Einige Häuser sind modern, die meisten jedoch aus gestampftem Lehm erbaut und haben, wie es für den Baustil der Samburu typisch ist, einen runden oder rechteckigen, an den Ecken abgerundeten Grundriß. Bananenstauden, Papayabäume und Palmen scheinen sie fast zu verdecken, aber sie bilden, zusammen mit den bunten Gewändern und dem Schmuck der Einwohner und dem dunkelroten Fels des Gebirges, eine Farbensymphonie! — Und dann geht die Fahrt weiter aufwärts.

Nach einigen Kilometern erreichen wir *Kurungu,* einen von den beiden Gebirgsketten umschlossenen kleinen Talkessel, durch den das Flüßchen fließt, an dem auch South Horr liegt. In einem Camping-Gelände mit einem kleinen Zeltlager findet man — welch ein Wunder! — kühle Getränke. Man hatte sie schon vergessen! An diesem wunderbaren Ort bleibt man gern ein paar Tage, vielleicht, um South Horr noch einmal zu besuchen, vielleicht aber macht man auch einen längeren Ausflug ins *Mount Nyiru-Gebirge,* dessen Wald zu der wüstenartigen Umgebung in auffallendem Kontrast steht. Vom Gipfel des Berges erblickt man im Norden den Turkana-See und im Westen die Senke von *Sugata,* eine der heißesten Gegenden Kenias. Dort bildet sich nach den Regenfällen ein See, der rosa Flamingos und Pelikane anlockt.

BARAGOI

Lage und Anreise: 243 km nördlich von Nyahururu über anstrengende Piste. Im allgemeinen macht man Zwischenstation in Maralal. — Kein öffentliches Verkehrsmittel. — Landepiste.

Unterkunft: keine, die nächsten sind in Maralal oder bei South Horr in Kurungu.

Wichtige Einrichtungen: Kraftstoffversorgung schwierig. — Reparaturwerkstatt in der katholischen Missionsstation.

*Entzückende bunte Vögel beleben überall
die Gegend in der Nähe einer Wasserstelle.
Der Spreo (oben) hat ein blau, gelb, schwarz
und weißes Gefieder und einen rotgelben Bart;
mit seinem Schnabel
höht er Erdklippen und Termitenbauten aus.*

*Der Silberreiher (oben) kann nunmehr seinen Kopfschmuck
selbst tragen, denn er darf nicht mehr gejagt werden.
Für den kleinen Caleo mit seinem roten Schnabel
hat sich die westliche Mode nie interessiert ;
daher war für ihn das Überleben
aus diesem Grunde kein Problem.*

Bogoria
(See und Nationalpark)

■ Hier sind wir in einer der heißesten und wildesten Gegenden des Landes. Bis heute gibt es in seiner Nähe weder eine bedeutende Ansiedlung, die man mit einem »Matatu« oder Bus erreichen könnte, noch gar ein Hotel. Folglich muß man sich entweder einen Wagen mieten und von dem Lodge am Baringo-See aus einen Tagesausflug unternehmen oder an einer der organisierten Reisen teilnehmen, die seit kurzem diesen See in ihr Programm aufgenommen haben. Die Fahrt lohnt sich, weil die meisten der rosa Flamingos, die früher im Park des Nakuru-Sees lebten, durch dessen Verschmutzung vertrieben, hierhin ausgewandert sind, und ferner, weil die Fahrt problemlos ist, seit die Straße von Nakuru zum Baringo-See eine neue Decke erhalten hat. (Auf keinen Fall sollte man die bei Mogotio von dieser Straße abzweigende sehr schlechte Piste benutzen!)

Von Baringo aus kann man eine herrliche Fahrt machen. Die wie Orgelpfeifen geformten Felswände über dem südlichen Ufer des Baringo-Sees und die ganze, von Wadis zerschnittene Landschaft zwischen dem See und Marigat wirken noch schöner, wenn man von Norden her kommt. 4 km weiter südlich zweigt links eine Piste nach *Luboi* ab; dort ist der Eingang zum Reservat.

Bevor man diesen erreicht, fährt man auf vielen Kurven den Osthang eines Berges hinab; von hier überblickt man den *Baringo-See* und den westlichen Absturz des *Laikipia-Gebirges*. Die Piste, in einem Einschnitt zwischen den Bergen, durchquert Flüsse mit tiefroten Uferrändern, führt an seltsamen Termitenhaufen vorbei, die wie mohammedanische Pfeilergräber aussehen, oder an leuchtenden Bananenpflanzungen entlang. Endlich erreicht man Luboi und den Eingang zum Reservat, kurz darauf das nördliche Ende des Bogoria-Sees, das bogenförmig gekrümmt im Osten von den Felsabstürzen der *Siracho-Kette* gesäumt wird.

Die Zufluchtsstätte der rosa Flamingos

Zunächst ist man enttäuscht, daß man nur wenige von ihnen sieht. Der See ist jedoch viel größer, als es zuerst den Anschein hat. Von dem hornartigen Nordende aus erweitert er sich plötzlich über eine Verengung, die ein Südende vortäuscht, hinaus und erstreckt sich von da aus noch einmal in doppelter Länge. Dort lebt die Hauptkolonie der Flamingos sowie kleinere Stelzvögel, ägyptische Gänse und Marabustörche.

Von ferne erscheinen die Scharen von Vögeln geradezu unwirklich — so sehr glänzt ihr Gefieder in der Sonne: weiß, wenn sie die Schwingen nicht entfalten. Die Sonne scheint, nein, sie brennt hier am heißesten! Seinen Ruf, der heißeste und zugleich der schönste See zu sein, hat der Bogoria-See zu Recht verdient. An seinen Ufern findet man kaum Schatten, es sei denn, unter »thorn trees«, die zur Zeit des Picknicks, wenn die Fotografen Gefahr laufen, sich einen Sonnenstich zu holen, zur Rast laden.

Eigentlich könnte man hier auf das Mittagessen verzichten, zumal der Baringo-See mit seinen zwei Hotels so nahe liegt. Aber die bleierne Mittagshitze gehört einfach so sehr zu der infernalisch erbarmungslosen Landschaft, daß man fasziniert dort bleibt, auch wenn man in dieser Schmelzofenatmosphäre leidet.

Hier am Hauptteil des Sees verstärken heiße Quellen noch das Dämonische der Landschaft. Etwa zehn von ihnen sind in Ufernähe. Kochend sprudelt das Wasser unter starkem Druck hervor, um sich dann in kleinen Kanälen im ausgehöhlten, steinigen Sand zu verteilen. Es empfiehlt sich nicht, diesen riesigen Hexenkochtöpfen zu nahe zu kommen. Trotzdem kochen manche Leute darin mit Hilfe eines komplizierten Gestells ihre Eier; dabei ist es durch Unachtsamkeit schon zu ärgerlichen Unfällen gekommen.

Hier hat man fast den Eindruck, das unheilvolle Plätschern schläfere selbst die vorsichtigen Vögel ein: während sie anderswo bei der geringsten verdächtigen Bewegung am Ufer in Scharen davonfliegen, kann man sich hier ganz nahe an sie heranschleichen, ohne daß sie sich von der Stelle rühren — eine Gelegenheit mehr für besessene Fotografen in dieser Glut einen Schlaganfall zu riskieren!

BOGORIA

Lage und Anreise: Eingang zum Reservat bei Loboi, 20 km östlich der Teerstraße Nakuru-Baringo. — Die Piste zweigt ungefähr 94 km nördlich von Nakuru und 4 bis 5 km südlich von Marigat östlich ab. — Öffentliche Verkehrsmittel auf der Teerstraße.

Unterkunft: keine. Die nächste ist in Baringo.

Diani Beach

■ Was bietet Diani Beach? Entlang der Küste des Indischen Ozeans findet man überall von Palmen gesäumte kilometerlange Sandstrände, die zum offenen Meer hin durch ein Korallenriff vor Haien geschützt sind. Überall liegen Hotels, oft dicht nebeneinander, die in ihrer luxuriösen Ausstattung miteinander rivalisieren.

Diani Beach indessen hat noch ein zweites Korallenriff, und die mit der Gestaltung der Hotelanlagen beauftragten Landschaftsgärtner haben diesen Vorzug prachtvoll ausgenutzt. Die rotbraunen Felsen sind hier entweder in großen Platten verteilt oder sie bilden eine mehrere Meter hohe Steilküste; die Wellen haben an ihrem unteren Rand Grotten ausgehöhlt, die man bei Ebbe betreten kann. Diese Felsen sind entweder als Fundament in die Hotelbauten mit einbezogen, oder man hat darauf Felsengärten mit herrlichen Blumembeeten und Rasenflächen angelegt. Zu den zarten Blumen und den im Seewind sich wiegenden eleganten Kokospalmen und Filaobäumen gesellen sich ehrwürdige, kräftige Affenbrotbäume, die Dickhäuter unter den Pflanzen.

Ohne jedes einzelne Hotel zu besuchen, bekommt man auf einem Strandspaziergang schon einen guten Eindruck, wie vielfältig man hier Felsen und Klippen auszunutzen verstand! Die Füße muß man allerdings vor den scharfen Korallen, die überall im Sand verstreut sind, schützen.

Diani Beach hat also, abgesehen vom hohen Komfort der zahlreichen Hotels, eine besonders schöne Küste, die zu Spaziergängen einlädt.

Im Norden werden bei Ebbe in der Mündung der *Mwachema* kleine Felseninseln freigelegt, auf denen in stehengebliebenen Wasserlachen eine Menge winziger Fischchen schwimmt. — Leider kommt es nicht selten vor, daß auf diesem 13 km langen Strand, der völlig einsam ist, sobald man den Wald von Sonnenschirmen und Liegestühlen in der Nähe der Swimming Pools hinter sich läßt, allein gehende Frauen vergewaltigt werden. Das ist nicht weiter erstaunlich, seitdem sich die Europäerinnen überall mit entblößten Brüsten zeigen. Für die fast ausschließlich mohammedanische Suaheli-Bevölkerung an der Küste kommt das

DIE VOGELWELT

■ *Man hat in Kenia ungefähr 1 050 Vogelarten registriert und vermutet, daß es zum Beispiel in den Bergen des Nordens noch unbekannte Arten gibt.*
Das Rift Valley, *dessen Bodenformen von den Rändern zur Mitte hin stark variieren, beherbergt viele verschiedene Arten, insbesondere in der Nähe der Seen. Als ganzes ist es eine wichtige Vogelzugroute. Westlich des Rift Valley, in den Wäldern des* Maugebirges *und auf dem Mount Elgon Massiv leben ganz andere Vogelpopulationen als an der Küste, die eine Region für sich bildet. Allein im Park von Nairobi hat man 650 Arten gezählt. Die bekanntesten Arten sind : der* Strauß *— er bevorzugt die weiten trockenen Ebenen ; der* Calao *— eine große, schwarze Sperlingsart mit weißem Schwanz und einem roten Fleck an der Kehle ; der* Flamingo *— der bis zu 1.50 m hohe Stelzvogel liebt Seen und Sumpfgebiete ; der* Kronenkranich *— mit schwarzem Bauch, weißen Gefieder und einer gelbschwarzen Kopfkrone ; der* Reiher *— aschgrau mit blauen Körperfedern, schwarzem Schopf und weißen Hals ; der* Heilige Ibis *— mit seinem schwarz weißen Gefieder lebt er in der Nähe von Wasserstellen ; der* Jabiru *hat einen schwarzen Kopf und schwarzweiße Körperfedern ; der* Marabustorch *— mit seinem voluminösen Schnabel macht er immer den Eindruck, als werfe er sich in die Brust und halte sich für besonders wichtig ; die* Trappe *— hat einen dünnen, spitzen Schnabel ; der* Pelikan *— einen sehr langen, flachen Schnabel ; das* blaue Perlhuhn *— den schönen Vogel sieht man vor allem in Samburu ; der* Regenpfeifer *— darunter der Regenpfeifer von Magadi u.a.m.*

einer Herausforderung gleich; denn hier verschleiern einige Frauen noch ihr Gesicht und verständlicherweise schätzt man die schamlosen Ausländerinnen nicht.

Es ist deshalb ratsam, daß man den oben beschriebenen Spaziergang nicht allein unternimmt oder auf den Korallenklippen unter den Affenbrotbäumen bis zur *Moschee von Kongo* wandert, falls man ohne Begleitung ist. Diese Moschee ist eine Pilgerstätte aus dem 16. Jahrhundert.

Einen schönen Spaziergang kann man auch ins Landesinnere machen. Für die Gäste der Hotels »*Two Fishes*« oder »*Jadini Lodge*« ist der *Wald von Jadini* zu Fuß leicht erreichbar: von der geteerten Straße zweigen in Höhe dieser beiden Häuser rechtwinklig zwei Pisten ab, die in den Wald führen; die erste läuft zunächst an einem Schlangenpark entlang, den man besuchen kann. Da dieser Spaziergang von keiner der organisierten Besichtigungstouren erfaßt ist, beschwört man den wunderlichen Touristen, der dorthin will, wohin die anderen nicht gehen, sich ein Taxi zu nehmen und sich vom Chauffeur begleiten zu lassen, falls er auch noch im Wald spazieren gehen will. Die Empfehlung ist abwegig, denn wer sich dort hin begibt, wird sich nicht unnötig strapazieren und der Straße möglichst nahe bleiben. Dennoch kann ein Taxi nützlich sein — aber damit es sich lohnt, muß man es schon für den ganzen Vormittag mieten: man fährt ganz früh bis zu einem Teich auf der anderen Seite des Waldes. Vielleicht hat man Glück, dort Tiere beim Trinken beobachten zu können: Elefanten, Affen und verschiedene kleine Säugetiere. Man kann auch diesen Weg durchaus zu Fuß zurücklegen, wenn man sich etwas Proviant mitnimmt und den ganzen Tag dafür ansetzt. Dann kann man zusätzlich viele kleine Vögel und besonders Schmetterlinge beobachten, die man vom Wagen aus nicht zu sehen bekommt.

In der meeresnahen Zone leben abseits von allem Getriebe einige Digo und bauen ihren »Shamba« an.

Ein anderer beliebter Ausflug von Diani aus führt zu dem Reservat in den *Shimba Hills*. Leider findet er nur statt, wenn sich mindestens 5 Personen beteiligen. Da die meisten Leute den Strand vorziehen, muß man sich in Mombasa einen Wagen mieten.

Das Reservat verdankt seinen Namen den früher hier sehr zahlreichen Löwen, die man heute nicht mehr zu sehen bekommt. Dafür ist Shimba Hills nun berühmt wegen seiner Säbel- und Rappenantilopen, die übrigens sehr selten sind. Man sieht außerdem Büffel und Elefanten. Die Hauptattraktion bleibt jedoch die Meeresnähe des Parks: von den über 300 m hohen Bergen hat man zwischen den Bäumen hindurch immer wieder den Blick aufs Meer.

Schließlich kann man von Diani aus im Mietwagen oder Omnibus bis zu den Fischerdörfern *Kinondo* und *Gazi* sowie nach *Shimoni* fahren, dem früheren Hauptquartier der *Imperial British East Africa Company*. Diese war die Vorläuferin der englischen Verwaltungsbehörde zu einer Zeit, als die britische Regierung noch schwor, sie wolle sich in dieser Weltgegend mit keiner Kolonie »belasten«!

Vor Shimoni liegt die seit vielen Jahrhunderten bewohnte Insel *Wasin*, die lange Zeit dem *Sultan von Vumba* gehörte, einem heute vergessenen Dorf an der tansanischen Grenze. Dieser Sultan stammte von einer Familie aus *Schiras* ab und besaß ebenso große Autorität wie der Sultan von Pate an der Nordküste. Er herrschte über eine Bevölkerung, die sich aus Mohammedanern gleicher Herkunft wie er und aus Bantu, wahrscheinlich Digo, zusammensetzte. Im 18. Jahrhundert wurde diese Dynastie von den *Ba-Alawi* ersetzt, die den Titel »Diwani« annahmen. Die heutigen Nachfahren ihrer Untertanen sind wie einst Fischer und betreiben Küstenschiffahrt. Sie fahren die Touristen zu einem Seepark zwischen der Insel und dem Festland, dem *Kisite Marine Park,* der aus Atollen und Korallenstöcken besteht. Die Hochseefischer fahren bis in den *Pemba Channel,* wo es im tiefen Wasser von Speerfischen wimmelt.

DIANI BEACH

Lage und Anreise : etwa 30 km südlich von Mombasa über ausgezeichnete Teerstraße A 14. — Busse und »Matatus«. — Landeplatz für kleine Flugzeuge in Ukunda bei Diani.

Unterkunft : 12 Hotels mit Schwimmbädern am Strand. — Läden, organisierte Ausflüge, Banken, Restaurants. — Diskotheken. — Verschiedene Sportmöglichkeiten. — Boots- und Autovermietung.

Wichtige Einrichtungen : Autovermietung : Diani Car Hire, POB Ukunda 17, Tel. : 23875 in Mombasa. — Bootsvermietung : Nornad Boats.

*An der Küste des Indischen Ozeans, südlich von Mombasa,
überwinden die Digo in ihren Pirogen
mit Leichtigkeit die Brecher und das Korallenriff,
um sich aus tieferen Gewässern
einen reichen Fang zu holen.*

Eldoret

Eldoret, die Hauptstadt des Distrikts *Uansi Gishu*, hat wie fast alle anderen Städte Kenias — mit Ausnahme der Küstenstädte — eine sehr kurze Geschichte. Sie wurde zu Beginn dieses Jahrhunderts von den Engländern gegründet und zuerst von südafrikanischen Siedlern bewohnt, die die fruchtbaren und gemäßigten Highlands bewirtschaften wollten. Das Zentrum besteht aus niedrigen Häusern mit Arkadengalerien und Läden.

Nähert man sich von Süden, so staunt man über die hoch eleganten Wohnbezirke am Stadtrand mit ihren schlichten, aber gepflegten Häusern und vor allem den hübschen privaten und öffentlichen Gärten. Lange bevor man die Stadt erreicht, ist die Straße von Jakarandabäumen, Bougainvillea, Oleander, Hibiskus und roten Jasminbüschen gesäumt, und etwas abseits wachsen Akazien, Eukalyptus und verschiedene Koniferen.

Im Zentrum können die Farmer der Umgebung ihre Einkäufe machen, Verwaltungsangelegenheiten und Geschäfte erledigen sowie ihre Erzeugnisse zum Abtransport mit der Bahn expedieren. Natürlich fehlt hier der Pflanzenwuchs und die vornehme Stille der Wohnbezirke.

Obwohl sie noch nicht lange besteht, ist die Stadt Eldoret dadurch bekannt geworden, daß ihre Einwohner, die *Keiyo*, den Völkerschaften nilotischen Ursprungs, die in der Zentralregion des oberen *Rift Valley* und den angrenzenden *Hochplateaus* leben, zu einer anerkannten, gemeinsamen Sprache und Kultur verholfen haben.

Selbstbewußtsein einer Kultur

Es ging darum, für diese Volksgruppen einen umfassenden Gattungsnamen zu finden: es war das Wort »Kalenjin« (»ich sage:«), das sich schließlich durchsetzte; es bezeichnete ebenso die politische Union wie die 1948 in Eldoret gegründete Zeitung gleichen Namens. Diese Bekräftigung einer mehreren Volksgruppen gemeinsamen Kalenjin-Kultur führte sicherlich dazu, daß man ihre Besonderheit erkannte. Die Keiyo waren außerdem verärgert, wenn die Kolonialbehörden ihre Sprache als »Nandi« bezeichneten; sie wollten also auch erreichen, daß die Verwechslung eines Teils mit dem Ganzen aufhörte, denn die Nandi sind nur ein Sektor des Kulturkreises der Kalenjin. Damit erzwangen sie also gleichzeitig, daß man sie als einen eigenen Volksstamm anerkannte.

Die Keiyo wurden wie viele andere Niloten erst durch den Zwang der Umstände zu Ackerbauern. Bis zu den vierziger Jahren waren die höheren Lagen dieser Gegend ein durch schöne Wälder mit Podocarpus, Zedern und Ölbäumen geschütztes ausgezeichnetes Weideland. Es wurde zu einem großen Teil von den weißen Pionieren, den »settlers«, konfisziert und zum Anbau von Getreide und Kartoffeln verwandt. Daraufhin bauten die Keiyo in den tiefer gelegenen Zonen Hirse, Bohnen, Erdnüsse, Bananen, Papayabäume und Kaffee an.

Gelangt man auf einer Fahrt durch das Hochland auf den Hängen des *Tampach* in eine Höhe von etwa 2 800 m, staunt man noch immer über die Schönheit der Wälder, die sich vom Gipfel des *Mau* bis *Tindernet* erstrecken. Es sind allerdings, verglichen mit den ausgedehnten Waldungen in früherer Zeit, nur noch Waldstücke. Auch die heutigen Rinder-, Schafs- und Ziegenherden stellen nur noch einen kleinen Teil des ehemaligen Reichtums der Bewohner dar. Die vor 30 Jahren noch zahlreichen Büffel, Elefanten und Nashörner sind seit der übermäßigen Ausnutzung des Bodens völlig verschwunden.

ELDORET

Lage und Anreise : 156 km über Teerstraße A 104 km von Nakuru, 211 km von Nairobi über A 104. — Zug nach Nakuru und Nairobi. — »Matatus« und Busse nach Nakuru, Kisumu, Nairobi direkt sowie nach Kitale im Norden. — Flugplatz.

Unterkunft : 4 kleine, einfache Hotels mit Restaurant oder der Soy Country Club, 23 km von der Stadt an der Straße nach Kitale, mit Restaurant, Schwimmbad, Night-Club (einmal in der Woche).

Wichtige Einrichtungen : Tankstelle. — Bank. — Markt und Läden. — Post.

Elgon (Berg und Nationalpark)

■ Dieser Vulkan war vor einigen Millionen Jahren aktiv. Allmählich erlosch er und heute ragen über den runden Krater mehr als 4 000 m hohe jüngere Bergspitzen hinaus. Da die Grenze zwischen Uganda und Kenia über das *Massiv des Mount Elgon* hinwegläuft, wird der Berg kaum besucht. Vielleicht auch, weil er von Nairobi zu weit entfernt ist, hauptsächlich jedoch weil sich in der Gegend ugandische Soldaten herumtreiben, die sich gegen die derzeitige Regierung auflehnen und hier als Wilddiebe, Schmuggler und Plünderer die Grenze ständig überschreiten.

Werden in der Parkregion ungewöhnliche Bewegungen festgestellt, dürfen sich die Fremden nicht von der Piste entfernen, die einige Kilometer unterhalb der höchsten Spitze des Massivs des noch auf kenianischem Gebiet liegenden *Mount Koitoboss* endet. Meist jedoch begnügt sich die Verwaltung mit der Forderung, daß ein bewaffneter Waldhüter die Wanderer begleitet.

Unter dem Schutz eines Waldhüters

Dieser Ranger ist nicht nur dazu da, die Fremden vor Wilddieben und rebellischen Soldaten zu schützen, sondern in der Waldzone auch vor dem Angriff einer Elefanten- oder Büffelkuh, die ihre Jungen in Gefahr wähnt. In dieser Zone ist es grundsätzlich verboten, den Wagen zu verlassen; doch was bedeutet schon ein Auto gegen diese mächtigen Tiere? Anfangs unterschätzt man leicht die Gefahr, denn man sieht nur Gazellen und Impalas, die die Piste mit einem Satz überqueren, um im Dickicht zu verschwinden, oder auch die prächtigen schwarz-weißen Colobusaffen. Wenn aber nach einer Biegung der Piste der Landrover plötzlich vor einem jungen Elefanten stoppt und es kracht in den Bambuszweigen, wo sich, noch unsichtbar, seine Mutter erhebt, um die potentiellen Feinde anzugreifen, dann beginnt man die Warnung ernst zu nehmen. Die Tierspuren, die ein Kenner leicht lesen kann, sind im übrigen so zahlreich, daß sie einem eindeutig Aufschluß geben über die Anwesenheit von Elefanten, Leoparden oder Büffeln. Hat der Wagen eine gewisse Höhe erreicht, sind keine Spuren mehr zu sehen: hier oben leben keine Tiere mehr.

Der Vegetationsreichtum verblüfft und verwirrt den Neuling vom Parkeingang an. Man müßte Botaniker sein, um annähernd zu begreifen, welch eine Flora hier wächst und warum sie hier wächst. So erkennt man die 30 bis 40 m hohen, mit Moosschleiern behängten Podocarpuskoniferen oder die prächtigen Kandelaberbäume aus der artenreichen Familie der Kakteen. Man läßt sich die zahllosen Akazienarten erklären und bewundert die Bambusgewächse, die hier so dicht stehen, daß man manchmal kaum einen Fuß zwischen ihre Stämme setzen könnte. Dort, wo sie plötzlich eine bezaubernde Pflanzenhöhle bilden, in die verstohlen ein Sonnenstrahl hineinfällt, ist ein Elefant hindurchgegangen. Hat man diese Stars unter den Bäumen erkannt, beginnt man weitere Vermutungen anzustellen. Diese Bäume mit den schönen roten Blüten, die so aussehen wie Rosen: sind das nun die Hagenien, deren Beschreibung man gelesen hat? Und dieser Riese mit den gelben Blüten, ist das wohl das Hypericum, das in über 3 000 m Höhe wächst? Es gibt Dutzende von Bäumen und Sträuchern und Blüten — vor allem die unter den Podocarpus blühenden Orchideen! Von diesen haben viele noch nicht einmal einen Namen, wenigstens nicht auf englisch und noch viel weniger auf französisch oder deutsch — die Siedler hatten keine Zeit, sie vollständig zu erfassen!

Ein Brobdingnag der Pflanzenwelt

Oberhalb des Waldgürtels ist die Vegetation nicht weniger reich und mannigfaltig, doch sie ist völlig andersartig. Zunächst genießt man natürlich den Blick über die Landschaft: im Osten dehnt sich die weite Ebene um *Kitale,* in der Nähe tauchen die das Massiv überragenden Felsspitzen auf, sobald die Piste auf der anderen Seite des Berges verläuft. Hätte man nicht die leicht zu erkennende Felsbarriere des *Koitoboss* als Bezugspunkt, würde man bald jede Orientierung verlieren. Am Ende der befahrbaren Piste angelangt, steigt man aus und entdeckt jetzt erst richtig, daß die Pflanzenwelt hier ebenso reichhaltig ist wie die im Wald, nur im verkleinerten Maßstab. Hat das Auge sich erst umgestellt, sieht man, daß manche Heidearten die Höhe junger Fichten erreichen. In größerer Hö-

*Im Bergwald des Mount Elgon
ist es oft kaum möglich,
einen Elefanten zu fotografieren.
Erst wenn er zum Angriff ansetzt,
entdeckt man den im Dschungel Verborgenen.*

he sind sie zwar etwas kleiner, aber nicht weniger mannigfaltig. Nicht nur die Heidearten geben dem Wanderer das Gefühl, er befände sich wie Gulliver im Lande der Riesen: in dieser Höhe wächst auch das gewaltige Kreuzkraut mit seinem dicken Stamm und einer Krone, die einer riesigen Artischocke ähnelt.

Zwischen diesen Pflanzenriesen wuchert eine unvorstellbare Menge anderer Bodenbedecker, darunter auch einige, die dem Edelweiß stark gleichen. Fast braucht man ein Mikroskop, um die Feinheit so vieler verschieden ziselierter Blätter zu erkennen, deren Farbtöne fast unmerklich von silberweiß zu blaßgrün und perlgrau übergehen. Dabei duftet diese Zwergvegetation köstlich wie der korsische Maquis, eine besondere Freude und Wohltat für den Wanderer, dem die Höhe das Atmen erschwert!

Sind die ugandischen Banditen gerade einmal nicht besonders kühn, kann man im allgemeinen bis zur letzten Bergschulter vor der Felswand des Mount Koitoboss emporsteigen. Das bedeutet einen ziemlich sanften Anstieg von etwa 3 km, abgesehen von dem ersten sehr steilen Stück, von dem sich der Anfänger leicht entmutigen läßt. Wer weiter steigt, wird reich belohnt (und verliert auch seine Atemnot!), denn der Pfad steigt ganz allmählich über grasige Hänge an, aus denen hier und da schroffe Felsen mit einstmals bewohnten Höhlen ragen.

Wenn die politische Lage in Uganda sich stabilisiert hat und die Gefahr unliebsamer Begegnungen entfällt, wird man den Koitoboss umwandern, bis zur ugandischen Grenze und am Kraterrand entlanggehen können, wo noch immer Dampfstrahlen aus der Erde emporschießen. Dann stößt man schließlich auf eine andere Piste, die von *Kapsakwony* und *Laboot* aus erreichbar ist. In diesem Falle würde es sich empfehlen, am Ende der Piste, die man zur Zeit befahren kann, zu kampieren, um am folgenden Tag eine etwa 14 km lange Fußwanderung zu machen. Die Wanderer müßten sich allerdings am Ende der von Laboot ansteigenden Piste von einem Wagen abholen lassen, der von *Kitale* über *Kimilili* heraufkommt.

Im Parkgelände findet man etwa 10 km vom Haupteingang oberhalb des *Mount Elgon Lodge* auf dem Wege zum Koitoboss links ein Schild »*Mount Elgon Caves: 5 km*«. Hier liegen zwei der eindrucksvollsten Höhlen des Bergmassivs etwa 1 km voneinander entfernt. Die sich über 7 bis 8 km unter der Erde erstreckenden Höhlen sind hoch genug, daß man aufrecht hindurchgehen kann; früher waren sie von Jägern bewohnt und sind es gelegentlich heute noch. Einige Verzweigungen sollen bis *Endebess* reichen.

Etwa 10 km weiter in Richtung Koitoboss findet man am Ende eines nach links abzweigenden Fußpfades weitere Höhlen. Sie sind jedoch längst nicht so eindrucksvoll, und riesige Pflanzen, die stärker brennen als Brennesseln, versperren außerdem den Zugang!

ELGON

Lage und Anreise: an der Straße nach Endebess hinter Kitale direkte Piste zum Haupteingang des Parks kurz hinter dem Lodge. — (382 km Nairobi-Kitale plus ca. 20 km). — Kein öffentliches Verkehrsmittel fährt bis zum Lodge. — Städtische Taxis von Kitale aus.

Unterkunft: Mount Elgon Lodge, organisierte Fahrten im Landrover durch den Park mit Wanderung.

Wichtige Einrichtungen: Tankstelle. — Post. — Bank in Kitale.

BARINGO (s.S. 80)

Lage und Anreise: 112 km von Nakuru auf neuer Teerstraße. — 104 km sehr schöne, aber schwierige Piste über Suguta an der Piste Nyahururu-Maralal. — »Matatus« und Busse von Nakuru bis Kampi Ya Samaki halten vor dem Eingang des Lodge. Landepiste auf dem Westufer des Sees, gegenüber dem Lake Baringo Lodge.

Unterkunft: Außer dem vorgenannten Lodge (Kl. B) mit Schwimmbad, Seerundfahrt, Lake Baringo Island Camp auf der Insel Ol Kokwa.

Wichtige Einrichtungen: Tankstelle in Marigat und beim Lodge.

Elmenteita-See

■ Von allen Seen, die infolge der tektonischen Erdbewegungen auf dem Boden des *Rift Valley* entstanden, ist er der kleinste. Auf der Karte nur ein winziger Fleck, wirkt er auf den Betrachter, der sich von *Nakuru* oder von *Naivasha* nähert, mit den noch tätigen Vulkanen im Hintergrund sehr eindrucksvoll, ja, dramatisch.

Der *Mount Eburru* zwischen *Elmenteita* und *Naivasha* ist der höchste unter ihnen und stößt beständig Dampfwolken aus. An diesem schönen See hat man nicht für touristische Unterkunft gesorgt. Sein Wasser ist bitterer als das der Nachbarseen, weil weniger stark alkalisch angereichert und daher bei den Vögeln nicht so beliebt. Dennoch nisten rosafarbene Flamingos an felsigen Uferstellen. Mit oder ohne Flamingos bleibt der Anblick dieses Sees von nah und fern faszinierend.

Leider kann man ihn kaum von nahem sehen, wenn man auf der *A 104* von Nakuru nach *Gilgil* fährt, denn das Weideland zwischen Straße und See ist ganz mit Stacheldraht eingezäunt. Aber zur Rechten ragt ein Hügel über Weiden und See wie ein Vorgebirge hinaus. Etwas weiter auf Gilgil zu ist ein zweites felsiges Vorgebirge zugänglich.

Kariandusi — prähistorische Stätte

Ein Schild an einem rechts abzweigenden Weg weist darauf hin. Der Besuch dieses *Museums* liegt nahe: hier sind an Ort und Stelle gemachte Funde ausgestellt, besonders Werkzeuge aus Obsidian und einige fossile Knochen, die daran erinnern, daß in den Höhlen dieses Berges vor 100 000 Jahren Jäger lebten. Die Überbleibsel sprechen die Vorstellungskraft allerdings nicht sehr stark an.

Viel eindrucksvoller ist die Lage des Ortes: von hier aus kann man sich dem Rand des Sees nähern, das Spiel der Farben im Wasser und das Panorama des sehr urtümlichen Tales bewundern. Man kann seinen Gedanken über jene Menschen in ferner, prähistorischer Zeit nachhängen: wie sah die Gegend damals aus? War der Wasserspiegel höher, bevor der seit Jahrtausenden wirkende Verdunstungsprozeß einsetzte? War er vielleicht sogar niedriger, weil die beiden Bäche, die den See speisen, lange einen Abfluß hatten, der schließlich verstopft wurde? Wie hat man sich das Leben jener fernen »Kenianer« unbekannter Hautfarbe vorzustellen?

Auf der asphaltierten Straße erreicht man alsbald ein drittes Vorgebirge, auf dem das Städtchen *Gilgil* liegt. Von dort hat man einen prächtigen Blick auf das Rift Valley und auf das *Nyandarua-Massiv* im Nordosten.

Einen anderen Blick auf den See kann man von einer Piste aus genießen, die von der *A 104* ein Stück hinter Nakuru rechts abzweigt, den See umrundet und kurz vor Gilgil wieder auf die *A 104* stößt. Diese Piste ist zwar uneben, doch während der trockenen Jahreszeit für alle Wagen befahrbar.

ELMENTEITA

Lage und Anreise : Der See liegt westlich der Straße A 104 zwischen Nakuru und Gilgil (ungefähr 116 km von Nairobi). — Das Dorf Elmenteita : etwa 20 km Piste von der A 104 abzweigend hinter Gilgil. — Öffentliche Verkehrsmittel auf der A 104 häufig. — »Matatu« möglich von Gilgil bis zum Dorf.

Unterkunft : keine. Die nächsten Unterkünfte sind in Naivasha und Nakuru.

Wichtige Einrichtungen : Tankstellen. — Läden und Post in Gilgil. — Banken und Apotheke in Nakuru.

GARISSA (s.S 94)

Lage und Anreise : 349 km von Lamu, 468 km von Malindi über recht gute Piste. — Öffentliche Verkehrsmittel : Busse von Lamu oder Malindi über Garsen. — Flugplatz.

Unterkunft : sehr einfaches Hotel in der Stadt oder Elephant Camp in Korokora, 22 km von der Stadt.

Wichtige Einrichtungen : Post. — Bank. — Tankstelle. — Markt.

Garissa

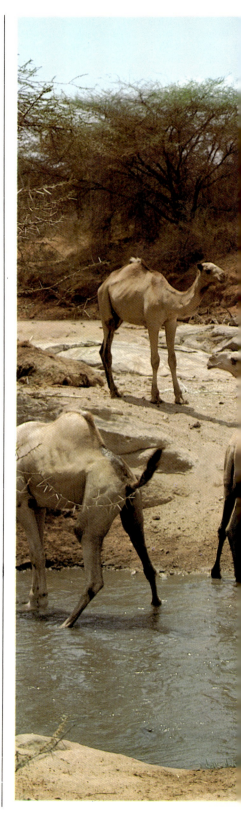

■ Garissa liegt inmitten des riesigen Gebietes der *Somali,* denen zu begegnen man kaum Gelegenheit hat, weil sie immer noch mit ihren Kamelherden ein Nomadenleben führen. Wahrscheinlich kamen sie vor etwa 1 000 Jahren aus Äthiopien und verdrängten die *Bantubevölkerung* weiter nach Süden. Dann wurden sie ihrerseits von den gleichfalls kuschitischen *Galla* angegriffen. Diese sprengten die Gruppe der Somali und zwangen sie zur Umkehr. Schließlich jedoch besiegten die Somali mit Hilfe der *Massai* die Galla. Jetzt sind sie Herren im Lande zwischen der *Tana* und dem Ostufer des *Turkana-Sees* und dehnen ihren Bereich noch immer weiter aus.

Begibt man sich in ihr Hauptverwaltungszentrum, nach Garissa, sieht man nicht viele von ihnen, denn die Somali sind die Herren der Wüste. Deshalb muß man sich schon zu einem der provisorischen Dörfer aufmachen, die jede Familie in der Nähe eines Brunnens errichtet, und nicht auf dem Markt in Garissa auf sie warten — hier kommen sie höchstens zufällig einmal durch.

Haben die Somali eine geeignete Bleibe ausfindig gemacht, laden die Frauen die »vorfabrizierten« Häuser aus biegsamen Gerüsten ab, die sie auf den Rücken der Kamele gebunden hatten, stellen sie wieder auf und bedecken sie mit einer neuen Grasschicht. Inzwischen bauen die Männer die »Zariba«, eine Dornenhecke, zum Schutz für die Familie und besonders für die Kamele, die Lebensgrundlage der Somali.

In einer so unwirtlichen Umgebung können sie nur mit Hilfe dieser Tiere überleben. Das Kamel ist nicht nur ein ideales Transportmittel, es liefert auch die Hauptnahrung, seine Milch; sein Fleisch wird nur bei rituellen Zeremonien verzehrt. Das bedeutet nicht, daß den Somali landwirtschaftliche Produkte völlig unbekannt wären: sie kaufen sie oder lassen sie... von ihren Sklaven anbauen!

Zur Rückfahrt nach Nairobi kann man entweder den Wag über *Garba Tula,* den *Meru* Nationalpark und *Nanyuki* wählen, oder die direkte, furchtbar monotone, schnurgerade Route über *Thika,* die man in einem Tag bewältigen kann. Auf die *Küste* zu führt eine Piste parallel zur Tana über *Garsen.*
(Auskünfte s.S. 93)

Was die Rinder den Maasai bedeuten,
ist für die Nomaden in den Wüstengebieten
des Ostens und Nordens das Kamel,
zum Beispiel für die Somali und Orma,
die unter anderen in der Gegend um Garissa leben.

Garsen

■ Nomaden vom Stamme der *Somali* und *Orma* lassen sich höchstens noch — oder schon — in dem am Westufer der *Tana,* 230 km von Malindi gelegenen Garsen antreffen. Man findet sie auf dem Markt der Stadt, wo sie bei den Ackerbau und Fischfang treibenden *Pokomo Bantu* Milch und Fleisch gegen landwirtschaftliche Erzeugnisse eintauschen; dies tun besonders die Orma, die Rinder, Schafe und Ziegen züchten. Die Orma und Somali sind echte Mohammedaner und völkisch, kulturell und religiös miteinander verwandt.

Die Pokomo hingegen sind der traditionellen afrikanischen Religion treu geblieben. Ihre Zauberer, die *Magangana,* bilden eine besondere Gesellschaftsschicht, die mit den Geistern verkehrt und sich in die Geheimnisse der Heilkunst einweihen läßt. Daneben nehmen sie wie alle anderen Männer an der pflichtmäßigen, fünf Stufen umfassenden Initiation teil. Die höchste Stufe, *Ngadzi,* gewährt Zugang zu der angesehensten Gesellschaftsschicht, aus der die Mitglieder des traditionellen Rates gewählt werden. Obwohl sie früher einmal berühmte Jäger waren, haben sie sich — wenigstens offiziell — mit dem Ackerbau begnügen müssen. An den Ufern der Tana bauen sie Bananen, Zuckerrohr, Reis und in höheren Lagen Mais, Bohnen und verschiedene Gemüsesorten an. Als Weber haben sie sich auf die Herstellung von Matten aus Palmfasern spezialisiert.

Ein Vogelparadies

Wenn der Regen die *Tana* anschwellen läßt, bildet sich in *Isodwe* am westlichen Flußufer eine Lagune, in der sich das Wasser von Mai bis September hinter einem Erdwall staut und so zu einer der größten Zufluchtsstätten für Wasservögel in Kenia wird. Man sieht dort allein acht verschiedene Arten von Reihern, Silberreiher, Ibisvögel und Raben. Da die Lagune schmal ist, kann man, am Ufer entlanggehend, den Vögeln ganz nahe kommen. Im Juni und Juli, der besten Beobachtungszeit, ist die Piste für Wagen unbefahrbar. Man muß dann von der Hauptpiste aus ein paar Kilometer zu Fuß gehen, und es ist ratsam, sich von einem Landeskundigen begleiten zu lassen, damit man sich nicht verläuft.

Falls man sich in dieser feuchten Jahreszeit in Garsen aufhält, ist es meist unmöglich, im Wagen nach *Lamu* weiterzufahren, da die Piste durch eine überschwemmte Ebene führt. Man kann dann seine Reise nur nach *Malindi* fortsetzen. Die Route führt übrigens über mehrere interessante Orte wie die *Robinson-Insel* (hinter Gongoni führt eine Piste links ab nach Ngomeni am äußersten Ende der Halbinsel in der Formosabucht). Man kann dort tauchen, sich im Restaurant die farbigen Geschichten der lokalen Größen, die auf der Insel gelebt haben, erzählen lassen — und Fisch essen!

Die Ruinen von *Ngomeni* auf dem Festland sind für die Archäologen immer noch ein ungelöstes Rätsel, denn ihr Ursprung scheint völlig verschieden von dem der zahllosen Spuren arabischer Siedlungen bis zur somalischen Grenze.

Mambrui, 8 km vor Malindi, ist eine dieser Siedlungen. Die dort lebende Moslemgemeinde, die sich um zwei Moscheen und eine Koranschule schart, ist interessanter als das Pfeilergrab, ein Zeugnis aus der Vergangenheit wie so viele andere. Diese Menschen hier sind stolz und schätzen es nicht, von Ausländergruppen heimgesucht zu werden : sie geben diesen Störenfrieden unter Umständen auch mit Hilfe von Steinen zu verstehen, was ihnen als »Gläubigen« an deren Benehmen unerträglich erscheint.

Die letzte Attraktion vor Malindi ist *Hell's Kitchen* (die Teufelsküche); hier haben Erosionskräfte bizarre Formen hinterlassen. (Bei Mambrui vor der Brücke über die *Seleki* rechts ab auf *Marikebuni* zu. In *Marafa* rechts abbiegen).

GARSEN

Lage und Anreise : 111 km von Lamu über eine Piste, die während der Regenzeit überschwemmt ist. — 230 km über Piste B 8 von Malindi. — Busse und »Matatus«.

Unterkunft : die nächste in Wenje, in Baomo Lodge, etwa 50 km nördlich von Garsen, in dem neuen Tana-River-Reservat. — Vorausbestellung erforderlich.

Wichtige Einrichtungen : Lebensmittelläden. — Tankstelle wird nicht immer beliefert.

Gedi

■ Diese, von einer dichten Pflanzendecke überwucherte, nur 16 km von Malindi entfernte Stadt, war jahrhundertelang vergessen, wurde wiederentdeckt und verschwand wieder, bis sie im Jahre 1948 erneut freigelegt wurde. Sie hat jedoch noch längst nicht alle ihre Geheimnisse preisgegeben. Bezeichnet ihr früherer Name *Gede* (auf galla »kostbar«) die Stadt oder den Gallahäupling, der sie zerstörte? Nach einer Theorie handelt es sich um ein gewisses *Kilimani,* das auf einer Karte aus dem 16. Jahrhundert erwähnt wird.

Wer ist der Gründer? Wie ist es zu erklären, daß sie im 16. Jahrhundert lange Zeit verlassen wurde? Lauter Fragen, die sich nur mit Hypothesen beantworten lassen, denn seltsamerweise haben weder Portugiesen noch Araber diese Stadt jemals erwähnt.

Vermutlich ließen sich im 14. Jahrhundert (ein auf 1399 datiertes Grab beweist, daß die Stadt vorher bewohnt war) einige Familien aus Malindi nach einem Streit, wie er in allen Städten der Suaheli vorkam, an diesem unberührten Ort nieder. Aber wovon lebten sie? Auch das bleibt ein Geheimnis. Gründete man sonst überall eine Handelsniederlassung in unmittelbarer Nähe einer kleinen Bucht, damit die »Dhaus« dort geschützt lagen, warum wählte man hier einen Wald im Landesinneren, obwohl ein Stück, weiter westlich die heutige *Mida Creek* einen idealen Ankerplatz bot?

Geheimnisvolle Vergangenheit

Wie dem auch sei, die Stadt blühte über ein Jahrhundert lang hinter ihrer 3 m hohen Umfassungsmauer, die ein Gelände von 18 ha einschloß. In dem außerhalb gelegenen Museum (links von der Ausgangssperre) künden zahllose Porzellanstücke, die man bei Ausgrabungen fand, von dem üppigen Wohlstand eines Teils der Bevölkerung und von ihren Beziehungen zu fernen Ländern: eine chinesische Schale aus der Mingzeit besagt, daß man im Schutz dieses Waldes nicht gerade ein kulturloses Eremitendasein führte!

Fast alle freigelegten Gebäude liegen im nordwestlichen Viertel der Ausgrabungsstätte: ein Palast, eine große Moschee und vierzehn ineinander verschachtelte einzelne Häuser. (Am Eingang sollte man unbedingt die Broschüre von James Kirkman kaufen, schon um sich über die Anlage der Stadt, des Palastes und der Häuser zu orientieren). Das vornehme Viertel mit seinen aus Korallengestein, Erde und Korallenmörtel gebauten Häusern — das Baumaterial wurde dem Untergrund, einem prähistorischen Riff, entnommen — war vermutlich von einer ausgedehnten Ansammlung von Hütten umgeben. In Lamu sieht man noch heute strohgedeckte Lehmhütten mit einem Gerüst aus Mangrovenholz — sie hinterlassen nach dem Verfall keinerlei Spur auf dem Boden. Die mutmaßliche Existenz solcher Hütten würde erklären, weshalb die Mauer von Gedi ein so großes, scheinbar unbebautes Gelände umschloß.

Nach Wohlstand Untergang und Verfall

Zu Beginn des 16. Jahrhunderts verließen alle Einwohner plötzlich die Stadt. Man vermutet, daß Gedi unter den Repressalien gegen das mit den Portugiesen verbündete Malindi mit zu leiden hatte, nachdem Mombasa im Jahre 1529 von den Portugiesen zur Hälfte zerstört worden war.

In der zweiten Hälfte des gleichen Jahrhunderts war Gedi dann wieder bewohnt; aber die Galla, damals auf der Höhe ihrer Macht, verdrängten die suahelische Küstenbevölkerung immer weiter nach Süden. Eine Stadt in der Nähe von Malindi konnte auf die Dauer keinen Schutz vor ihnen bieten, deshalb wurde sie wie alle weiter nördlich gelegenen Städte wieder verlassen; wahrscheinlich zog Jumba la Twana nördlich von Mombasa viele Flüchtlinge an.

Zwar erfährt man aus der englisch geschriebenen Broschüre von J. Kirkman eine Menge Einzelheiten über die Lebensweise der Einwohner, aber deren endgültiges Schicksal bleibt auch dunkel. Alles hier ist geheimnisumwoben, wo die Wurzeln ihr Zerstörungswerk in den Ruinen fortsetzen und der umgebende Wald die Sonnenstrahlen zwar hindurchläßt, aber doch nur als ein gedämpftes Licht, das eine unwirkliche und melancholische Stimmung verbreitet. Wenn eine Gruppe lärmender Touristen verschwunden ist und für eine kurze Zeit — bevor die nächste kommt — tiefe Stille eintritt, glaubt man zu spüren, welch schwere Schicksale sich hier abgespielt haben, glaubt das erstickte Echo von Schreien zu hö-

*Der wegen seiner rosa Flamingos bekannte Nakuru-See
hat Platz für zahlreiche andere Wasservogelarten,
zum Beispiel für die Heiligen Ibisvögel —
sie nisten auf den Ästen abgestorbener Bäume,
die aus dem Wasser ragen.*

ren... und man wird von einer seltsamen Lähmung befallen.

Watamu und Turtle Bay

Die meisten Besucher, die von Malindi mit dem Bus kommen, lassen sich auf der nach Mombasa führenden asphaltierten Hauptstraße an der Abzweigung der Straße, die links nach Gedi führt, absetzen und erreichen die Stadt nach 2 km.

Man kann jedoch auch in der Nähe in einem der Hotels von Watamu oder Turtle Bay wohnen. Die oben beschriebene Hauptstraße gabelt sich weiter westlich: links biegt eine Straße ab, die zum Dorf Watamu führt, die rechte Straße geht nach Turtle Bay.

Verzauberte Korallengärten

Hier konzentrieren sich auf wenigen Kilometern die hübschesten Küstenorte: zunächst Watamu am Rande einer palmengesäumten Bucht, dann die Blaue Lagune (Blue Lagoon) mit einem Korallensaum, den man von Watamu aus zu Fuß erreicht. Weiter westlich liegt Turtle Bay: es verdankt seinen Namen einem Korallenriff, das sich wie der Buckel einer Schildkröte vor seinem 3 km langen Sandstrand hinzieht. Seine drei Hotels bieten, ebenso wie die von Watamu, zahlreiche Attraktionen, darunter die Vermietung von Glasbodenbooten, mit denen man zum Seepark von Watamu fahren kann. Sobald das Boot über den »Coral Gardens« verankert ist, sollte man unbedingt einen Schnorchel anlegen und schwimmend den bezaubernden Tanz der Fische beobachten. Dutzende von Arten (manche sind kaum einen Zentimeter lang), in allen Farben und Formen — gefleckt, gestreift, buntscheckig —, gleiten an dem Schwimmenden vorüber, ohne ihn je zu berühren; sie kommen in Schwärmen oder als Einzelne, blitzschnell oder unbeweglich und neugierig.

Und dieses Schauspiel spielt sich vor der Kulisse vielfarbiger Korallen ab, die wiederum mit Pflanzen und Meeresblumen bedeckt sind; unter ihnen sind einige gefräßige Lebewesen, die dem Unvorsichtigen, der die Hand nach ihnen ausstreckt, die Haut verbrennen. Es ist ausdrücklich verboten, diese äußerst spröden Böden zu berühren oder, sei es auch nur zum Spaß, zu versuchen, die Fische zu fangen.

Bei Ebbe ist das Wasser manchmal so seicht, daß man als Schwimmer kaum über diese seltsame Vegetation hinweggleiten oder am Eingang einer blau-grünen Grotte, in der man noch andere Fische vermutet, vorüberschwimmen kann. Stundenlang möchte man sich an den Fischen und Korallen sattsehen, am liebsten unbeweglich verharren, um die furchtsamen Tiere, die sich bei der geringsten plötzlichen Bewegung in den Tiefen des Riffs verstecken, in Ruhe zu beobachten.

Von Turtle Bay fahren auch Schiffe zu dem nach Süden hin offenen *Mida Creek,* dessen Ufer allerdings wegen der dort wachsenden Mangroven nicht zugänglich sind. Aber man kann doch zu einigen hübschen Strandpartien gelangen und die reiche Vogelwelt beobachten, die dort Schutz findet, zum Beispiel nach *Whale Island* gegenüber der Öffnung der Bucht.

Dieser Öffnung ist ein Riff vorgelagert, das in der Tiefe von Grotten und Tunnels ausgehöhlt ist, in denen Epinephelen leben, über 2 m lange Fische. Sie weichen zwar erschreckt vor denen, die ihnen zu nahe kommen, aber ihr eigener Anblick ist noch viel erschreckender. Da man zuerst nur drei von diesen Grotten entdeckte, wurden diese »Big Three Caves« genannt; inzwischen kennt man mehrere ihrer Art.

GEDI

Lage und Anreise : etwa 2 km Abzweigung von der geteerten Hauptstraße B 8, 16 km südlich von Malindi. — Öffentliche Verkehrsmittel auf der Hauptstraße. — 1 oder 2 km von Watamu und Turtle Bay.

Unterkunft : 1 Hotel in Watamu, 3 Hotels in Turtle Bay mit Restaurant, Bootsvermietung, Schwimmbäder, Diskotheken, Läden, Wechselstuben.

Einrichtungen: Post. — Tankstelle.

Homa Bay

■ Wäre nicht sein komfortables Hotel eine gute Ausflugsbasis, würde man sich in der Stadt nicht lange aufhalten: die einzige lehmige Straße mit den verkommenen Häusern hat nichts Verlockendes. Am Omnibusbahnhof herrscht allerdings ein Betrieb, als ob ein »Bürgerkrieg« kurz bevorstünde. Nun sind zwar die Luo, die die Landschaft *Süd-Nyanza,* in der Homa Bay liegt, bevölkern, heute keineswegs mehr kriegerisch, im Gegenteil: sie sind fröhliche, umgängliche Leute, immer zu einem Schwätzchen aufgelegt. Was aber löst diesen wahnsinnigen Trubel aus? Vielleicht eine späte Äußerung ihrer ehemals weniger friedlichen Natur?

Als die Vorfahren der heutigen Luo von Norden her in die Bucht *von Kavirondo* eindrangen, mußten sie schon eine recht kriegerische Ader haben. Denn die Bantu, die vor ihnen in diesem Lande saßen, hatten umso weniger Lust zu weichen, als sie die Gegend selbst kuschitischen Hirtenvölkern abgenommen hatten, die es ihrerseits mit den prähistorischen Menschen genauso gemacht hatten... Weiter als bis in das erste Jahrtausend v.Chr. läßt sich allerdings die Besiedelung dieser Region nicht zurückverfolgen.

Der Kampf der Luo gegen die Bantu

Indessen wissen wir von dem erbitterten Kampf der Bantu und Luo im 15. Jahrhundert, insbesondere von der Schlacht, in der sich der Luo-Häuptling Ramogi und der Bantu-Häuptling Mogusii gegenüber standen. Mogusii wurde geschlagen, seine Untertanen waren den Krieg, die plötzlichen Überfälle und Propagandafeldzüge ihrer Feinde leid und zogen es vor zu weichen. Sie wanderten nach Süd-Nyanza aus, wohin ihnen die Luo drei Jahrhunderte später folgten und sie von neuem vertrieben, nachdem sie die Wasuva, letzte Nachfahren eines Stammes aus dem Steinzeitalter, die sich bis dahin auf den Inseln im *Viktoria-See,* z.B. auf *Rusinga,* immer noch hielten, endgültig ausgelöscht hatten.

In dem Gebiet zwischen Kisumu und der tansanischen Grenze sind die Luo also noch nicht lange verbreitet. Zudem waren sie in zahlreiche Reibereien

WAS MAN ÜBER REPTILIENLEDER WISSEN MUSS

■ *Viele Frauen machen sich allmählich ein Gewissen daraus, einen Mantel aus Leoparden oder Sealfell zu tragen, aber seltsamerweise kaufen sie, ebenso wie die Männer, ohne zu zögern (sofern das nötige Geld vorhanden ist) Schuhwerk, Taschen, Armbänder, Gürtel und anderes aus Schlangen-, Eidechsen- oder Krokodilhaut. Ungeachtet des Verbots, das den Handel mit diesen Häuten seit dem Jahre 1979 untersagt, blüht er weiterhin : in der Schweiz werden jedes Jahr 100 000 Eidechsenhäute zu Uhrenarmbändern verarbeitet. Immerhin sind alle Reptilien, wie jegliches Lebewesen, nützliche Tiere : insbesondere tragen sie dazu bei, die Zahl der Nagetiere, die jedes Jahr 25 bis 50 % des Ernte vernichten, zu begrenzen ! Es ist also an der Zeit, sich klar zu machen, daß der Kampf um die Erhaltung dieser Arten nicht nur einem sentimentalen Motiv Rechnung trägt, sondern von seinem Erfolg — das heißt vom Verantwortungsbewußtsein der Käufer von Häuten oder aus solchen gefertigten Gegenständen — hängt auch zu einem großen Teil die erfolgreiche Bekämpfung des Hungers in der Dritten Welt ab.*

mit den benachbarten Kalenjin verwickelt; sie vermischten sich aber auch mit ihnen. Dennoch bewahrten die Luo ihre starke Persönlichkeit, ein Zug, kraft dessen sie alle Veränderungen im Leben meistern konnten. Als die Engländer in Kenia den Gebrauch des Geldes einführten und die Luo dazu anregten, Nutzwirtschaft zu treiben, statt nur Güter für den eigenen Bedarf zu produzieren, waren sie überrascht, wie schnell die Schwarzen das Neue begriffen und anwandten. Als zweitstärkste Volksgruppe Kenias vermehren sich die Luo wie die Kikuyu so stark, daß die Überbeanspruchung des Bodens zu einem schweren Problem wird.

Bekämpfung der Tsetsefliegen

Jedes Stück bebauungsfähigen Landes wurde ausgenutzt. Westlich von Homa Bay blieben trotzdem weite Landstriche unbebaut, denn die von Tsetsefliegen verseuchte Gegend war für Mensch und Vieh gefährlich. In einer radikalen Kampagne wurde diese Geißel schließlich im ganzen *Lambwetal,* das heißt vor den Toren von Homa Bay, beseitigt.

Auf dem Wege von hier nach *M'Bita* (von wo eine Fähre Autos und Fußgänger zur nahe gelegenen Insel *Rusinga* übersetzt) hat man zur Zeit allerdings nicht den Eindruck, daß man ein Ackerbaugebiet durchfährt. Außer kleinen Bananenpflanzungen geben die Hecken aus Sisal und Tamarinden, die das vorherrschende Weideland umgrenzen, der Landschaft das Gepräge. In diesen Einfriedungen weidet das Vieh, von den Luo noch immer als ihr eigentlicher Reichtum angesehen. Demgegenüber treten Anpflanzungen von Hirse, Kartoffeln und Maniok kaum in Erscheinung. Außerdem ist der Boden sehr steinig. Überall sind Hügel zu sehen, manchmal sogar hohe Berge wie der *Gwasi,* der im Westen das *National-Reservat* im Lambwetal begrenzt, während im Osten der Steilhang des *Kaniamwia* aufragt.

Dieses Reservat ist von der Piste aus erreichbar, die Homa Bay mit M'Bita verbindet (16 km von der Stadt entfernt biegt man links ab und fährt noch 11 km bis zum Eingang des Reservats). Man bekommt dort vor allem Jackson- und Rappenantilopen zu sehen. Da kein öffentliches Transportmittel oder Touristenbusse zu diesem Reservat

*Der Westen Kenias ist nach dem Viktoria-See ausgerichtet.
An seinem Ufer lebt unter anderem
eine Kolonie schwarzer Fischadler.
Auch sonst ist die ganze Gegend
ein wahres Paradies für Ornithologen.*

fahren, muß man sich in Kisumu einen Wagen mieten, wenn man dorthin will.

Dafür fahren täglich Busse und Matatus nach M'Bita (ein Bus fährt um 8.30 Uhr von Homa Bay ab und von M'Bita um 16 Uhr zurück). Kurz hinter der zum Reservat abzweigenden Piste gelangt man zu dem Dorf *Lambwe* am Fuß der *Gembe-Berge*. Man kann hier aussteigen und zum Gipfel hochwandern. Von dort hat man einen weiten Blick auf die Bucht von *Mirunda* und die gesamte Bucht von *Kavirondo* im Norden und auf das Bergland im Süden.

Die Insel Rusinga

Eine Meerenge bei M'Bita trennt Rusinga vom Festland. Die große Insel wird von einem Bergrücken beherrscht, hinter dem sich die größte Ansiedlung *Kasamanga* verbirgt. Dort liegt Tom M'Boya begraben, der Politiker, der im Kampf um die Unabhängigkeit eine wichtige Rolle spielte. Kaum angekommen, hat man den Wunsch, vom Kamm des Gebirges aus einen Gesamtüberblick über die Insel zu bekommen.

Man sollte den Aufstieg nicht in der Hitze des Tages machen! Die bukolische Landschaft mit ihren traditionellen Rundhütten lädt zwar dazu ein: kleine Felder reihen sich aneinander, von Dornhecken und Tamarinden umgeben, in deren Schatten die Herden grasen; aber der liebliche Anblick täuscht: von einer köstlichen Brise erfrischt, läßt man sich immer weiter locken, bis man plötzlich spürt, daß die Sonne über dem Äquator die Haut viel stärker austrocknet, wenn ein Wind weht. Dagegen kann man sich nicht schützen, und der Rückweg nimmt kein Ende. Folgt man dagegen der Hauptpiste, gelangt man nach Kasamanga, wo man seinen Durst löschen kann. Wer ein bißchen träge — oder vielmehr klug ist! — geht am Ufer in der Nähe der Anlegestelle spazieren. Man sieht dort alle Arten von Vögeln, die sich auf den winzigsten Felseninselchen versammeln. Bleibt man länger als fünf Minuten irgendwo sitzen, ist man bald von Kindern umringt, denn Touristen sind hier nahezu unbekannt. Man möchte stundenlang mit ihnen plaudern, so anziehend ist ihre Freundlichkeit, ihre Unbefangenheit und ihr Selbstbewußtsein.

Von Homa Bay aus kann man ganz Süd-Nyanza kennenlernen: zweimal wöchentlich fährt ein Schiff nach *Karungo* nahe der transanischen Grenze, und dreimal wöchentlich eines nach *Kisumu*. Die Insel *Mfangano* südlich von Rusinga hat berühmte Felsmalereien. Um dorthin zu gelangen, muß man sich allerdings mit einem Fischer verständigen.

Dafür kann man nordöstlich von Homa Bay zu Fuß leicht den *Mount Homa* besteigen. Aus diesem ehemaligen Vulkan sprudelt eine heiße Quelle hervor, deren Wasser 25 m tief in die *Abundu Schlucht* hinabstürzt.

HOMA BAY

Lage und Anreise : etwa 120 km von Kisumu auf einer Piste in der Nähe des Sees oder etwa 175 km, davon 150 km auf sehr guter Teerstraße, A 1, von Rongo nach Kusumu und der Rest über Piste, 396 km von Nairobi über Rongo, Kisii und Kericho. — Busse und »Matatus« direkt nach Kisumu-Homa Bay-Nairobi über Kericho-Nakuru (Fahrt am Tage).

Unterkunft : 1 Hotel-Restaurant in Homa Bay.

Wichtige Einrichtungen : Geldwechsel und Post im Hotel. — Tankstelle am Busbahnhof.

ISIOLO

Lage und Anreise : 82 km Teerstraße über A 2 und B 6 von Nanyuki oder etwa 300 km von Nairobi. Zug bis Nanyuki. Busse und »Matatus« bis Isiolo. »Matatus« von Isiolo nach Marsabit und Meru.

Unterkunft : keine. Siehe Samburu.

Wichtige Einrichtungen : Tankstelle. — Lebensmittelläden. — Post.

Isiolo

■ Am Ende der asphaltierten Straße ist man auch am Ende der Welt... Danach beginnt die Wüste — steinig, dornig, unter sengender Glut. In der Ferne heben sich Silhouetten von Menschen ab, die ihren Herden folgen; stößt man weiter nach Norden vor, bestehen die Herden dieser Menschen nur noch aus Kamelen.

An der Grenze zwischen zwei Welten

Isiolo ist nicht nur der Name eines Städtchens mit einer einzigen Straße, sondern auch der eines Verwaltungsbezirks im Nordosten des Landes. Isiolo hat den Charakter eines Grenzortes bewahrt, wo man sich vor einiger Zeit noch einen Passierschein besorgen mußte, wenn man weiter in Richtung auf die äthiopische Grenze reisen wollte. Hier stoßen zwei grundverschiedene Welten aufeinander: im Süden die bäuerlichen *Kikuyu* und *Meru;* sie drangen zuerst nur bis in die Gegend von *Nanyuki* vor, dehnten dann aber ihre Getreidefelder bis hierhin aus; sehr schön prägen die gedämpften, je nach dem Stand des Getreides wechselnden Farben der Halme den Landschaftseindruck. Nördlich davon beginnt die Welt der Hirten : *Samburu,* die in Isiolo den Ton angeben, *Boran, Rendil'e* und *Somali*. Im Nordwesten leben die *Yaaku Ndorobo,* Nachfahren alter Volksstämme von Jägern und Sammlern. Noch heute ernähren sie sich im wesentlichen von wildem Honig.

Isiolo ist darüber hinaus auch ein wichtiger Straßenknotenpunkt. Zweimal wöchentlich fahren Busse nach *Marsabit,* andere in östlicher Richtung nach *Garba Tula;* die dortige Sekundarschule wird sogar von Schülern besucht, die vom Turkana-See kommen. Außerdem verkehren täglich »Matatus« und Busse auf einer schönen asphaltierten Straße nach Meru oder nach Nanyuki im Südwesten sowie zu den Städten im Süden.

Daher konzentriert sich das Leben hier wie überall auf den Omnibusbahnhof: hier kann man Benzin tanken und Getränke kaufen, Neuigkeiten austauschen und Erkundigungen einholen.

DER KALENJIN

■ *Abgesehen von leichten Unterschieden zwischen den verschiedenen Volksgruppen der* Kalenjin *gilt im allgemeinen folgendes System : eine Familie, bestehend aus einem Mann, seinen Frauen und deren Kindern sowie den Familien der einzelnen Kinder, die sich in der Nähe der väterlichen Behausung eine Hütte bauen, falls der Platz dazu ausreicht, bildet eine Sippe, das heißt also, ihr gehören alle an, die väterlicherseits einen gemeinsamen Ahnherrn haben. Darüber hinaus gehört jeder sowohl zu einer bestimmten Altersklasse — eine sehr machtvolle Bindung wie bei den Massai und sehr vielen anderen kenianischen Volksgruppen — als auch zu einer territorialen Einheit — in ihr sind 15 bis 16 Heimstätten vereinigt ; sie heißt bei den* Kipsigi *das* Kokuet *und bei den* Nandi *das* Koret. Kokuet *und* Koret *bilden darüber hinaus größere Verwaltungseinheiten, die einer Art* Rat *unterstehen. Ist jedoch eine wichtige Angelegenheit zu klären, sei es privater Art, sei es, daß sie die Familie, die Sippe usw. angeht, zieht man die Versammlungen oder* Kok *vor, an denen alle außer den Kindern teilnehmen dürfen. Kann eine Frage nicht entschieden werden, greift man häufig auf die Ablegung des* Muma *zurück (siehe den Abschnitt über die verschiedenen Eidesformen). Die Debatten werden indes von einer Art Advokaten den* Kiruogik, *geleitet ; sie erteilen auch Ratschläge. Im 19. Jahrhundert trat eine neue »Amtsperson« in Erscheinung, der mit magischen Kräften begabte* Orkoiyot : *man befragt ihn wegen der Wahl des Hochzeitstags und der Beschneidung einer Altersklasse ; er gilt auch als Regenmacher.*

Kakamega

■ Kakamega ist das sehr lebhafte Verwaltungszentrum der Luhya, bei Touristen, denen niemand etwas von dieser schönen Gegend im Westen des Landes erzählt, völlig unbekannt.

Fährt man auf der direkten Straße von *Kitale* über *Webuye* nach *Kisumu,* so staunt man, mit welcher Intensität die Luhya ihren Boden bearbeiten. Wer sind diese Menschen? — Am leichtesten kann man sie charakterisieren, indem man sie von ihren Nachbarn abgrenzt: den Luo im Süden und den Kalenjin im Osten und Norden. Im Grunde Bantu oder doch bantuisiert, haben sie von beiden im Laufe der Jahrhunderte gewisse Züge übernommen. Darum bilden sie eine sehr heterogene Volksgruppe mit einer vielschichtigen Kultur. Dank ihrem Bantu-Erbe haben sie einen Hang und eine Begabung zum Ackerbau; infolge ihres nilotischen Einschlags treiben sie gern Viehzucht. Dies ist ein Zug, der sich auch gesellschaftlich auswirkt: wird eine bekannte Persönlichkeit beerdigt, nimmt das Familienoberhaupt — wie es bei den Luo der Fall ist — von seinen Rindern umgeben an den Feierlichkeiten teil. Manche lassen sich noch beschneiden, doch spielt dieser Ritus keine so große Rolle mehr. Diese Menschen fühlen sich der Sippe sehr viel stärker zugehörig als z.B. ihrer Altersgruppe.

Restbestände des Urwaldgürtels

Auch die Siedlungsform hat sich in dieser Gegend anders entwickelt als sonst allgemein üblich. War traditionsgemäß das Dorf oder der Zusammenschluß mehrerer Dörfer die bestimmende Form, so wohnen jetzt Familien ziemlich dicht nebeneinander in Gruppen von Hütten auf ihrem Ackerland, umgeben von Feldern, auf denen man Hirse, Sorgho, süße Kartoffeln, Erbsen, Sesam, Baumwolle, Zuckerrohr, Maniok und Tabak anbaut. Meist ist bei den Hütten eine kleine Bananenpflanzung und etwas weiter entfernt eine Weide.

Nach der Karte zu urteilen müßten die Wälder südlich von *Webuye,* wo sich eine Papierfabrik befindet, ineinander übergehen: die Wälder von Nord-Nandi, die von Kakamega und die von Süd-Nandi. Aber die Waldbestände, die man von der Straße aus sieht, scheinen leider sehr gelichtet zu sein. Umso überraschter ist man, wenn man von dem neuen Hotel in *Kakamega* aus zu den Bergen im Osten fährt. Dort findet man wirklich noch Reste jenes Urwaldgürtels, der sich vor mehreren Jahrhunderten ohne Unterbrechung bis nach Zaire erstreckte. In diesem noch bestehenden Stück Urwald kommen Ornithologen und Botaniker voll auf ihre Kosten.

Hinter Kakamega liegen auf einer Strecke von etwa 10 km plötzlich große schwarze Felsen wie Fremdkörper inmitten der gut bestellten Felder. Bald nimmt ihre Zahl so zu, daß sie die Sicht nach Süden versperren — sie künden die Ausläufer des *Nyando-Gebirges* an. Die Straße steigt in Serpentinen bis zum Scheitel des Gebirges hoch. Von der Höhe aus überblickt man dann das Land der Luo bis nach Kisumu.

KAKAMEGA

Lage und Anreise : 53 km nördlich von Kisumu über A 1 in Richtung Kitale und 11 km von Kitale. Busse und »Matatus« nach diesen beiden Städten.

Unterkunft : Kakamega-Hotel mit Schwimmbad und Restaurant.

Wichtige Einrichtungen : Bank. — Post. — Tankstelle. — Lebensmittelläden.

KENYA (BERGPARK) (s. S. 108)

Lage und Anreise : Hauptzugänge bei Naro Moru (etwa 30 km vom Dorf und von der geteerten A 2 über eine Abzweigung etwa 20 km südlich von Nanyuki), oder in Sirimon und Timau zwischen Nanyuki und der Abzweigung nach Isiolo. — Alle öffentlichen Verkehrsmittel auf der A 2. — Zug nach Nanyuki.

Unterkunft : verschiedene Lodges in Naro Moru, Mountain Lodge, Mount Kenya Safari Club. — Mehrere Zeltlager oder Hütten oder Campingplätze im Park, aber weder Geschäft noch Restaurant in der Nähe dieser Lager und Hütten. — Marschverpflegung wird in den Lodges zubereitet.

Wichtige Einrichtungen : Post. — Tankstelle. — Laden in Naro Moru. — Apotheke und Bank in Nanyuki.

Kakamega war einst von prächtigen Wäldern umgeben, am bekanntesten waren die von Nandi. Seit dem Ende des letzten Jahrhunderts sind sie stark gelichtet. Abseits der Hauptstraßen jedoch findet man noch wahre Urwaldbestände.

Kenya (Berg und Nationalpark)

■ Nach einer Legende der Kikuyu wurde ihr Ahnherr Gekoyo einst auf den Hängen des *Kere-Nyaga* (auf dem Berg des Geheimnisses, der später Kenia-Berg hieß) vom obersten Gott Mwene-Nyaga besucht. Dieser entführte ihn in die Gletscherregion, zeigte ihm bewaldete Berge, grüne Weideflächen, zahlreiche klare Gebirgsbäche und Viehherden jeglicher Art, und er sagte zu ihm: »dies Paradies will ich dir schenken, und noch dazu eine Frau, Moombi.« Und das Herz des Begnadeten schwoll vor Dankbarkeit — nicht zuletzt vielleicht auch deshalb, weil Mwene-Nyaga ihn auf so bequeme Weise auf dem Gipfel des Berges absetzte!

Denn der Geplagte, der sich mit Mühe und nach Atem ringend die steilen Hänge hochschleppt, läßt sich diese Geschichte voll Neid durch den Kopf gehen: für den Durchschnittseuropäer, der nur selten höher als 2 000 m klettert, ist der Aufstieg zum *Camp Mackinder* — eine Bergwanderern empfohlene »leichte« Unternehmung! — eine höllische Strapaze. Und dennoch: besucht man schon einmal diesen Nationalpark, der sich über 480 km² oberhalb von 3 200 m Höhe erstreckt, dann gibt es nichts besseres, als zu Fuß nacheinander die Wald- und Heidezone bis hinauf in die Gletscherregion zu durchqueren.

Aber die Höhe muß man erst nehmen. Um sie bewältigen zu können, muß man zunächst mindestens eine Nacht im *Naro Moru Lodge* verbringen. Am folgenden Tag fahren die Bergwanderer in einem geländegängigen Wagen bis zu der 30 km entfernten *Met Station* im Inneren des Parks (dessen Eingang sich auf halbem Wege befindet), um dort eine weitere Nacht zu bleiben.

Fußgängern ist übrigens der Zugang zu diesem wie zu allen anderen Parks untersagt. Außerdem muß sich jeder in eine Liste eintragen und erklären, welche Unternehmung er beabsichtigt. Dauert sie länger als 24 Stunden, muß sich ein Einzelreisender von einem landeskundigen Führer begleiten lassen. Das ist keine unnötige Vorsichtsmaßnahme: möchte man auch die gut markierten Pfade lieber allein gehen, genügt doch der kleinste Unfall — eine

DEN ABALLYA

■ *Die Männer genießen bei den Abaluhya nicht gerade einen sehr guten Ruf! Darum darf das Neugeborene nicht zuerst einen Mann zu sehen bekommen; denn Männer sind, wie jedermann weiß, vollkommen unmoralisch, sogar der Vater des Säuglings! Um der Wahrheit die Ehre zu geben kommt es auch vor, daß gewisse Frauen nicht sehr schätzenswert sind und ausgeschlossen werden müssen. Es würde schon hinreichen, daß eines dieser schlechten Geschöpfe den Vater verführt hat, damit dieser — ließe man ihn ins Zimmer der Wöchnerin hinein — sein Kind beim bloßen Anblick töten könnte.*

Natürlich wählt der Vater nicht den Namen des Neugeborenen aus, aber auch nicht die Mutter. Dieser Akt kommt einem Weisen zu, der Verbindung mit den Toten aufnimmt. Denn diese bestehen darauf, dem Kinde ihren Namen zu geben. Und zwar können nur diejenigen, die während der Schwangerschaft der Mutter verstorben sind, auf dies Privileg Anspruch erheben. (Verbrecher sind davon ausgenommen. Deren Leichen werden übrigens verbrannt, falls die Verstorbenen darauf bestehen). Nach dem großen Fest der Namengebung kann der Säugling aus seiner Abgeschlossenheit hervorgebracht werden, allerdings unter etlichen Vorsichtsmaßnahmen — kann doch rasch jemand einen bösen Blick auf ihn werfen. Steht jemand in dem Verdacht, böse Absichten zu haben, so bringt man auf der Haut der Mutter und des Kindes an der Brust oder am Bauch winzige Einschnitte an und reibt dort reinigende Substanzen ein, die die Dämonen vertreiben sollen.

einfache Verstauchung — um jemanden, der bewegungsunfähig ist und ohne Hilfe eine Nacht in der Waldzone unter Elefanten, Büffeln und Leoparden zubringen muß, in Lebensgefahr zu bringen. Tagsüber sieht man die Tiere nicht, erst recht nicht, wenn sich auf den Hängen lange Reihen von nicht immer schweigsamen Wanderern bewegen. Aber sie sind da — und ein Verletzter, allein in der Nacht, käme aus der Angst nicht heraus.

Im allgemeinen schließt man sich also einer Gruppe an und gelangt, von bergerfahrenen Kikuyu geleitet, bis zur Met Station, die 3 100 m hoch liegt. Dort werden etwa 20 Personen in großen Schlafbungalows untergebracht. Nachdem man sich eine zweite Nacht allmählich an die Höhe gewöhnt hat, kann man am anderen Morgen sehr früh aufbrechen. Die Entfernung bis zum Lager Mackinder beträgt zwar nur 12 bis 16 km, doch das eigentliche Hindernis ist der zu überwindende Höhenunterschied. Immer wieder muß man Pausen einlegen, um Atem zu schöpfen. Es empfiehlt sich, seinen Durst mit heißem Tee zu löschen, aber nur wenig zu essen — und so ist man erst am späten Nachmittag am Ziel, falls man nicht ein geübter Bergsteiger ist.

Eine Welt von Kristall

Zunächst durchquert man die Waldzone mit Podocarpus und Zedern, von denen Lianen und Luftwurzeln mit blühenden Orchideen herabhängen, dann eine Zone mit Bambusgewächsen; schließlich gelangt man in eine sehr steile Heidezone. Eine zusätzliche Schwierigkeit bedeutet der von zahllosen Wasserläufen durchtränkte Boden; immer wieder bilden sich grasbedeckte Pfuhle, in denen man bis zu den Knöcheln versinkt. Rot-weiß gestreifte Pfähle ersetzen jetzt den nicht mehr sichtbaren Pfad zur Orientierung. Von einer Markierung zur nächsten arbeitet man sich diesen nassen Heideabhang empor. Zur Linken wird er durch einen Bergrücken vom *Telekital* getrennt, das man auf zwei verschiedenen Pfaden erreichen kann: der eine führt allmählich bis zum Fluß hinunter und dann an seinem Lauf entlang wieder aufwärts bis zum Fuß des *Mount Lenana,* wo Camp Mackinder liegt. Der andere steigt weiter am Berghang entlang, führt danach zum Fluß hinunter und stößt dort auf den ersten. Nur Masochisten können den zweiten wählen!

Endlich erreicht man mit dem Gefühl, einem Schlaganfall knapp entgangen zu sein, einen von Gipfeln und Gletschern überragten Kessel, von dem aus sich der Blick in das Telekital öffnet. Erst eine Viertelstunde zuvor glaubte man noch, das Abenteuer nicht lebend zu überstehen; hat man sich aber einen Liter kochendheißen Tee einverleibt, erinnert man sich kaum noch an die Strapazen.

Alles ist schön in dieser Welt von Kristall: Laute, so dünn und scharf wie die Luft, blaues Gletscherlicht, das grüne Tal, bedeckt mit riesigem, rot blühenden Kreuzkraut, die Klippschliefer, die mit ihrem dichten Fell und ihrem kleinen Wuchs Murmeltieren ähneln — sie sind zutraulich, verspielt und neugierig (besonders auf das, was sich in den Zelten befindet!). Es ist zwar herrlich, aber auch eisig kalt in dieser Höhe. Es wäre zwecklos, sich zum Beispiel ein Glas für die Nacht hinzustellen: das Wasser gefriert in fünf Minuten. Man muß unbedingt mit sehr warmer Kleidung ausgerüstet sein: ein Anorak mit einer am Hals zu schließenden Kapuze, Fausthandschuhe und vor allem ein Daunenschlafsack für das Hochgebirge sind unerläßlich, wenn man schlafen möchte, anstatt herumzuspringen, um sich aufzuwärmen. Auch am Äquator ist eine Höhe von 4 300 Metern nicht zu unterschätzen! in *Naro Moru* werden verschiedene Programme von 4 bis 7 Tagen Dauer vorgeschlagen. Sie gehen entweder von dem beschriebenen Anstieg aus oder von den weiter nördlich gelegenen Parkeingängen bei *Sirimon* und *Timau.* Die Tour führt entweder um die Hauptgipfel herum: den *Batian* (5 199 m), den *Nelion* (5 188 m) und den *Lenana* (4 985 m); oder sie schließt die Besteigung des letzteren ein; oder sie führt an einigen der 32 Seen des Parks vorbei und durch die zahlreichen Flüsse hindurch. Wohlgemerkt stellen diese Programme, die zeitlich besser eingeteilt sind als die beschriebene Wanderung, einen größeren Reiz dar, und Leute mit voller Leistungsfähigkeit können durchaus an ihnen teilnehmen.

Davon abgesehen kann von der Bergkrankheit jeder befallen werden. Ihre ersten Anzeichen sind ernst zu nehmen (Kopfschmerzen, Erbrechen). Dann noch hartnäckig dabei zu bleiben, hat keinen Zweck, es ist sogar gefährlich: man muß unverzüglich wieder absteigen — alleinige Ursache ist die Höhe. Menschen, die für Herzversagen anfällig sind, haben in diesem Park nichts zu suchen, nicht einmal in der untersten Zone.

Die Besteigung des Batian und des Nelion erfordert mehr als eine ausgezeichnete körperliche Kondition. Sie ist erfahrenen Alpinisten vorbehalten. Diese finden in Naro Moru jede nötige technische Unterstützung: von Proviantrationen bis zu unentbehrlichen Ausrüstungsgegenständen, und Bergführer, falls sie die — je nach der Jahreszeit — empfohlenen Routen benutzen. Auch jetzt ist es ratsam, früh aufzubrechen: das Licht ist hinreißend schön und das Wasser in den Pfuhlen ist noch gefroren, und zwar so dick, daß es zwar kracht, aber nicht einbricht. Der Abstieg durch die Heide ist also leichter, und über den Wald hinweg hat man die prächtige Aussicht auf die Hochfläche, die sich vom Massiv des *Mount Kenya* bis hin zum *Nyandarua-Gebirge* erstreckt.

Sieht man auch auf diesen Fußwanderungen die Landschaft in ihrer ganzen Pracht — von der reichen Tierwelt bekommt man nur Klippschliefer zu sehen. Die einzige — und wunderbare — Gelegenheit, den Tieren in ihrer Umwelt so nahe wie möglich zu kommen, hat man, wenn man zumindest eine Nacht im *Mountain Lodge* verbringt. Das Haus liegt zwar nicht im Bereich des Parks, aber hier ziehen regelmäßig Elefantenherden durch, so daß man diese bestimmt zu sehen bekommt.

Wer angeln will, schlägt bei *Kiganjo*, kurz vor Nyeri, rechts eine Piste ein, die mehrere Forellenflüsse durchquert; er kommt am Fischercamp *Thego* in der Nähe der Forellenzucht von *Sagana* vorbei, bevor er Mountain Lodge wieder erreicht. Von den Veranden und den Zimmerbalkons dieses Hauses aus kann man über die Bäume hinweg die Tiere beobachten, die von einer Wasserstelle und von ihretwegen ausgelegten Salzlecken angezogen werden. Außerdem kann man vom Lodge aus durch einen Tunnel zu einem befestigten Beobachtungsstand ganz nahe am Tümpel gehen, und vom Boden aus Elefanten, Büffel, Nashörner, Böcke, Antilopen, Warzenschweine und zahlreiche Vögel beobachten.

Weiter im Norden kann man bei *Nanyuki* die Ranche Solio besuchen: dort sind die meisten Tiere der Ebenen, darunter die sehr seltene Rappenantilope zu sehen. *(Auskünfte s.S. 106).*

Das Massiv des Mount Kenya wird von dem 5 199 m hohen Mount Batian sowie dem Nelion und dem Lenana überragt. Es beherrscht den gleichnamigen Nationalpark. über dem ausgedehnten Bergwald erstrecken sich abschüssige Heideflächen. Die Gletscherzone beginnt erst oberhalb von 4 000 Metern.

Kericho

■ Kericho ist aus zwei Gründen bekannt: es ist die Zentrale des Teeanbaugebiets — zwischen den beiden Weltkriegen wurden die samtig grünen Plantagen auf den umliegenden Hügeln immer weiter ausgedehnt — und dann liegt in dieser Umgebung das auf liebenswerte Weise stockenglische, sehr vornehme *Tea Hotel,* in dem man jedoch nicht ohne weiteres Unterkunft findet, denn die Zimmer sind immer mehrere Tage im voraus reserviert. Das sollte man bedenken, wenn man, von Homa Bay kommend, in dieser reizvollen Stadt mit ihren von Blumen gesäumten und von mächtigen Eukalyptusbäumen überschatteten Straßen übernachten will.

Für Autofahrer, die den Vormittag über die Umgebung von Homa Bay besichtigt haben, und für solche Touristen, die sehr früh mit dem Bus von dort abgefahren sind, ist Kericho bis zum Abend gut zu erreichen.

Aus dem Lande der Luo führt zunächst eine Piste nach *Rongo,* wo man auf die asphaltierte Straße von Kisumu nach Tansania stößt. Die 32 km lange staubige Piste führt durch eine flache, trockene Landschaft mit Weiden, umgeben von Hecken aus Tamarisken, Sisal und zitronengelb blühendem Mauritiusdorn. Angenehmer fährt man dann auf einer schönen Straße von Rongo weiter in nordöstlicher Richtung; hier geht das Flachland allmählich in Hügelland über.

Das auf einem solchen Hügel gelegene *Kisii* überrascht angenehm. Es ist zwar nicht so bekannt wie Kericho, aber ebenso hübsch mit den vielen Blumen am Straßenrand, einer schmucken kleinen Kirche und einem netten Hotel inmitten einer reizvollen Gartenanlage. Man würde gern hier bleiben, hätte man nicht erst 50 km zurückgelegt.

Die ersten Teeplantagen

Hinter Kisii sieht man in der hügeligen Landschaft nur noch sorgfältig bebaute Felder oder auf den abschüssigen Flächen Viehweiden. Dann kommen die ersten Teeplantagen in Sicht, die stets an den Hängen liegen. Ihr tiefes Grün hebt sich von den weißen Blüten

DAS POLITISCHE SYSTEM DEI KIKUYU

■ *Nach der mündlichen Überlieferung der* Kikuyu *herrschten anfangs die Frauen. Aber sie waren autoritär, frivol, hatten nur Interesse an schönen jungen Männern und mißbrauchten ihre Stellung so sehr, daß die ausrangierten, schikanierten und gedemütigten Grauköpfe sich zugleich an beiden rächten, worauf sich die letzteren ausrangiert, schikaniert und gedemütigt fühlten und sich ihrerseits empörten. Schließlich gaben sie dem Despoten, der die Macht an sich gerissen hatte, zu verstehen, daß sie endgültig » abdankten «... und begannen nachzudenken. Sie sahen sehr wohl ein, daß die periodische Rache, die eine Gruppe an der anderen nahm, zu nichts Gutem führte.*
Das ganze Volk versammelte sich, und man faßte folgenden Beschluß. Von nun an sollte jede Altersgruppe, von dem Initiationsritus der Beschneidung der 15- bis 18- Jährigen an, ihren eigenen Verantwortungsbereich und ihre Vorrechte haben ; dadurch sollten alle herangebildet werden, bis sie das Alter erreichten, daß sie dem Ältestenrat, der mit den öffentlichen Angelegenheiten, das heißt hauptsächlich mit der Rechtsprechung, betraut war, beitreten konnten. Die Gesellschaft gliederte sich in zwei Generationen. Mwangi *hießen die, die als erste die Macht innehatten, die nachfolgende Gruppe* Irongo. *Der Machtwechsel sollte nach etwa 30 Jahren erfolgen,*

der Asternfelder ab und über den gekräuselten Büscheln ragen Eukalyptus und Koniferengehölze empor. Dort, wo der Boden trockener ist, wachsen wieder »thorn Trees«; wo immer aber ein kleiner Fluß anzeigt, daß Feuchtigkeit vorhanden ist, sieht man wieder Kulturland und Wälder. Hinter *Sotik* ist das Land nur noch grün und sehr sorgfältig bebaut.

Nostalgische Kolonialatmosphäre

Schließlich prägen nur noch Teefelder die Landschaft. Auch von den Terrassen des *Tea Hotel* sieht man nichts als Teeplantagen, nur am Horizont zieht sich der herrliche Wald des *Mau-Gebirges* von Kericho nach Osten. Die gedämpfte Atmosphäre des Hauses, das üppige Buffet, Schwimmbad, Golfplatz und Blumenbeete vor gepflegten Rasenflächen, eine etwas altertümliche, aber sehr behagliche Raumausstattung — alles ist so, wie man sich ein Tea Hotel vorgestellt hatte. Man versteht, daß die Ortsansässigen hier gern das Wochenende verbringen. Die »Attraktion des Hauses«, die Besichtigung der Teefabrik der Firma Brooke Bond Liebig, ist allerdings nicht sonderlich interessant.

Umso fesselnder ist das *Arboretum* der Stadt und der *Mau-Wald* mit seinen zahlreichen Forellenbächen. Die vielen Angler haben an ihren Ufern Pfade ausgetreten, so daß man von Kericho aus schöne Spaziergänge machen kann, besonders an den Flüssen *Kipteget*, *Itare* und *Kipsonoi* entlang.

KERICHO

Lage und Anreise : 80 km von Kisumu über geteerte B 1 und 110 km von Nakuru auf derselben Straße. Busse und »Matatus« nach allen Richtungen darunter direkt nach Nairobi (267 km). — Zug bis Kisumu oder Nakuru. Unterkunft : sehr vornehmes Hotel : Tea-Hotel, und mehrere andere, sehr einfache Häuser.

Wichtige Einrichtungen : Bank. — Post. — Apotheke. — Tankstelle.

---

und zwar im Rahmen einer höchst feierlichen Zeremonie, der Itwika : sie sollte in erster Linie dazu dienen, allen die Grundsätze einer gesunden Demokratie in Erinnerung zu rufen. Bei alledem wurde das Amt des Häuptlings keineswegs abgeschafft. Im Mbari *(der Untergruppe eines an einem bestimmten Gebirgshang des Kikuyulandes lebenden Stamms), im* Riika *(einer größeren territorialen Einheit), bei den einzelnen Stämmen sowie im ganzen Volk der Kikuyu nahmen sie die Stellung von Schiedsrichtern, Ratgebern und Repräsentanten der Gruppe ein, die sie mit allseitiger Zustimmung ausgewählt hatte. Es handelt sich nicht um Wahlen im politischen Sinne, sondern im Laufe der Zeit gewannen bestimmte Persönlichkeiten aufgrund ihres Mutes, ihrer Intelligenz, ihrer natürlichen Autorität und ihrer Repräsentationsfähigkeit diese Stellung. Schon in der Kindheit begann dieser langsame Ausleseprozeß. Praktisch war jede Altersklasse (d.h. bereits die Gruppe der gleichzeitig eingeweihten und beschnittenen Jünglinge) gewohnt, stillschweigend denjenigen aus ihren Reihen, der sie repräsentieren sollte, hervortreten zu lassen. So wuchs der Ruf bestimmter Männer in den einzelnen Dörfern und Bezirken. Aus ihrem Kreis gingen die besten hervor und schließlich der* beste. *Nur der konnte Häuptling werden, der alle von seinen Fähigkeiten und seinen Tugenden überzeugt hatte. Und falls sich dies Vertrauen einmal als unangebracht erwies, so standen genug andere emeritierte Persönlichkeiten bereit, um den, der enttäuscht hatte, zu ersetzen.*

Nach » My People of Kikuyu «
von Mzee Jomo Kenyatta

Kisumu

■ In der 1 200 m über dem Meer gelegenen Hafenstadt an der *Kavirondo-Bucht,* der drittgrößten Stadt Kenias nach Nairobi und Mombasa, dem Hauptort des Landes der Luo und Sitz einer der bedeutendsten indischen Kolonien, läßt es sich angeblich sehr angenehm leben. Der Fremde, der dort niemanden kennt, fühlt sich dort eher etwas verloren: ist man im Stadtzentrum herumgeschlendert und hat in den Straßen, die zum Hafen hinunterführen, die pfeilergestützten Ladengalerien, in denen die Inder ihre Waren anbieten, gesehen, ist man ratlos, was man nun noch anfangen soll.

Man würde natürlich gern die Bucht von Kavirondo kennenlernen und darüber hinaus den *Viktoria-See,* von dem die Bucht ja nur ein winziger Teil ist. Früher war es auch möglich, eine Rundreise auf diesem wahren Binnenmeer von 68 000 km² Fläche zu machen oder es zu überqueren, um nach Uganda zu gelangen. Aber nach der Schließung der ugandischen und tansanischen Grenzen wurden diese regelmäßig verkehrenden Schiffahrtslinien eingestellt. Jetzt ist nur noch der zweistündige Ausflug vom *Hotel Sunset* zur Insel *Ndere* oder dreimal wöchentlich eine Fahrt mit dem Schiff nach *Homa Bay* und weiter zu dem kleinen Hafen *Karungu* in der Nähe der tansanischen Grenze möglich.

Das Pionierzeitalter der Schiene

Weit liegt die Zeit zurück, als Kisumu ein offenes Tor zu den Anrainerstaaten dieses Meeres war, bzw. das historische Ereignis, als nach Jahren erbitterter Kämpfe der 1895 begonnnene Bau der Ugandabahn endlich bis hierhin fertig war. Im Jahre 1901 war es soweit, und in England hatte man auf dieses Ereignis allgemein voll Ungeduld gewartet, weil man der Ansicht war, daß sich die Verwirklichung des Projekts (über dessen Nutzen man sich übrigens streiten konnte) reichlich lange hinzog. Hauptsächlich um den britischen Steuerzahler zu beruhigen, hatte man die letzten Kilometer des Schienenwegs bis zum Viktoria-See provisorisch verlegt. In Wirklichkeit dauerte es noch zwei weitere Jahre, ehe die Bahnlinie bis zur Endstation in Betrieb genommen wurde, weil im Jahre 1901 die für einen regelmäßigen Zugverkehr notwendigen Einrichtungen nur bis Nakuru reichten. Im März 1903 waren endlich die Viadukte im Mau-Gebirge fertig, und die erste Lokomotive konnte bis *Port Florence* (später Kisumu) fahren. Die Stadt wurde nach dem Vornamen von Mrs. Preston benannt, der ersten, in Kenia ansässigen Europäerin, die zusammen mit ihrem Mann, R.D. Preston, dem leitenden Eisenbahningenieur, die unglaublichen Anstrengungen und kritischen Stadien dieser »Schienenschlacht« erlebt hatte. Es dauerte jedoch keine zwei Jahre, bis die aufblühende Ansiedlung wieder den Namen des Fischerdorfes der Luo (damals hießen sie Kavirondo) trug, das lange, bevor die Engländer kamen, dort lag.

Dampfboot vor Dampflok

Unterdessen war auch das Dampfschiff, das den See nach Uganda überquerte, seit 1900 in Betrieb. Das in Glasgow gebaute Schiff war auf dem Seewege nach Mombasa gebracht worden. Dort wurde es auseinandergenommen und auf den Schultern von Lastträgern weitertransportiert. Es dauerte fünf Jahre, bis alle Teile am See angekommen waren, das heißt: nicht alle, denn die meisten Stücke hatten die Nandi gestohlen, so daß sie (zum Teil mehrmals!) ersetzt werden mußten. Immerhin konnte aber der Dampfer, noch bevor die Eisenbahn betriebsfertig war, Passagiere nach Port Bell und Entebbe befördern.

Seitdem sich die am Bahnbau beteiligten Inder als Kaufleute in Kisumu niedergelassen hatten, nahm die Bevölkerung erheblich zu. Die Stadt entwickelte sich sehr rasch, je mehr sie in administrativer und strategischer Hinsicht an Bedeutung gewann und sich auch zahlreiche christliche Missionen dort niederließen bzw. vorübergehend hier stationiert waren, bevor sie nach Uganda überwechselten, in das Land, dem ihre Sorge seit Jahrzehnten besonders gegolten hatte.

In Kisumu herrscht also nicht mehr die erregende Atmosphäre einer Pionierstadt. Dafür ist ihr Klima heute erheblich gesünder als zu Beginn des Jahrhunderts. Wer würde heute noch glauben, daß Charles Eliot, der Hohe Kommissar des Protektorats seit 1901, die Stadt als eine öffentliche Gefahrenquelle ansah, weil sie ständig von Seuchen heimgesucht wurde — Pest, Schlafkrankheit, Ruhr, Malaria...

Heutzutage kann sich der Tourist in Kisumu vor allem gut ausruhen von seinen Unternehmungen, zu denen es in geringer Entfernung von der Stadt, allerlei Gelegenheit gibt.

Im Reich der Vögel

Das ganze Seegebiet ist überreich an Wasservögeln. Dort, wo die parallel zur Eisenbahn verlaufende Straße von Londiani nach Kisumu den Scheitelpunkt des *Hochplateaus von Kipsigi* erreicht und zum Dorf *Mohuroni* hinunterführt, erhebt sich links der *Ndoinya Marei Berg;* von seiner Höhe aus hat man einen prächtigen Blick auf das *Land der Luo* — vom *Mount Homa* zur Linken bis zum *Nandi Gebirge* zur Rechten.

Morgens vor 11 Uhr und nachmittags nach 15 Uhr finden sich hier Impalas und vor allem unzählige Vögel ein: Fliegenschnäpper, Neuntöter, Eisvögel und andere; sie fühlen sich angezogen von dieser Grenzzone zwischen dem Hochplateau und der Ebene. Auch die Sümpfe an der Mündung des *Nyando* Flusses südlich von Ahero und die Reisfelder bei *Nwach* an der Straße nach Sondu sind beliebte Sammelplätze der Vögel.

Einige Kilometer südlich von Kisumu hat man einen Standort von Reihern zu einem Nationalreservat erklärt, um die Bäume, die die Vögel zum Nestbau brauchen, vor dem Abholzen zu sichern. Seit 1976 hat man auch beobachtet, daß sich in diesem Reservat heilige Ibisse, Störche, Kormorane und Silberreiher einfinden. Von April bis Juli brüten tausende von Paaren dieser Vogelarten ihre Jungen aus und füttern sie.

Um zu diesem Vogelparadies zu gelangen, fährt man von Kisumu 8 km auf der Straße nach Ahero und biegt dann rechts ab. Eine kleine Piste führt bis zur Schule von Orango, hier läßt man an einer Wegegabel links den Wagen stehen. Das Reservat befindet sich 2 bis 3 km von dort. Man muß sich jedoch an Ort und Stelle erkundigen, denn der beste Zugang wechselt jedes Jahr.

Schließlich ist die Gegend von *Hippo Point* (3 bis 4 km von Kisumu-Mitte entfernt, hinter dem Nyanza Club und dem Jacht Club) reich an Silberreihern, Raben, Ibissen, Enten, Gänsen, Pelikanen, Flamingos, Adlern und... Flußpferden, deren Nüstern dann und wann über der Wasseroberfläche auftauchen.

An den genannten Orten muß man auf den schwammigen Boden, auf dem man geht, achtgeben. Es besteht die Gefahr, daß man sich Saugwürmer holt, deshalb muß man unbedingt wasserdichte Schuhe, möglichst hohe Stiefel tragen, denn die beste Beobachtungszeit für die Vögel fällt mit der ungesundesten Jahreszeit zusammen.

KISUMU

Lage und Anreise : 350 km von Nairobi über geteerte A 104 und B 1. — Zug nach Nairobi und Mombasa. — Regelmäßige Flugverbindung. — Busse und »Matatus«. — Schiff dreimal wöchentlich nach Homa Bay. — Busbahnhof : an der Kreuzung von Oginga Odinga Road und Konzi Lane ; MPS : Konzi Lane. — Bahnhof : New Station Road.

Unterkunft : 3 Hotels, darunter 1 Kl. A mit Schwimmbad ; Restaurants in zweien der Hotels. Weitere in der Stadt.

Wichtige Einrichtungen : Banken. — Post. — Läden. — Apotheke. — Tankstellen. — Markt. — Autovertretungen : *Kenya Motor Corporation* : Oginga Odinga Road — *Cooper Motor* : Obote Road (Tel. : 40 136). — *Rainbow garage* : Obote Road. (Tel. : 2756). — Bootsvermietung mit Steuermann : *Yacht Club* am Ende des *Jomo Kenyatta Highway*.

Kitale

■ Kitale, das Verwaltungszentrum von *Transnzoia,* macht einen sehr hübschen Eindruck, wenn man sich der Stadt auf der Straße von Eldoret her nähert. Kurz hinter der Straßengabelung, an der es links nach Bungoma, *Kimilili* und zur ugandischen Grenze geht, fährt man durch ein hübsches Wohnviertel, das von der eigentlichen Stadt durch einen Wald getrennt ist, in dem die Bungalows des *Kitale Club* und rechts der Straße das schöne Theater liegen.

Eine Allee von prächtig blühenden Bäumen läuft auf einen kleinen Operettenbahnhof zu. Er dient jetzt — leider — nur noch dem ziemlich starken Güterverkehr, denn Kitale liegt mitten in einem fruchtbaren Landwirtschaftsgebiet.

Davon bekommt man einen guten Eindruck auf dem Markt in Kimilili am Donnerstagmorgen, vor allem auf der Rückfahrt im Bus, wenn man staubbedeckt und nach frischer Luft schnappend zwischen gewichtigen »Mammas« und ihren riesigen Gemüseballen und anderen Einkäufen vom Wochenmarkt eingequetscht sitzt. Offenbar gedeiht Zuckerrohr in dieser Gegend besonders gut und die *Sabaot* von Transnzoia, zumindest ihre Frauen, essen es wohl leidenschaftlich gern: jedenfalls krachen während der zweistündigen Fahrt von 48 km ununterbrochen die Schalen zwischen gesunden Zähnen und man bekommt durchaus sein Teil davon mit, wenn die Damen den Abfall achtlos zum Fenster hinauswerfen. Doch das Schauspiel, das diese Matronen bieten, die sich alle kennen, die lachen, johlen, im Chor singen, ihren Platz wechseln, um sich zu einer Freundin zu setzen und dabei ihre Pakete und das schlafende Baby mitschleppen, ist mindestens ebenso viel wert wie der ganze Marktbesuch.

Pforte zum Nationalpark

Was bietet Kitale selbst? Man kann das kleine *Museum* auf der linken Seite der Allee gegenüber dem Bahnhof besichtigen. Es enthält zwei bescheidene Sammlungen ausgestopfter Tiere und kunstgewerblicher Gegenstände aus der Region. Die wenigen Touristen, die den Westen des Landes bereisen, halten sich in Kitale meist nicht weiter auf, sondern übernachten im *Mount Elgon Lodge* am Eingang des gleichnamigen Nationalparks. Zumindest die, die einen Wagen haben. Die anderen müssen sich mit öffentlichen Verkehrsmitteln begnügen, da es praktisch keine organisierte Besichtigungsfahrt durch den Westen gibt.

Von Nairobi aus scheint alles ganz einfach zu sein. Am Omnibusbahnhof erfährt man, daß der Bus, der täglich morgens abfährt, um 16 Uhr in Kitale ankommt, und daß man sich dort ein »Matatu« nach *Endebess* nehmen muß. Soweit reichen die amtlichen Auskünfte. Von Optimisten hört man, falls die Straße nach Endebess nicht am Lodge vorbeiführe, könne man den Chauffeur des »Matatu« bitten, einen Umweg zu fahren, und schlimmstenfalls seien die letzten paar Kilometer auch zu Fuß zurückzulegen; das Einfachste sei natürlich, bei der Ankunft im Lodge anzurufen, um sich abholen zu lassen. Nun fährt aber der Überlandbus erst um 9.30 Uhr von Nairobi ab, kommt also erst um 17.30 Uhr in Kitale an. Und so spät verläßt kein »Matatu« mehr die Stadt. Die privaten Taxifahrer erhöhen ihre Preise, sobald sie merken, daß man unter Zeitdruck steht. Und das Telefon funktioniert nicht.

Zum Glück liegt ganz nah am Omnibusbahnhof das *Kitale Hotel;* es ist ruhig, sauber und nicht teuer. Zudem findet man abends in der Halle oder im Speisesaal immer Leute, die bereitwilligst Auskunft erteilen. Aber je mehr Auskünfte man einholt, desto verwirrender wird die Situation. Natürlich gibt jeder zu, mit einem privaten Taxi könne man das Lodge am besten erreichen. Aber das Gespräch wird erst richtig lebhaft, wenn die Leute hören, man habe eigentlich vor, den *Mount Elgon* zu Fuß zu besteigen, bis zum Kraterrand. Obgleich niemand bisher auf eine solch absurde Idee gekommen ist, hat jeder seine klare Vorstellung über den besten Anstieg. »Warum fahren Sie nicht von Laboot aus, anstatt durch den Haupteingang?« fragt ein ganz Schlauer. »Sie brauchen sich nur ein »Matatu« bis Kimilili zu nehmen, dann ein zweites bis Kapsakwony, und dort holen Sie sich die Genehmigung, den Park zu Fuß zu betreten«. Einfache Sache: gehört, getan! Am folgenden Tag verweigert ein Distriktsbeamter in Kapsakwony zuerst verdutzt, dann kategorisch die Genehmigung. Es komme überhaupt nicht infrage, daß man sich allein, ohne Waffen und ohne Ortskenntnis in einen Wildpark begibt, in dem gefährliche Tiere umherstreunen und weiter oben noch gefährlichere Menschen (die Grenze ist nah, und ugandische Freischärler sind nicht in Schach zu halten). Ob man sich denn klar mache, daß man eine regelrechte Expedition vorhabe, die man unmöglich ohne Auto und bewaffnete Begleitung unternehmen könne, daß sie nur vom Haupteingang aus möglich sei, und zwar in Begleitung eines Rangers? Und der einzige verfügbare, geländegängige Wagen in der ganzen Gegend... sei der des Lodge.

Wer motorisiert ist, lernt solche Schwierigkeiten nicht kennen — leider! Denn letztlich bedauert man weder die Gespräche noch die überflüssigen Fahrten, am allerwenigsten aber, daß man auf diese Weise neue Menschen kennenlernte. Welch nette Begegnungen, welch urkomische Situationen! Kurz, man »erlebt« Kitale, anstatt es nur (flüchtig) zu sehen. Und im übrigen verhelfen einem die neuen Freunde dazu, daß man schließlich doch noch in diesem berühmten Lodge ankommt.

Die Umgebung von Kitale

Allein, die Autofahrer haben es doch besser, denn sie können zahlreiche weitere Ausflüge in die Umgebung machen, was ohne eigenes Auto einfach nicht geht.

Auf der Straße nach Kapenguria liegt der wegen seiner Sitatunga-Antilopen und seiner zahlreichen Wasservögel bekannte *Nationalpark Saiwa Swamps*. Von Kapenguria aus führen zwei Straßen um die *Cherangani Hills* herum und vereinigen sich östlich von ihnen an den herrlichen Abhängen des *El Geyo-Gebirges*. Über die nördliche Route gelangt man zum *Marich-Paß*. Von dort aus erreicht man das Dorf *Akeriemet*, von wo aus man zu Fuß den *Mount Mtelo* (3 600 m) besteigen kann, die höchste Spitze der *Sekerr Kette* nördlich des Passes. In *Mbara* auf der anderen Seite des Flusses *Marun* kann man zelten und einen (unentbehrlichen) Führer finden. Die seltenen Touristen, die (in einem geländegängigen Wagen!) bis zum Westufer des *Turkana-Sees* fahren wollen, nehmen die Straße, die über Kapenguria, den Marich-Paß bis hinunter nach Lodwar führt. Auch ein sehr guter Fahrer sollte diese Fahrt nicht allein machen: die Turkana in jener Gegend sind unter Umständen nicht gerade zimperlich.

Von Kapenguria aus führt die Straße am Gebirgshang entlang nach Süden hinab. Von ihr aus zweigen Pisten in die Cherangani Hills ab. Man kann dann auf dem Umweg über Eldoret nach Kitale zurückfahren oder aber in östlicher Richtung auf der herrlichen Straße, die das *Keriotal* durchquert, *Kabarnet* und *Marigat* erreichen. Von dort aus fährt man entweder nördlich zum *Baringo-See* oder südlich nach *Nakuru*.

In der Nähe von Kitale bietet sich schließlich noch ein anderer Aspekt dieser sehr schönen unbekannten Gegend: zwei Anglercamps an der *Suam* und an der *Kapolet*, zwei Forellenflüssen, die am Massiv des *Mount Elgon* entspringen.

KITALE

Lage und Anreise : 69 km von Eldoret über geteerte B 2 und 225 km von Nakuru über B 2, dann A 104. — Zug bis Eldoret. — Busse direkt von und nach Nairobi in einem Tag (382 km). — Flugplatz.

Unterkunft : gut geführtes Hotel, das Kitale Hotel, mit Bar und Restaurant, mehrere einfache Lodgings.

Wichtige Einrichtungen : Banken. — Tankstelle. — Post. — Markt und Läden. — Apotheke.

LIMURU (s.S. 126)

Lage und Anreise : 30 km nordwestlich von Nairobi etwas abseits der Straße A 104. Busse und »Matatus«.

Unterkunft : 2 Hotels mit bekannten Restaurants. Ein sehr bekannter Golfplatz, *Limuru Country Club,* 18 holes.

Wichtige Einrichtungen : Markt. — Tankstelle. — Post. — Bank.

Kiwayu

■ Vor 1979 konnten sich auf dieser kleinen Insel im Norden des *Archipels von Lamu* mangels Unterkunft keine Touristen aufhalten. Das hat sich seit der Eröffnung eines Lodge und der Anlage eines Flugplatzes geändert. Damit ist auch das Verkehrsproblem gelöst, denn es besteht keine regelmäßige Schiffsverbindung zu diesem Ort.

Es ist schwierig, auf dem Landweg in die größtmögliche Nähe der Insel zu gelangen. Man muß über einen geländegängigen Wagen verfügen, im Sand fahren können, eine Vorliebe für sehr einsame Landschaften haben und eine Campingausrüstung sowie genügend Proviant mitnehmen, um in diese Gegend vorzustoßen, die sonst nur von den in Kiunga, kurz vor der somalischen Grenze, stationierten Soldaten und von gelegentlich einfallenden räuberischen Nomaden aufgesucht wird. Diese Nomadenstämme haben in den sechziger Jahren die Einwohner der Küstendörfer allzu oft überfallen, so daß diese gezwungen waren, sich auf der Insel Kiwayu niederzulassen. Die Lage hat sich seitdem zwar etwas normalisiert, aber man kann immer noch unliebsame Überraschungen erleben — ein zusätzlicher Reiz für solche Leute, die meinen, daß es keine Abenteuer mehr gibt...

Eine Fahrt mit dem Traktor

Aber es gibt auch andere Beweggründe für eine solche Unternehmung: zwischen Malindi und Kiunga liegen über sechzig Stätten mit arabischsuahelischer Vergangenheit. Am interessantesten sind die Moschee von *Sendeni-Uchijuu,* die mit Stukkaturen verzierten Häuser von *Mwana Mtawa* und die Pfeilergräber von *Mvindeni-Omwa* und *Ishakani,* einer Stadt aus dem 15. Jahrhundert.

Ornithologen sollten unbedingt auf die Insel *Kiungamwina* innerhalb des Korallenriffs vor Kiunga hingewiesen werden. Von Juli bis Oktober nisten dort Tausende von Meeresvögeln. Der Zugang zu dieser Insel ist schwierig, weil das Meer in jener Jahreszeit gefährlich ist, doch die Fischer von Kiunga kennen sich aus. Schließlich hat der westlich von Kiunga gelegene *Nationalpark von Dodori* den seltenen Vorzug, daß er zwar von Elefanten, Straußen, vielen Vögeln, manchmal auch von Löwen, aber kaum von Touristen besucht wird!

Wer Ruhe und Einsamkeit sucht, vertraue sich der Direktion des Lodge an, die ihn mit einem Sonderflugzeug in Lamu abholt. Nach der Landung besteigt man einen von einem riesigen Traktor gezogenen Anhänger, das einzige Fahrzeug der Insel. Nur er bewältigt, langsam aber sicher, den sandigen Abhang des Hügels, auf dessen Höhe die Hotelgebäude liegen: Speisesaal, Bar, Salon und die Gästezimmer. Die Mauern aus dicken Korallenblöcken sowie das von innen sichtbare prachtvolle Gebälk aus Mangrovenholz, auf dem das mit Palmblättern gedeckte Dach ruht, entsprechen dem ortsüblichen Baustil der *Bajun*. Das Ganze fügt sich so gut in die Landschaft ein, daß man vom Flugzeug aus den Eindruck hat, es sei ein Teil des Dorfes, obwohl dies etwa 1 km entfernt am Strand liegt. Gewöhnlich genießt der Neuankömmling als erstes von der überdachten Terrasse vor dem Speisesaal den Blick über das Meer: er erliegt augenblicklich dem Zauber der Insel und vergißt die übrige Welt. Durch die weiten Maueröffnungen, die mit beweglichen Palmfasermatten verdeckt sind, dringt die stetige Meeresbrise fast ungehindert herein und läßt keine übermäßige Hitze aufkommen. Erst wenn man diesen kühlen Schatten verläßt, spürt man, besonders nach 11 Uhr morgens, die brutale Kraft der Äquatorsonne und tut gut daran, seine noch nicht gebräunte Haut zu schützen.

Die Weite des einsamen Strandes vor dem unendlichen Ozean zieht den Besucher hinab an den Flutsaum: herrliche Stunden erlebt man dort, besonders wenn sich das Meer bei Ebbe bis an das Korallenriff zurückzieht und ein dicker Algenteppich eine Welt von Wundern verbirgt: Muscheln aller Größen, Sternkorallen, die man zwar nicht mitnehmen, aber entdecken und bewundern darf. Kilometerweit läuft man, ohne es zu merken; manchmal begegnet man ein paar schweigsamen, aber lächelnden Einheimischen, man stürzt sich in Wassertümpel, lauscht auf den Wind und die Meeresvögel — die Zeit steht still.

Folgt man der Piste, die zum Flugplatz führt, so gelangt man in das Dorf, das im Schatten von Kokospalmen und Affenbrotbäumen am Rande einer winzigen Bucht liegt. Im Wasser schaukeln ein paar Boote. Schon bei den ersten Häusern wird der Fremde von einer munter plappernden Kinderschar umringt. Die Größeren sprechen oft ein ausgezeichnetes Englisch; denn diese Kinder von Fischern, die etwa die Hälfte der Bevölkerung von 150 Menschen ausmachen, besuchen eine Dorfschule, in der sie offenbar die offizielle Landessprache Kenias lernen. Trifft es sich, daß die Kinder Ferien haben oder der Unterricht beendet ist, findet sich immer ein junger Mann, der höflich und würdevoll und ganz ohne Hintergedanken den Fremdenführer spielt: diese Menschen mit ihrer angeborenen Lebensart kennen keine Bettelei.

In munterem Geplauder folgt man in seiner Begleitung einer gut ausgetretenen Piste, die ins Innere der Insel führt, durch Haine von Kokospalmen, Affenbrotbäumen, »thorn trees« und sogar Mangroven, die hier überraschenderweise erheblich über dem Meeresniveau wachsen. Frühmorgens begegnet man Frauen mit Wäschekörben auf dem Kopf und leeren Gefäßen unter dem Arm, die den Fremden mit freundlichem Lächeln und Gesten einladen, ihnen zu folgen. Sie gehen zum Brunnen, so erfährt man von seinem Cicerone, der allerdings eine gute Stunde zu Fuß entfernt liegt. Wird Ihnen das nicht zu viel? — er hat recht: man kann sich auf diesem blendend weißen Sand leicht einen Sonnenstich holen — andererseits will man kein Schwächling sein.

Der Gang durch die Dünen ist keineswegs geruhsam: man bleibt immer wieder im Sand stecken und die Sonne brennt unbarmherzig, denn die erfrischende Meeresbrise spürt man hier nicht mehr. Und doch bereut man die Anstrengung nicht, sobald man am Ziel ist: in einem luftigen Hain, im Schatten hoher Kokospalmen findet man die ganze weibliche Bevölkerung des Dorfes versammelt. Um den Brunnen herum wälzen sich Dutzende grauer Eselchen im nassen Sand, bevor man ihnen die mehrere Liter fassenden Gefäße auflädt. Die Ziegen vergnügen sich derweil ein wenig abseits von ihnen. Die Frauen schütten sich reichlich Wasser über Kopf und Kleidung und lachen, wenn man zögert, es ihnen gleich zu tun. Dann brechen sie schwer beladen wieder auf.

Die von Pfaden durchzogene Insel lockt immer wieder aufs neue zum Spazierengehen. Wer Mut hat, kann sogar bis zum nächsten Dorf wandern: es liegt einige Kilometer jenseits des Brunnens. Aber wozu soweit wandern? Den schönen, blauroten Vögeln zum Beispiel nachzulaufen ist zwecklos: sie fliegen davon, wenn man ihnen zum Greifen nahe gekommen ist, und setzen sich ein Stück weiter wieder hin.

Bezaubernd ist die kleine Bucht auf der Festlandsseite genau unterhalb des Hotels: bei Flut stehen hier die Mangroven im Wasser, und man kann im Schatten der Bäume zwischen ihren Luftwurzeln hindurchschwimmen bis zu kleinen Sandstränden, die von steilen Felsen umrahmt sind. So taucht man unter den Bäumen hindurch, um im freien Wasser zu schwimmen, kehrt wieder in den Schatten zurück, um wieder unter dem Laubwerk zwischen den schlanken Stämmen und Wurzeln der Mangroven hindurchzugleiten! Die Sportbegeisterten laufen unterdessen Wasserski, tauchen oder fahren zum Fischfang aufs Meer hinaus.

KIWAYU

Lage und Anreise: über schwierige Piste mit geländegängigem Wagen nördlich von Lamu (etwa 2 bis 3 Tage Autofahrt). — Kein öffentliches Verkehrsmittel, aber Flugverbindung durch das Lodger der Insel von Lamu oder Nairobi.

Unterkunft: Kiwayu Lodge und Zeltlager auf dem Festland gegenüber der Insel, ebenfalls mit Privatflugzeugen.

Wichtige Einrichtungen: keinerlei Versorgungseinrichtungen.

LAMU (s.S. 120)

Lage und Anreise: 341 km über Piste von Malindi über Garsen. In Regenzeiten zwischen Garsen und Witu möglicherweise überschwemmt. — 349 km von Garissa und 730 km von Nairobi über Garissa. (In der trockenen Jahreszeit in 2 Tagen im Touristenwagen). — Regelmäßige Flugverbindung sowie Charterflüge und Lufttaxis mit Malindi, Mombasa oder Nairobi. — Schiffsverbindung nach der Insel Pate. — »Matatus« und Busse nach Malindi und Garissa über Garsen. — Ausflugsfahrten mit »Dhaus«.

Unterkunft: gut geführte Hotels in Lamu, Shela, zahlreiche Lodges ohne Komfort in der Stadt Lamu sowie einfache Restaurants, tea-rooms mit Restaurantbetrieb, abgesehen von den Restaurants der Hotels.

Wichtige Einrichtungen: Post. — Zahlreiche Läden. — Museum. — Keine Tankstelle, aber Nachfüllmöglichkeit auf dem Festland, wo man die Wagen läßt.

Lamu

■ Ach, dieses Lamu! Manche geraten außer sich vor Begeisterung, sobald nur die Rede davon ist — andere kehren enttäuscht von dort zurück. Allerdings gehören die Letzteren meist zu jenen Touristengruppen, die in der Stadt dreimal die Runde machen und nach ein paar Stunden wieder verschwinden. Lamu ist eine Stadt, die sich dem Touristen, der sie als eilige Pflichtübung absolviert, nicht erschließt; man muß sich schon Zeit nehmen, ihre Vergangenheit zu entdecken.

Dieser vor wahrscheinlich mehr als tausend Jahren gegründete Stadt-Staat lag zuerst auf dem *Hidabu-Hügel* südlich von der heutigen Stadt. Von dieser ersten Ansiedlung ist nichts mehr übrig: sie ist von Sand bedeckt. Über die Frühzeit ist nicht viel bekannt. Was wir über Lamu wissen, stammt aus der Zeit der Portugiesen gegen Ende des 15. Jahrhunderts. Sie reden von einer wohlgebauten Stadt, von ihren Eseln mit besonders langen Ohren und von dem »Mangel an Respekt«, den die Inselbewohner dem König von Portugal erwiesen. Gleichfalls erwähnen sie noch, daß einer ihrer Scheichs, der während des Feldzugs von 1580 angeblich mit den Türken gemeinsame Sache machte, hingerichtet wurde.

Lamu scheint also sehr zu seinem Glück von den schweren Unruhen, die die ersten Europäer an der Küste auslösten, verschont geblieben zu sein. Erklärt sich die geistige Unabhängigkeit, der hervorstechende Charakterzug ihrer Einwohner, aus dieser Schein-Freiheit? Immer wieder zeigt sich in allen Jahrhunderten dieses Unabhängigkeitsbewußtsein neben einer gewissen Selbstzufriedenheit und einem Hauch von Snobismus. Die Tatsache, daß die Bewohner, obgleich Vasallen des Sultans der Nachbarinsel Pate, ihre stolze Haltung beibehielten, ist schon bemerkenswert. Der diese Inselrepublik regierende Rat der Notabeln (der »Yumbe«) schien sich im allgemeinen wenig um seinen Oberherrn zu kümmern, obwohl er gewiß ernstlich verärgert war über die Anmaßung, mit der dieser sich des Hafens von Lamu bediente, seitdem sein eigener im 17. Jahrhundert versandete. Aber es hätte schon einiges mehr passieren müssen, bevor es zu einem Aufstand kam; denn dadurch hätten sie den verbreiteten Wohlstand und ihre Ruhe aufs Spiel gesetzt und den vornehmen Kreisen die Basis für ein kunstsinniges Leben (vor allem die Dichtkunst blühte!) entzogen.

Die vornehmen Kreise, *Amu,* sind übrigens völkisch sehr vielschichtig: unabhängig voneinander oder auch miteinander vermischt gehören sowohl Araber als auch Bajun (die ihrerseits schon eine Mischung aus Arabern, Somali und Bantu darstellen) zu ihnen, aber auch andere Familien, die aus verschiedenen Gegenden des Landes stammen und gewiß noch einige Blutstropfen der Urbevölkerung, die vor den Bantu hier beheimatet war, in ihren Adern haben. Diese natürliche und gewaltlose Blutsmischung hat auf der Insel ein blühendes Kulturleben hervorgebracht, das im 18. Jahrhundert seinen Höhepunkt erreichte und über ein Jahrhundert lang ohne wesentliche Abschwächung andauerte. Es wurde von einer glanzvollen und wohlhabenden Aristokratie getragen, die sich aus Kaufleuten, Reedern und Landeigentümern zusammensetzte. Letztere ließen ihre »shamba« (Felder), von denen ihre Landhäuser umgeben waren, durch ihre Sklaven bearbeiten. Man baute sich luxuriöse Häuser in einem gänzlich originalen Stil. Erst im 19. Jahrhundert, als Lamu unmerklich verfiel, zeigten die in der angeschütteten Hafenzone erbauten Häuser, die noch heute die Meeresfront bilden, Spuren ausländischer Einflüsse.

Das typische Lamu-Haus aus dem 18. Jahrhundert gleicht keinem anderen, schon wegen der außerordentlich unauffälligen Fassade. Selbst die »Darka« (Vorhalle) ist manchmal von der Straße aus nicht einzusehen, und der edle Geschmack zeigt sich nur in der feinen Verzierung der Deckenbalken. Die prächtigen, geschnitzten Holztüren, die man noch zuweilen sieht, sind im allgemeinen den Moscheen zur Ehre Gottes vorbehalten oder... den Läden, um die Aufmerksamkeit der Kunden zu wecken. In den Privathäusern ist der Luxus und die prachtvolle Ausschmückung nur für die Hausbewohner selbst und ihre Freunde vorhanden. Die Außenmauern sind ohne jeden Schmuck, winzige Fensteröffnungen gibt es nur im ersten Stock und im Parterre nur im Gästezimmer.

Hat man die »Darka« durchschritten, schaut man in einen Innenhof, durch den alle Zimmer in beiden Stockwerken ihr Licht empfangen; darüber befindet sich ein Terrassendach aus zementierten Korallenblöcken. Auf diesem liegt die strohgedeckte Küche. So können die Schwaden und Küchengerüche abziehen, die für Leute unerträglich sind, die sich den Komfort von zwei, ja, drei Badezimmern leisten: eines ist für die Frauen bestimmt, ein weiteres für die Männer und ein drittes ist für das Gästezimmer oder »Sabule« reserviert; es ist nur vom Hof aus zugänglich, damit ein etwaiger Kontakt mit den Damen des Hauses vermieden wird.

Diese Bäder sind wunderbar konstruiert. Sie sind mit einer Innenzisterne versehen, in deren unterem Teil eine Porzellanschale dafür sorgt, daß selbst bei Wassermangel die Fische, die die Mückenlarven fressen sollen, überleben. Durch ein Loch im Boden fließt das verbrauchte Wasser über ein Kanalsystem ins Meer ab. In Europa entleerte man zu jener Zeit den Inhalt der Nachttöpfe gelegentlich noch zum Fenster hinaus!

Da die Zimmerdecke auf Balken von begrenzter Tragfähigkeit ruhte, waren die Räume nicht sehr breit. Um sie wenigstens optisch zu vergrößern, brachten die Architekten in den ganz mit Stuck verzierten Wänden, sogar in den Badezimmern, aneinandergereihte Nischen mit Rundbögen an, die in der gleichen Art ornamentiert waren. Auf den so gegliederten Flächen entstanden reizvolle Lichteffekte, die das Zimmer größer erscheinen ließen. Man hat einige von diesen Häusern restauriert, und man muß eines von ihnen gesehen haben, um einen Eindruck von der glanzvoll verfeinerten Kultur auf der Insel zu bekommen.

Das Museum von Lamu

Wer diese Gelegenheit nicht hat, kann sich dennoch eine Vorstellung bilden, wenn er das Museum von Lamu besucht. Es liegt an der Meeresfront in einem der vom europäischen Kolonialstil geprägten Häuser mit Loggien. Man sieht dort durch zahlreiche Fotografien ergänzte alte islamische Denkmäler der Küste sowie die Rekonstruktion eines Wohnhauses aus dem 18.Jahrhundert mit Badezimmern, Stuckdekorationen und Mobiliar. In mehreren Sälen sind Kostüme, Schmuck, Geräte, Geschirr und verschiedene Werkzeuge ausgestellt, ferner zwei »Siwa«, zwei Meter lange Zeremonienhörner, die zu den Würdezeichen eines Königs oder Häuptlings gehörten; das eine aus Elfenbein gehörte dem Sultan von Pate, das andere aus Kupfer stammt aus Lamu. In der obersten Etage sind verschiedene Modelle von Schiffen ausgestellt, die im Inselhafen anlegten, darunter die bekannten »Dhaus« mit ihrem dreieckigen Segel, wie sie noch heute im Gebrauch sind, oder die »Mtpe«, eigenartige Schiffe aus dem 1. Jahrhundert mit einem viereckigen Segel und einem Bug in Form eines Vogelschnabels. Daneben befindet sich eine fotografische Sammlung über die *Pokomo* und die *Orma,* die südlich von Lamu bzw. am Tanafluß im Landesinnern leben. Der Besuch des Museums ist also unerläßlich, will man eine verfeinerte Kultur richtig würdigen, eine Kultur, die heute lethargisch wirkt, die man jedoch mit neuem Leben zu erfüllen versucht.

Unter der Ägide der UNO ist ein Renovierungsprogramm aufgestellt worden. Es fehlt indessen noch an Mitteln, um Lamu finanziell in den Stand zu setzen, seine schönen Häuser zu erhalten.

Früher war das Mangrovenholz oder »Boriti« eine der Haupteinkommensquellen der Inselbewohner; es wurde nicht nur in der Umgebung verkauft, sondern auch nach dem holzarmen Arabien. Außerhalb des Viertels der Notabeln, wo die Häuser aus Stein gebaut sind, werden die Wohnungen in den einfacheren Stadtteilen noch aus einem Gerüst von Mangrovenstangen zusammengehalten; die Mauern sind mit einem Gemisch aus Lehm und Korallensteinen verkleidet und die vierseitigen Zeltdächer mit Palmzweigen gedeckt. Während man hier also noch an der traditionellen Bauweise festhält, kann das reiche Arabien mit diesem primitiven Material heute nichts mehr anfangen. Auf den Kais von Lamu stapeln sich zwar noch die Mangrovenstangen und werden wie früher von Hafenarbeitern, die noch ihren »kikoi« um die Hüften geschlungen haben, in die Dhaus verladen. Aber diese Stangen sind hauptsächlich für den Inlandsmarkt bestimmt und bringen längst nicht mehr so viel ein.

Dennoch produziert man in Lamu noch Kunstwerke, die in der modernen Welt ihre Abnehmer finden. Im Juni 1981 fand im *Maison Française* von Nairobi eine Lamu gewidmete Woche mit einer Ausstellung und mit Vorträgen statt; bei dieser Gelegenheit wurden neue Kontakte geknüpft. Die erkennbare Erneuerungsbewegung ist dadurch beschleunigt worden, und ein neuer, zum Teil in Arabien ansässiger Kundenkreis hat Sessel, Betten, Kommoden und in der herkömmlichen Wei-

*Die Inselwelt von Lamu im nördlichen Teil der Küste
ist immer noch reich mit allem ausgestattet.
Die Dhaus — Schiffe mit Dreieckssegel — sind die größte Freude
der Touristen. Erst auf einer Segelfahrt mit einer Dhau
wird Lamu zum Erlebnis!*

se geschnitzte Holztüren in Auftrag gegeben. Vor kurzem gab es in Lamu nur noch einen Holzschnitzer. Heute liegen mehrere Werkstätten in der *Harambee Street,* der Hauptstraße der Stadt.

Man muß sich allerdings schon einige Tage in Lamu aufhalten und mit den Einheimischen reden, um diese Symptome einer Neubelebung zu entdecken und ihre Tragweite zu erkennen. Während eines flüchtigen Besuchs sieht man nur abblätternde Fassaden... und bemerkt den chronischen Wassermangel auf der Insel. Man gewöhnt sich aber schnell daran, die Wanne rasch dann zu füllen, wenn das Wasser gerade läuft und zudem sparsam damit umzugehen, wenn man sich zum Beispiel am Abend von der Salzkruste befreit, die sich während der Fahrt an Bord eines Dhauseglers auf der Haut gebildet hat.

Verbringt man mehr als einen Tag in Lamu, bummelt man morgens am Hafen herum und versucht, Leute zu finden, die auch ein Boot (mit Steuermann) mieten möchten. Man findet immer welche. Abends geht man sonndurchglüht und tiefgebräunt wieder an Land. Manchmal gibt es allerdings noch einen heftigen Streit mit den Seeleuten um den Preis, den sie zwar zu Beginn der Fahrt festgesetzt haben, aber zum Schluß immer noch in die Höhe zu treiben versuchen.

Dann sitzt man auf dem Hafenmäuerchen und läßt ganz Lamu an sich vorbeipromenieren. Inzwischen versammeln sich die »Alten« um die Moschee und machen es dort genauso. Kommt man nicht allzu spät zurück, trinkt man in dem reizenden Tea Shop noch Tee oder streift durch die Gassen mit den abweisenden Fassaden, wo weibliche Gestalten in ihre »bui-buis« gehüllt an einem vorüberhuschen. Sie sind aber längst nicht mehr so scheu, diese Gestalten, und der »bui-bui«, der früher Gesicht und Körper verhüllte, läßt immer häufiger ein lächelndes Gesicht erkennen und nicht nur zwei furchtsame schwarze Augen.

Ist Lamu also enttäuschend? Ganz gewiß nicht, wenn man sich die Zeit nimmt, allein durch die Straßen zu spazieren: sei es, wenn die Stadt wie im Halbschlaf unter der Sonnenglut liegt, sei es wenn sie in der Abenddämme-

VOM FESTEFEIERN IN LAMU

■ *In Lamu geben allerlei Vorkommnisse im Leben, natürlich auch die politischen Feiertage und die Sportfeste, Veranlassung, Umzüge zu veranstalten, bei denen unter Begleitung von Musikinstrumenten viel gesungen und getanzt wird.*
Das Ziara, ein religiöses Fest, wird im allgemeinen gefeiert, um das Grab eines bestimmten Scherifs (Nachfolger des Propheten) aus der arabischen Linie der Ba-Alawi *zu ehren. Allerdings erregte der erste Scherif, der nach Lamu kam, dadurch Anstoß, daß er Trommeln und Gesang in den Moscheen einführte. Seine Ideen setzten sich jedoch durch, und seitdem wird er ganz besonders verehrt. An seinem Todestag ziehen die Menschen in kleinen Gruppen, bannertragend, zu seinem Grab und tanzen dabei den* Dhikri, *eine Art Rundtanz, oder den* Shabwani, *bei dem die jungen Leute grüne Zweige tragen.*
Das wichtigste »Ziara« ist Das Maulidi al Nebi, *das Fest am Geburtstag des Propheten. Dann strömen nicht nur von der ganzen Küste die Leute nach Lamu, sondern auch von Nairobi, den angrenzenden Ländern, ja selbst aus Pakistan und Arabien. Von dem Montag an, der dem Freitag, dem Hauptfesttag vorangeht, versammelt sich alles vor der* Riyadha Moschee, *singt und tanzt den* Goma. *Die Tänzer tragen* Khanzus *(festliche Roben), die bis zu den Füßen reichen) und weiße* Kofias *(Hauben) ; sie bilden ein Viereck, so daß sich jeweils zwei Reihen gegenüberstehen. Früher einmal waren es Vertreter zweier rivalisierender Stämme, die einen Kampf simulierten. Es*

rung zum Leben erwacht und alle Menschen unterwegs sind. Auch nicht, wenn man Zeit und Glück hat, hinter den verwaschenen Fassaden und dem abgeblätterten Putz ein Stück kulturelles Leben zu entdecken (seit mindestens dreihundert Jahren wird besonders die Dichtkunst gepflegt!). Und noch viel weniger, wenn man Gelegenheit hat, Tänze und Prozessionen zu sehen, die das Alltagsleben anläßlich einer Hochzeit, eines Begräbnisses oder irgendeines religiösen Festes farbig machen. Schließlich ist die eingangs gestellte Frage geradezu abwegig, wenn man hier einmal ein *Maulidi al Nebi* miterlebt hat, den Geburtstag des Propheten, den höchsten Festtag in Ostafrika.

Nach Lamu und Matandoni, einem Ort mit bedeutenden Schiffswerften, der mehrere Stunden Fußweg entfernt dem Festland gegenüber liegt, ist *Shela* das drittgrößte Dorf der Insel. Es ist knapp 2 km von Lami entfernt. Man kann es auf einem Weg, der am Wasser entlangführt, erreichen, der aber bei Flut eventuell unpassierbar ist. Früher war der Ort recht bedeutend. Man sieht es den noch vorhandenen von ehemals etwa 20 Häusern, an die einst ebenso elegant waren wie die in der Nachbarstadt. Man erkennt es auch an den sechs Moscheen. Anders als in Lamu jedoch, wo die Renovierung der Häuser nur zögernd vorankommt, werden hier die alten Patrizierwohnungen eine nach der andern diskret aufgekauft und renoviert; fahrt man mit dem Schiff vorbei, weiß man : wo weiße Wände aufleuchten, wird ein solches Haus wieder hergestellt. Aber trotz des sehr schenen *Hotels Peponi* am Strand ist in dem Dorf kein Leben wie in Lamu.

Man geht zwar gern durch die Straßen spazieren, manchmal im Schatten von Banyans oder badet an seinem weiten, leeren Strand gegenüber der *Insel Manda* und deren Strand *Ras Kitau*. Aber am späten Nachmittag ist man froh, auf dem Weg am Strand entlang wieder in »die Stadt« zurückzukehren — eine vom Glück begünstige Stadt ohne Motorenlärm und Luftverschmutzung.

(Auskünfte s.S. 119)

---

kam allerdings sehr häufig vor, daß das Simulieren rasch in einen echten Kampf ausartete. Als Zaubertanz ist der » Goma « auch dazu bestimmt, das Unterbewußte freizusetzen.
Während des » Malaudi « tanzt man auch den Chama *(wozu man sich Papierblumen auf das Kostüm heftet), den* Utat *(zu dem man mit Körnern gefüllte Klappern aus Kokosfasern an den Beinen befestigt, um den Rhythmus zu skandieren) oder den* Kirumbizi, *den Tanz der Jugend. Die normalerweise eingeschlossenen Frauen dürfen den Malaudi Tänzen zwar zusehen, sich aber nicht an ihnen beteiligen. Diesen öffentlichen Freudenfesten schreibt man eine allgemein versöhnende Wirkung zu.*
Bemerkenswert ist, daß auch Angehörige des Stammes der Pokomo, *ob Mohammedaner oder nicht, an diesem Fest teilnehmen und sich wirbelnd um sich selbst drehen wie die berühmten tanzenden Derwische. Auch* Giriama *kommen sowohl aus diesem Anlaß in die Stadt als auch zum* Siku Kuu *am Abschluß des Ramadan, einem Fest, an dem jedermann, selbst der ärmste, neue Kleider anlegen muß : vielleicht läßt deshalb das Interesse der Bevölkerung an dieser Überlieferung nach, denn sie ist ihnen zu kostspielig.*
An jedem dieser Feste bringt man rituelle Opfer von Hühnern und Ziegen ; vor allem aber finden Wettläufe von Eseln, Wettsegeln von » Dhaus « und Schwimmwettkämpfe statt. Alle tragen eigens komponierte Gedichte vor. Abends segeln die Leute zu den benachbarten Inseln, um die ganze Nacht über im Freien zu schmausen, insbesondere am Vortage des Beginns der Fastenzeit Ramadan.

Nach » Lamu Town «
von J. de V. Allen

Limuru

■ Die aufblühende Ortschaft liegt etwa 30 km von Nairobi entfernt an der Straße nach *Nakuru*. Limuru ist der Umschlagplatz für alle landwirtschaftlichen Produkte des Landes der Kikuyu und eine seiner wichtigsten Städte. In der Kolonialzeit regte man die Kikuyu dazu an, sich in dieser Gegend ohne Aufhebens anzusiedeln und die fruchtbaren Landstriche des Hochlands den weißen »settlers« (Pionieren) zu überlassen.

Die Landschaft bietet das Bild eines ausgewogenen Wechsels zwischen sorgfältig bebautem Ackerland und schönen Nadelwäldern. Sie schließt sich harmonisch an die Wohngebiete von West Nairobi an — *Westlands, Loresho* und *Kangemi,* dann *Kabete,* den Standort der ersten von Pastor Leakey geleiteten Missionsstation in Kenia; er ist ein Vorfahre der beiden Paläontologen Louis und Richard Leakey. Der bekannte Golfplatz von Limuru trägt mit seinen gepflegten Rasenflächen zu dem maßvollen Charakter dieser »kultivierten« Landschaft bei. Das alles wirkt sich auch auf die Menschen aus, die hier leben: Bauern, von kleinem, stämmigem Wuchs. Die Frauen verschwinden fast hinter ihrer riesigen Last, die sie, von einem Stirnriemen gehalten, auf dem Rücken tragen.

Hinter der Stadt führt die nach links abbiegende Straße durch einen sehr schönen Nadelwald: man glaubt eher, in den Alpen zu sein als in Afrika. Und dann, wenn man am wenigsten darauf gefaßt ist, kommt die große Überraschung: plötzlich hört der Wald auf und man befindet sich auf der Höhe des Ostabhangs des *Rift Valley,* von wo aus man das mehr als tausend Meter tiefere Tal überblickt. Die Landschaftsgegensätze können kaum krasser sein: die rötliche Wüste der Ebene, aus der erloschene Vulkane herausragen — im Vordergrund der *Longonot* im Norden und der *Suswa im Süden* — gegen den mit üppigen Wäldern bedeckten Gebirgsabhang, von Bächen durchflossen, die plötzlich zu versickern scheinen; das von den kleinen Kikuyu geduldig bebaute Ackerland gegen die ungeheure Weite der Weideflächen, die Domäne der hochgewachsenen Massai. Ohne sich abgesprochen zu haben, halten alle, die das Land zum ersten Mal bereisen, fast immer am Rand derselben Kurven, um diesen Ausblick zu erleben, bevor sie weiter in die Talebene hinabfahren.
(Auskünfte s.S. 117)

Kurz hinter Limuru führt die asphaltierte Fernstraße, die Nairobi mit dem Westen des Landes verbindet, plötzlich von der Höhe des östlichen Talrandes steil in das weite Rift Valley hinab — ein unvergeßlicher Anblick!

Loiengalani

■ Dies ist die Gegend am *Turkana-See*, die mit dem Wagen von Süden her am leichtesten zu erreichen ist, ob man nun von *Nyahururu* kommt und den Rückweg über *Marsabit* und *Isiolo* fährt, oder im umgekehrten Sinn. Wenn es auch gelegentlich vorkommt, daß private Expeditionen sich unter Schwierigkeiten und sogar Gefahren in den Landesteil wagen, der zwischen Uganda und dem Westufer des Turkana-Sees liegt — die wenigen Reiseagenturen, die regelmäßig Touren in den Norden organisieren, wählen alle Loiengalani als Reiseziel.

Der Ort liegt am Südostufer des Sees inmitten einer natürlichen Oase mit « thorn trees », Palmen und einem Unterholz baumähnlicher, fleischiger Pflanzen, die hierzulande wegen ihrer eigenartigen Früchte, die die Form bauchiger Schoten haben, Kugelbaum (» ball tree «) heißen. Mit ihren zartgrünen Blättern und ihren blauvioletten Blüten wirken sie angesichts der sonst kargen Landschaft besonders lieblich in der Stadt und in dem nahe gelegenen Lodge. Man muß sich jedoch vor dieser hübschen Pflanze in acht nehmen : sie enthält ein starkes Gift, das zur Erblindung führt.

Die Bewohner der Stadt, die *Turkana,* verdienen nicht, wie es gelegentlich geschieht, daß man ihnen Aggressivität nachsagt. Sie unterscheiden sich in ihrem Verhalten überhaupt nicht von ihren Mitbürgern, den friedlichen *Samburu* und *Rendille ;* sie wirken allenfalls ernster.

Friedliche Koexistenz

Wenn sich die Fremden, müde von einer langer Reise und ausgedörrt von der Hitze und dem unerträglich heftigen Wind genußvoll in das laue Wasser des Sees stürzen, bleiben sie nicht lange allein. Sie werden von schönen, nackten Knaben umringt, die nur fragen, um ihrerseits ausgefragt zu werden, und sie rangeln miteinander, um ganz vorn zu stehen. Die ernstesten, schweigsamsten unter ihnen sind die kleinen Turkana. Sitzt man ahnungslos und still auf einem Felsen, taucht plötzlich ein kleiner Fuß oder eine kleine Hand neben der eigenen auf, und ein paar Augen schauen einen erwartungsvoll an, bis man die Unterhaltung beginnt.

Einer ist darunter, dessen Würde schon an Hochmut grenzt : er sieht die anderen Jungen seines Alters mit einer gewissen Verachtung an, wenn sie keine Turkana sind. Was macht sein Vater ? Er ist bei der Polizei. Nanu, ein Turkana bei der Polizei ? Das ist dann wohl eine andere... » Hier in Loiengalani schlagen sich die Leute nicht mehr «, versichert er ruhig, ohne daß man die unmögliche Frage überhaupt gestellt hätte. Natürlich gibt es eine normale Rivalität unter den Kindern, und sie sind sich auch durchaus bewußt, daß sie verschiedenen Volksstämmen angehören, aber dennoch scheinen sie ganz selbstverständlich nebeneinander zu leben.

Diesen Eindruck machen nicht nur die Kinder, die man am Strand trifft, sondern auch die jungen Männer von Loiengalani, die sich abends in jedem Viertel, ob Samburu, Rendille oder Turkana, auf der Straße versammeln, um ihre eigenartigen Tänze zu tanzen. Sie bleiben zwar auch dann unter sich, aber es gibt kleinerlei Reibereien mit jungen Leuten anderer Stämme. Hat möglicherweise die Tatsache, daß sie seßhaft geworden sind, genügt, um den typischen Zähzorn des Viehhirten in einen friedfertigeren Charakter umzuwandeln ? Nun, sobald man die Stadt verläßt und den Berichten anderer Reisender zuhört, sieht die Sache plötzlich wieder anders aus ; was also soll man glauben ?

Sind sie Legende oder Wirklichkeit, die berühmten Krokodile des Turkana-Sees ? Kein einziges ist zu sehen.

» Oh, Krokodile gibt es schon «, versichern die Fischer der *El Molo,* einer kleinen Gemeinde, die in zwei Dörfern lebt — eines liegt 8 km nördlich von Loiengalani — » und Flußpferde auch, aber sie halten sich nicht gern an belebten Stellen auf und bleiben lieber bei der Insel gegenüber unserem Dorf. Nachts kommen sie manchmal herüber und steigen ans Ufer bis zu unseren Hütten. Aber sie greifen uns niemals an. «

Welch ein Glück ! Denn die El Molo wären ohnehin beinahe ausgestorben. Vor zehn Jahren gab es nur noch 200 von ihnen. Plötzlich hörte diese Dezimierung auf. Jetzt scheint sich ihre Zahl auf 400 stabilisiert zu haben. Jedes Jahr findet eine offizielle Zählung statt, immer mit dem gleichen Ergebnis. Diese Tatsache kann niemand erklären.

Das ist jedoch nicht das einzige Rätsel, das diese Volksgruppe unbekannter Herkunft aufgibt. Ihr Name ist ein kuschitisches Wort und heißt einfach » die Fischer «. Im letzten Jahrhundert sprachen sie übrigens noch einen kuschitischen Dialekt, den sie jedoch allmählich durch samburu ersetzt haben. Ebenso ahmen ihre Frauen mehr und mehr die Sitten der *Samburu* nach. Da zwischen beiden Volksstämmen viele Ehen geschlossen werden, übernehmen sie ohnehin manches voneinander. Die Samburu haben sich ihrerseits gewisse Züge ihrer Nachbarn und Verwandten zu eigen gemacht und bauen zum Beispiel ihre Häuser nach deren Stil : biegsame gewölbte Stangengerüste werden mit getrockneten Palmblättern oder Gräsern bedeckt und gegen den Wind mit Hilfe von Pflöcken fest vertäut. Das Baumaterial ist nicht teuer : Palmen wachsen in der Oase und Gräser sind am Seeufer so *reichlich vorhanden, daß die Kühe den ganzen Tag bis zum Bauch im Wasser stehen und sich satt fressen.* Die Hütten sind dem Klima der Gegend vollkommen angepaßt : die Wände halten den ständigen Wind ab, der nur nach den seltenen Regenfällen nachläßt, lassen aber doch so viel Luft durch, daß das Innere kühl bleibt und der Rauch abziehen kann. Im übrigen eignen diese Hütten sich sowohl für die seßhaften El Molo, die am Seeufer verwurzelt sind, als auch für die Nomadenstämme der Turkana, Somali und Rendille, die es zu schätzen wissen, daß diese leichten Hütten sich bequem auf dem Rücken der Kamele transportieren lassen.

In der Umbebung von Loiengalani neigt die Bevölkerung im allgemeinen zur Seßhaftigkeit, zumal, seitdem die El Molo die Turkana, und mehr noch die Samburu davon überzeugt haben, daß es einem nichts schadet, wenn man Fisch ißt, der bisher für sie tabu war.

Ein Flußpferdsteak

Weder Turkana noch Samburu sind allerdings bisher bereit, sich wie die El Molo ein Krokodil-, Flußpferd- oder Schildkrötensteak einzuverleiben. Die El Molo veranstalten hin und wieder, nur mit einer Lanze bewaffnet, eine große Treibjagd. Haben sie ein Tier getötet, so feiern sie ein Fest mit Tänzen, für die sie sich besonders bemalt haben : die jungen Männer ausgesprochen kunstvoll ! Sie sind im Alltagsleben zurückhaltender : eine Kormoranfeder, auf den Hinterkopf gesteckt, genügt ihnen als Schmuck.

Haben die Samburu inzwischen gelernt, Fisch zu essen, so wissen die El Molo neuerdings Gemüse und andere Nahrungsmittel, die sie in der Stadt kaufen können, zu schätzen. Die Tatsache, daß ihre Zahl sich nicht weiter verringert, schreiben sie zum Teil der gemischten Kost zu ; sie verdanken sie aber auch dem Krankenhaus, das die nahe Missionsstation eingerichtet hat, sowie dem Polizeiposten, der darüber wacht, daß die räuberischen Turkana der Westgebiete keine Beutezüge mehr veranstalten und dabei auch El Molo töten. Vielleicht haben auch die Ehen mit den Samburu das durch ständiges Heiraten innerhalb des Stamms geschwächte Blut aufgefrischt.

Jedenfalls wissen diese friedlichen, gastfreundlichen Fischer, so gering ihre Zahl sein mag, inzwischen sehr genau, was ihnen bekommt. Ihre Kinder gehen in Loiengalani zur Schule, und falls sie begabt sind, besuchen sie die Sekundarschule von Marsabit. Sie möchten aber immer wieder in ihre Heimat zurückkehren — vorläufig noch. Aus Dankbarkeit gegenüber der Missionsstation sind viele von ihnen Katholiken geworden, auch wenn sie ihren eigenen schlichten Glauben beibehalten : ein einziger Gott ist für die Schöpfung verantwortlich und es ist ihm völlig gleichgültig, wie er verehrt wird. Er verlangt nur, daß man nicht tötet, nicht stiehlt und nicht schändet. Warum also soll man nicht Christ sein ? Eine Hintertür haben sie sich aber offengelassen : früher waren sie zwangsläufig monogam, denn nur wenige konnten sich den Luxus leisten, sich mehrere Frauen zu halten ; heute hingegen haben manche zwei Frauen, wenn ihre finanzielle Lage es ihnen gestattet ; aber solcher Luxus ist relativ selten. Der Häuptling des Dorfes hat nur eine Frau.

LOIENGALANI

Lage und Anreise : ungefähr 547 km von Nairobi, davon etwa 400 km von Nyahururu auf der sehr schwierigen Piste C 77. Falls man zeltet, versorgt man sich am besten in Nyahururu mit Benzin und Lebensmittelvorräten, so daß man unabhängig ist. — Kein öffentliches Verkehrsmittel. — Flugtaxis.

Unterkunft : Oasis Safari Camp, Restaurant und Schwimmbad mit Camping-Gelände. Unterwegs : Unterkunft in Maralal und Kurungu nördlich von South Horr.

Magadi

■ Obwohl diese großartige Landschaft nicht weit von Nairobi entfernt ist, führen keine regelmäßigen Exkursionen dorthin. Man muß sich also ein Auto mieten, falls man nicht nur die prähistorische Fundstätte von *Olorgesailie* besuchen will, sondern auch den *Magadi-See* und schließlich noch zu Fuß den weiter südlich gelegenen Vulkan *Shombole* besteigen will.

Von Nairobi fährt man über *Ngong* und *Kiserian* nach Südwesten. Etwa 70 km von der Hauptstadt entfernt weist hinter *Oltepesi* links ein Schild zum »Olorgesailie National Monument«. Bereits im Jahre 1919 entdeckt, wurde diese Stätte erst 1942 von den berühmten Paläontologen Louis und Marie Leakey ausgraben. Sie fanden dort bedeutende Spuren eines Jägervolkes, das vor ca. 100 000 bis 200 000 Jahren jahrhundertelang hier gelebt und seinen Standort gewechselt haben muß, vermutlich je nachdem der See, der sich damals hier ausbreitete, an Umfang zu- oder abnahm. Jedesmal, wenn das Wasser die Wohnstätten überflutete, wurden die menschlichen Spuren — Knochen und Steinwerkzeuge — von Schlamm und Sand bedeckt und blieben so konserviert.

Als der See vollkommen ausgetrocknet war, veränderten Erdbebenstöße von neuem die Bodengestalt. Im Verlauf solcher Vorgänge müssen die menschlichen Überreste durch Erosionskräfte gehoben worden sein. Infolge dieser unablässigen Veränderung der Erdkruste blieben die Wohnstätten erhalten und wurden schließlich zu Beginn unseres Jahrhunderts entdeckt.

Soda und Salz

Hinter Olorgesailie läuft die Straße auf den Magadi-See zu, der bis auf den südlichen Teil fast vollkommen trocken ist, außer nach besonders starken Regenfällen. Meistens erkennt man den See an der Soda- und Salzschicht, die das verdunstende Wasser hinterläßt. Die Sodaschicht wird übrigens abgebaut und auf dem Schienenwege nach *Mombasa* transportiert — eine besondere Eisenbahnlinie führt von Magadi nach *Konza* und stößt dort auf die Hauptlinie von Nairobi zum Meer.

Trotz des Wassermangels hat diese Landschaft einen besonderen Reiz. Das Sonnenlicht bricht sich auf der Sodafläche bald in kräftigem Rosa, bald in Weiß ; die blendenden Lichtreflexe (und der Karotingehalt der Algen, A.d.Ü.) ziehen zahlreiche Flamingos an, zumal der Boden von den heißen Quellen im Süden befeuchtet wird.

Auf der Polizeistation des Stadt muß man sich in eine Liste eintragen und Ankunft und Abreise angeben. Die Piste führt am Clubgebäude, am Golfgelände und am Flugplatz vorbei auf den See zu. Man fährt an einer flachen Erhebung aus groben Kieseln, dem »Bird Rock«, entlang ; hier, wie auf den steilen Felsen am Westufer fühlen sich die Vögel besonders wohl. Man folgt der Piste über Bird Rock hinaus, biegt dann an der ersten Abzweigung rechts ab und durchquert einen Bach, der von heißen Quellen gespeist wird. Auch hier wieder sieht man zahlreiche Vögel, darunter auch Magadi-Regenpfeifer.

Kommt es auch ziemlich selten vor, daß man im südlichen Seegebiet Löwen und Hyänen antrifft, so sieht man doch hin und wieder Gnus, die sich in der dünnen Wasserschicht ihre Läufe kühlen. Hier sind die *Massai* zu Hause, die aber inzwischen, genau wie die Touristen, ihre Lebensmittel im Laden von Magadi neben der Polizeistation einkaufen ; dort gibt es Milch, Konserven, Brot und Erfrischungsgetränke.

Will man den Shombole — in einer mühsamen 4-stündigen Wanderung — besteigen, empfiehlt es sich, in Magadi zu zelten, damit man am folgenden Morgen ganz früh aufbrechen kann. Hinter der Polizeistation schlägt man die Piste ein, die den See durchquert (A.d.Ü : es muß heißen : die den See südlich umgeht !) und fährt dann am linken Ufer des *Uaso Nyiro* Flusses abwärts in Richtung *Alangarna,* nordwestlich des Gebirges. Sobald die beiden Gipfel genau im Süden sichtbar werden, läßt man den Wagen stehen und steigt an einer Felswand entlang zum westlichen Gipfel hoch, dann weiter zum östlichen, dessen Steilhang mit lockerem Gestrüpp bedeckt ist.

MAGADI

Lage und Anreise : etwa 130 km südwestlich von Nairobi über die Ngong Hills und Olorgesailie. — Keine öffentlichen Verkehrsmittel. — Ziemlich schwierige Piste.

Unterkunft : keine. Verschiedene Campingplätze.

Wichtige Einrichtungen : mit Benzin versorgt man sich am besten bereits in Nairobi. — Lebensmittelgeschäft.

*Die Wolldecke, die dieser alte Maasai
elegant um sich drapiert hat, verrät,
daß man nicht weit von Magadi —
einem der heißesten Orte des Rift Valley —
schnell Höhen von über 2 000 m erreicht.*

Malindi

■ Wie die ganze Küste Kenias, so wurde offenbar auch der Ort Malindi lange vor dem Aufkommen des Islam von arabischen Kaufleuten aufgesucht, die bei der einheimischen Bevölkerung Waffen und Metallgerätschaften gegen Elfenbein, Schildpatt und Rhinozeroshorn eintauschten. Dann ließen sich aus dem persischen Shiraz stammende Familien zuerst an der somalischen Küste nieder, zogen später weiter nach Süden bis Malindi und vermischten sich dort mit den *Giriama Bantu,* die selbst noch nicht lange an der kenianischen Küste heimisch waren.

Es ist nicht bekannt, wann die Stadt gegründet wurde; man weiß aber, daß sie im Jahre 1417 eine große chinesische Flotte empfing. Im Jahre 1499 war sie schon stark genug, um mit der Nachbarstadt *Mombasa* zu rivalisieren. Vasco da Gama, der dort abgewiesen worden war, wurde hier, wahrscheinlich wegen der Rivalität der Städte, mit offenen Armen empfangen.

Die portugiesische Zeit

An der Spitze des Kaps, das die Bucht von Malindi nach Süden abschließt, erinnert ein kleines Denkmal in Form einer stumpfen Pyramide, aus der ein Kreuz emporragt, an die Landung der Portugiesen im Jahre 1499. Der Tourist, von einer Beschreibung des »Vasco da Gama Pillar« angelockt, ist bei der Ankunft dort enttäuscht, nichts weiter vorzufinden, als das bescheidene Bauwerk, das er auf seinem sonnigen Weg die Bucht entlang schon dauernd vor sich hatte.

Ein weiteres, zur Ehre Vasco da Gamas errichtetes Denkmal in Gestalt einer Karavelle, kaum interessanter als das erste, befindet sich am Stadtrand auf der linken Seite der zum »Pillar« führenden Straße. In der Nähe der Karavelle liegt eine Vasco da Gama gewidmete Kapelle. Dies letzte Überbleibsel aus der portugiesischen Zeit ist jedoch nur noch ein winziger verbliebener Teil des ursprünglichen Gebäudes. Das sind die Andenken an die immerhin erstaunliche Haltung dieser Stadt, die als einzige den Portugiesen wohlgesonnen war und ihnen auch in der Folgezeit immer treu blieb.

Zur Belohnung wurde sie die wichtigste Zwischenstation der europäischen Karavellen auf dem Wege nach Indien und zugleich die Verwaltungsbasis der Besatzungsmacht.

Indes sollte das 16. Jahrhundert, das scheinbar unter günstigen Vorzeichen für Malindi begonnen hatte, böse enden. Dennoch entging die Stadt im Jahre 1589 einer tödlichen Gefahr dank der Hilfe des Bantu Volksstamms der *Segeju,* die noch auf der Suche nach einer Wahlheimat waren. Die *Zimba,* ein kannibalischer Stamm, der zwei Jahre zuvor Mombasa geplündert hatte, zogen nach Norden und drohten, die Stadt anzugreifen. Die Zimba wurden zwar vernichtend geschlagen, aber die Sieger fielen nun ihrerseits über das unglückliche Mombasa her, um es zu plündern. Dies alles brachte Malindi kein Glück. Von Norden kamen die *Galla,* die alles auf ihrem Wege zerstörten. Die Einwohner von Malindi flohen nach Süden, und die Stadt blieb drei Jahrhunderte lang unbewohnt, bis sich im 19. Jahrhundert *Somali* und *Massai* zusammentaten, um den Galla den Garaus zu machen. Nun wurde Malindi unter der Obhut des *Sultans von Sansibar* wieder aufgebaut und teilweise mit Leuten aus *Shela* bevölkert, das damals eine blühende Stadt auf der Insel Lamu war, deren Bewohner vermutlich unter Platzmangel litten. Diesen mit dem Sultan verbündeten und von ihm begünstigten Leuten war es wahrscheinlich zu verdanken, daß aus dem fruchtbaren Hinterland von Malindi landwirtschaftlich genutzte Gebiete wurden.

Eine Kette von Obsthainen

Auf der Küstenstraße in Richtung Mombasa fährt man heute durch lauter schöne Obsthaine mit Anakardien-, Mango-, Bananenbäumen und Kokospalmen, die mit großen Sisal- und Ananasplantagen abwechseln. Hier und da ragt ein gewaltiger Affenbrotbaum auf.

Die Haupteinkommensquelle für Malindi ist jedoch der Tourismus. Weit über das Stadtzentrum hinaus reiht sich nach Norden wie nach Süden zu Hotel an Hotel; an die natürliche Bucht von Malindi schließt sich die Strandanlage von *Silversands* an. Was treiben nun all die Touristen hier, wenn sie nicht schwimmen, segeln, windsurfen, reiten, Tennis oder Golf spielen? Vor allem kaufen sie Souvenirs ein, denn der Anreiz ist groß. An der Hauptstraße und in den Gassen um den Stadtkern, in dem die Banken, Reiseagenturen, der Busbahnhof und die Post liegen, reihen sich kilometerlang Verkaufsstände und Läden aneinander und bieten ihre Waren an : von den *Wakamba* in Serienproduktion hergestellte Masken und Figuren, (schlecht) geschnittene Tierskulpturen aus Stein, Schmuck, » Kikoi « und » Kanga «, Muscheln, Töpferwaren und vieles mehr. In den Bekleidungsgeschäften, die im allgemeinen von Indern geführt werden, mit denen man nicht feilschen kann, werden Unmengen von Hosen und Hemden angeboten, mit Souvenirmustern bedruckte Stoffröcke — im allgemeinen wilde Tiere auf grünem Grund mit dem Aufdruck » Malindi «.

Wenn sich die Touristen morgens in ihren Hotels versammeln, um auf » Safari « zu gehen, sehen sie in ihrer fast einheitlichen Uniform, zu der der Tropenhelm nicht recht passen will, eigentlich alle aus wie Schüler desselben Internats. Einige Geschäfte wie » La Française «, haben sehr gute Sachen — die Preise sind dementsprechend.

Wie wichtig der Kauf von Souvenirs auch sein mag : damit läßt sich ein Tag nicht ausfüllen. Die Agenturen bieten eine respektable Anzahl von Ausflügen an — von mehrstündigen Exkursionen bis zu Unternehmungen von zwei bis drei Tagen. Zur ersten Kategorie gehört ein Besuch des *Seeparks* von Malindi : die Glasbodenboote fahren vom *Casuarina Point* unweit der Silversands ab und bleiben über den Böden des Korallenriffs liegen. Diesen Ausflug darf man nicht versäumen. Er ist mindestens ebenso schön wie der zum benachbarten Seepark von *Watamu*. Oft ist bei einer gleichartigen Exkursion der Park von Watamu mit *Mida Creek* gekoppelt ; die Boote gehen in beiden Fällen von *Turtle Bay* ab. Es ist möglich, bei einer solchen Unternehmung, den Besuch von *Gedi* mit einzuplanen. Aber für Geschichte und Archäologie interessieren sich immer nur wenige. Meistens muß man mangels weiterer Interessenten allein zusehen, wie man dorthin gelangt ; man kann aber zum Beispiel an dem oben beschriebenen Ausflug teilnehmen und sich auf der Rückfahrt bei den Ruinen

VOM LEBEN DER ORMA

Die von den Galla abstammenden Orma leben als Nomaden in den wüstenähnlichen Gegenden des Tanaflusses. Ihr ganzes Leben besteht in der Sorge für ihre Herden. Jeder Mann kann bis zu tausend Stück besitzen, und es wäre ehrenrührig, die Tiere zu zählen, um zu sehen, ob keins fehlt : vom Eigentümer erwartet man, daß er sie am Aussehen erkennt. Hauptsache ist natürlich, den Tieren die besten Weideplätze und besonders das nötige Wasser zu sichern.
Sobald eine Dürreperiode die Herden gefährdet, werden unter den jungen Hirten ausgewählte Kundschafter ausgesandt. Sie müssen auf der Suche nach Brunnen oder ausreichend gefüllten Tümpeln, die Wüste kreuz und quer durchstreifen. Das ist eine ausfüllende Tätigkeit, da von einem Jahr zum anderen niemand genau weiß, wo Wasser zu finden ist. Manchmal versagen die Jungen auf dieser Suche. Dann ergreifen die Alten, die mehr Erfahrung besitzen, die Initiative : sie wissen, daß bestimmte Akazienarten im allgemeinen dort wachsen, wo dauernd eine Quelle fließt. Aber diese Regel gilt nicht unbedingt : es kommt vor, daß man unter vielen Bäumen nachgraben muß, bevor man auf die Wasser führende Schicht stößt. Ist man schließlich sicher, ausreichende Wasservorräte gefunden zu haben, dann ist nur noch das Dorf zu verlegen. Denn die Hütten sind aus einem flexiblen Gerüst gebaut, das sich ebenso wie die gesamte Habe auf dem Rücken der Kamele transportieren läßt. Dann geht das Leben weiter... bis die nächste Trockenperiode herrscht oder das Weideland kahlgefressen ist.

absetzen lassen, um nachher mit einem öffentlichen Verkehrsmittel nach Malindi zurückzufahren.

Eine andere Halbtagsunternehmung für den Nachmittag : die täglichen Tanzvorführungen der *Giriama* in einem nahen Dorf. Ob mit Tänzen oder ohne solche — die Giriama sind interessante Leute, deren Besuch sich um ihrer selbst willen lohnt. Sie gehören zur Bantufamilie der *Mijikenda,* die vor den Galla flohen, und zwar zuerst in Somalia und am Ende des 16. Jahrhunderts in Kenia. Sie flüchteten anscheinend in eine Festung namens Kaya Giriama bei dem südlicher gelegenen *Kilifi.* Dort vergruben sie ihre Heiligtümer. Ihr straff gegliedertes Sozialgefüge mit dem »Kamhi« oder Ältestenrat an der Spitze sowie den »Wafisi«, Wahrsagern und Wahrsagerinnen, die alle Religion und Magie berührenden Dinge regeln mußten, hat auch heute noch eine starke kulturelle Eigenart bewahrt.

Von Malindi aus wird ebenfalls die Besichtigung der *Robinson Insel* in der Formosa Bucht arrangiert : Sandstrand, Mangrovenbäume und Vogelgesang werden garantiert. Ein kurzer Zwischenhalt in der arabischen Stadt *Mambrui* wird meist eingeschaltet. — Die mehrtägigen Safaris schließlich führen die Touristen in den *Tsavo National Park,* den der Küste am nächsten gelegenen und größten der kenianischen Parks.

MALINDI

Lage und Anreise : 119 km von Mombasa auf der geteerten B 8. — Regelmäßige Flugverbindungen mit Mombasa, Nairobi und Lamu. — Busse und »Matatus« nach Lamu, Mombasa, Garsen und Garissa. — Schiff nach Lamu (ohne Komfort).

Unterkunft : eine der Städte, die am besten mit Hotels, Bandas und Campingplätzen (insbesondere in Silversands) mit Schwimmbädern ausgestattet sind. Alle Sportmöglichkeiten, Bootsvermietung, Ausflüge in die Umgebung und bis nach Tsavo. — Autovermietung in den Hotels.

Wichtige Einrichtungen : Banken. — Läden aller Art. — Post. — Apotheke.

Nützliche Adressen : *Malindi Air Services* : Lamu road, POB 146, Malindi. *Reiseagentur* : Bunson travel, Lamu road POB 352. Wassersport : *Malindi Fishing Club.* Bootsfahrten, Angeln, Schwimmen, POB 501, Tel. 342, sowie in den Hotels von Watamu und Turtle Bay. — Im Januar, Oktober und November Angelwettbewerb.

*Mangroven, Sandstrand, im Vordergrund ein Filaobaum
mit seinen feinen Nadeln, Pirogen...
Es fehlen nur noch die Kokospalmen an diesem Küstenstrich —
und der Westeuropäer fände hier
seine exotischen Träume vollkommen verwirklicht.*

Maralal

■ Die Stadt Maralal, deren einzige Straße ebenfalls von überdeckten Ladengalerien gesäumt ist, unterscheidet sich von anderen Städten dieser Größenordnung dadurch, daß die aus festgefahrenem Lehm bestehende Straße keine Gehsteige hat. Dadurch bekommt sie den Charakter einer Pionierstadt, durch die einen der Weg hier in den » Hohen Norden « (statt in den » Wilden Westen «) führt. Die Restaurant-Bar hat noch Telefon und Strom, aber ab hier hören diese Spuren der Zivilisation auf, und die wenigen » Matutus « fahren von Nyahururu bis hierher und nicht weiter.

Wer mit geländegängigem Wagen oder einem Lastwagen der wenigen Agenturen, bei denen man Reisen in den Norden buchen kann, bis zum *Turkana-See* fährt, begegnet hinter Maralal kaum noch einem Fahrzeug. Die schöne asphaltierte Straße, die *Gilgil* mit *Nyahururu* verbindet und noch 42 km weiter bis *Rumuruti* führt, geht bald in eine Piste über, die nach Norden zu immer schwieriger zu befahren ist.

In Rumuruti verändern sich nicht nur die Reisebedingungen, sondern auch der Charakter der Landschaft und der Bevölkerung.

An der Grenze der Highlands

Bis hierhin reicht der typische Wald des Hochlands aus Zedern und Koniferen, in denen man manchmal einen Colobusaffen lauern sieht. Der Wald wird nur von den weiten Getreidefeldern der *Kikuyu* Bauern unterbrochen. Jenseits beginnt dann die Welt der Nomaden, als deren ersten Vertretern man den *Samburu* begegnet. Man erkennt sie an ihrer Kleidung, ihrem Schmuck und ihrer Haartracht in allen Ortschaften, die man auf dem Weg zum Turkana-See durchfährt. Die bis zum Plateau von *Lorogi* ziemlich ebene Piste wird dort, wo sie auf die weite Hochfläche über der Stadt ansteigt, holperig. Doch noch bevor man vom Schaukeln erschöpft ist, wird angehalten ; denn auf diesem Plateau (oder in dem etwas tiefer gelegenen *Maral Safari Logde)* kampieren die meisten Reidenden. Zahlreiche Spuren von Lagerfeuern deuten darauf hin, daß die Nächte in dieser Höhe von 2 200 m recht kalt sind.

In der Morgendämmerung des folgenden Tages erlebt man den schönsten Teil der Fahrt. Nachdem man einen Wald durchquert hat, der mit seinen moosbehängten Bäumen dem der Highlands gleicht, muß man einen Abstecher genau nach Westen auf den Krater *Losiolo* zu machen. Am Rande der Hochfläche, zu der dieser ehemalige Krater durch Erosion eingeebnet wurde, endet die Piste an einem Steilhang über dem 1 800 m tieferen *Rift Valley*. Bisher hatte man geglaubt, so großartige Ausblicke auf das Rift Valley wie die hinter Limuru oder vom Hügelland hinter Ngong bei Nairobi würde man nirgends wieder finden. Was man aber hier sieht, ist atemberaubend schön, ganz besonders morgens, wenn die Konturen der malvenfarbenen Hügel auf dem Grunde des Rift Valley noch in leichtem Nebel verfließen. Im Vordergrund ragen die Ränder des Steilhangs wie Vorgebirge über dem Tal hervor und heben sich von dessen Kolorit mit ihren vulkanischen Felsen in schwarzen, braunen und violetten Tönen deutlich ab.

Man kehrt auf demselben Weg zurück und durchfährt noch einmal die weiten Getreidefelder einer Musterfarm, die überraschenderweise von den so selten zum Ackerbau zu bewegenden *Samburu* betrieben wird. Die Regierung hat hier ein Experiment gemacht, um diese Nomadenbevölkerung seßhaft zu machen, indem sie ihnen zu zeigen versucht, wie sie ihre Erwerbsmöglichkeiten vergrößern können.

Der Gipfellinie des Massivs folgend bemerkt man größere Zebuherden, (zu denen sich manchmal Gruppen von Zebras gesellen), auch Ziegen, Esel und Schafe. In der Ebene tauchen dann die ersten Kamele auf. Das ist sowohl für die Turkana wie für die Samburu neu, denn traditionsgemäß züchten sie diese Tiere nicht. Während sich die Samburu der Milch wegen ein oder zwei Kamele pro Familie halten, besitzen die Turkana jetzt schon ganze Herden.

Leider fällt in dieser Gegend noch etwas auf : der betrübliche Anblick von ganzen Quadratkilometern verbrannten Bodens. Wie viele Hirtenvölker haben die Samburu die Angewohnheit, den Busch in Brand zu stecken, in der Hoffnung, daß zartes, frisches Gras nachwächst, das ihre Herden besonders gern mögen. Diese Manie hat verheerende ökologische Auswirkungen, besonders wenn der Brand nicht nur Savannen, sondern ganze Wälder vernichtet.

Vergeblich bemüht sich die Regierung, die Nomaden zur Vernunft zu bringen : selbst Gefängnisstrafen fruchten offenbar nichts. Vielleicht erweist sich der Versuch, einen Teil von ihnen seßhaft zu machen und in ihnen die Lust zum Ackerbau zu wecken, als erfolgreich. Man kann dies nur dringendst wünschen : Jahr für Jahr werden Millionen für die Aufforstung ausgegeben — die sorgfältig angelegten Fichten, und Eukalyptusschonungen zeugen von diesen Anstrengungen — während anderswo durch Feuer Hunderte von Hektar Hochwald zerstört werden ! Bieten auch die weiten, rostbraun bis schwarzen Flächen mit dem kräftigen Grün junger Triebe manchmal dem Auge einen packenden Anblick, so eben doch nur dem Auge eines unwissenden Touristen !

MARALAL

Lage und Anreise : 146 km nördlich von Nyahururu, davon 34 km auf Teerstraße von Nyahururu bis Rumuruti ; die übrige Strecke in der Trockenzeit für Touristenfahrzeuge befahrbar, 293 km von Nairobi. — Einige »Matatus«. — Landepiste.

Unterkunft : Maralal Safari Lodge und Maralal Safari Camp (10 km südlich der Stadt). — Möglichkeit zum Zelten (ohne jede Hilfseinrichtungen) auf dem Plateau nördlich von Maralal. — Letzte Versorgungsmöglichkeit mit Lebensmitteln und Benzin auf dem Wege nach Norden.

Wichtige Einrichtungen : Auskünfte und Wildhüter / Führer zur Besichtigung des Nationalparks von Maralal : *Chief Warden Northern Division,* POB 53, Tel. : 52, Maralal.

MARSABIT (s.S. 138)

Lage und Anreise : 277 km von Isiolo auf ziemlich schwieriger Piste A 2. — Ein Bus fährt von Isiolo nach Marsabit zweimal wöchentlich. — Landepiste beim Lodge.

Unterkunft : Lodge und zwei Campingplätze.

Wichtige Einrichtungen : Tankstelle und Lebensmittelläden in der Stadt.

Auskünfte : *Chief Warden Marsabit,* POB 42, Tel. : 28, Marsabit.

EINFÄLLE VON HEUSCHRECKEN

■ *Heuschreckeneinfälle, seit dem Altertum als eine der fürchterlichsten Plagen bekannt, bedrohen auch heute noch gewisse Länder, insbesondere in Ostafrika und auf der Arabischen Halbinsel. In den Jahren 1978 - 79 entging Kenia mit knapper Not einer von Nordosten her drohenden Gefahr, das heißt aus den Ländern Äthiopien, Somalia und dem Sudan, den Hauptbrutstätten der verheerenden Insekten, die in wenigen Stunden die gesamte Pflanzenwelt mitsamt der Baumrinde verschlingen können, so daß Tiere und Menschen dem Hungertod preisgegeben sind und fruchtbares Land in Wüste verwandelt wird. In Kenia stellte man eine Spezialeinheit auf und stationierte sie in Archer's Post an der Grenze der Nordostprovinz. Sie war mit Flugzeugen zum Sprengen von Insektiziden und mit Landrovern ausgerüstet, die ständig in Bereitschaft standen, um die zu diesem Kampf speziell ausgebildeten Mannschaften an die gefährdeten Stellen zu transportiern. Die früher als » Gottesgeißel « angesehenen Einfälle erfolgen im allgemeinen nach einer schlimmen Dürrezeit. Nur die ständig bereite Organisation zur Heuschreckenüberwachung in Ostafrika kann Katastrophen verhindern. Leider genügt ein Konflikt wie der zwischen Äthiopien und Somalia, um sie lahmzulegen... Hat man nicht gerade darin die göttliche Bestrafung menschlicher Torheit zu sehen ?*

Marsabit

■ Vor einiger Zeit zogen Touristen noch das Flugzeug vor, um nach Marsabit zu gelangen, da die dorthin führende Piste allgemein als sehr schlecht gilt. Kommt man von Nairobi, ist sie nicht schlimmer als viele andere, sofern man sie nicht gerade während der Regenzeit befährt. Aber das *Nationalreservat* von Marsabit, das sich über 2 000 km² erstreckt und die Stadt, den Berg (1 840 m) und das gleichnamige Lodge einschließt, ist im April und Mai sowie von November bis Mitte Dezember für den Tourismus geschlossen, daher besteht diese Gefahr praktisch nicht. Dennoch erkundigt man sich besser in *Isiolo,* dem Ort, wo die von Süden kommende Teerstraße aufhört, nach dem Zustand der Piste, falls man sie z.B. kurz vor oder nach den Regenzeiten benutzen will.

Abgesehen vom Regen darf man die wichtige Tatsache nicht unterschätzen, daß einem auf dieser Strecke nur selten Autos begegnen. Es ist unerläßlich, Lebensmittel und Wasservorräte für zwei bis drei Tage mitzunehmen sowie genügend Benzin für die 277 km von Isiolo bis Marsabit und vorsichtshalber auch für den Rückweg. Man sollte auch in der Lage sein, die wichtigsten Reparaturen selbst auszuführen. Dies zur Warnung — schließlich bleibt im Falle einer nicht zu behebenden Panne immer noch der zweimal wöchentlich von Isiolo nach Marsabit (und zurück) verkehrende Bus.

Reservat von Losai und Turkana-See

Man fährt indessen selten nur bis Marsabit. Die meisten Reisenden wollen weiter bis zum *Turkana-See.* In diesem Falle muß man nicht nur unbedingt einen geländegängigen Wagen haben, sondern auch mit ungleich schwierigeren Straßenverhältnissen fertig werden können. Hier ist es dann wirklich reiner Zufall, wenn man auf diesem Weg irgendein Fahrzeug begegnet. Reist man mit einem anderen Wagen zusammen, der ebenfalls Vierradantrieb hat, so ist das vernünftig und keineswegs überängstlich.

Nach etwa zwei Dritteln der Strecke zwischen Isiolo and Marsabit fährt man durch das Dörfchen *Laisamis,* das zum *Reservat von Losai* gehört. Nördlich davon eignet sich eine waldige Fläche besonders gut zum Kampieren (obwohl dort manchmal Löwen herumstreichen, wie es scheint) : es fehlt weder an Holz noch an Wasser, denn unter den Bäumen befindet sich ein Brunnen mit Pumpe. (Man erkundige sich aber im Dorf nach der genauen Lage des Brunnens).

Eine unerwartete Oase

Einige Kilometer hinter Laisamis zweigt links eine Piste ab, auf der besonders Eilige Marsabit rechts liegen lassen können, um über *Kargi* die Piste *Maralal-Loiengalani* zu erreichen. Allerdings wäre es töricht, Marsabit auszusparen, diese ungewöhnliche Oase, die so völlig unerwartet mitten im Geröll aufwächst. Schlägt man die Abkürzungsroute ein, bleibt man viel zu weit westlich, um dieses Wunder auch nur aus der Ferne zu sehen.

Übrigens sind der Nord- und Westhang des Gebirges viel trockener und stärker von der Sonne ausgedörrt als der Süd- und Osthang, an denen sich die Wolken des Indischen Ozeans abregnen. Am Fuß des *Mount Karantin* breitet sich dort ein Wald aus, dessen Üppigkeit allen, die soeben die zwar großartige, aber menschenfeindliche *Kaisut Wüste* durchquert haben, wie ein Wunder erscheint. Das Lodge liegt im Wald in der Nähe eines Sumpfes, dem *Sokorte Dika,* der ständig zahlreiche Tiere anlockt : Oryx, Ginsterkatzen, Elche, Gazellen, Gerenuks, Schakale, Kudus, Netzgiraffen, Grevy-Zebras, Mangusten, Löwen, Hyänen, Leoparden, Nashörner, Karakals (Wüstenluchse) und die größten Elefanten, die überhaupt bekannt sind. Nach dem berühmten Achmed, der 1974 starb und dessen Stoßzähne je über 50 kg wiegen (sie sind im Museum zu Nairobi ausgestellt), heißt der heutige Veteran und Schwergewichtsmeister Mohammed ; manchmal wird man der Ehre teilhaftig, ihn von der Terrasse des Lodge aus zu sehen. Außer den genannten Tieren hat man im Park über 70 Vogelarten festgestellt.

In und außerhalb der Waldzone liegen zahlreiche Kraterseen, die » Gofs «, darunter der *Sokorte Guda,* der sich kurz nach den Regenzeiten am Südrand des Gebirges bildet und wegen seines kristallklaren Wassers Paradies-See genannt wird.

Auf dem Berg *Ulanula,* westlich der Hauptpiste im Reservat, befinden sich die » singenden Brunnen «, die Tränke für die zahlreichen *Rendille* dieser Ge-

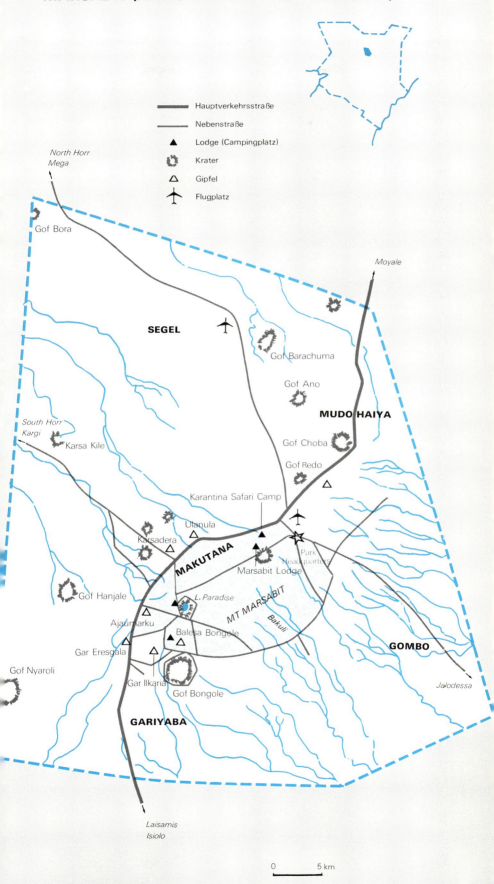

gend sowie für die *Boran* und *Gabbra,* die etwas weiter östlich leben.

Marsabit ist die einzige Stadt für die Bevölkerung im Norden und Osten : dorthin schicken sie ihre Kinder zum Besuch der Sekundarschule, hier kaufen sie auch alle Lebensmittel ein, vor allem frisches Gemüse, das östlich der Ortschaft angebaut wird. Für die Nomaden bedeutet sie das Leben schlechthin, denn hier finden sie reichlich Wasser, ohne daß ihre Herden zugrunde gingen und sie mit ihnen.

Diese Herden bestehen nicht immer nur aus Kamelen. Die Boran z.B., die zu derselben Volksgruppe wie die furchterregenden Galla gehören, allerdings ohne so aggressiv zu sein, zogen Zebus vor und verachteten die Kamelzüchter. Nach den räuberischen Überfällen der Somali und Äthiopier haben sie sich umstellen müssen.

Weisheit erwerben diese Menschen, indem sie sich ihrem obligatorischen Initiationssystem, dem » Gada «, unterwerfen. Es umfaßt fünf Stufen, die je acht Jahre dauern. Die Alten, die das Endstadium dieser vierzigjährigen Erziehung erreicht haben, leiten ihre Gemeinde acht Jahre lang und machen dann andern » Ältesten « Platz. So lernt man Geduld und inneren Frieden.

Die Gabbra und Rendille zählen zu ihrer Stammesfamilie auch die ungestümen *Somali.* Wie die Boran haben sie es verstanden, die aggressiveren Züge ihrer Verwandten abzulegen. Für die Somali ist das Kamel ihre Welt. Sie reiten nicht auf ihm, sondern transportieren auf seinem Rücken ihre Hütten und das ganze Hausgerät » Gobs «, einer Gruppe von je einem Dutzend Haushalten, die zusammen leben und zu derselben Familie gehören. Ihre Grundnahrung ist die Milch der Kamelstute. Ziegen- und Hammelfleisch wird vor allem bei feierlichen Anlässen gegessen. Kamele kommen zwar lange Zeit ohne Wasser aus, dafür saufen sie umso größere Mengen, sobald sie an einer Wasserstelle sind. Daher die blutigen Kämpfe um die Brunnen in der Wüste. — In Marsabit spielen sich solche Dramen nicht ab, denn hier hat jeder freien Zugang zum Wasser.

(Auskünfte s.S. 137)

DIE » MENSCHENFRESSER « VON TSAVO

■ *Die Eisenbahnarbeiter waren bereits von verschiedenen Seuchen und endemischen Krankheiten befallen worden, hatten sich in der Wüste Taru beim Verlegen der unter Sonneneinwirkung glühend heißen Metallschienen schwere Verbrennungen zugezogen und hatten ständig unter Wasser- und Nahrungsmangel gelitten — dann erreichten sie die Ebenen des Tsavolandes. Niemand konnte ahnen, daß zwei abartige Löwen vom Beginn bis zum Ende des Jahres 1898 28 indische Eisenbahnarbeiter und an die hundert Afrikaner in der Umgebung töten und fressen würden. Held der Geschichte wurde der eigens für den Bau der Brücke über den Tsavo Fluß herbeigeholte Oberst J.-H. Patterson : nachdem er monatelang auf der Lauer gelegen hatte, gelang es ihm, die beiden Löwen zu töten. Über diese Schreckensmonate, in denen Panik und Revolten ausbrachen, die indischen Kulis die Flucht ergriffen und die Arbeiten völlig zum Erliegen kamen, schrieb Patterson ein Buch »* The Man-eaters of Tsavo *« ; er erzählt darin, wie die ungewöhnlich intelligenten Löwen es verstanden, allen Fallen auszuweichen.*
Das Rätselhafte an dieser Geschichte beruht nur auf dem außergewöhnlichen Charakter dieser beiden Löwen, sondern auf der Tatsache, daß Tsavo in der Kambasprache » Töter « heißt und daß die Ortslegende lange vor Eintreffen der Eisenbahnkonstrukteure behauptete, ein Dämon ließe die Leute auf unerklärliche Weise verschwinden.

Maasai Mara

■ Maasai, das an den tansanischen *Serengeti* Park angrenzende Wildreservat von 1 800 km² Größe, ist für manche das Nonplusultra für andere eine Enttäuschung — auf jeden Fall läßt es die Gemüter nicht kalt. Wie soll man diese gegensätzlichen Urteile erklären ? Wahrscheinlich ganz einfach : die einen nehmen sich reichlich Zeit und sehen und erleben — die anderen begnügen sich mit einer oberflächlichen Safari in der Nähe des *Keekorok Lodge,* unweit vom Haupteingang.

Von einem Aufenthalt in dieser Ebene, in der hier und da Gruppen von Dornbäumen wachsen, soll damit keineswegs abgeraten werden : Löwen halten sich gern in einem solchen Terrain auf. Auch das Lodge selbst verdient seinen ausgezeichneten Ruf : die entzückenden Bungalows sind mit Blumen überwachsen, es gibt ein Schwimmbad, und in den Anlagen treiben sich zahlreiche Affen herum. Bei Einbruch der Nacht kommen Dutzende von Gazellen und Zebras, manchmal auch Giraffen.

An den Ufern des Talek Flusses

Im Westen liegt das *Camp Fig Tree,* dessen Zelte am Ufer des Flüßchens *Talek* unter Banyans und Spindelbäumen stehen. In diesem schlichten Camp herrscht eine entspannte Atmosphäre. Abends sitzen die wenigen Gäste um ein Lagerfeuer auf der erhöhten Uferterrasse vor der Restauranthütte.

Die grüne Landschaft an der Talek und der *Ntiakitiak,* die zusammen in die *Mara* münden, ist gänzlich verschieden von der einfarbigen Ebene von *Keekorok,* denn hier wachsen auf dem welligen Boden kleine Banyanwäldchen und aus kleinen Sümpfen sprießen große Gräser hervor. Je näher man der in nord-südlicher Richtung fließenden Mara kommt, desto mächtiger ragt am Horizont die Felsbarriere des *Oloololo-Gebirges* empor, das den Park im Westen begrenzt. In der Nähe des Zusammenflusses von Mara und Talek wächst aus einer weiten, wasserdurchtränkten Prärie plötzlich ein Hügel auf — immer wieder bekommt die Landschaft einen neuen Akzent.

Auf diesem Hügel liegt das mit einem Schwimmbad ausgestattete *Lodge Mara Serena.* Es ist nicht im Stil der englischen Cottages erbaut, wie Keekorok, sondern gleicht den « Manyattas » der *Massai,* in deren Land man sich hier befindet. Vom Restaurant, den Zimmerhütten und den Gartenwegen zwischen den verschiedenen Terrassen hat man einen grandiosen Blick auf das Tal, in dem Hunderte von Tieren weiden.

Von diesem erhöhten und entfernten Standort aus lernt man einen neuen Reiz des Beobachtens kennen, den des großräumigen Überschauens : man sieht, wie die dunklen Massen auf der weiten Ebene bald unbewegt verharren und dann plötzlich wie in großen Wolken über sie hinwegziehen.

Sobald man den Hügel verläßt und nach Norden geht, wechselt die Umgebung von neuem : zunächst durchquert man das Flachland und bald darauf wandert man an den äußersten Ausläufern des Gebirges entlang.

Ein Fünf-Sterne-Zeltlager : Governor's Camp

So gelangt man schließlich zu dem berühmten, luxuriösen Governor's Lodge an den Ufern der Mara am Grunde eines regelrechten Canyons : englische Rasenflächen, eine Fülle von Blumenbeeten und dichten Staudergruppen, Baumriesen, Barbecues im Garten, dazu — in sicherer Distanz — der Aufmarsch zahlreicher Flußpferde und Krokodile, tadellose Bedienung — alles ist » einsame Spitze « ! In dieser dschungelartig bewaldeten, sehr geheimnisvollen Gegend gibt es so viele Tiere, daß bewaffnete Rangers am Abend die Gäste zu ihrem Zelt begleiten, für den Fall, daß ihnen auf dem Rasen plötzlich Elefanten, Löwen oder Büffel vor der Nase herlaufen — das kommt vor !

Man kann sich vorstellen, welch ein Schock es für die Fremden aus Europa oder Amerika ist, wenn sie sich so unvermittelt mitten in den afrikanischen Busch versetzt sehen und sich plötzlich wie ein Tarzan fühlen müssen ! Damit diesen Gästen nur ja nichts entgeht, können sie früh morgens im Kanu über den Fluß setzen und am anderen Ufer einen Ballon besteigen, der im Tiefflug über die Wälder hinweggleitet. Nach der Landung in *Mara Serena Lodge* erwartet die Reisenden ein Sektfrühstück !

Bevor man das Reservat in nordwestlicher Richtung wieder verläßt, um über die C 13 entweder westlich die Landstraße von Kisumu nach Tansania zu erreichen oder östlich über Narok

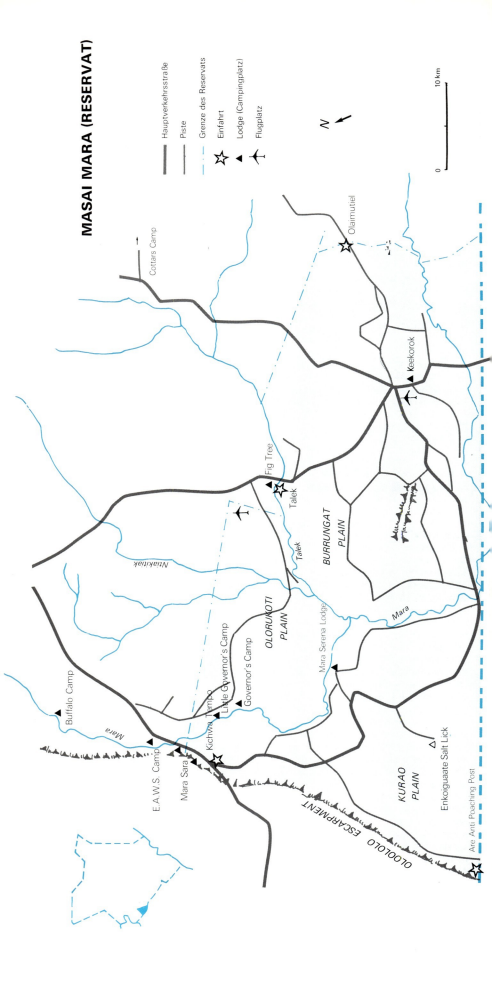

weiterzufahren, kann man noch eine letze Nacht im *Buffalo Camp* an der Mara, direkt am Ausgang des Reservats, verbringen.

Sämtliche Tiere

Natürlich lebt in so verschiedenen Landschaftsarten eine außergewöhnliche Fülle von Tieren. Will man diesen Reichtum ganz auskosten, sollte man unbedingt mit einem erfahrenen, ortskundigen Chauffeur reisen. Anders als in Amboseli, wo es streng verboten ist, die Piste zu verlassen, ist es hier erlaubt, da hier die Vegetation viel robuster ist. Jeder kann sich also den Tieren beliebig nähern. Während eine Elefantenherde von 20 oder 30 Tieren oder eine Gruppe von 7 bis 8 Giraffen der Aufmerksamkeit wohl kaum entgehen, muß man schon ein sehr scharfes und geübtes Auge haben, um auf weite Entfernung Löwen oder Geparden auszumachen, die unter einem Baum liegen und sich von den Schattenflecken und der Farbe des Bodens kaum unterscheiden. Außerdem muß man wissen, wo sich die Tiere gern aufhalten und wann (das hängt von der Tages- und Jahreszeit ab), und man muß die günstigste Entfernung abschätzen können, aus der man sie am besten beobachten kann, ohne sie zu beunruhigen...

Schließlich gelingt es auch nicht jedem, die Orientierung zu behalten, nachdem et viele Umwege um eine sumpfige Stelle oder ein Gelände, in dem plötzlich eine Gruppe von Felsen aus der Prärie herausragt, gemacht hat ; es ist schwierig, die Furt durch einen Fluß zu finden oder eine andere zu suchen, falls das Wasser plötzlich angeschwollen ist. Wer seinen Orientierungssinn und seine Beobachtungsgabe überschätzt, muß sich auf Enttäuschungen gefaßt machen. Wer sich hingegen einen ortskundigen Führer leistet, erlebt ein einziges Fest. Man trifft auf Gruppen von Löwinnen mit ihren Jungen, die zu Dutzenden beieinander liegen, oder man erlebt — wenn man sehr früh aufsteht — wie diese Bestien von der Jagd zurückkehren und sich gleichsam noch die » Finger « lecken ; Büffel, Elefanten, Giraffen, Antilopenböcke, Thomson-Gazellen, Elche, Buntböcke mit ihrem prächtigen Fell (an den Läufen, am Hals und am Kopf schiefergrau, am Bauch und auf der Kruppe fahlrot bis goldbraun), Zebras, Impalas — man kann sie gar nicht alle aufzählen.

Welches ist der schönste Anblick ? Die kleinen Elefantenbabys, kaum eine Woche alt, vollkommene Abbilder der Großen en miniature, wie sie gravitätisch hinter ihrer Mutter herziehen, um sich plötzlich zu erinnern, daß sie ja noch Säuglinge sind und, ohne stehenzubleiben, an den beiden hochhängenden Zitzen bei den Vorderbeinen saugen ? Oder ist es der unverhoffte Anblick von mehr als dreißig Flußpferden, die sich dort, wo der Fluß nach einer Biegung einen See bildet, ausnahmsweise auf dem Trockenen aufhalten, plötzlich alle zugleich ins Wasser eintauchen und dann nur noch an ihrem mächtigen Geschnaube und den Wasserstrahlen, die aus ihren Nüstern emporschießen, erkennbar sind ?

Ist es der immer wiederkehrende Anblick eines Buntbocks, dessen Silhouette sich auf der Spitze eines Erdhügels abhebt, als wolle er für ein Foto posieren ? Oder der Anblick eines Schlangenadlers, der raubgieriger als ein Geier auf Schlangen lauert, so daß Touristen sich vor diesen Tieren nicht zu fürchten brauchen, weil sie sich tunlichst versteckt halten ; denn ihm entgeht nichts ? Oder sind es die Herden von Gazellen, Zebras, Impalas und Gnus, die zu Tausenden auftreten wie ein riesiges Ballett, dessen einzelne Teilnehmer man nicht mehr unterscheiden kann ?

Wem soll man den Vorzug geben ? Ein törichter Gedanke ! Man ist ja fast überfordert. Bald möchte man einfach alles sehen, dann wieder möchte man anhalten, sich nicht mehr bewegen, um dann, wenn sie sich um die Anwesenheit eines Menschen kaum zu kümmern scheinen, am Leben der einzelnen Tiere ganz kreatürlich teilzunehmen. Die einzige Voraussetzung dafür, daß solch ein Wunder andauert, ist, daß man ganz still bleibt, keinen Laut der Begeisterung von sich gibt, nicht womöglich auf die Karosserie klopft, um die Szene » ein wenig zu beleben «, nicht Anschein erweckt, als ob man aus dem Wagen steigen wolle — kurz, daß man sich wenigstens eine Minute lang einmal nicht wie das dümmste aller Geschöpfe benimmt.

(Auskünfte s.S. 157).

Mau (Gebirge und Wald)

■ Am eindrucksvollsten ist der westliche Rand des *Rift Valley* im Mau-Gebirge oberhalb des *Naivasha-* und des *Nakuru-Sees*. Von der Straße A 104, die von dem einen See zum anderen führt, bekommt man keinen rechten Eindruck von seinem geradezu imponierenden Anblick. Aber von der am Ufer des Nakuru-Sees entlangführenden Piste sowie von der, die von der Stadt Nakuru nach *Londiani* führt, hat man bessere Ausblicke auf diese von tiefen Spalten zerklüfteten Felsmassen.

Jenseits und unterhalb der Gipfellinie dehnen sich die prächtigen *Mau-Wälder,* die Wanderer und Forellenfischer im allgemeinen von *Kericho* aus kennenlernen. Aber wieviele von ihnen wissen wohl, daß in der Tiefe dieser noch immer sehr dichten Urwälder eine Gruppe von *Ndorobo* lebt, Reste einer sehr alten Bevölkerung, die sogar von den Bantu, den Massai und den Kalenjin ausnahmsweise übereinstimmend als älter anerkannt werden ?

Sie sind nicht Abkömmlinge eines bestimmten Volksstamms, sondern führen nur eine praktisch aufgegebene Lebensweise weiter, die der Jäger und Sammler. Der völkische Ursprung der in einigen Wäldern Kenias verstreut lebenden Ndorobo ist nach wie vor dunkel. Ihr Name bedeutet in der Sprache der Massai » die armen Leute «. Nach Ansicht der Massai gehört jeder, der kein Vieh besitzt, zu den » armen Leuten «. Nach dieser Auffassung können also durchaus Völker, die durch Überfälle oder Seuchen ihre Herden verloren haben, ungeachtet ihrer ethnischen Herkunft, » Ndorobo « geworden sein.

Die Ndorobo im Marishioniwald

Westlich von Isiolo leben ebenso Gruppen von Ndorobo wie in den herrlichen Wäldern von Marishioni. Bei *Njoro,* einige Kilometer westlich von Nakuru, befindet man sich in unmittelbarer Nähe dieses Waldes. Es ist allerdings nicht einfach, sich den scheuen Leuten, die bisher mit anderen Menschen keine guten Erfahrungen gemacht haben, zu nähern. Die Begleitung eines Einwohners von Njoro ist unerläßlich : er wird von den Ndorobo anerkannt und ihm können sie ihre Zustimmung erteilen, einen Fremden mitzubringen.

Heute leben die Ndorobo fast ausschließlich vom Sammeln des wilden Honigs, da das Jagen, ehedem ihre Hauptbeschäftigung, verboten ist. Dieser Honig ist ihre Grundnahrung, sie mischen ihn ihrem Brot bei mitsamt dem Wachs der Waben, dem Blütenstaub und dem Honigsaft und nehmen ihn auch als Getränk zu sich. Der Honig hat noch eine tiefere Bedeutung : er wird bei gewissen Riten benutzt, und zwar nicht nur von den Ndorobo, sondern auch von den Massai und eigenartigerweise von zahlreichen afrikanischen Völkern vom Senegal über den Kongo und Gabun bis zum Indischen Ozean.

Das deutet auf eine fast mystische Verbindung zu den Bienen und eine genaue Kenntnis ihrer Lebensgewohnheiten und ihres Lebensraums, des Waldes, kurz, eines komplizierten und empfindlichen ökologischen Systems, das heute fast überall bedroht ist, und dessen Funktionieren gewisse Waldvölker allein noch verstehen. Nachdem sie ohnehin schon jahrhundertelang gejagt wurden, sollte man sie aus all diesen Gründen ganz besonders schützen.

Auch ohne daß man die letzten Überlebenden aus grauer Vorzeit aufsucht, lohnt es sich, im Wald von Marishioni, wie überhaupt in den Mauwäldern, zu dem auch dieser gehört, zu wandern (zuerst im Landrover, dann zu Fuß). Vom Gipfel des Mau führt die Straße nach *Kericho* an seinem nördlichen Saum entlang ; besonders leicht ist der Zugang aber von dem südlich des Mau-Gipfels gelegenen *Molo* aus : hier teilt sich eine Piste in vier Teilstrecken, die fächerförmig in die Tiefe des Waldes führen.

MAU

Lage und Anreise : über A 106 von Nairobi nach Nakuru (157 km Teerstraße), dann C 56 bis Njoro, wo die Piste C 57 das Mau-Gebirge überquert und bis Narok führt ; oder über geteerte B 1 bis Kericho (110 km von Nakuru nach Kericho), von wo man auf einer Hilfspiste den Südteil des Gebirges durchqueren kann. Alle Verkehrsmittel bis Nakuru, auch Zug. Busse und »Matatus« bis Kericho.

Unterkunft : Hotels in Nakuru, Molo, Kericho, Anglerlager, Zeltplätze.

Wichtige Einrichtungen : Banken. — Post. — Läden. — Markt. — Tankstellen : in allen drei Städten.
Verschiedene Sportmöglichkeiten (Golf, Reiten, Forellenangeln, Tennis, Squash) in Molo und Kericho.

Mayer Farm

■ Diese im 19. Jahrhundert entstandene 2 400 ha große Ranch gehört seit 1947 der Familie Mayer, die nicht nur von der Rinderzucht lebt, sondern auch von Nachmittagsveranstaltungen für Touristen, die von den meisten Agenturen in Nairobi vermittelt werden.

Das Programm umfaßt eine Besichtigung der Farm, Maasai-Tänze in dem » Manyatta «, das auf dem Besitztum eingerichtet wurde, sowie einen » Tee « auf dem einmalig schönen Rasen der Farm.

Durch den zweiten Teil des Programms fühlen sich solche Touristen, die glauben, man könne alles kaufen, in Kenia genug über den Stolz der Andersdenkende ist er schier unerträglich. Selbst wenn man nicht » Der Löwe « von Kessel gelesen hat, hört man in Kenia genug über den Stolz der *Maasai,* insbesondere der » Moran «, ihrer jungen, noch unverheirateten Krieger, so daß man sich vorstellen kann, welche Erniedrigung es für sie bedeutet, zum Spaß der Fremden, die im Grunde nichts davon begreifen, ihre Sprünge auszuführen, durch die sie berühmt geworden sind.

Gebeugter Stolz der Massai-Krieger

Früher rüsteten sich die Krieger durch diese akrobatischen Sprünge körperlich und seelisch zu einem bevorstehenden Kampf oder wollten sich damit vor den jungen Mädchen, unter denen sie nach Beendigung ihres Zölibats ihre Frau wählten, auszeichnen. Die » Moran « führen keine Kriege mehr, und was das zweite Motiv angeht, so erfährt man aus der kurzen Touristenbroschüre über die Kultur der Massai, daß die Mädchen, vor denen die Moran hier springen, ihre eigenen, oft schon verheirateten Schwestern sind ! — ein Trauerspiel.

Gewiß leben die Maasai als Hirten weiterhin ihrem Brauchtum gemäß. Sie kleiden, schmücken, schminken, frisieren sich wie ihre Vorfahren. Aber diese Krieger, vor denen so viele Völker gezittert haben und vor denen es noch heute den Löwen unbehaglich wird, wenn sie nur von weitem ihre Lanze bemerken, zu Folklore-Schaustellern erniedrigt zu sehen, ist ein unwürdiger Anblick. Man täte besser daran, den Nachmittag einzig der Besichtigung der wirklich beaubernden Farm zu widmen ; denn die ganze Umgebung und die Gartenanlagen sind so schön, daß man darüber jenen peinlichen Eindruck sogar fast vergißt.

Allein die Fahrt ins *Rift Valley* hinab, auf einer Piste, die hinter *Limuru* von der A 104 abzweigt, ist schon die Reise wert. Die dichten Wälder auf dem Gebirgshang stehen in faszinierendem Kontrast zu der rostfarbenen Talebene. Man erwartet gar nicht, darin eine solche Oase wie die Mayersche Farm zu finden.

Das schlichte Haus, dessen Erdgeschoß sich zu einer Loggia hin öffnet. liegt auf einem Hügel, dessen sanfter Hang gleichmäßig oder in blumenüberwachsenen Terrassen zu einem Flüßchen hin abfällt. Dieses wird von einer Quelle im Bereich des Farmgeländes gespeist und ist mehrfach aufgestaut. Die einzelnen Teiche sind von steinernen Brücken überspannt und miteinander durch kleine Wasserfälle verbunden. Die umgebenden Rasenflächen sind so dicht wie ein dicker Wollteppich. Büsche und Beete, in außerordentlich geschmackvoller Auswahl und Anordnung über den Rasen verteilt, scheinen die gesamte, unvergleichliche Flora dieses Landes zu vereinigen.

In dem stark von Engländern geprägten Kenia fehlt es zwar nicht an schönen Gärten, aber nur wenige lassen sich mit diesem vergleichen. Wer die Gartenbaukunst, in der die Engländer wahre Meister sind, liebt, der sollte sich diesen Anblick nicht entgehen lassen, selbst, wenn er die vorhin beschriebene » Zirkusvorführung « in Kauf nehmen muß (die man sich aber auch vielleicht schenken kann ! ?)

MAYER FARM

Lage und Anreise : 30 km Teerstraße vor. Nairobi bis Limuru auf A 104, dann einige km hinter der Stadt auf derselben Straße links abzweigende Piste.

Unterkunft : keine.

*Als unermüdliche Totengräber
erfüllen die Geier in der Wüste eine äußerst wichtige Funktion.
Ihnen ist es zu verdanken,
daß nur in der Sonne bleichende Knochen übrigbleiben
und kein verwesendes Aas.*

Meru

■ Mit 550 000 Menschen die sechststärkste Volksgruppe, gehören die *Meru* zu dem mittleren Zweig der *Bantu* wie die *Kikuyu, Embu, Tharaka* und *Mbere*. Vielleicht sind sie eine Mischung aus allen diesen ; sie selbst halten sich jedenfalls für ein gesondertes Volk mit gemeinsamem Ursprung und gemeinsamer Kultur. Ihre acht Untergruppen (mit Ausnahme der *Chuka*) sollen von der Küste des Indischen Ozeans ausgewandert sein, weil sie dort angeblich von den *Nguo Ntuni* (?) unterdrückt wurden, sollen die Tana aufwärts gezogen und im 18. Jahrhundert in ihrem heutigen Verbreitungsgebiet östlich des Mount Kenya seßhaft geworden sein. Dort sollen die früheren Jäger und Sammler allmählich zu Ackerbauern geworden sein.

Lange haben die Meru ihre Einigkeit durch ständige innere Kriege aufs Spiel gesetzt, und es scheint, daß sie sich erst unter dem Einfluß der Kolonialisierung ihrer bewußt geworden sind und dabei die Chuka, die aber keine gemeinsame Tradition mit ihnen haben, möglicherweise aber vor ihnen die Gegend bewohnten, mit sich gezogen haben. Heute bilden die Meru ein homogenes Ganzes und haben sich ihrer Umgebung als Ackerbauern, Viehzüchter und Bienenzüchter vollkommen angepaßt.

Wohlstand und Tradition

In ihrer Haupstadt Meru stellt man auf Schritt und Tritt fest, daß sie sehr arbeitsam sind und ihre Möglichkeiten zu nutzen wissen. Man spürt eine gewisse Wohlhabenheit. In den beiden Hauptstraßen, die am Ostabhang des Gebirges hinabführen, findet man zahlreiche Buchhandlungen, Apotheken, Läden mit elektrischen Geräten, Bekleidung und Schuhwerk sowie Kinos — all dies haben die 55 000 Einwohner dieser Stadt zuwege gebracht.

In der zum Marktplatz führenden steilen Hauptstraße herrscht den ganzen Tag über reges Leben. Bis zum östlichen Ausgang der Stadt reihen sich Sägewerke, Möbelfabriken, Schmieden, Schneiderwerkstätten und Handwerksbetriebe aller Art aneinander. Die Erzeugnisse des Landes, Kartoffeln, Weizen, Mais, Kaffee, süße Kartoffeln, Jamswurzeln, Bananen und Zuckerrohr — alles kann man in den Läden und auf dem Markt kaufen — werden auf den umgebenden Feldern angebaut, und zwar wegen der steilen Hänge fast immer im Terrassenbau.

Nach Norden zu grenzt der Ortskern an ein hübsches Tal mit einem Neubauviertel.

Das Bestreben der Bevölkerung, eine Tradition, der sie eng verhaftet bleibt, zu pflegen, manifestiert sich in einem Museum am Eingang der Stadt, das in einem ehemaligen Kolonialgebäude untergebracht ist. Es ist gut aufgebaut und sehr vollständig. In mehreren rekonstruierten Hütten werden die großen Züge dieser Tradition sichtbar gemacht. Dort findet man sämtliche Gegenstände und Werkzeuge, deren sich Männer, Frauen und Kinder zum Ackerbau, zur Bienenzucht, zum Kochen und zur Begleitung von Gesang und Tanz bedienen (z.B. hohe Trommeln, die zwischen den Schenkeln gehalten werden). In dem kleinen Laden des Museums kann man allerlei Gegenstände kaufen : Kleidungsstücke wie die » Tara «, eine Fellbekleidung für Männer, Schmuck wie lange Ohrringe aus Leder, mit Nägeln beschlagen, kunsthandwerkliche Gegenstände wie Körbe, Strickteppiche, Stöcke, Töpfe und Fliegenwedel aus Kuhschwänzen, sowie Honig aus der Gegend. Im Garten sind die wichtigsten Geräte ausgestellt, die hierzulande zur Körperpflege, zur Parfümierung und zur Reinigung des Hauses gebraucht werden. Kurz gesagt, man erfährt auf angenehme Weise eine Menge interessanter Dinge über eine offenbar bemerkenswert ausgewogene Gemeinschaft.

Ein wenig abseits vom Zentrum erinnert ein Hotel mit dem komischen Namen » Pig and Whistle « (Schwein und Pfeife) noch an seinen englischen Ursprung : die mit Veranden versehenen Gebäude sind aus Holz gebaut und von einem hübschen Garten umgeben. Wenn man nicht unbedingt Wert auf heißes Wasser legt, ist man dort gut aufgehoben.

Unmittelbar am östlichen Stadtausgang geht die Teerstraße in eine Piste über und führt durch den äußersten Nordwestzipfel des Nationalparks bis nach *Garba Tula*. (Bus und » Matatu «). Der Park hat eine Gesamtfläche von 870 km² und wird auf programmierten Touren ziemlich selten besucht. Die Landschaft ist prächtig : zahlreiche Flüsse und Quellen lassen Sümpfe und Wälder entstehen, die sich eindrucksvoll von den trockenen, offenen Savannen mit ihrer goldfarbenen Vegetation abheben. Hier lebte einst

Joy Adamson, die Adoptivmutter der Löwin Elsa und der Gepardin Pipa. Sie starb im Jahre 1980, doch nicht in Meru, sondern in dem nördlich gelegenen Wildreservat *Samburu* — den Mutmaßungen zufolge durch Mord.

Der Park verliert keineswegs seine Fauna, wie oft behauptet wird, sondern nimmt im Gegenteil die in Kulturzonen gefangenen, dort unerwünschten Leoparden auf. Auch die unlängst in *Amboseli* noch zahlreichen weißen Nashörner, die dort fast vollkommen dezimiert wurden, haben hier Zuflucht gefunden, wenn auch in einer Zuchtfarm.

Im *Tanafluß*, der die Südostgrenze des Parks bildet, leben viele Krokodile und Flußpferde. In dieser angeblichen » Wüste « mit ihrem so reichen ökologischen Milieu kann man Löwen, Geparden, Leoparden, Oryx, Grevy-Zebras, Netzgiraffen, Strauße, Gerenuks, Elefanten, Büffel, Elche, Kudus, schwarze Nashörner sowie drei besondere Vogelarten sehen.

Durch den Südwestausgang des Parks am *Ura Gate* gelangt man zu der in nordsüdlicher Richtung verlaufenden Piste, die von Meru bis *Nkudu* geteert ist. Die Fortsetzung über *Embu* und *Runyenje* ist teilweise provisorisch geteert. Man baut hier eine neue Straße, welche die viele Kurven der alten Piste abscheiden soll.

MERU

Lage und Anreise : 259 km von Nairobi auf Teerstraßen A 2 und B 6 bis zur Stadt Meru, dann etwa 100 km auf Piste bis zum Park.
2. Anreise : über A 2, dann B 6 bis Embu : 131 km geteert, dann B 6 nicht geteert bis Nkubu, dann wieder geteert bis Meru. Busse und »Matatus« auf der ersten Strecke bis Meru, einige »Matatus« von Meru nach Garba Tula, wobei der Nordteil des Parks durchquert wird. — Landepiste bei den Lodges.

Unterkunft : Hotels in Meru und Embu, ein Lodge Kl. A und Bandas, sowie Campingplätze im Park.

Wichtige Einrichtungen : Post. — Banken. — Tankstelle. — Verschiedene Läden in Meru und Embu.

Auskünfte : Chief Warden Meru National Park, FOB 162 in Nanyuki.
Funkruf : Nairobi 3700.

DIE GESELLSCHAFTLICHE ORGANISATION DER MERU

■ *Das Land der Meru umfaßt die Gebiete Agembe, Tigania und Imenti, die wiederum in mehrere Territorien unterteilt sind, zu denen auch die Wohnsitze von Totemstämmen, den Mwiria, gehören. Traditionsgemäß sind die Meru wie sehr viele andere afrikanische Volksstämme ihrer Funktion entsprechend in Altersgruppen gliedert, die in Generationsklassen oder* Nthuki *von zehnjähriger Dauer eingeteit sind. Es sind immer fünf Generationen gleichzeitig » im Amt « : die Greise, die Alten, die jungen verheirateten Männer und die Krieger. Nach Ablauf der Zeitdauer einer Generation findet eine Zeremonie, das* Ntuiko, *statt, bei der das Klassensystem wechselt : jeder wird von einem Altersstadium in das nächstfolgende übergeführt, während der Nachwuchs in die Klasse der Krieger eingeführt wird. Bei diesem Anlaß werden alle von den bisherigen Regierenden erlassenen Gesetze revidiert, und zwar in Zusammenarbeit zwischen den neuen Regierenden und ihren Vorgängern. Drei Räte bestehen nebeneinander : der mit exekutiven Aufgaben betraute* Kiama gia ramare *wacht darüber, daß die bestehende Ordnung respektiert wird und entscheidet über Krieg und Frieden ; der Kiama hat sehr weitgehende soziale Amtsbefugnisse ; der* Njuri ya kiama *leitet jeweils eine territoriale Einheit.*

Nach »Die Kikuvu und die Kamba von Kenia«
von J. Middleton.

Mombasa

■ Es ist schwierig, über Mombasa, diese vielschichtige, kosmopolitische allem Anschein nach »offene« Stadt etwas auszusagen, da sie in Wirklichkeit ihr eigentliches Wesen nicht offenbart. Bereits die Anfänge ihrer Geschichte entziehen sich unserer genauen Kenntnis.

Einer Anekdote — oder Legende — zufolge, wurde sie von den *Mvita* gegründet, Angehörigen von zwölf suahelischen Küstenstämmen, die nacheinander vor einem drohenden Angriff der *Galla* auf die Insel flüchteten. Nun stürmten aber die Galla erst zu Beginn des 16. Jahrhunderts an der kenianischen Küste vorwärts. Mombasa wird hingegen schon im 12. Jahrhundert von dem arabischen Reisenden Al Idrisi beschrieben und später im Jahre 1331 von dem marokkanischen Historiker Ibn Battuta, der von der Ehrbarkeit und Frömmigkeit der Einwohner beeindruckt war.

Ob diese Einwohner zu Ende des 15. Jahrhunderts nun Mvita waren oder nicht — sie zeigten jedenfalls neben der »Ehrbarkeit und Frömmigkeit« einen sehr viel hervorstechenderen Charakterzug : den Jähzorn. Die wütenden Fehden zwischen den einzelnen Gruppen innerhalb der Stadt hörten nur dann auf, wenn es galt, einen gemeinsamen äußeren Feind zu bekämpfen. Und daran fehlte es selten.

Abgesehen von dem Erzrivalen *Malindi* hatten vor allem Eindringlinge aus Übersee diese Einigkeit wider Willen erzeugt.

Die Ungläubigen vor den Toren

Die fanatischen Mohammedaner in der Stadt hatten die Ankunft der portugiesischen Karavellen Vasco da Gamas im Jahre 1499 nicht gerade begrüßt. Ihnen war sehr wohl bekannt, daß es diesen Ungläubigen ebenso um Bekehrungen zum katholischen Glauben wie um politische und kommerzielle Interessen ging (wenn das nicht überhaupt ein und dasselbe war), und das schätzten sie nicht. Durch Geheimboten oder Spione erkundete der portugiesische »Interessent« die Einstellung der Bevölkerung, nahm von seinem ursprünglichen Plan Abstand und segelte weiter bis nach Malindi. Dort nahm man ihn, wahrscheinlich schon aus reinem Widerspruchsgeist, mit offenen Armen auf.

Leider hatte es dabei nicht sein Bewenden, denn im Jahre 1505 plünderten die Portugiesen Mombasa und »bestraften« es 1528 von neuem. Dies war jedoch noch harmlos, verglichen mit dem, was der Stadt von seiten der *Zimba*, eingefleischten Kannibalen, im Jahre 1588 bevorstand : sie setzten den roten Hahn auf die Dächer der Stadt und fielen über die Einwohner her.

Nachdem die Zimba gute Vorarbeit geleistet hatten, beschlossen die Portugiesen, Mombasa endgültig niederzuzwingen. Ihre Stellung im Indischen Ozean war nach den beiden Feldzügen des Türken Ali Bey ernsthaft gefährdet. Um sie wieder zu festigen, mußten sie die strategisch besonders wichtige Insel zu einem Stützpunkt ausbauen.

Der italienische Architekt Giovanni Battista Cairato wurde mit der Erbauung des Forts Jesus beauftragt ; vier Jahre später, im Jahre 1593, wurde es dem Befehlshaber des treuen Bundesgenossen, dem Scheich von Malindi, übergeben. Man kann sich die Gefühle der Bevölkerung unter der neuen Verwaltung leicht vorstellen ! Doch bald verschlechterten sich die Beziehungen zwischen dem neuen »Gouverneur« von Mombasa, *Scheich Achmed* von Malindi und den Portugiesen. Es kam so weit, daß *Don Geronimo,* der gegen seinen Willen christlich getaufte Sohn des Scheichs, dem Katholizismus abschwor und das Fort 1631 in einem Handstreich nahm.

Ein Mann aus Malindi konnte sich jedoch auf die Dauer nicht mit der Bevölkerung von Mombasa verständigen. Von den Einwohnern nur wenig oder gar nicht unterstützt, mußte der frühere Don Geronimo schließlich fliehen, und die Portugiesen nahmen ihre Stellung wieder ein. Das Fort wurde daraufhin vergrößert, von neuen Befestigungen umgeben, kurz »uneinnehmbar« gemacht. Der *Scheich von Oman* brauchte immerhin zweieinhalb Jahre, um es 1698 zu erobern. (In der Folgezeit haben viele »uneinnehmbare« Festungswerke einer Belagerung nicht so lange standgehalten.)

Die Omaner saßen damals in Arabien und wollten sich vor allem die Kontrolle der Handelswege im Indischen Ozean sichern. Deshalb schickten sie vom Mutterland aus eine Familie, deren Treue über jeden Zweifel erhaben war, die *Mazrui,* nach Mombasa. Natürlich dauerte es nicht lange, bis diese ihr Joch abschüttelten und ihr Leben nach ihrem Gutdünken gestalte-

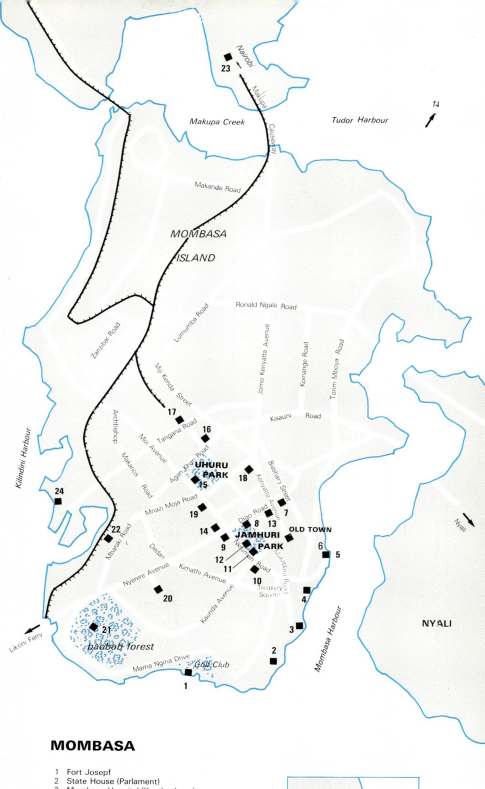

MOMBASA

1. Fort Josepf
2. State House (Parlament)
3. Mombasa Hospital (Krankenhaus)
4. Fort Jesus
5. Alter Hafen
6. Fischmarkt
7. Gemüsemarkt
8. Hauptpost
9. Heilig-Geist-Kathedrale
10. Anglikanische Kathedrale
11. Hindutempel
12. Balutschenmoschee
13. Dschaintempel
14. Manor Hotel
15. Informationsbüro
16. Shree Cutch Satsany Swaminarayam-Tempel
17. Bahnhof
18. Omnibusbahnhof
19. Castle Hotel
20. Aga Khan Hospital (Krankenhaus)
21. Oceanic Casino Hotel
22. Mbaraki Pillar
23. Wakamba wood carvers village (Holzschnitzerdorf der Wakamba)
24. Yacht Club

ten. Ihr Glück wendete sich mit dem Eintreffen des neuen Herrn von Oman, *Seyyid Said.*

Von den Leuten von *Lamu,* die gerade zu ihrer eigenen Überraschung ihrem Oberherrn und Nachbarn, dem *Sultan von Pate,* eine vernichtende Niederlage bereitet hatten, zu Hilfe gerufen, zwang der edelmütige Seyyid Said beiden Inseln seine Schutzherrschaft auf, dann bemächtigte er sich der Insel Mombasa und seine Landsleute, die Mazrui, wandten sich ihrerseits um Hilfe an die Engländer.

Im Jahre 1824 wollte Großbritannien, arglos und selbstlos, um keinen Preis eine afrikanische Kolonie haben. Es gewährte zwar die Schutzherrschaft, zog aber unmittelbar darauf seinen Vertreter zurück. Seyyid Said nahm im Handumdrehen das Fort Jesus und die Stadt ein, löste sich von seinem Vaterland und ließ sich endgültig in Afrika nieder. Er nahm den Titel eines *Sultans von Sansibar* an und erklärte seine Inselresidenz zur Hauptstadt seines afrikanischen Königreichs — Mombasa wurde seine Vasallenstadt.

Durch den Berliner Vertrag von 1885 änderte England, hin- und hergerissen zwischen zwei Parteien, die zur Afrikafrage entgegengesetzte Standpunkte einnahmen, seine Politik. Es beschloß, eine Schutzmacht von Ostfrika zu werden, um den Bau der Eisenbahn nach Uganda besser beaufsichtigen zu können. Mombasa bekam in dieser neuen Politik eine Schlüsselstellung, da es Ausgangspunkt der Eisenbahnlinie und Sitz des Komitees wurde, das zugleich mit der Verwaltung der Eisenbahngesellschaft und des britischen Protektorats beauftragt war.

Dadurch wurde die Stadt stark verändert. Noch heute bewahrt sie mehr von den Spuren der 68-jährigen britischen Herrschaft als von den vorangegangenen Jahrhunderten, und zwar nicht nur deshalb, weil Dreiviertel von Mombasa nach 1895 erbaut worden sind, sondern auch, weil dadurch eine Menge von Indern ins Land kamen. In Massen schifften sie sich 1895 nach Kenia ein, um beim Bau der Eisenbahn mitzuwirken. Nach deren Fertigstellung ließen sich die meisten in Mombasa nieder und bauten zunächst die mo-

EDEL- UND HALBEDELSTEINE

■ *Sie werden in zahlreichen Geschäften in Nairobi, in den großen Städten an der Küste und in den Läden der großen Hotels feilgeboten :*

Achat : *das streifenweise wechselnde, nicht kristalline Gemenge der verschiedensten Quarzarten kommt aus den vulkanischen Regionen des nördlichen Rift Valley.*

Amazonit : *Das kristalline Gemenge zweier Minerale vulkanischen Ursprungs, deren eines leuchtend grün ist, kommt aus der Gegend von Embu und Machakos.*

Amethyst : *die purpurn oder violett gefärbte Quarzart wird in unbearbeiteten Stücken oder in Schmuckstücken (insbesondere Ringen) verarbeitet angeboten. Er kommt aus Machakos.*

Aquamarin : *der (Beryll) Smaragd von heller blaugrüner Farbe aus der Provinz Ostkenia wird zu Schmuckstücken verarbeitet.*

Malachit : *aus diesem Kupferkarbonat von einem sehr schönen grünen Farbton macht man hübsche Gegenstände oder Schmuckstückens, verkauft es aber auch unbearbeitet.*

Rhodonit : *das rosafarbene, manchmal gelbbraune Mangansilikat wird zu Schmuckstücken verarbeitet ; es kommt in allen Gebieten vor.*

Rubin : *der tiefrote Edelstein kommt aus der Gegend von Taita und Taveta.*

Saphir : *der in verschiedenen Blautönen vorkommende Edelstein stammt aus der Provinz Ostkenia and dem Bezirk Taita Taveta.*

Turmalin : *der gewöhnlich verschiedenfarbige Halbedelstein hat hier einen grünlichen Ton und kommt aus der Gegend von Taita und Taveta.*

derne Stadt aus, darauf den Hafen *Kilindini* im Südwesten der Insel. Das zuerst arabische, dann suahelische Mombasa ist heute vielleicht die von Indern am stärksten geprägte Stadt Kenias.

Die Altstadt

In der Altstadt spürt man allenthalben die Macht der großen indischen Kaufleute, die die schönsten Häuser bewohnen und die teuersten Autos fahren. Die Portugiesen haben nur das Fort Jesus hinterlassen... Man kann es nicht außer Acht lassen, denn es ist das einzige alte Gebäude in Mombasa.

Um vor dieser Großstadt, in der viele Völkerschaften und Religionen vertreten und Zeugen mehrerer Geschichtsepochen und Baustile vorhanden sind, einen umfassenden Eindruck zu bekommen, muß man der eigentlichen Besichtigung schon drei volle Nachmittage widmen. Im übrigen sollte man lange Ruhepausen am Strand einlegen und das Großstadtleben und die Annehmlichkeiten der Hotels genießen, die sich an der Nordküste von *Mtwapa Creek* bis *Nyali* aneinanderreihen. Sie haben alle Pendelverkehr mit dem Inselzentrum. Außerdem fahren zahlreiche Omnibusse an den Hotels vorbei zum Gemüsemarkt auf der *Digo Road* im Stadtkern. (Für die Rückfahrt besteigt man am *Hauptbahnhof* in der Kenyatta Avenue einen Bus Richtung »Dolphin«).

Die »Altstadt« hat nichts mehr mit dem ursprünglichen arabischen Stadtkern zu tun — dieser ist ebenso verschwunden wie die meisten Häuser nachfolgender Epochen, z.B. der portugiesischen ; die ältesten Häuser stammen aus dem 18. Jahrhundert ; diese »Altstadt« erstreckt sich zwischen *Digo Road, Makadara Road* und dem *Alten Hafen*. Auf den ersten Blick wirkt sie enttäuschend, da die Häuser mit abgeschlossenen Etagenwohnungen, die noch einen schmiedeeisernen Balkon mit einem durchbrochenen Holzaufbau, »machrabiya« genannt (engl. moucharaby), haben, allmählich verschwinden. Heute kann man sich nur noch in zwei Straßen, in denen jeweils noch vier bis fünf Häuser dieses Stils erhalten sind, ein Bild machen, wie das Viertel vor einigen Jahrzehnten aussah. Es sind dies die *Samburu* und die *Ndikun Road,* die fast parallel auf die Esplanade vor dem Fort zulaufen.

Gleichwohl findet man auf seinem Stadtbummel noch schön geschnitzte Türrahmen mit einem Pfeiler in der Mitte wie in Lamu. Um die verwischten Spuren der Vergangenheit wiederzuentdecken, muß man sich die Einwohner anschauen, gemächlichen Schrittes gehen wie sie, um ihrem Lebensrhythmus näherzukommen. In ihren Bewegungen ist keine Hast : alle nehmen sich Zeit, bleiben stehen, um miteinander zu plaudern oder mit den zahllosen Kaufleuten, deren winzige Läden in den engen Gassen dicht nebeneinander liegen, über Geschäfte zu reden.

Die Luft ist von Gewürzdüften erfüllt, die sich mischen und den Vorübergehenden einen Augenblick begleiten, bevor sie anderen, süßen oder scharfen Gerüchen weichen. Hammerschläge übertönen den diffusen Straßenlärm : zahlreiche Kunsttischler arbeiten fleißig an Truhen, Türen, Tischen (recht unterschiedlicher Qualität). Man schaut ihnen gern zu, meist ohne Kaufabsichten.

Dort, wo die beiden Straßen auf der Esplanade des Forts Jesus zusammenstoßen, fällt ein Geschäft auf, das ausgefüllt ist mit hübschen Dingen, und diese Ali Baba Höhle heißt ausgerechnet... *Ali's Curious Market*. Silberschmuck, Kästen, Makonde Figuren... und ein lächelnder Verkäufer locken den müden Kunden an und ihm wird ein Platz angeboten.

Vielleicht macht sich diese Verschnaufpause für den Andenkenjäger und den Verkäufer bezahlt. Gleich nebenan, am alten Hafen und am Fischmarkt, entdeckt man andere, ebenso interessante Geschäfte. Auf dem Wasser schaukeln einige Dhaus — ein etwas melancholischer Anblick, wenn man sich den Betrieb vorstellt, der ehemals an dieser Stelle herrschte, als die Schiffe aus dem Orient zu Dutzenden, ja Hunderten hier ihre Waren löschten. An dem Platz gegenüber dem Hafen erinnert ein Teppich-Spezialgeschäft an die große Zeit, als der Handel mit Arabien und Persien blühte. Dann fesselt einen schon wieder das Nachbargeschäft mit geschmackvollen Auslagen.

Auf der anderen Seite der »Altstadt« (auf dem linken Gehsteig der Langoni Road, die fast gegenüber der Kenyatta Avenue auf die Digo Road stößt), ist in einem Hof, den man durch einen dunklen Vorbau betritt, ein Dschaintempel verborgen. Er ist Mahavira (599 v. Chr.) geweiht, dem Stifter der hinduistischen Sekte des Dschainismus. Das wie eine Miniatur auf einem Sockel ruhende Gebäude besteht ganz aus weißem Marmor, ist überreich verziert und ähnelt mit seinen spitz zulaufenden Kuppeln einem Baumkuchen; es ist nicht häßlich, aber es strotzt vor Üppigkeit. Das Innere, in wahnsinnig wilden Farben bemalt, will für unser Empfinden nicht recht zur eigentlichen Bestimmung des Tempels, der Achtung vor dem Anderen, passen. Am besten liest man draußen in Ruhe die kleine Broschüre, die jeder Besucher bekommt.

Im 19. Jahrhundert ließen die Mazrui, die gegenüber ihrem omanischen Oberherrn kein gutes Gewissen hatten, eine Festung, das *Fort Joseph,* erbauen. Es liegt an einer der schönsten Stellen der Insel auf einem von den Gezeiten zernagten Felsen in der Mitte der Bucht, über der sich das Gelände des Golfclubs von Mombasa erstreckt. Die wenigen, von dem schroffen Fels kaum zu unterscheidenden Maurreste — ihre Existenz ist so gut wie niemandem bekannt — lohnen den weiten Weg nicht (von der Kreuzung Nkrumah Road Mbarak Highway/Makadara Road jenseits des Treasury Square; man folgt dem sehr langen *Mama Ngina Drive*).

Geht man diesen Weg jedoch frühmorgens oder am späten Nachmittag, lernt man eine Seite von Mombasa kennen, die den meisten Touristen entgeht. Mama Ngina Drive führt durch das Golfgelände parallel zum Strand der Bucht bis zur Fähre von *Likoni,* die hinter einem hübschen Park mit dem etwas irreführenden Namen »Wald der Affenbrotbäume« am Fuße einer Steilküste, die vom *Hotel Ocanic* beherrscht wird, anlegt. Kehrt man über die Nyerere Avenue zu der großen Kreuzung dieser Straße mit Digo Road Nkrumah Road und Moi Avenue zurück, kann man einen Umweg nach links über *Mbaraki Creek* machen, wo in einer halb industrialisierten Zone am Rande eines alten Bahngeleises der recht unscheinbare *Mbaraki Pillar* steht: er wurde offenbar zur Erinnerung an einen Stammeshäuptling der Stadtgründer errichtet. (Weder die Umgebung noch der völlig anachronistische Pfeiler rechtfertigen jedoch den Umweg).

Am frühen Morgen sollte man diesen Ausflug am besten in umgekehrter Richtung machen, so daß man den Gang mit der Besichtigung des *Forts Jesus,* das gleich rechts hinter Treasury Square liegt, beendet. Hier schlug früher die Hauptlebensader von Mombasa, denn hier lag der erste Bahnhof, und hier hielt die kombinierte Verwaltung von Eisenbahn und Protektorat ihre Sitzungen ab. Jetzt findet man dort einen schönen, stillen und schattigen Platz, dessen Bänke ihre Dauerbenutzer haben, die den ganzen Tag über dort Siesta halten.

Die »Freunde des Forts Jesus« haben eine interessante Broschüre herausgegeben; sie ist am Eingang erhältlich und enthält Pläne und eine kurze Beschreibung. Auf einem langen, steil abwärts führenden Gang, in dem zwei Tafeln an die großen Daten des Forts erinnern, gelangt man durch die Befestigungsanlagen der *Bastion San Matias* in den Innenhof.

Als erstes fällt linker Hand, zum Meer hin, die mit Türmchen versehene Brustwehr auf. An dieser Seite liegt die schwache Stelle der Anlage: ein »geheimer« Gang mit direktem Zugang zum Meer ermöglichte dem bekannten Don Geronimo im Jahre 1631, sich der Festung zu bemächtigen. Eine Treppe führt unter dem Wohnhaus der Kommandanten dort hinunter. Daneben liegt das Gebäude, in dem die Mazrui ihre Audienzen abhielten.

Im Süden, zwischen den Bastionen *San Mateis* und *San Alberto,* hat man die ehemaligen Kasernengebäude erweitert und, in häßlichem Rosa gestrichen, zu einem Museum umfunktioniert. Es enthält Porzellanscherben aus allen Epochen, die von dem Gesschmack der Besatzungen an schönem Geschirr zeugen, Modelle des Forts und der verschiedenen Schiffstypen aus den einzelnen Jahrhunderten, Waffen, Kanonen...

An der Westseite liegen zwischen den Bastionen *San Alberto* und *San Felipe Magazine,* die Grundmauern der portugiesischen Kirche, die Zisterne, der Brunnen, sowie rechtwinklig dazu ein weiteres Kasernengebäude. Im schattigen Hof sind am Fuß jedes Baums Schilder angebracht, mit deren Hilfe man besonders die breit ausladenden, schönen Frangipani identifizieren kann: sie haben sahnefarbene Blüten und dicke, glänzende Blätter von einem schönen dunklen Grün.

Die Neustadt

Auf der *Nkrumah Road* zählt man vier religiöse Gebäude. Links hinter der Hauptkreuzung liegen am Rande des *Jamhuri Parks* eine *Belutschen Moschee* und ein Shiva geweihter *Hindu Tempel*. Auf der rechten Seite liegt die katholische Kathedrale Holy Ghost und die anglikanische Kirche. Keines dieser vier Gotteshäuser ist besonders sehenswert ; es sind Stätten des Gebets.

Der eilige Tourist wird die vermutlich übergehen und auf die Terrasse des *Manor Hotels* zusteuern. Durst hat man in Mombasa immer. Mancher wird der vornehm ältlichen Atmosphäre dieses Hauses mit seinem phlegmatisch distinguierten Publikum das laute Treiben eines ganz in der Nähe liegenden Lokals vorziehen : zwischen zwei Passagen, die auf die *Nyerere Avenue* bzw. die *Moi Avenue* führen, liegt ein grüner Biergarten. Eine Voliere, die in einem prächtigen hohlen Baum angebracht ist, gibt hier den »Ton« an : den ganzen Tag über konsumiert ein temperamentvolles, lautes Publikum Unmengen von Bier und Fruchtsäften. Man kann dort auch billig und im kühlen Schatten unter gleichgestimmten Leuten zu Mittag essen. Durch die belebte Moi Avenue gelangt man rasch zu einem dritten Haupttreffpunkt, der Terrasse des *Hotel Castle,* das anscheinend unter Touristen am beliebtesten ist, deshalb wenig interessant.

Rechter Hand liegt dort, wo zwei Paar eiserne Elefantenstoßzähne die Moi Avenue wie ein Triumphbogen überspannen, der *Uhuru Park*. Er zeichnet sich durch einen häßlichen Brunnen und einen Schwarm besonders lästiger Souvenirverkäufer aus. Ist man ihnen entwischt, kann man sich im *Verkehrsbüro* verschnaufen ; es liegt gleichfalls an der Moi Avenue an der Ecke der *Aga Khan Road*. Diese stößt mit ihrer Verlängerung, der *Bajun* und der *Faza Street*, auf die *Kenyatta Avenue*, und zwar genau gegenüber dem »*Shree Cutch Satsany Swaminarayan Temple*«, der wie alle hinduistischen Gotteshäuser eine in irrsinnig wilden Farben bemalte Fassade hat, die im Gegensatz zu der ruhigen, fast familiären Atmosphäre des Inneren steht. Im Hof, neben dem für religiöse Zwecke bestimmten Raum, bereiten lächelnde Frauen Platten mit wohlriechenden Speisen.

Eigentlich müßte man über die Kenyatta Avenue und seine Verlängerung den *Makupa Causeway* die Insel verlassen un über die zum Flugplatz führende Straße das Dorf der *Wakamba* Holzschnitzer aufsuchen. Aber es ist nicht ratsam, diesen Gedanken zu verwirklichen : auf dem Weg durch die Armenviertel verlockt ein Tourist die dort lebenden Menschen geradezu zum Diebstahl von Hand- und Umhängetaschen, die von den Leuten samt Inhalt zu Geld gemacht werden können.

Im übrigen würde man bei den Kunsthandwerkern nichts weiter zu sehen bekommen, als was man bereits in den zahllosen Souvenirläden der Digo Road, Kenyatta Avenue und im Uhuru Park gesehen hat. Es fällt einem schon schwer genug, dem betörenden Lächeln, dem einladenden »yes ?« und den Versprechungen eines Freundschaftspreises nicht au erliegen. Hat man aber noch nicht genug gefeilscht, kann man sein Glück auf dem *Textilienmarkt* in der *Biashara Street*, einer Parallelstraße zur Kenyatta Avenue, versuchen. Danach hat man sich eine Erholung an dem schönen Strand zwichen *Nyali* und *Bumburi*, wo die namhaftesten Hotels liegen, verdient. Schließlich bleibt der warme Sand unter den Kokospalmen eine der Hauptattraktionen von Mombasa.

Mtwapa Creek

18 km nördlich von Mombasa überquert die Hauptstraße B 24 hinter *Bumburi* eine schmale, 4 km lange Bucht. Dieser »Fjord« ist so reizvoll, daß man sich gern in einem der Hotels von Bumburi ein Zimmer mietet, um ihn sich genauer anzuschauen.

Jenseits der Brücke in Richtung Malindi scheint die erste Straße rechts verlockend. Leider nähert sie sich nirgends dem Ufer, und man möchte am liebsten aussteigen, um querfeldein zu gehen, selbst unter praller Sonne und durch hohes Gras, in dem sich sicher Schlangen verbergen. Doch diese Unternehmung kann man sich sparen : das Ufer der Bucht hat eine Steilküste, so daß man es nicht erreichen kann ; man könnte nicht einmal an ihr entlanggehen, weil die Bewachsung zu dicht ist und außerdem das Land meist Privateigentum ist.

Etwa 3 km hinter der Abzweigung der Straße gelangt man dafür zu einem für Touristen zugänglichen, sehr hübschen Gelände, fast an der Mündung der Bucht gelegen — *Marine Land*. An einem Landesteg sind Dhaus und Boote mit Außenbordmotor vertäut. Von der Terrasse eines Restaurants mit Bar führt eine Steintreppe zwischen Mangobäumen und Kokospalmen zu dem sumpfigen, von Mangroven gesäumten Ufer, hinab wo die Boote liegen. Diese sind alle zu vermieten, aber der Preis für eine Dhau ist erst für eine Gruppe ab 20 Personen erschwinglich.

Man meldet sich am besten bei irgendeiner Agentur in der Nähe vorher an falls man an einer ganztägigen Fahrt mit Mittagessen an Bord durch die Bucht und an der Küste entlang teilnehmen möchte. Während dieses sehr schönen Ausflugs kann man in Ruhe mit den einheimischen Bootsleuten plaudern. Man kann aber auch eine einstündige Fahrt in einem Boot mit Außenbordmotor machen. Sie ist zwar teurer und lauter... aber man fährt allein, wohin man will !

Marine Land hat auch einen Schlangenpark, und nachmittags finden auf einem Hof Massai-Tänze statt. Diese Zeit nutzt man besser, indem man auf der Terrasse ein Erfrischungsgetränk zu sich nimmt und den Blick auf die schönen Gärten auf der gegenüberliegenden Seite des Fjords genießt oder nach links aufs Meer hinausschaut, wo die Wasserfläche der Bucht ins offene Meer übergeht.

Auf der Rückkehr nach Bumburi kann man kurz vor der Abzweigung von der B 24 die Werkstatt eines Makondeschnitzers aufsuchen, der sich ausgerechnet da niedergelassen hat, wo ihn niemand sieht. Da er talentierter ist als viele andere seiner Berufsgenossen, lohnt sich ein Besuch.

Die Ruinen von Jumba la Mtwana

Auf der Straße nach Malindi weist 3 km hinter der Brücke über den Fjord rechts ein Schild zu den »Jumba Ruins, National Museum, 3 km«. In den Hotels sucht man vergeblich nach einem Hinweis auf diese Ruinen, geschweige denn nach einer organisierten Besichtigung, weil kaum jemand etwas von ihnen gehört hat. Aber man kann sich leicht von einem Autobus an der Straße, die dorthin führt, absetzen lassen. Der Weg ist wohl in Wirklichkeit etwas länger als 3 km, aber man wird reich entschädigt durch den Anblick des hübschen Dorfes, das auf halbem Wege in einem schönen Kokoshain liegt. Man tut gut daran, sich hier in der Ruhe und dem kühlen Schatten ein wenig zu erholen, denn der Rest des Weges unter praller Sonne ist hart !

Nach den vorhandenen Überresten zu urteilen war Jumba la Mtwana eine recht bedeutende Suaheli Stadt. Ihre Glanzzeit hatte sie (gemäß einer Broschüre der »Freunde des Fort Jesus« zwischen 1350 und 1450. Ihre Bevölkerungszahl rechtfertigte den Bau von zwei Moscheen. Eine lag auf der Steilküste über dem Strand. Der von einem fast unversehrten behauenen Gesims umgebene »mihrab« — der Altar, der die Richtung nach Mekka anzeigt — ist noch vorhanden. Die Häuser dieser toten Stadt waren so gebaut und dekoriert wie die in *Gedi* oder *Lamu* : sie waren wahrscheinlich von reichen Kaufleuten bewohnt, denen außer der Meeresnähe sicherlich der hohe Süßwasserspiegel im Boden gelegen kam : zahlreiche, nunmehr trockene Brunnen deuten darauf hin.

Weshalb sie verlassen wurde, weiß niemand : versiegte das Süßwasser, brach eine Seuche aus oder wurde die Stadt ausgeplündert ? Wie Gedi, so ist auch diese Satdt halb von der Vegetation überwuchert, was ihr einen besonderen Reiz verleiht. Riesige Affenbrotbäume, deren Alter man auf 700 bis 800 Jahre schätzt, haben gewiß schon in der Glanzzeit Jumbas dort gestanden.

In der Nähe der Moschee über dem Meer liegt unter schattigen Bäumen ein Picknickplatz, auf dem sich sonntags die Familien einfinden. Während die Eltern im Schatten bleiben, klettern die Kinder in den Häuserruinen herum und sorgen dort unermüdlich für neues Leben...

MOMBASA

Lage und Anreise : 487 km auf Teerstraße A 109 von Nairobi. Eisenbahnlinie (täglich ein Zug). Flugverbindungen nach Nairobi, Malindi, Lamu. Luft-Taxis in alle Richtungen. Busse, »Matatus«, Minibusse MPS.

Unterkunft : zahlreiche Hotels aller Kategorien auf der Insel, sowie in den benachbarten Vororten Nyali, Bumburi, Likoni, Shelly.
Gaststätten : viele Restaurants verschiedener Qualitäten.

Verkehrsmittel: Charter-Fluggesellschaften : *Coast Air Service,* Moi Airport POB 84700. — *Cooper Davis Air* : Moi Airport POB 86804.. — *Malindi Air Services* : Lamu road POB 146, Malindi. — *Mombasa Air Services* : Nkrumah road, POB 99222, Mombasa.
Internationale Fluggesellschaften : *Condor Airlines,* Kenyatta Beach, POB 84198,

Mombasa. — *Kenia Airways* : Moi avenue, POB 99302.
Omnibusbahnhof : in der Kenyatta avenue.
Straßenverkehrsgesellschaften : *Coast bus services* : Mwembe Tayari road. — *Kenatco Taxis* : Nkrumah road. — *Kenya bus services* : Kenyatta avenue. — *MPS* : Haile Selassie road.
Bahnhof : Haile Selassie road.
Schiffsverbindung nach Indien : Mombasa-Bombay : *Shipping Company of India,* Moi avenue, Tel. : 26336.

Wichtige Adressen : französisches Konsulat : Notco House, Moi avenue, Tel. : 20 501 (bei Verlust wichtiger Papiere). *Auskunft* : Mombasa und coast tourist association : Moi avenue.
Vertretung des American Express : Etco : Nkrumah road, Tel. : 31 24 61.
Diners Clubs : Stanbank house
Banken : *Barclays* : Nkrumah road. — *Commercial bank of Africa* : Moi avenue. — *National bank of Kenya* : Nkrumah road. — *Kenya Commercial bank* : Treasury square. — *Standard bank* : Treasury square.
Apotheken : *Mombasa chemists* : Digo road. — *The London pharmacy,* Moi avenue.
Andenkenläden : *Coast Zanzibar curio shop* : Moi avenue. — *Ali's curio market* : Ndia Kuu road, gegenüber dem Fort Jesus. — *Shadan Agency* : Biashara Street.
Kipepeo Aquarium : Kenyatta beach.
Motorrad-Vermietung : *Glory,* an der Ecke Digo road / Buxton road.
Bootsvermietung : *Bahari club,* Straße nach Malindi hinter der Brücke von Nyali nach Kongowea : POB 90413 Tel. : 47 13 16 : Organisation von Angelfahrten und Fahrten im Glasbodenboot. — Sporttauchen. — Meeresangeln (vorübergehende Mitgliedschaft im Club ist erforderlich) : *Pemba channel fishing club.* Tel. : Msambweni 5 12. — Ukunda K Boote in Ras Liwatoni, POB 82345, Tel. : 20 822 — Verleih von Anglerausrüstungen (mindestens 48 Stunden vorher zu beantragen).
Auto-Werkstätten : *Cooper motor corporation* : Archbishop road. — Kenya *motor corporation* (Renault), Moi avenue. — *Marshalls* (Peugeot) : Moi avenue.
Mombasa sports club : Mbaraki road : Auskünfte über alle Sportarten, Tennis, Squash, usw.
Golf : *Nyali golf club* (beim Nyali Beach Hotel) und *Mombasa golf club* : Mama Ngina Drive.
Nigth-Clubs : *California — Casablanca — Coconut-Sunshine — Star — und vor allem The Cave* (Ambalal House) — *New Florida — Bora Bora.*
Mehrere Kinos und ein Laien-Theater : *Little Theatre Club* in Mbaraki road.
Casinos : *Ocanic Hotel — Bambeeri Beach* beim Severin Sea Lodge, im Erdgeschoß des Hotels Neptune Beach (siehe Hotels). — *Nyale Beach Hotel.*

MTWAPA CREEK

Lage und Anreise : etwa 15 km nördlich von Mombasa auf Teerstraße B 8. Busse und »Matatus« nach Malindi halten auf Verlangen.

Unterkunft : zahlreiche Hotels in Bamburi im Süden und in Kikambala im Norden.

Wichtige Einrichtungen : Wassersportclubs : *FG Macconel und Co.,* Tel. Mombasa 485 230, Bootsvermietung, Meeresangeln, Wasserski, Tauchen, Bootsfahrten auf dem Meer. — *Kenya Marinas* : Spezialität : Seefahrten auf einer »Dhau« ; vorher in den Hotels anmelden ! — Vermietung von Booten mit Außenbordmotor : (POB 15070, Kikambala).

MAASAI MARA (s.S. 141)

Lage und Anreise : etwa 250 km, davon 146 km Teerstraße, von Nairobi über A 104, B 3 und C 12 ab Narok, wo die Teerstraße aufhört. — Kein Verkehrsmittel hinter Narok. — Zweite Anreisemöglichkeit : zum Parkeingang Mara river gate im äußersten Nordwesten : etwa 60 km Piste von der Teerstraße Kisumu-Tansania A 1. — Mehrere Landepisten im Park in der Nähe der Lodges.

Unterkunft : Unterkünfte jeder Art von Lodge oder Luxuszeltlager bis zum einfacheren Zeltlager. Mehrere Campingplätze.

Wichtige Einrichtungen : Geldwechsel in den Lodges und an den Tankstellen. — Verschiedene Läden. — Schwimmbäder in den Lodges. — Ballonfahrten. — Auskünfte : *Chief Warden Maasai Mara,* POB 40, Tel. : 4 in Narok.

NAIROBI
STADTZENTRUM

1 Jacaranda Hotel
2 Einkaufszentrum an der Chiromo Road
3 Casino
4 Nationalmuseum
5 Snake Gardens (Schlangenpark)
6 Press Book (Buchhandlung)
7 Norfolk Hotel
8 Nationaltheater
9 Arboretum
10 Universität
11 YMCA (CVJM)
12 Pauluskirche
13 Synagoge
14 Lutherische Kirche
15 Sankt-Andreas Kirche
16 YMCA (CVJM)
17 Goethe Institut
18 Maison de France
19 Markthalle
20 Dschamia Moschee

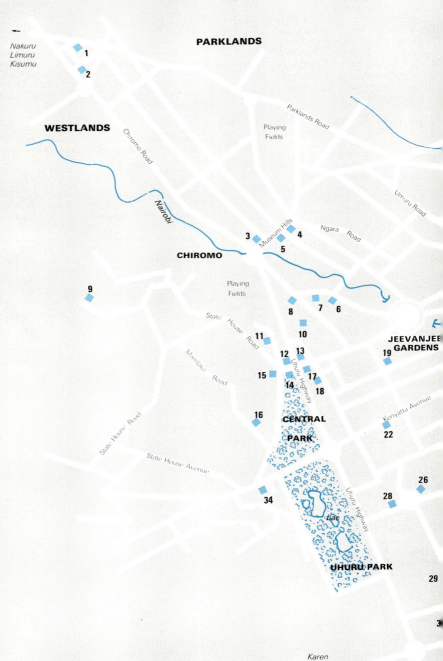

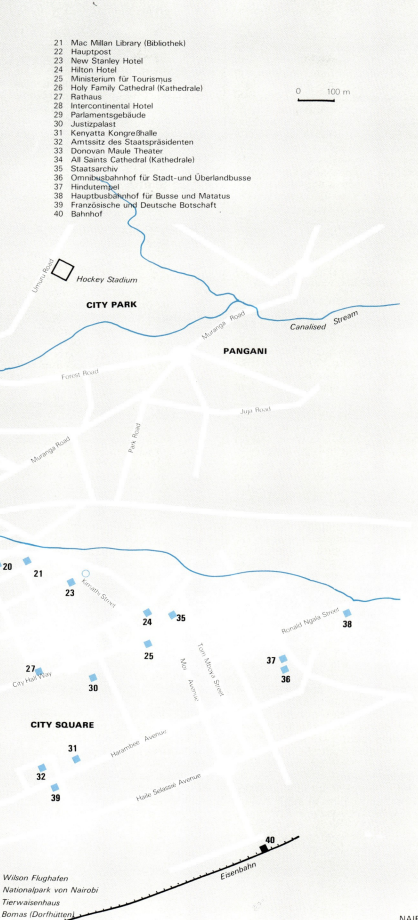

Nairobi

■ Wer hätte wohl um die Zeit der letzten Jahrhundertwende geglaubt, daß ein von den Massai Nakusontelon (»Anfang aller Schönheit«) genannter Ort eines Tages das alte, kultivierte Mombasa ausstechen würde? Ronald O. Preston, der Chefingenieur der seit 1897 im Bau befindlichen Eisenbahn, beschrieb ihn verächtlich als eine morastige baumlose Gegend ohne menschliche Wohnstätten, einen Treffpunkt Tausender von wilden Tieren... Zudem lag dieser nicht gerade reizvolle, mehrere hundert Kilometer von der Küste entfernte Ort an einem Fluß (Nasa Nairobi, »die kalten Wasser« auf Massai), der die Kikuyu im Norden von den Massai im Süden trennte. Trotz des Rufes, der den wilden Massai anhaftete, ließen sich die Engländer auf dem südlichen Flußufer nieder.

Unter den Neuankömmlingen hatte noch niemand etwas von Nakusontelon gehört, außer dem Sergeanten Ellis vom Regiment der Royal Engineers. Er hatte hier eine Art Stapelplatz und Karawanserei für die Lasttiere, die damals zum Materialtransport für den Eisenbahnbau benötigt wurden, eingerichtet.

Selbst die Karawanen, die seit langer Zeit zwischen der Küste und Uganda verkehrten, zogen vor, diese Sümpfe zu umgehen, statt dort anzuhalten.

Niemand wäre also auf die Idee gekommen, ausgerechnet dort eine Stadt zu planen, wenn nicht das hinter Nakusontelon ansteigende Gelände weit schlimmere technische Schwierigkeiten als die bisher bewältigten hätte erahnen lassen. Mochte dies aufgeweichte Gelände noch so häßlich und unwirtlich sein — es war die letzte ebene Fläche vor dem Abhang des Rift Valley, und man mußte dort ein Lager errichten, in dem die verantwortlichen Ingenieure lange Zeit leben konnten. So wurde Nakusontelon — nach dem Fluß in Nairobi umbenannt — ab Juni 1899 zu einer ausgedehnten Anlage von Werkstätten, die von dem berühmten Patterson geleitet wurden, dem Mann, der die menschenfressenden Löwen von Tsavo getötet hatte. Obwohl man selbst den kleinsten Nagel von der Küste kommen lassen mußte, bekam Nairobi schon nach zwei Monaten den Charakter einer Stadt, die durch einen regelmäßigen Zugverkehr mit Mombasa verbunden war.

Zwei Jahre später beschloß Sir Charles Eliot, der Kommissar des Protektorats Ostafrika, die Protektoratsverwaltung von Mombasa nach Nairobi zu verlegen — er behauptete allerdings man könne nur dort angenehm wohnen, wo man die Stadt nicht sähe. Charles Miller, der in seinem faszinierenden Buch »Lunatic Express« die Anfänge der englischen Herrschaft in Ostafrika und das Epos der Schienenschlacht erzählt, geht sogar soweit, die neue Stadt mit einem »Dachau ohne Mauern« zu vergleichen.

Eine unbewohnbare Hauptstadt

Mochte Nairobi als Stützpunkt für den Eisenbahnbau klug ausgewält sein — seine Wahl als zukünftige Hauptstadt war durchaus umstritten. Zum Wohnen war sie schlechthin ungeeignet. Allein die Sümpfe trockenzulegen, um die Moskitos und die Malaria auszurotten, war schon nicht einfach. Zum Hauptproblem wurden jedoch die Ratten, von denen es in jenem Viertel, wo die indischen Arbeiter ihre gesundheitsschädlichen Elendsquartiere hatten — ganz nahe dem heutigen Stadtkern — nur so wimmelte. Die wirksamste Waffe gegen die Ratten bestand darin, die alten Buden in Brand zu setzen, sobald eine Seuche ausbrach. Zweimal wandte man dies Mittel an, und im Jahre 1902 war man nahe daran, auch den Bahnhof und das Verwaltungsviertel, die gleichfalls von Ratten verseucht waren, den Flammen preiszugeben.

Mochte Nairobi noch so gesundheitsschädlich sein, dieser Vorposten blieb bestehen, und man mußte sich damit abfinden, obgleich die Anlage der Stadt, insbesondere die Lage des Verwaltungszentrums, von jedermann kritisiert wurde. Das Übel wurde zu spät bemerkt, und alles abzureißen, um die Stadt anderswo neu zu erbauen, hätte zu viel Geld verschlungen. Im Jahre 1906 bestand Nairobi aus 7 Stadtvierteln, die um den Bahnhof und das Verwaltungszentrum herum gruppiert lagen, das heißt in der flachsten und damals am meisten von Sümpfen durchsetzten Zone.

Sind auch viele der alten Gebäude durch neue ersetzt und die sanitären Verhältnisse vollständig bereinigt worden, entspricht doch die Anlage der heutigen Stadt weitgehend dem alten Eisenbahnstützpunkt, und der Ingenieur Patterson könnte sich im heutigen Nairobi durchaus zurechtfinden.

In dem quadratischen Straßennetz

des Stadtkerns ist leicht der rationale Plan zu erkennen, der für viele Stadtgründungen in den letzten beiden Jahrhunderten typisch ist. In einem ebenen Gelände erleichtert und beschleunigt diese Planung die Ausführung. In Nairobi wurde sie angewandt, weil die Stadt nicht zum Vergnügen und Wohlleben der Einwohner, sondern um eines »höheren Zieles« willen — in diesem Fall dem Bau der Eisenbahn zuliebe — erbaut wurde. Indessen sind die pragmatischen, tüchtigen Engländer auch Naturliebhaber, vor allem können ihre Frauen nicht auf schöne Gärten verzichten.

Von Ingenieuren geplant, die wenig geneigt waren, ästhetische Gesichtspunkte in Erwägung zu ziehen, bekam Nairobi ein anderes Aussehen, sobald englische Familien dort wohnten. Das baumlose Nakusontelon ist eine der afrikanischen Hauptstädte mit den schönsten Gartenanlagen geworden. Sie liegen zwar zumeist außerhalb des Stadtkerns, der von dem Nairobi Fluß im Nordwesten und Südosten, sowie dem Uhuru Highway und der Eisenbahnlinie eingeengt wird. Dennoch ist selbst das Verwaltungszentrum mit grünen Plätzen und Blumenrabatten belebt. Die Steinwüste ist auch sonst menschlichen Verhältnissen angemessener als die vieler anderer Großstädte : bislang sind die Gebäude nicht übermäßig hoch, nicht einmal das von weitem erkennbare Wahrzeichen der Stadt, der Turm des *Kenyatta Conference Centre*.

Der Stadtkern wird durch die *Moi Avenue* (früher Government Road) deutlich in zwei Teile getrennt : das Verwaltungsviertel im Westen und das Viertel, in dem sich seinerzeit die Bahnarbeiter niederließen, im Osten. Noch heute bietet sich dem, der die doppelte Grenzlinie — die Moi Avenue und die zu ihr parallel verlaufende *Tom M'Boya Street* überschreitet, in dem einfachen Wohnviertel ein völlig anderer Anblick.

Die Moi Avenue geht vom Bahnhofsplatz aus in nordnordwestlicher Richtung, schneidet mehrere große Verkehrsadern der Innenstadt, macht dann kurz hinter *City-Hall Way* einen leichten Knick nach Westen und endet am *University Way*.

Der westlich von ihr gelegene *City Square* gehört zu den Plätzen, auf denen man mitten in der Stadt frische Luft, Freiraum und Ruhe findet, obgleich er von den wichtigsten Regierungsgebäuden umrahmt wird. Um die Mittagszeit und nach Büroschluß gegen 17 Uhr trifft sich hier alle Welt in einer lebhaften, fröhlich gelockerten Atmosphäre. Wenn die Arbeit wieder beginnt oder wenn die meisten nach Hause fahren, kehrt wieder Ruhe ein und man sitzt am Rand des Teiches um zu lesen, zu plaudern oder auf eine Verabredung zu warten.

Der erste Turm in Nairobi

Der 12 Stockwerke hohe Turm des *Parlamentsgebäudes* auf der Westseite des Platzes wirkte lange Zeit wegen seiner Höhe wie ein Symbol kühner Pioniertaten. Inzwischen erscheint er schon ein wenig provinziell und auf liebenswürdige Weise altmodisch. Für den Touristen hat er zwei Vorteile : man kann von seinem zwölften Stockwerk aus die Hauptstadt überblicken, und ganz oben ist eine große Uhr angebracht, nach der man sich auf seinen vielen Besorgungsgängen richtet. Denn in der unmittelbaren Umgebung konzentrieren sich Autovermietungen, Reise- und Luftverkehrsbüros, Verwaltungsdienststellen, Botschaften, Banken, Kinos und die Hauptrestaurants ; so wirft man rasch einen Blick auf das große Zifferblatt, um zu wissen, ob man noch Geld wechseln oder eine Erkundigung einholen kann.

Am Eingang erhält man die Erlaubnis, den mit schönen Wandteppichen ausgestatteten »Commonwealth Parliamentary Association Room« sowie die Vorhalle zu besichtigen, an deren Wänden die Wappenschilder der verschiedenen Volksgruppen des Landes hängen. Außen liegt an der Seite des City-Hall Way das *Jomo Kenyatta Mausoleum*, welches das Andenken an den »Vater der jungen kenianischen Nation« verewigt.

Auf der Südseite des Platzes ist der *Amtssitz des Präsidenten*, viel weniger auffällig als das benachbarte *Kenyatta Conference Centre* mit seinem Turm von 28 Stockwerken, die ringförmig übereinander liegen und mit einer Art steinernem Kranz von weit geöffneten »Blütenblättern« gekrönt sind. Diesen Turm, der den Blick auf sich zieht und mit seiner Masse die umliegenden Bauwerke erdrückt, schön zu nennen, wäre übertrieben. Immerhin prägt sich seine originelle Form ein und wird einem vertraut. Für die Stadt ist die Kongreßhalle unentbehrlich ; sie ist eine der größten in der Welt, und internationale

Organisationen wie die UNESCO können dort Generalversammlungen abhalten. In dem Turm haben die mit dem weltweiten Programm des Umweltschutzes beauftragten Dienststellen sowie das internationale Zentrum für Standortpflege (International Habitat Centre) ihren ständigen Sitz. Im 28. Stock liegt ein wegen seiner guten Küche renommiertes ständig rotierendes Restaurant.

Das mit Säulen geschmückte *Gerichtsgebäude* aus der Kolonialzeit an der Ostseite des Platzes erscheint neben dem Conference Centre und anderen benachbarten Hochhäusern fast wie ein Spielzeug. Auf der anderen Seite des City-Hall Way liegt das *Rathaus*. Das im Jahre 1967 vollendete, im Stil des Justizpalastes aufgeführte Gebäude hatte als erstes in Nairobi eine internationale Kongreßhalle mit einer Anlage für Simultanübersetzungen. Außer den städtischen Verwaltungsbehörden steht das Gebäude noch privaten Organisationen zur Verfügung. Es hat auch einen Theatersaal, eine Halle für festliche Bankette und einen mit Blumenrabatten geschmückten Innenhof, wo man lange Zeit in einem sehr netten Restaurant zu Mittag essen konnte (seit Anfang 1982 für das Publikum geschlossen). Neben dem Rathaus liegt eine moderne katholische Kirche (*Cathedral of the Holy Family).* Mit ihrer wenig großzügigen Architektur tritt sie umso weniger in Erscheinung, als das *Hotel International* auf der anderen Seite der *Parliament Road* sie mit seinen vielen Stockwerken, seinen Sternen, seinem Luxus und dem unaufhörlichen Betrieb seiner in Gruppen oder einzeln ankommenden oder abreisenden Gäste schier erdrückt.

Eine Art Privatclub

Viele Ministerien liegen in der *Harambee Avenue* und dem langen Rechteck, das von dieser Verkehrsachse, der *Taifa Road* hinter dem Justizpalast und der Moi Avenue begrenzt wird. Die lebendigsten Straßen in diesem praktisch seit dem Ende der Kolonialzeit erbauten Viertel sind die *Nkrumah Avenue* und die zur Fußgängerzone erklärte *Nkumah Lane* : in diesen mit Blumenkästen geschmückten Straßen liegen Läden, Selbstbedienungsrestaurants und Kinos. Sie sind um die Mittagszeit sozusagen die natürliche Verlängerung des City Square, denn hier

Die typischsten Gebäude im Zentrum von Nairobi sind der 28 Stockwerke hohe Turm der Kenyatta Kongreßhalle und der Turm des Parlamentsgebäudes mit seiner Uhr — hier von Uhuru Park aus gesehen.

finden sich die in den modernen Bank- und Bürogebäuden der Umgebung arbeitenden Beamten und Angestellten wie in einem Club ein.

In dieser hübschen Zone begegnet man kaum Touristen. Dabei ist das Ambiente und sind die Leute, die man dort sieht, interessant, weil sie alle einer sozialen Schicht angehören, die sich seit der Unabhängigkeit des Landes gebildet hat und die für das Funktionieren des Lebens im modernen Kenia verantwortlich ist. Sie sind hier entspannter als in ihren Büros, und es ist amüsant zu beaobachten, wie sie sich kleiden, wie sie sich geben und wie sie sich bemühen, ein möglichst reines Oxford Englisch zu sprechen.

Die Pechvögel, denen man ihren Reisepaß gestohlen hat, seien darauf hingewiesen, daß die *Deutsche* und die *Französische Botschaft* in demselben Gebäude in der Harambee Avenue untergebracht sind, und daß die anderen auch erreichbar sind (Vorher muß man sich Fotos und eine polizeiliche Erklärung besorgen).

Der Fußgänger gelangt aus der beschriebenen Zone entweder auf die Harambee oder auf die Moi Avenue ; erstere führt rechts zum *Uhuru Highway*, links zur Moi Avenue ; auf diesem Wege kommt man am Staatlichen *Schatzamt* und an der *Einwanderungsbehörde* vorbei.

Verstaubte Überreste aus der Vergangenheit

Ganz in der Nähe befindet sich das *Eisenbahnmuseum* (geöffnet Mo-Fr 8.30 bis 16 Uhr, samstags bis 12 Uhr). Es läßt die Pionierzeit von Nakusontelon wiederaufleben. (Man gelangt dorthin über Moi Avenue — Haile Selassie Avenue — Workshop Road — Station Road). Fotografische Dokumente, Karten und andere Schriftstücke zeichnen die Geschichte des Eisenbahnbaus und der Entstehung Nairobis nach. Lokomotiven und Dampfschiffe, die früher auf dem Viktoria-See verkehrten, rufen gleichfalls jene Epoche ins Gedächtnis, die zeitlich so nahe, doch hinsichtlich der gesamten Entwicklung so fern gerückt ist.

In dem letzten Häuserblock der *Haile Selassie Avenue*, zwischen *County Lane* und *Saint John's Gate*, die beide auf Parliament Road münden, liegt gar nicht weit vom Museum das *Donovan Maule Theatre*. Es ist sozusagen die letzte Bastion der englischen Gesellschaft, unter denen noch die Nachkommen der »settlers« (Pioniersiedler) sind, jener Farmer, die Charles Miller als den »letzten Stamm Kenias« beschreibt.

Sie hängen immer noch an dem Repertoire, das vor mehreren Jahrzehnten Furore machte, und scheinen moderne Stücke, die sie daran erinnern, daß sich die Welt — insbesondere in Kenia — geändert hat, nicht zu schätzen. Kennt man das Eisenbahnmuseum, gewährt ein hier erlebter Theaterabend Einblick in ein ziemlich geschlossenes Milieu, dem man sonst in solch konzentrierter Form kaum begegnet, falls man nicht in Nairobi wohnt. Am deutlichsten tritt es im Restaurant und in der Bar des Theaters in Erscheinung (letztere ist bis 2 Uhr morgens geöffnet).

Moi Avenue

Des erste Stück der Moi Avenue, vom Bahnhof bis zum City-Hall Way, hat sich seit der Stadtgründung stark verändert. Auf beiden Straßenseiten stehen moderne Gebäude mit Geschäften, diversen Agenturen, Banken und Restaurants. Die beiden parallelen Fahrbahnen sind durch einen breiten Grünstreifen getrennt, an dem tagsüber Wagen parken. Die östliche Straßenseite läßt bereits den Übergang zu dem dahinterliegenden einfachen Wohnviertel erkennen, während der Gehsteig auf der westlichen Seite die benachbarte Fußgängerzone fortsetzt. Dort bewegt sich um die gleiche Zeit der Strom der Spaziergänger von Nkrumah Avenue her in Richtung Bahnhof und wieder zurück bis zu dem großen Platz, auf den Moi Avenue, *Mama Ngina Street* und City-Hall Way münden. Auf der Ostseite hingegen warten zwischen der *Kenya Commercial Bank* und dem *Hotel Ambassador* — beide im strengen neuklassischen Stil — nur die Taxichauffeure auf Touristen.

Gegenüber aber ragt der Turm des *Hilton* Tempels empor. Er ruht auf einem Sockel, in dessen Obergeschoß verschiedene Büros und im Erdgeschoß Ladengalerien untergebracht sind. Das Hilton ist ein wichtiger Orientierungspunkt ! Sie wollen zur Buchungsstelle für African Tours und Hotels (früher das Informationsbüro) ? — Es liegt neben dem Hilton. Zum Ministerium für Tourismus ? — Gegenüber dem

Hilton am City-Hall Way. Sie suchen eine Bushaltestelle ? — Sie liegt gegenüber dem Hilton, vor dem Ministerium für Tourismus. Sie suchen eine große Buchhandlung, ein Raritätengeschäft, einen Fotoautomaten, eine Apotheke, sie wollen Briefmarken kaufen, zur Vertretung einer Luftfahrtgesellschaft, zu einem Touristenbüro ? — Gegenüber dem, in der Nähe des, im Untergeschoß des Hilton Hotel, zwischen City-Hall Way und Mama Ngina Street. Von der letzteren zweigt übrigens parallel zur Moi Avenue die elegante *Kimathi Street* ab. Dort, wo sie auf die Kenyatta Avenue stößt, findet man eines der vornehmsten Hotels : das *New Stanley* mit seiner Café-Terrasse, dem *Thorn Tree*.

In dem von großen Hotels umgebenen Viereck zwischen Kenyatta Avenue und City-Hall Way hält sich gewöhnlich der Tourist während seines »Erholungsurlaubs« zwischen zwei »Safaris« auf, denn es ist gespickt mit Restaurants, Agenturen und Geschäften, die er vielleicht kurz vor der Abreise noch einmal aufsuchen muß. Schnell lernt er die Hauptverkehrsadern kennen sowie die Ladenpassagen, in denen er, falls ihm plötzlich eine Idee kommt, fast alle Einkäufe erledigen kann, ohne übers Ohr gehauen zu werden. Manche haben nie Gelegenheit, aus diesem Viertel herauszukommen, an dessen Rand (Nähe der Kenyatta Avenue/Uhuru Highway) die *Hauptpost*, ein Überbleibsel des alten Nairobi, liegt, sowie am anderen Ende der Kenyatta Avenue ein echt englisches *Woolworth Kaufhaus* und in der Mitte dieser Straße das wunderbare Geschäft »*African Heritage*«, wo man die Shillinge, die man nicht ausführen darf, leicht umsetzen kann. (Man könnte sie natürlich auch am Flughafen noch wechseln — wenn nur dies »African Heritage« nicht wäre !)

Mag dies Viertel noch so lebhaft sein, der Puls Nairobis schlägt auch an anderen Stellen. Will man eine Vorstellung von der früheren »City« bekommen, muß man die Moi Avenue bis zum *University Way* hinaufgehen. Sie ist auf beiden Seiten mit Arkaden gesäumt : die Engländer zu Beginn des Jahrhunderts waren sich keineswegs sicher, ob sie unter den Strahlen der

---

DIE MASSAI

■ *Das Volk der Maasai (sie leben zum Teil in Tansania) ist vielfach gegliedert. Die verschiedenen Gruppen werden von* Kadjiado *und von* Narok *aus verwaltet. Gleichzeitig gehören sie einem der fünf Stämme der* Ilmakesen, Ilaiser, Ilmolilian, Ilukumae *und* Iltarrosero *an. Es ist ihnen untersagt, Frauen aus dem gleichen Stamm zu heiraten.*
Die Frauen eines Mannes bewohnen mit ihren Kindern zusammen eine Hütte, jede hat ihre eigene. Die erste baut ihre Hütte rechts von dem Hauptzugang zur Einfriedigung. Die zweite läßt sich links vom Eingang nieder, die dritte neben der ersten usw. Der Mann bewohnt eine Hütte für sich. Nachts wird das Vieh in die Mitte der Einfriedigung getrieben. Das Ganze heißt Enkang *und kann bis zu dreißig ringförmig angeordnete Behausungen umfassen. Die Dörfer werden nur eine Zeit lang bewohnt, denn die Massai sind Wanderhirten. Ziehen die Eigentümer weiter, verfallen die Hütten schnell.*
Jede Hütte mißt etwa 2 mal 3 m und hat ein Gerüst von Stangen, die — bis auf den Eingang — in Abständen von 12 cm in den Boden gesteckt werden. An diesen 1.50 m bis 2 m hohen Stangen befestigen die Frauen — denn nur sie bauen die Hütte — biegsame Zweige, die das Dach bilden ; alle Stangen werden waagerecht mit weiteren Zweigen verbunden, die Zwischenräume mit dünneren Zweigen ausgefüllt. Sobald die Behausung nicht mehr instand gehalten wird, lösen sich diese Estrang *im Regen auf, ohne Spuren zu hinterlassen.*

Das Stadtbild Nairobis bestimmen die Gärten und Parkanlagen und nicht die Gebäude. Selbst im steinernen Kern der City haben noch grüne Inseln Platz. Ansonsten quillt die Stadt allenthalben über von bunten Blumen, Pflanzen und Bäumen.

Äquatorsonne würden leben können, und sie schützten sich, so gut es ging. Unter diesen altertümlichen Säulengängen findet man zahlreiche Geschäfte und einige recht malerische Restaurants. Nicht selten sieht man naiv bemalte bunte Schilder.

Hier ist die überfremdete Welt vom Anfang der Avenue zu Ende. Die Menschen sind nicht mehr uniformiert, sondern typischer afrikanisch. Sie haben keinen »Status« mehr zu vertreten, auch ist es nicht mehr ganz so sauber. Man begegnet einem ganz anderen Menschenschlag. Es herrscht zwar noch nicht der frenetische Lärm und der Farbenüberschwang der eigentlichen Volksviertel, sondern eher die gelockerte Atmosphäre des modernen England.

Ein Tempel des Wissens

Wer Zeit hat, begibt sich vielleicht zur *Macmillian Library*, einem wahren Tempel des Wissens, in dem 120 000 Bände stehen. Tempel in doppeltem Wortsinn, denn das Gebäude erinnert wie die Kenya Commercial Bank etwas an ein römisches Bauwerk. Es liegt in der *Banda Street*, ganz am Ende der *Wabera Street*, die vom City-Hall Way ausgeht und die Kenyatta Avenue schneidet.

Links von der Bibliothek erhebt sich, etwas zurückgezogen, die von islamischen Sunniten erbaute *Djamia-Moschee*. Die beiden Bauwerke kontrastieren so stark wie nur möglich miteinander, obgleich sie beide aus den zwanziger Jahren stammen. Trotz ihrer normalen Ausmaße läßt sich die Moschee mit ihren Minaretten, ihren im Sonnenlicht glänzenden Silberkuppeln und einer von Arkaden durchbrochen, mit Malereien und Inschriften überladenen Fassade nicht übersehen. Man kann sie betreten, sofern man sich die Schuhe auszieht. Ein kleiner Vorgarten soll den Lärm abhalten, der jedoch ohnehin kaum bis zu dieser Insel des Geistes dringt.

Nicht weit von hier könnte man mehr Lärm erwarten: auf einem Platz zwischen der quer zur Kenyatta Avenue verlaufenden *Muindi Mbingo Street* und der *Koinange Street* erstreckt sich das betonierte Gebäude der städtischen Markthalle. Aber nein: es herrscht nur mäßiger Betrieb, und selbst die leuchtenden Farben der Früchte und Gemüse aus der Umgebung können einen in diesem grauen Licht nicht mehr so heiter stimmen und zum Kauf animieren. Auch die Verkäufer sind recht matt, ihnen fehlt der übliche Schwung ihrer Berufskollegen. Kurz, die Markthalle enttäuscht. Auch ein Besuch der ersten Etage, die den verschiedenen Handwerken vorbehalten ist, hebt die Stimmung nicht. Macht auch die Kutte noch keinen Mönch, so kann doch die Umgebung einen Gegenstand prägen. Man braucht nur auf die Straße hinunterzugehen, um wieder Lust zum Kaufen zu bekommen. Dort werden dieselben Dinge mit viel Geschrei in einer wackeligen Bude angeboten, aber die Szene ist voll Sonne und Leben. Es gibt also in unmittelbarer Nähe sowohl Verkaufsstände als auch fliegende Händler.

Gäbe ist nicht das *Norfolk Hotel*, so würde Nairobi etwas Wesentliches fehlen. Beinahe wäre es verschwunden, als am Sylvesterabend des Jahres 1979 eine Bombe einige Gebäude zerstörte. Zum Glück wurden ein Teil der Empfangshalle sowie das Restaurant *Delamere* von der Explosion verschont. Die übrigen Flügel des Hotels werden Ende 1982 vollständig wiederhergestellt sein, und zwar in dem gleichen Cottage-Stil vom Beginn des Jahrhunderts, mit Holzwänden und altem Ziegeldach.

Das im Jahre 1904 eröffnete Hotel wurde zum ersten Hotel der englischen »settlers« sowie der Nimrods aus der ganzen Welt, die überrascht waren, manchmal Löwen oder Krokodile sozusagen an Ort und Stelle anzutreffen. Insbesondere die Krokodile hatten es nicht weit vom *Nairobi Fluß* oder einem seiner Nebenflüsse und kamen gleichsam als Nachbarn zu Besuch. Es heißt sogar, einige hätten sich im Schwimmbad besonders wohl gefühlt.

Das »Norfolk« liegt im äußersten Norden des alten Stadtkerns. Der kürzeste Weg von dort geht durch die Muindi Mbingu Street an *Jeevanjee Gardens* vorbei und durch ihre Fortsetzung, die *Harry Thuku Road*. Das Hotel liegt hinter einem drei Meter hohen Wall von Bougainvillea. Gewöhnt man sich auch rasch an diese Blumen, weil sie überall in der Stadt anzutreffen sind, so steht man doch staunend vor dieser lebendigen Wand, und allein schon um dieses Anblicks willen würde man wieder ins »Delamere« gehen, wäre dieses Restaurant nicht selbst so faszinierend, daß man dort gern Tee trinkt oder zu Mittag ißt. Wer des Englischen mächtig ist und sich für die mannigfachen Aspekte der kenianischen Kultur interessiert, sei auf die Buchhandlung *Press Book* in der *Kijabe Street* gleich hinter dem »Norfolk« hingewiesen : sie ist die am besten assortierte in der Stadt, ob man nun Werke über afrikanische Geschichte, Völkerkunde, Wirtschaft oder Literatur sucht.

Schräg gegenüber dem »Norfolk« führt ein Weg in den weitläufigen Campus der *Universität* von Nairobi, früher Royal Technical College. Sie bekam im Jahre 1970 ihr Statut und umfaßt 10 Fakultäten, 4 Institute und eine Schule. Das Gelände erstreckt sich weit über das an der Harry Thuku Road gelegene Hauptgebäude hinaus. Die Gebäude liegen hauptsächlich zwischen der Kijabe Street und der *State House Road* jenseits des Uhuru Highway verstreut. Außerdem ist die *medizinische Fakultät* im Kenyatta Hospital untergebracht und die *Landwirtschaftliche Fakultät* sowie das *Institut für Veterinärmedizin* in *Kabete* an der Straße nach Nakuru. Neben dem Campus liegen ferner das *Kenya National Theatre* und *das Kulturzentrum.*

Am Schnittpunkt der Religionen

Hat man den Campus durchquert, gelangt man zu dem großen Verkehrskreisel, an dem University Way auf den sechsspurigen Uhuru Highway stößt. Dieser Platz trennt und vereinigt drei Stadtviertel mit je eigenem Charakter ; das kommt schon durch die Gotteshäuser verschiedener Religionen, die hier nahe beieinanderliegen, zum Ausdruck. Auf dem Sektor der Universität liegt die *Synagoge*, die an ihrem Davidsstern erkennbar ist. Ihr gegenüber, dort wo die Statehouse Road abzweigt, befindet sich eine moderne *katholische Kirche*, die 1971 eingeweiht wurde. Nahebei, in der von letztgenannter Straße abzweigenden Nyerere Road ist *Saint Andrews* zugleich ein Gotteshaus und ein College der Presbyterianer. Seine schwere Granitmasse scheint der Zeit zu trotzen und hebt sich von der bescheidenen lutherischen *St.Lucas* Kirche ab, deren Gottesdienste sonntags stark besucht werden, da sie abwechselnd in Suaheli, Deutsch und Englisch abgehalten werden. Diese Vereinigung verschiedener Gotteshäuser auf engem Raum symbolisiert die Religionspolitik des gegenwärtigen Präsidenten Moi. Jeden Sonntag wohnt er dem Gottesdienst einer anderen Konfession bei und macht so sein Bestreben deutlich, keinen bestimmten Kultus zu begünstigen, sondern das Volk der Kenianer im Glauben an Gott zu bestärken, welchen Namen man ihm auch immer geben und auf welche Art man ihn auch verehren mag.

Das erste Gebäude auf der rechten Seite des University Way beherbergt das *Goethe-Institut*. Deutschsprachige finden dort eine Bibliothek, einen Vortrags- und einen Kinosaal. Frankophone Leute überqueren den Platz vor diesem Gebäude, um am Ende der *Monrovia Street* zum *Maison Française* zu gelangen. Hier herrscht reges Leben : laufend finden Ausstellungen, kulturelle Wochen und Konzerte internationaler Künstler statt. Im Restaurant des Erdgeschosses können vor allem die Leser, die den Vormittag in einer der Bibliotheken des Hauses zugebracht haben, die Mittagspause verbringen. Dies Haus ist ein beliebter Treffpunkt für Franzosen, Kenianer und Menschen jeglicher anderen Nationalität. Wer sich in das Leben Kenias, in Vergangenheit und Gegenwart, einführen lassen möchte, findet dort reichlich Gelegenheit dazu.

Von hier aus kann man bis zum Museum den Autobus benutzen (die in nordwestlicher Richtung fahrenden Linien 22 und 23 halten an der Ecke University Way/Muindi Bingu Street). Die Entfernung ist jedoch so kurz, daß man auch den schönen sechsspurigen Boulevard entlang zu Fuß gehen kann, bis man an den Verkehrskreisel am Nairobifluß gelangt, von wo aus man auch die *Museum Hill Road* erreicht. Bevor man den Fluß überquert und den Museumshügel hinaufsteigt, sollte man auf die schöne gärtnerische Gestaltung der Platzmitte, insbesondere die riesigen, baumähnlichen fleischigen Gewächse, achten. Kurz hinter der Brücke liegt das *Ainsworth Memorial,* das Denkmal für die Gefallenen des Zweiten Weltkrieges. Erstaunlich menschenleere Parkanlagen ziehen sich den sanften Hang bis zum Fluß hinab.

Auf der Kuppe des Hügels führt rechts eine Allee zu einer Gruppe von Gebäuden und Einfriedungen, zu denen der *Schlangenpark* (Snake Park) und im Hintergrund das *Vogelhaus* (Aviary) gehören ; links geht es zum

Game Department (Wildlife Conservation Management), dem archäologischen *Leakey Centre* und dem *Nationalmuseum*.

Am Eingang des 1929 erbauten Museums durchquert man einen Hof, in dem der berühmte Elefant » Achmed «, mit Glaswolle ausgestopft, steht ; er lebte im Park von Marsabit und stand bis zu seinem Tode im Jahr 1974 unter Naturschutz. Auf der anderen Seite des Hofes finden in einem Saal wechselnde Ausstellungen statt. Die übrigen Teile des Erdgeschosses gliedern sich in mehrere Abteilungen : Vorgeschichte, Paläontologie, Archäologie, geologische Formationen des Landes, Kolonialgeschichte und vor allem eindrucksvolle Sammlungen von Vögeln, Reptilien, Säugetieren, Fischen, sowie konservierten oder ausgestopften Insekten. Diese Sammlungen mitsamt den von Joy Adamson gemalten botanischen Tafeln vermitteln eine sehr genaue und lückenlose Vorstellung von der Flora und Fauna Kenias... Man sollte dort nicht mehr Zeit zubringen als nötig, denn im ersten Stock gibt es noch mehr zu sehen ; Joy Adamson hat in genau gezeichneten Aquarellen die charakteristischen Kleidungsstücke der verschiedenen Volksstämme festgehalten. An den Wänden dieses Stockwerks sind in Vitrinen Waffen, Schmuck, Instrumente und Werkzeuge ausgestellt. Leider hat man aus den interessanten Begleittexten zu den Bildern und Gegenständen absichtlich die ursprünglichen Stammesnamen entfernt. (Das Museum ist täglich von 8.30 Uhr bis 17 Uhr geöffnet, samstagnachmittags und sonntags geschlossen).

Ein kurzer Besuch im Schlangenpark und im Vogelhaus empfiehlt sich. Ein Teil der Vögel und Reptilien, die man soeben ausgestopft gesehen hat, ist dort lebendig zu betrachten, auch Schildkröten und Krokodile. Allerdings bewegen sich die Schlangen und Krokodile kaum mehr als die im Museum, es sei denn, man wirft ihnen etwas Freßbares hin. Immerhin haben die lebenden Schlangen viel ausgeprägtere Farben, so daß man sie besser auseinanderhalten kann.

Das Arboretum

Dieser 32 ha große Baumgarten im Nordwesten der Stadt wurde zu Beginn dieses Jahrhunderts von den Engländern angelegt. Er enthält 270 heimische oder in Kenia heimisch gemachte Baumarten. Theoretisch ist jede Art an einer Metalltafel mit eingraviertem Namen erkennbar. Leider sind jedoch viele dieser Tafeln verschwunden oder im Laufe der Zeit unleserlich geworden. Dafür werden die Bäume mit den Jahren immer schöner. An der höchsten Stelle des Parks wächst auf einem Platz eine Gruppe riesiger Araukarien, die neben ihren prächtigen Nachbarbäumen den Blick besonders auf sich ziehen. Vom Haupteingang des Parks steigt man auf unterschiedlich steilen Pfaden den stark abschüssigen Hang eines Seitentälchens, durch das die *Kirichwa Kubwa,* ein Nebenfluß der Nairobi, fließt, hinab.

Dieser Fluß begrenzt das Arboretum im Norden und trennt es von den Nachbargrundstücken, deren Gärten bis zum Wasser reichen. Die Anwohner, die auf die naturhafteste und einsamste Zone des Parks blicken, sind zu beneiden. Fünf Autominuten vom Zentrum Nairobis entfernt, wohnen sie sozusagen mitten im Busch. Von den Besuchern des Arboretums werden sie kaum gestört, denn auf dieser Seite des Hügels begegnet man praktisch niemandem. Dabei könnten die Gäste der Hotels in der *Westlands oder Chiromo Road* nach einem hübschen Spaziergang den Park von hier aus betreten (über den *Riverside Drive* von Chiromo aus nach Südwesten, dann links *Ring Road Riverside* bis *Arboretum Drive* und zum Fluß). Aber die meisten wissen nicht, daß man die Kirichwa Kubwa hier überqueren kann.

Die Besucher benutzen deshalb den Weg, der vom *Platz der Kirchen* am Uhuru Highway ausgeht : im NW über *Statehouse Road* an den Gebäuden und Gärten des YMCA (CVJM) vorbei, gelangt man nach 10 Minuten Fußmarsch durch ein ruhiges Wohnviertel, den *Arboretum Drive* überquerend, rechts zur *Arboretum Road.* Von dieser mit duftenden Eukalyptus beschatteten Sackgasse zweigt eine zweite Sackgasse ab, an deren Ende das Hauptquartier der Fremdenführer und das Arboretum liegen.

Um den Rückweg zu variieren, geht man über die Statehouse Road bis zur *Statehouse Avenue.* Von ihr biegt man links zur Kenyatta Avenue ab, die nach links (Osten) zum Uhuru Highway führt. Rechter Hand liegt die anglikanische Kirche *All Saints.*

Auf diesem Wege kommt man nur durch schöne Wohnviertel, deren Gärten weit reizvoller als die Häuser sind. Mag sich auch hinter deren Mauern allerlei Luxus verbergen, so hat man doch eher den Eindruck, daß die bevorzugten Bewohner der üppigen Natur der Umgebung so nahewie möglich leben möchten... und sie oft gar noch an Schönheit übertrumpfen. Jenseits des Uhuru Highway verläuft die Fortsetzung der Kenyatta Avenue zwischen zwei Parks. Südlich erstreckt sich der *Uhuru Park* bis zur Haile Selassie Avenue ; gegenüber dem Hotel International breitet sich ein See, auf dem man rudern kann. Nördlich reicht der *Central Park* bis zum Platz der Kirchen. Beige werden von den neu angekommenen Touristen ihrer üppigen und prächtigen blühenden Bäume, besonders der Bougainvillea in allen Farbtönen wegen bewundert.

Östlich der Tom M'Boya Street

Aber in beiden Parks treiben sich Elemente herum, die selbst am Tage gefährlich werden können. In diesen so einladenden Parks versuchen Vagabunden aller Art ihre Tricks : sie bieten zu einem günstigen Kurs Wechselgeld an und verschwinden (mit und ohne Keilerei) mit den ihnen ausgehändigten Geldscheinen ; oder sie ziehen dem gutgläubigen Fremden mit raffinierten Tricks das Geld aus der Tasche und stehlen mit viel Phantasie Handtaschen und Fotoapparate. Trotzdem sollte man deswegen nicht in eine Angstpsychose geraten, sondern einfach mit ein wenig Klugheit die Gefahren vermeiden : nicht stehenbleiben, falls man allein geht, keine Fotoapparate oder Handtaschen mit sich führen... und auf die Fragen eines Unbekannten nicht treuherzig reagieren.

Wenn überhaupt irgendwo Gefahr lauert, dann wahrscheinlich eher in diesen oft menschenleeren Parks als in dem Volksviertel, das sich östlich der Tom M'Boya Street erstreckt.

Bereits in einem Teil der Moi Avenue fällt auf, daß die Passanten anders aussehen. Von der Tom M'Boya Street an ist diese Veränderung offenkundig. Es herrscht größeres Gedränge und mehr Lärm, und die Leute, die einem begegnen, sehen nicht mehr bürgerlich aus. Manchmal haben Fremde einen praktischen Grund, dies Viertel aufzusuchen, sei es, daß sie sich kein anderes Quartier leisten können als eines der hier zahlreichen billigen » Lodgings «, sei es, daß sie auf der Suche nach einem bestimmten Autobus sind.

Zum *Hauptbahnhof der Stadtbusse* gelangt man über die *Ronald Ngala Street*, die von der Moi Avenue rechtwinklig abzweigt und die Tom M'Boya Street überquert. Die zweite Querstraße rechts, *Mfangano Street,* führt zu einem Platz, der wegen des Lärms und der zahlreichen Omnibusse, die dort ständig herumkurven, nicht zu verfehlen ist. Außerdem läßt sich der Hindu-Tempel *Siri Guru Singh Saba* mit seiner Flittergoldkuppel und seinen giftgelben Mauern nicht übersehen.

Die Ronald Ngala Street endet auf einem Platz, auf den gleichfalls die *Racecourse Street,* rechts von einem freien, holprigen Gelände, mündet. Auf der anderen Seite liegt der *Zentralbahnhof der Überlandbusse,* die in die verschiedenen Provinzen fahren. Am besten kauft man seine Fahrkarte im voraus und schenkt dem Aufsichtsbeamten, der die Abfahrtszeit auf die Minute genau angibt, keinen Glauben — sofern man nicht gerade zwei Stunden später eintrifft, kommt man fast immer noch rechtzeitig.

Quirlendes, lautes Volksviertel

Von der Kreuzung Ronald Ngala und Racecourse Street geht ebenfalls die *River Road* ab, die nach einem großen Bogen in die ringförmige *Muranga Road* zwischen Tom M'Boya und *Kirinyaga Road* mündet. Diese drei Hauptverkehrsadern, die mehr oder weniger parallel verlaufen, um sich an ihren Nordenden zu vereinigen, leiten den Hauptverkehr aus dem Volksviertel ab, das sich seit der Stadtgründung entwickelte.

Dort lebt man auf engstem Raum zusammen, auf der Straße wie in den Häusern, und es ist nicht verwunderlich, daß die seit ihrer Kindheit daran gewöhnten Einwohner die ungewöhnliche Verkehrsdichte der » Matatus « ertragen. In diesem Viertel befindet sich noch ein weiterer *Busbahnhof* am Ende der *Accra Road,* zwischen Tom M'Boya Street und River Road, sowie der *Bahnhof der Minibusse* MPS in der *Dungo Road*. Dort sind auch sehr viele billige » Boardings und Lodgings « verstreut, einige liegen in unmittelbarer Nachbarschaft der Moi Avenue mit ihren Restaurants — ein nicht zu unterschätzender Vorteil, vor allem für Touristinnen, die lieber diese Restaurants aufsuchen und am späten Abend Wert auf einen kurzen Heimweg legen.

In diesen Vierteln gibt es nichts besonderes zu besichtigen. Man muß sie in ihrer Gesamtheit erleben, im Anschauen erfahren, in engster Tuchfühlung mit den Einwohnern, die zwar zuerst überrascht, dann aber befriedigt sind, » in ihrer Welt « endlich einmal Touristen zu sehen, die den Bann gebrochen haben.

Den im nördlichen Vorort von Nairobi gelegenen *City Park* kann man zu Fuß von der *Muranga Road* aus erreichen. Einen halben Kilometer jenseits der Flußbrücke überquert man die *Ngara Road,* geht dann links durch die *Limuru Road* ein Stück über den Verkehrskreisel, wo diese Straße auf *Parklands Road* und *Forest Road* trifft, hinaus. Dort liegt rechter Hand der City Park. Der von Sonnenaufgang bis Sonnenuntergang geöffnete Park verlockt mit seinen schönen Rasenflächen und Teichen, seinem Kinderspielplatz und mit seinen seltenen Pflanzen, darunter auch Orchideen, zum Spazierengehen. Die 120 ha große Fläche war früher ein natürlicher Wald, von dem noch ein großer Teil zwischen dem Park und Forest Road erhalten ist.

Er ist nicht eingezäunt, man kann ihn also von dieser Straße aus zu jeder Zeit betreten. Trotzdem ist dies nicht besonders zu empfehlen : obwohl er am Rande ziemlich licht ist, wird er jenseits eines eingedämmten Baches zu einem regelrechten Wald, der dunkel, still und — scheinbar — leblos beunruhigend wirkt. Die Nähe des *Friedhofs,* der auch an Forest Road grenzt, macht die Gegend nicht gerade anziehender...

Andere Randviertel der Stadt

Außerdem ist diese lange Wanderung recht ermüdend, besonders wenn man von einem der Hotels in der Westlands Road ausgeht (über *Ring Road West — Parklands — Limura Road).* Der Gang führt einen zunächst durch hübsche Wohnviertel, dann aber an kleineren, verfallenden Häusern vorbei, deren Gärten weniger weitläufig und dichter bewachsen sind ; in der endlosen Muranga Road zwischen Forest Avenue und Limura Road schließlich kann man an Häusern und Gärten frühere Gepflegtheit nur erahnen.

Der National Park von Nairobi

Der Haupteingang des Parks ist von der *Langata Road* südwestlich von Nairobi aus zu erreichen. Das Gelände steigt zu den *Ngong Hills* an und wird von mehreren Nebenflüssen der *Athi* durchflossen.

Da Fußgänger diesen, wie alle anderen Parks, nicht betreten dürfen, muß man sich entweder ein Auto mieten oder einen der von allen Touristenagenturen täglich organisierten Halbtagsausflüge mitmachen.

Am Eingang wird zunächst das *Tierwaisenhaus* (Animal Orphanage) besichtigt. Hier werden Tierbabys jeglicher Art großgezogen, deren Mutter starb, bevor sie entwöhnt waren. So früh wie möglich versucht man dann, sie in ihrer natürlichen Umwelt auszusetzen. An diese Orphanage schließt sich der Park mit einer Gesamtfläche von 115 km^2 an. Er wurde im Jahre 1947 angelegt, das heißt vor allen anderen Parks in Kenia. Interessant ist vor allem der erstaunliche Gegensatz zwischen fast unberührter Natur und dem wenige Kilometer entfernten *Flughafen Embakasi* sowie der Hauptstadt. Am Eingang führt eine breite Straße entlang, die in der Nähe des Industriegebiets in den Uhuru Highway übergeht. Wie so die Tierwelt von den Geräuschen der Stadt und besonders von den ganz in der Nähe startenden und landenden Flugzeugen nicht gestört wird, ist ein Geheimnis.

Die Meinungen über diese Tierwelt sind geteilt. Manche behaupten, der Park sei praktisch verlassen, andere sagen, er sei außerordentlich reich an Gazellen, Giraffen, Impalas, Löwen, Leoparden, Büffeln und anderen Tieren. Amtlich hat man 100 Tierarten und 400 Vogelarten in dem Park gezählt. Die Wahrheit wird in der Mitte liegen : die Tiere haben unter der Trockenheit vor einigen Jahren gelitten, vor allem aber geht es hier um Spürsinn und Überlebenschance, zumal der Park nach Südwesten hin offen ist.

Die Bomas von Kenia

Diese Unternehmung gehört wie die vorher genannte zu den typischen Ausflügen von der Hauptstadt in die nahe

Umgebung. Täglich fahren Busse die Touristen zu den Tanzvorführungen verschiedener Volksstämme, die um 14.30 Uhr in einem großen Saal stattfinden. Man kann auch mit einem öffentlichen Verkehrsmittel dorthin gelangen.

Der Bus Nr. 24 fährt vom Hauptbahnhof ab. Kurz hinter der Einfahrt zum Nationalpark weisen auf der rechten Seite mehrere Schilder auf die Bomas hin. Der Autobus hält an der Einmündung einer schönen Allee, und nach knapp 200 m ist man am Zufahrtsweg. Ob man sich die Tänze anschaut oder nicht, man muß am Eingang des Gebäudes, in dem sich Kasse, Restaurant und Vorführungssaal befinden, den gleichen Preis entrichten.

Von diesem Gebäude aus führt eine Allee zu der Parkzone, in der elf Hüttengruppen die » Bomas « oder Wohnstätten elf verschiedener Volksstämme zeigen. Vertreten sind die *Taita, Massai, Mijikenda, Luo, Kuria, Kisii, Luhya, Kamba, Kalenjin, Embu* und *Kikuyu*. Meist stehen die » Bomas « leer, manchmal sind sie tagsüber von Handwerkern » bewohnt «, die hier ihre Erzeugnisse verkaufen. Es empfiehlt sich, diesen Besuch zu erledigen, bevor man in das Landesinnere weiterfährt. Bedauerlich ist nur, daß nicht alle Volksstämme des Landes vertreten sind, nicht einmal alle großen Gruppen, zu denen sie ihrer Herkunft oder Sprache nach zusammengefaßt sind. Man sähe zum Beispiel gern die Häuser kurobo. Doch diese ins Detail gehende Kritik soll die Bemühung um eine Dokumentation nicht schmälern.

NAIROBI

Lage und Anreise : 487 km von Mombasa auf Teerstraße A 109. — 344 km von Kisumu auf Teerstraßen A 104 und B 1. — 279 km von Isiolo auf Teerstraße A 2. — 380 km auf Teerstraße A 104.

Verkehrsmittel : Jomo Kenyatta Airport in Embakasi, alle internationalen Fluglinien sowie Kenya Airways für die Linie Mombasa-Malindi und Lamu sowie Kisumu. Alle Chartergesellschaften fliegen vom Wilson Airport, Langata road, ab.
Air France : Mama Ngina street, Tel. : 33 33 01. — *Kenya Airways,* Koinange street, Tel. : 29 291. — *Kenya Railways* : am Ende der Moi avenue. — *Mombasa Road services* : Dunga road, Tel. : 33 44 31.
Busbanhof für Busse und »Matatus« : Race course road (Busgesellschaften OTC, CBS, etc.).

Liste de *Hotels* und *Restaurants* am Schluß des Buches

Wichtige Adressen : Botschaften : *BR Deutschland* : Embassy House, Harambee avenue, Tel. : 26 661. — *Belgien* : Silopark House, Mama Ngina street, Tel. : 20 501. — *Canada* : Comcraft house Haile, Selassie avenue, Tel. : 33 40 33. — *Frankreich* : Embassy House, Harambee avenue, Tel. : 28 373. — *Großbritannien :* Bruce House Standart street, Tel. : 33 59 44. — *Schweiz* : International House, Mama Ngina street, Tel. : 28 735.

Einrichtungen : Läden für Geschenkartikel : *African heritage* : Kenyatta avenue. — *Rowland Ward,* Standard street. — *Gallery Watatu,* Standard street. — *Gems & Jewels* (Edelsteine und Juwelen) : Prudential building Wabera street/Mama Ngina street. — *Treasures and Crafts* (Kunst- u.kunstgewerbl.Gegenstände) : Kaunda street, — sowie in den Läden der Hotels.
Kaufhäuser : *Woolworth* : Kimathi street. — *Uchumi* : Muindi Mbingu street. — *Commercial Centre* of Westlands (alle Waren).
Photogeschäfte : *Multicolour Lab,* Tom M'Boya street.
Camping-Bedarf : (Verkauf und Verleih) : *Ahamed Bros* (im Uchumi Supermarkt, Aga Khan Walk, Nähe City square). — *Low and Bonar* : Addis Abeba road (am besten ausgestattet).
Buchhandlung : *Text book centre,* Kijabe street.
Krankenwagen : *St. John Ambulance brigade :* Tel. : 24 066. — *Nairobi Accident and Police,* Tel. : 22 222.
Krankenhäuser : *Kenyatta National Hospital,* Tel. : 33 48 00. — *Aga Khan Hospital,* Tel. : 74 23 01. — *Mater Misericordiae,* Tel. : 55 66 66.
Bibliotheken : *La Maison Française,* an der Ecke Loita und Monrovia street. — *Mac Millan Memorial,* Wabera street. — *Goethe Institut* : University Way. — *British Council Library,* im Kenya cultural centre, Harry Thuku road, gegenüber dem Norfolk Hotel. — *Italienisches Kulturinstitut.* — *Amerikanisches Kulturzentrum,* im Gebäude der Nationalbank, Harambee avenue.
Banken : *Barclays Bank of Kenya* : Queensway house, Mama Ngina street, Moi avenue, Market street, Muindi Mbingu street, Kenyatta avenue, Haile Selassie avenue, Harambee, Westlands, Flughafen. — *Commercial Bank of Africa* : Wabera street, Mama Ngina street, Hilton, Racecourse road. — *Kenya Commercial Bank :* Moi avenue, Harambee avenue, Kenyatta avenue, Enterprise road, River road, Kenyatta Conference Centre. — *Standard Bank :* Kenyatta avenue, Moi avenue, Mimathi street, Harambee avenue, Westlands, Industrial area. — *National Bank of Kenya* : Moi avenue, Uchumi House.
American Express : c/o Express Kenya, Standard street : Tel. : 55 66 88.

Clubs und Gesellschaften : *Lions Clubs* (Ci-

ty) POB 30693. Es gibt verschiedene Clublokale in mehreren Stadtvierteln von Nairobi. — *Rotary Club* : POB 41181, Tel. : 80 24 85. Meeting in New Stanley zum Lunch jeden Donnerstag um 12.30 Uhr. — *Nairobi Music Society,* POB 41799. — *Kenya Sub Aqua Club* (Tauchclub), Zusammenkünfte im Oasis Club hinter dem Mayfair Hotel, Sclaters road, dienstags und donnerstags ab 17 Uhr. POB 49651, Nairobi. — *Mountain Club* : POB 45741, Tel. : 50 17 47. — *Nairobi Chess-Club* (Schachclub) : POB 50433, Tel. : 33 46 66. — *Kenya Museum Society :* Museum Hill, Tel. : 20 141, ex 17. — *Archeological Research* im British Institute in East Africa, POB 30710 N.
Gottesdienste : *Anglikaner* : All Saints' Cathedral : Kenyatta avenue. — *Baptisten* : Baptist Church, Ngong road. — *Presbyterianer* : St. Andrews, University Way. — *Lutheraner* : Uhuru highway / University Way. — *Katholiken* : Holy Family Cathedral, Parliament road. — *Juden* : Synagoge an der Ecke des University Way.
Sport : *Golf* : 4 Plätze mit je 18 holes : Muthaiga (jenseits des City Parks) ; Karen im südlichen Außenbezirk ; Limuru ; Sigona. Aber Nairobi und seine Umgebung hat insgesamt 10 Golfplätze verschiedener Größe. — *Aero Club Kenia* : Wilson Airport. — *Reiten* : im Langata castle ; im Polo-Club des Jamhuri Parks : verschiedene Sportarten außer *Polo*. — *Rugby- und Footballplatz* : Ngong road.
Nightclubs : In zahlreichen Hotels (siehe Liste), zum Beispiel im *Swiss* — *New Florida* (Koinange street) — *Starlight* (Milimani road) — *1900 Club* (Uhuru highway) — *Bacchus* (Kimathi street) — *Eclipse* (Kimathi street) — *Halligms* (Tom M'Boya street) — *Le Chalet* (Chiromo road) — *Pasha* (Kimathi street) — *Sombrero* (Moktar daddah street).
Casinos : *Casino International* neben dem Museum, über der Chiromo road — *Paradise Casino* im Safari Hotel.

ZEITUNGEN UND ZEITSCHRIFTEN

■ *Die kenianische Presse hat bereits Tradition, denn die erste in Mombasa gedruckte Zeitung wurde schon im Jahre 1899 von einer Frau,* M Gray, *herausgegeben. Sie hieß* East African and Uganda Mail.
Sie ging zwar ein, aber das Nachfolgeorgan African Standard *hielt sich dafür umso länger. Erster Besitzer, ebenfalls in Mombasa, war im Jahre 1902 ein parsischer Inder,* A.-M. Jevanjee. *Er verkaufte sie im Jahre 1910. Seitdem hat die Zeitung verschiedene Besitzer gehabt und auch ihren Namen gewechselt. Unter dem Namen* The Standard *erscheint sie seit 1974 (als zweitgrößte Tageszeitung) in Nairobi in einer Auflage von 55 000 Exemplaren als zweitgrößte Tageszeitung nach der* Daily Nation, *die eine Auflage von etwa 100 000 Exemplare hat und im Jahre 1961 von* Aga Khan *gegründet wurde.*
Eine dritte Tageszeitung in suaheli, die Taifa Leo, *in den fünfziger Jahren als bescheidenes Wochenblatt gegründet, hat inzwischen eine Auflage von 54 000 Exemplaren erreicht.*
Die Zeitung Coastweek *wurde im Jahre 1978 in Mombasa von Kenianern gegründet und erscheint in englisch, suaheli und in deutscher Spache.* Taifa Weekly *ist die Beilage der Taifa Leo in suaheli,* The Targe and Lengo *ist ein christliches Wochenblatt, von dem es je eine Ausgabe in englisch und suaheli gibt.*
Die von der East African Wildlife Society publizierte Vierteljahrsschrift Swara *enthält natürlich die neuesten Nachrichten über die Parks und das Tierleben in der ganzen Welt.*

Naivasha

■ Der an der Fernstraße von *Nairobi* nach *Nakuru* gelegene kleine Ort ist nicht sehr anziehend. Der Name bezieht sich hauptsächlich auf einen der alkalischen Seen, die sich im *Rift Valley* aneinanderreihen. In der Stadt selbst findet man keine Unterkunft ; verschiedene Lodges, in denen man sehr gut untergebracht ist, liegen an einer Straße, die am Südostufer des Sees entlangführt und 2 km südlich des Ortes abzweigt.

Das erste und schönste dieser Hotels ist das *Lake Naivasha Lodge* ; es hat einen herrlichen großen Park, ein von Blumen umwachsenes Schwimmbad, eine sehr elegante und bequeme Innenausstattung, alles ist vorhanden... leider auch allzu große Touristengruppen, die manchmal nicht die gewünschten Betten finden, obwohl ihre Zimmer vorbestellt waren. Die in letzter Minute getroffenen Änderungen schaffen manchen Ärger. Davon abgesehen ist die Anlage bezaubernd. Das gleiche gilt für die anderen Lodges am Seeufer. Jedes dieser Häuser vermietet Boote ; denn die Hauptattraktion bleibt eine Spazierfahrt auf dem See, insbesondere zum *Crescent Island* und ihrem Naturschutzgebiet.

Eine Spazierfahrt unter Kormoranen

Wer die Schönheit der Uferlandschaft und der umgebenden Berge genießen will, muß mehr als die gewöhnlich dafür vorgesehene Stunde Zeit ansetzen. In einer Stunde kann man höchstens ein wenig zwischen den Lodges am Ufer entlangrudern und die zahllosen Kormorane betrachten, die auf den aus dem Wasser ragenden Zweigen der toten Bäume ihre Nester gebaut haben. Warum sind diese Bäume abgestorben ? Vor einigen Jahren haben Wolkenbrüche den Seespiegel so weit ansteigen lassen, daß die Uferbäume halb ertränkt wurden und abstarben. Vielleicht kamen noch andere Ursachen hinzu, denn die einst kräftigen Papyrusstauden zwischen dem See und der Stadt sehen jetzt erbärmlich aus. Das stört aber die in den Bäumen nistenden Kormorane nicht. Sie fühlen sich so sehr zu Hause, daß man sich ihnen im Boot nähern kann, ohne daß sie wegfliegen. Das Gleiche gilt für die anderen Seevögel : aschgraue und purpurfarbene Goliathreiher, Kraniche, Pelikane, kleine bunte Vögel und eine bedeutende Population von Eisvögeln. Eine mögliche Verschmutzung des Sees hat sich jedenfalls nicht auf die Fische ausgewirkt, die Tilapias oder Barsche, auch nicht auf die Krebse, die in dieser Gegend so zahlreich sind, daß man sie jedes Jahr tonnenweise nach Europa exportiert. Auf der Bootsfahrt sieht man Kinder im Wasser stehen, die ihre ganze Beute auf Stöcken aufgespießt haben.

In einer Stunde kann man auch bis zur Crescent Insel fahren oder sich dort absetzen lassen. Die Insel ist Privateigentum, obwohl sie wie ein Reservat zum Schutzgebiet erklärt wurde. Man muß also vor der Abfahrt im Lodge eine Eintrittsgebühr entrichten. Mit dieser Berechtigung versehen kann man dort so lange bleiben wie man will und sich später von einem Boot wieder abholen lassen.

Fast zahme Antilopen

Es ist herrlich, auf dieser Insel allein zu sein : die Eigentümer suchen keine Begegnungen, und wenn man sich nicht bewegt und still ist, kommen die Antilopen, zuerst zögernd, dann beruhigt ganz nahe heran und bleiben sinnend vor dem seltsamen Wesen Mensch stehen. Die wirbelnden Scharen kleiner Vögel setzen sich einem ohne Scheu fast auf die Knie. So vergeht der Tag im Anschauen dieser furchtlosen Tiere, von denen man umgeben ist.

Auf der Nachbarinsel hat der *Naivasha Yachting Club* sein Clubhaus, einen Yachthafen und ein Campinggelände. Man kann die Insel zwar betreten, hat aber keinen Zugang zu dem privaten Club. Auf Crescent Island ist es ohnehin schöner und stiller.

Manchmal ziehen selbst in der Trockenzeit Gewitter auf. Mächtige stahlgraue Wolken sammeln sich über dem Bergkranz und schütten plötzlich unter zuckenden Blitzen dicke, fast lauwarme Tropfen aus. Ein schönes Erlebnis, auch wenn man durchnäßt wird.

Joy Adamson und Mirella Riccardi, die beliebte Autorin von » Vanishing Africa « und ihrem jüngsten Meisterwerk » African Saga «, haben lange an den Ufern des Naivasha Sees gelebt — man versteht sie.

Um nach Nakuru zu gelangen, kann man die (auf diesem Stück übrigens sehr schlechte) Hauptstraße vermeiden. Man fährt hinter den Lodges weiter auf der Piste am See entlang, bis man hinter *Safari Land Lodge* auf eine ander Piste stößt, die genau nach Süden führt. Auf ihr fährt man bis *Hell's Gate* (Höllentor), einer 200 m tiefen Schlucht, die man zu Fuß durchquert. Dort ragt der *Fischerturm,* ein stark erodierter Lavapfeiler empor. Die Höllenschmiede scheint nicht mehr in Tätigkeit zu sein, nur am Ende der Schlucht schießen noch Dampfstrahlen aus der Erde. Es läßt sich durchaus denken, daß hier eines Tages ein neuer Vulkan wie seine Nachbarn *Longonot* oder *Suswa* ausbricht.

Folgt man der Piste am westlichen Seeufer weiter nach Norden, umfährt man zwei weitere Seen; aus dem kleineren, einem Kratersee, entweichen ebenfalls Dampfwolken. Die Piste führt durch die *Maasai Gorge* nach Norden und trifft zwischen *Ilkek Station* und Naivasha auf die A 104.

Vor der Maasai Schlucht kann man auch nach links abbiegen und auf einer Piste am Waldrand den *Mount Eburru* erreichen. Diesen Berg kann man besteigen; der sichelförmig gekrümmte Gipfel ist mit Wald, hauptsächlich Bambus bedeckt. Die Piste führt weiter bis zum Dorf *Eburru,* wo sie sich gabelt; rechts stößt sie bei *Gilgil* auf die A 104, links führt sie in einem Bogen um den *Elmenteita-See* herum und trifft kurz vor Nakuru auf die A 104.

NAIVASHA

Lage und Anreise : 86 km von Nairobi auf der geteerten A 104. — Bahnhof an der Strecke nach Nakuru und Kisumu. — Zahlreiche Busse und »Matatus«.

Unterkunft : mehrere Lodges und Campingplätze am südlichen Seeufer, ein Zeltplatz auf der Insel Crescent mit Restaurant. — 2 Hotels in der Stadt.

Wichtige Einrichtungen : Banken. — Post. — Läden. — Tankstelle.

DIE VERSCHIEDENEN SCHIFFE DER SUAHELI

■ *Nach J. de V. Allen, dem Verfasser eines sehr interessanten Buches über Lamu und seine Inselwelt, soll das englische Wort » dhow « (aus arab. dawa, Anm. d. Übers.) von einem suaheli Ausdruck dau abstammen, einem Wort für die verschiedenen Segelschiffstypen, das folglich auch andere Bootstypen als die heutzutage »dhows« genannten bezeichnet. Für jede der bei diesem Seefahrervolk gebräuchlichen Schiffsarten gibt es ein besonderes Wort, das so schnell wechselt, wie die Modelle.*

In Pate ist die dau la mwao am beliebtesten, eine Art langes, schmales Kanu mit Schiffsplanken ohne Kiel, mit einem stark nach vorn geneigten Mast und meist mit einem spitz zulaufenden Bugspriet. Diese sehr schnellen Schiffe haben eine unauffällige Verzierung : sie ist schwarz, weiß und rot gehalten und auf dem Ruder und auf dem Heck angebracht. Das häufigste Motiv ist ein Stern und ein Halbmond mit einigen weißen und roten Streifen. Dieser Schiffstyp ist auch in Lamu und Shela bekannt. Dort wird er vorwiegend zum Transport von Baumaterial (Sand und Korallenblöcken) verwandt. Aber die Boote sind hier langsamer und schwerfälliger, sie haben keinen Bugspriet und einen kürzeren Mast.

Nakuru

■ Nakuru, die viertgrößte Stadt Kenias, ist 1962 als Eisenbahnstation gegründet worden. Sie hat einen Großmarkt, der mit den landwirtschaftlichen Erzeugnissen der Highlands beliefert wird. Das bedeutende Zentrum der *Kikuyu* ist ein angenehmer, lebhafter Ort, in den von Nordwesten und Südosten je eine schöne, breite Allee mit Frangipani, Hibiscus, Bougainvillea und vor allem wunderbaren Jakarandabäumen hineinführt.

Etwas abseits dieser Baumhecken liegen von Gärten umgebene schöne Häuser.

Westlich dieser Allee, die an den beiden Stadtausgängen von der A 104 fortgesetzt wird, beginnt das Stadtzentrum. Die beiden sich rechtwinklig kreuzenden Hauptstraßen sind von den üblichen Säulengängen gesäumt. Die Giebel über den schmalen Läden sind mit bunten Werbetexten bemalt. Dadurch sind die Geschäfte zugleich verlockender als in den meisten anderen Orten und wirken altertümlicher als die in Nairobi.

Bunter, fröhlicher Markt

Nakuru ist eine heitere Stadt, die nicht nur die Bauern der Umgebung, sondern auch zahlreiche Touristen anzieht. Beide begegnen sich zuerst auf dem besonders belebten *Busbahnhof,* einer wahren Drehscheibe, wo man nur das Fahrzeug zu wechseln braucht, um in eine andere Provinz zu fahren.

Das Städtchen hat jedoch seine bescheidenen Ausmaße behalten und ist ein Ort, in dem jeder jeden kennt. Sobald man jemanden nach dem Weg fragt, hat man einen liebenswürdigen Begleiter gefunden, der den Fremden mit offensichtlichem Vergnügen seinen Freunden vorstellt. Betritt man mit ihm die hübsche *Markthalle,* die in der Mitte einen offenen Hof hat, erfährt man von ihm oder den Verkäufern, die er mit Namen begrüßt, allerlei Wissenswertes über die landwirtschaftliche Produktion der Gegend.

Der Markt erfreut sich starken Zuspruchs. Auf den Brettern stapeln sich Kartoffeln, Kohl, Jamswurzeln, Maniok, verschiedene Mehlsorten, Mais, Tabakpulver, Auberginen, Zwiebeln, Petersilie, Bananen, Papaya, Ananas und Mangofrüchte, alle möglichen Arten von Körnern und bunten Pulverschoten... Die Leute fragen den Fremden ihrerseits, lächeln, erklären, scherzen, lassen ihn auf Bitten seines Cicerone eine Frucht oder ein unbekanntes Gemüse kosten. Man hat das angenehme Gefühl, von dieser Gemeinschaft aufgenommen zu sein.

Der Nationalpark von Nakuru

Man kann den nur 4 km von der Stadt entfernten 50 km² großen Park durchaus im Taxi besuchen. Das ist sogar angenehmer als in einer Gruppe, falls man einen entgegenkommenden Chauffeur gefunden hat, der sich in der Gegend auskennt. In drei Stunden kann man den See in gemächlichem Tempo und mit häufigen Pausen umfahren.

Leider hat sich seit der Zeit, als hier Millionen von rosa Flamingos ihren Standort hatten, vieles verändert. In der Nähe wurde ein Stahlwerk errichtet und die ungereinigten Abwässer von Nakuru fließen in den See, der seinerseits keinen Abfluß hat. Nach starken Regenfällen wird der Seespiegel so stark gehoben, daß infolge der verbreiteten Wasserverschmutzung bereits zahlreiche Bäume abgestorben sind, darunter viele der » Gelbfieberbäume « genannten Akazien (man machte sie lange für das Gelbfieber verantwortlich).

Früher hielten die Touristenbusse möglichst nahe dem Haupteingang zum Park, genau am Rand dieser Zone. Die Fahrgäste gingen zwischen diesen schönen Bäumen — die heute erbärmlich aussehen — hinab zu dem weiten, von Sandstränden durchsetzten Gestade, wo sich die Vögel tummelten. Man konnte ganz nahe an die Flamingoscharen herangehen, bis sie sich aufschwangen und für Augenblicke das ganze Ufer rosig färbten. Die Bildung karotinhaltiger Algen — Lieblingsnahrung der Flamingos und Ursache der Rosafärbung ihrer Federn — wird durch starke Regenfälle gestört. Verbreitet sich durch das Ansteigen des Seespiegels dann außerdem die Wasserverschmutzung, so fliegt ein großer Teil der Vögel zu einem anderen See.

Den Park deswegen verlassen zu nennen, ist lächerlich ; man ist überrascht, wie viele Antilopen in dem absterbenden Unterholz äsen und wie viele Kormorane und Marabustörche am Ufer den Platz der Flamingos eingenommen haben. Es gibt noch sehr viele andere Tiere. Man braucht nur auf der Piste am Seeufer weiterzufahren.

Im Norden und Westen endet der Park an großartigen Steilwänden, über denen das *Mau-Gebirge* hoch aufragt. Bis zu diesen Klippen erstreckt sich ein schier undurchdringlicher Wald, das Reich der Schlangen, insbesondere riesiger Pythons. Auch Leoparden, die in Kulturzonen gefangen werden, läßt man hier wieder frei. Daher dürfen Touristen in dieser Gegend den Wagen nicht verlassen, während in anderen Parkzonen sogar das Zelten erlaubt ist. Die Pythons halten sich im Wald verborgen... oder im Wasser der Flüsse : im Jahre 1980 versperrte eine das Bett der *Makalia,* weil sie vor lauter Gier eine Gazelle samt ihren spitzen Hörnern gefressen hatte !

Lake Nakuru Lodge

Hinter dieser Waldzone fährt man durch einen lichten Akazien- und Prosopiswald (Süßhülsenbäume) und dann über eine weite Prärie. Hier leben Impalas, Riedböcke, Gazellen, aus Kitale stammende Giraffen (mit Erfolg hier heimisch gemacht), Warzenschweine, Affen...

Diese Ebene grenzt an das am wenigsten von der Wasserverschmutzung bedrohte Südwestufer. Dort entsteht eine neue Population von Wasser-Vögeln. Die Flora ist zwar nicht so üppig, aber reichhaltig genug, um auch die anspruchsvollsten Tiere zu befriedigen. Neben zahlreichen Flamingos sieht man dort schwarze und weiße Pelikane, kleine Stelzvögel, Reiher, Schlangenadler, Marabustörche und Adler. Es wäre also unrecht, sich als » Kenner « von diesem abzuwenden. Sind auch die Beobachtungshütten von *Hippo Point,* vor denen früher die Leute Schlange standen, nunmehr unbenutzbar, ist doch der Park von Nakuru immer noch einen Besuch wert. Man muß sich nicht nur flüchtig dort aufhalten, sondern mindestens eine Nacht in einem der beiden Lodges bleiben.

Lake Nakuru Lodge liegt auf einem Hügel über der weiten Prärie im Südwesten, wo heute die reichste Tierwelt anzutreffen ist. 8 km vom Parkeingang ist das Zeltlager *Lion's Hill* am Hang des Hügels dem See am nächsten gelegen und mit einem wahren Wald von außerordentlich großen und dicht bevölkerten Kandelaberbäumen umgeben. Diese Lodges kann man auch als Ausgangsbasis für zwei andere Ausflüge in die Umgebung der Stadt benutzen.

Auf der A 104 macht 10 km nördlich ein Schild auf den Weg zu einem am Hang des *Menengaikraters* liegenden Campingplatz aufmerksam. Dort metzelten sich im letzten Jahrhundert zwei Clans der *Massai* gegenseitig nieder. Man besteigt den 2 300 m hohen Vulkan jedoch nicht, um etwa dieses tragische Ereignis zu feiern, sondern weil man vom Gipfel sowohl in den 500 m tiefen Kratergrund hinabschauen als auch das ganze *Rift Valley* überblicken kann. Die aus dem Krater aufsteigenden Wolkenspiralen sollen die Seelen der toten Massai sein...

Südöstlich von Nakuru, links von der nach Nairobi führenden Straße, kann man *Hyrax Hill,* eine von Professor Leakey freigelegte prähistorische Fundstätte besuchen.

NAKURU

Lage und Anreise : 157 km von Nairobi auf der geteerten A 104. — Einmal täglich Züge nach Kisumu von Nairobi und zurück. — Zahlreiche Busse und »Matatus« in alle Richtungen : Kisumu, Kericho, Eldoret, Kitale, Homa Bay.

Unterkunft : Mehrere Hotels in der Stadt und im Inneren des Parks. — Campingplätze im Park.

Wichtige Einrichtungen : Autowerkstätten : *Cooper Motor, Kenya Motor* und *Marshalls* : alle drei in der George Morara Avenue (Straße nach Eldoret).

Auskünfte über den Park : *Chief Warder,* Lake Nakuru National Park, POB 539, Nakuru, Tel. : 24 70.

NANYUKI (s.S. 180)

Lage und Anreise : 190 km von Nairobi auf der geteerten A 2. — Züge nach Nairobi. — Busse, MPS, »Matatus« zur Hauptstadt und den Städten der Umgebung.

Unterkunft : 1 Hotel mit Restaurant.

Wichtige Einrichtungen : Post. — Tankstelle. — Bank. — Zahlreiche Läden, darunter der Bazar Kassim (Angeln, Camping). — Bedeutender Markt. — Kleine Autowerkstätten. — Kleine, billige Restaurants.

*Was die Lodges so anmutig macht, ist
— unabhängig von der umgebenden Landschaft —
die ungewöhnliche Schönheit des Pflanzenwuchses,
mit dem sie von Natur aus oder durch künstliche Anlagen
geschmückt sind.*

*Kleintiere wie Vögel und Insekten
sind genauso interessant
wie die bekannten Großtiere in den Parks.
Überall sind Kenner und Laien
von ihrer Vielfalt und Schönheit begeistert.*

Nanyuki

■ Nanyuki, die letzte *Kikuyu-Stadt* vor den Wüsten des Nordens, liegt am Saum der üppig grünen, kühlen Waldzone am Fuß des *Mount-Kenya-Massivs* in 2 000 m Höhe. Die Stadt ist relativ bedeutend wegen ihrer nördlichen Randlage und als Kreuzungspunkt der asphaltierten West-Ost-Straße von *Nyahururu* nach *Embu* und der Süd-Nordachse von *Nairobi* nach *Samburu* mit Fortsetzung nach *Marsabit*.

Viele Reisende haben schon eine anstrengende Fahrt hinter sich, wenn sie in Nanyuki ankommen. Sie erfrischen sich gern auf der Terrasse der Café-Bar in der Nähe des Busbahnhofs und des gut besuchten Marktes. Dort kann man gut einkaufen, besonders Textilien, sofern man noch nicht bei den gar nicht weit von hier lauernden »Äquator-Händlern« war, bzw. wenn man ihren Klauen entwischt ist.

Ein merkwürdiger Aberglaube ist dieser Äquatorkult ! Alle, die an Symbolen hängen und das Exotische und die Reise ins Ungewohnte lieben, nehmen den Äquator unglaublich wichtig. Wie lange die Fahrt auch dauern mag : hier wird angehalten, und aus den Bussen quillt der Strom der Fahrgäste, um sich neben dem Schild am Straßenrand fotografieren zu lassen.

Während der Äquator für den Europäer gleichbedeutend mit der Hitze von Hundstagen ist, überquert man ausgerechnet in Kenia die ominöse Linie stets nur in einer Zone von Hochplateaus, wo es bis auf wenige Ausnahmen recht kühl ist. Aber die Temperatur läßt sich ja auf einem Foto nicht erkennen. Was jedoch in die Augen springt, sind die Souvenirverkäufer.

In Kenia fehlt es wahrlich nicht an Orten, wo die Touristen von einer regelrechten Kaufwut gepackt werden. Dieser hier ist vielleicht einer der schlimmsten — aufgereizt von den nicht nachlassenden Verkäufern und von der Sucht, sich als erste einwickeln zu lassen, stürzen sich die Leichtgläubigen auf den schlimmsten Kitsch und schleppen ihn triumphierend von dannen, obwohl sie woanders — zum Beispiel auf dem Markt von Nanyuki — die Hälfte bezahlt hätten.

(Auskünfte s.S. 177)

»DAS LAND LÄUFT NICHT DAVON«

■ *Mit diesem Ausspruch begleitete der Kolonialminister Lord Crewe im Jahre 1910 die Weisung an Sir Girouard, den damaligen Gouverneur von Kenia, die Aussiedlung der Massai aus dem Laikipia-Gebirge auszusetzen. So ist auch das Kapitel in Charles Millers »Lunatic Express« überschrieben, in dem der Autor jene unglaublichen Begebenheiten erzählt :*
10 000 Massai wurden mit 175 000 Rindern und einer Million Schafen zweimal zu ihrem Aufbruchsort zurückgeschickt, und sie durchzogen dabei das Rift Valley in einem Meer von Staub. Das erste Mal verlangte die Regierung, der Vertrag von 1904, aufgrund dessen den Nomaden die beiden « Reservate » Laikipia und Loita zugewiesen worden waren, müsse durch einen regulären neuen Vertrag ersetzt werden und dürfe nicht einfach abgeändert werden durch eine gütliche Absprache zwischen den nach dem fruchtbaren Weideland des Laikipia schielenden » settlers « und dem Laibon, dem religiösen Oberhaupt der im Süden lebenden Massai, dessen Autorität darunter gelitten hatte, daß sich ein Teil seines Volkes von ihm lossagte. Beim zweiten Mal, im Jahre 1911, wollte Lewis Harcourt, der neue Kolonialminister, ganz sichergehen, daß alle Aussiedler ausnahmslos mit der Maßnahme einverstanden waren. Man stelle sich dies Schauspiel vor ! Leider war der Hollywoodregisseur Cecil B. de Mille nicht zugegen...

Narok

■ Früher war Narok ein winziges Dorf nicht weit vom Haupteingang zum *Maasai Mara Park*. Inzwischen ist es eine kleine Stadt geworden, weil die *Kikuyu* sich ausgebreitet haben. Die Verkehrsachse Nairobi-Nakuru, über die sie sich früher nicht hinauswagten, haben sie inzwischen in breiter Front überschritten. Dort, wo nur spärliches rotbraunes Gras den Boden des *Rift Valley* bedeckte, haben diese hervorragenden Landwirte allmählich ausgedehnte Weizen- und Gerstenfelder angelegt und sich schließlich in der Umgebung von Narok niedergelassen.

Die *Maasai* sind entweder nach Süden ausgewichen oder leben in Frieden mit ihren Nachbarn zusammen, denn ihre » Manyattas « stehen auf dem Weideland, das wohl zu trocken ist, als daß die Kikuyu dort ihren Kohl bauen könnten... Die zwischen beiden Volksstämmen schon immer bestehenden Handelsgeschäfte werden jetzt hauptsächlich in Narok abgewickelt : die Maasai verkaufen den Kikuyu Vieh sowie Gegenstände aus Leder und Perlen, und tauschen dafür deren landwirtschaftliche Erzeugnisse ein.

Übrigens verstehen sich die Kikuyu nicht nur auf die Feldbestellung, sie sind auch ausgezeichnete Schmiede. Den Maasai liefern sie die Eisenspitzen für ihre Lanzen wie auch das aus Asien eingeführten Perlen, die durch die Hände vieler Kaufleute gehen, bis sie zu denen gelangen, für die sie der schönste Schmuck sind.

Fertigen auch die Maasai weiterhin selbst die Halsketten, Anhänger und die langen Ohrgehänge an, die durch ihr Gewicht das Ohrläppchen herabziehen, so beobachtet man doch schon an den Verkaufsständen für Touristen neben den Tankstellen und Café-Bars von Narok, daß die Kikuyu den Absatz der Massaiprodukte übernommen haben.

In Narok tankt man nicht nur auf dem Wege nach oder von Maasai Mara auf, sondern auch, wenn man über *Mau Narok* durch das *Mau-Gebirge* oder über *Sotik* und *Kisii* ins Land der *Luo* fahren will. Vorsicht ist geboten, denn diese landschaftlich schönen Pisten stellen an Wagen und Fahrer hohe Anforderungen.
(Auskunfte s.S. 182)

Naro Moru

■ Der kleine Ort mit seinen wenigen Läden, einer Post und lokalen Verwaltungsbehörden wäre unbekannt, wenn Naro Moru nicht auch der Name eines bezaubernden Lodge wäre und eines Flusses, der es in einer Schleife umfließt. Es ist umso verlockender, als man in einer Gegend, in der man auf ein solches Paradies nicht gefaßt ist, ganz plötzlich den Rasen am Uferrand entdeckt.

Von Nairobi bis zur Kreuzung bei *Thicka* benutzt man die Autobahn, danach fährt man durch das gut bestellte Hügelland der *Kikuyu*. Die schönsten Kulturen sind die Kaffeeplantagen : die hübschen weißen Blüten verströmen einen süßen Duft. Die jungen Setzlinge ähneln Buchsbaumbüscheln, während die ausgewachsenen Kaffeesträucher zwei bis drei Meter hoch sind. Die Blütezeit richtet sich nach der Höhenlage ; daher hat man immer wieder Gelegenheit, den schönen Anblick und das Aroma zu genießen.

Entdeckungsreiche Anfahrt zum Mount Kenya

Nachdem man durch immer wieder neue Ausblicke auf die bergige Landschaft verwöhnt worden ist, erreicht man hinter *Nyeri* ein Plateau, das viele Kilometer weit einen äußerst herben Anblick bietet. Man fragt sich, ob die enthusiastischen Erzählungen über die herrliche Vegetation am *Mount Kenya* nicht reichlich übertrieben sind. Ist auch noch das Wetter nicht sehr schön, beginnt man sogar an der Existenz des Mount Kenya selbst zu zweifeln, denn seine verschneiten Gipfel sind oft hinter einem dunklen Wolkenschleier verborgen.

Plötzlich zeigt ein Schild auf der linken Straßenseite » *Naro Moru Lodge* « an. Die ziemlich kurze Piste dorthin führt durch eine Landschaft die immer noch kahl ist. Erst wenn man das Portal hinter sich hat und den Weg zum Fluß hinunterfährt, entdeckt man, daß die begeistertsten Beschreibungen den Tatsachen entsprechen.

Man ist entzückt von der Landschaftsgestaltung : die sanft abfallende Wiese ist von herrlichen Bäumen beschattet, Blumengruppen, in kräftigen bunten Farben, säumen die Wege und schmücken die einzelnen Bungalows, und man ist berauscht von der reinen Luft und der Stille. Die Temperatur ist vollkommen : in der Sonne ist es heiß, im Schatten erfrischend kühl. In der Abenddämmerung zieht man sich Wollsachen an und freut sich über das Kaminfeuer im Aufenthaltsraum.

Das schlichte Chalet aus Zedernholz erinnert sowohl an ein englisches Cottage als auch an eine Berghütte. Die Zimmerbungalows fügen sich mit ihren Holzwänden und dem grünen Dach harmonisch in die Umgebung ein. Die ganze Anlage spricht viel mehr an als der aufwendige und auffällige Luxus mancher moderner Hotels, besonders an der Küste.

Geht man am Fluß entlang, sieht man nach etwa 100 Metern weitere, im gleichen Stil erbaute Chalets liegen. Diese » Bandas « haben mehrere Schlafräume, Bad Küche und Aufenthaltsraum und werden an Familien oder Gruppen vermietet. Sie gehören zum Lodge, so daß die Gäste ebenfalls in den Genuß des bezaubernden Gartens kommen.

Um zu einer Aussichtshütte in den Bäumen über dem Fluß hinaufzuklettern, benutzt man — zum Spaß der Kinder — die Knoten im Stamm. Weiter links, hinter den Büschen verborgen, liegt ein Campinggelände. Dort ist zwar die Grenze des Parks, aber der Zauber der Landschaft lädt zum Weitergehen ein. Der Pfad am Fluß entlang führt durch schönen Wald bis zu einem kleinen, von Seerosen bedeckten Teich. Eine Schranke scheint den Weg zu versperren, doch ein Schild lädt den Wanderer höflich ein, weiterzugehen, aber bitte nicht im Fluß zu angeln. Etwas oberhalb lädt ein anderes Schild ein, die Hunde des Hauses zu begrüßen. Aber die Hunde sind es wohl müde, immerzu lauter Fremde zu begrüßen — man sieht sie jedenfalls nicht.

Diese Wanderung kann man beliebig ausdehnen. Der Pfad scheint sich plötzlich vom Fluß unabhängig zu machen, nachdem er seinem Lauf eine ganze Weile gefolgt ist. Er führt die Uferböschung hinauf und verliert sich auf der Hochebene zwischen Jasminbüschen, Kandelaberbäumen und allerlei Dornbüschen.

Schon glaubt man, sich verlaufen zu haben, da zeichnet er sich wieder ab und führt zum Fluß hinunter. Diese » Eskapaden « werden immer häufiger ; schließlich macht man von selbst auch mal einen Umweg, um die schneebedeckten Gipfel des Mount Kenya zu sehen, die man von dem im Taleinschnitt gelegenen Lodge aus wegen der Bäume nicht erblicken konnte. Hier aber sieht man sie in ihrer ganzen Pracht, sofern der Himmel nicht bedeckt ist. Welche Stille hier, fern von allen Feldern, menschlichen Behausungen und Straßen !

Diesen Spaziergang machen manche nicht nur wegen seiner Annehmlichkeiten. Für die, die ihr Herz und ihre Beine trainieren müssen, damit sie die weitaus anstrengenderen Wanderungen im nahen Bergmassiv besser bewältigen, erweist er sich als nützlich. Solche Touristen sollten mindestens einen Tag in Naro Moru verbringen, um sich an die Höhenlage zu gewöhnen (besonders, wenn sie erst vor kurzer Zeit aus Europa eingetroffen sind). Denn hier befindet man sich bereits in 2 000 m Höhe. Und bevor man sich in Höhen von 4 000 m und mehr wagt, sollte man sich auf mehreren Höhenstufen akklimatisiert haben.

Dies gilt für die » Bergsteiger « — aber es lohnt sich auch, daß man in Naro Moru nur zum Vergnügen bleibt und zum Beispiel einen solchen Spaziergang macht, ohne ständig daran zu denken, daß man sich in Kondition bringen muß. Forellenangler finden reichlich Gelegenheit, in einem der vielen Flüsse der Umgebung ihrem Sport nachzugehen. Alle nötigen Auskünfte hierzu bekommt man von der Direktion des Lodge.

NARO MORU

Lage und Anreise : ca. 10 km südlich von Nanyuki auf der A 2 mit Abzweigung nach links, wenn man von Nairobi kommt. Minibusse halten im Dorf oder am Lodge.

Unterkunft : 2 Lodges in Nähe der Straße.

Wichtige Einrichtungen : Post im Dorf. — Tankstelle. — Kleiner Laden.

Auskünfte für den Mount Kenya Park : *Chief Warden*, POB 69, Naro Moru, Tel. : 25 75 in Nyeri.

NAROK (s.S. 181)

Lage und Anreise : 146 km von Nairobi auf geteerter A 104 und B 5. — etwa 100 km Piste bis zum Osteingang des Maasai Mara Parks ; 195 km Piste bis zur A 1 Tansania-Kisumu.

Unterkunft : keine.

Wichtige Einrichtungen : Tankstelle. — Verpflegung. — Kleine Bars, Andenkenläden.

Ngong Hills

■ Hat man kein Auto zur Verfügung, kann man in Nairobi an der Zentrale der Stadtomnibusse entweder den Bus Nr. 3, der direkt zum Dorf Ngong fährt, oder den Bus Nr. 24 besteigen. Letzterer fährt durch sehr hübsche Wohnviertel, u.a. *Langata* und *Karen,* und durch den schönen Wald von Ngong. Im Dorf Karen steigt man in den Bus Nr. 3 um, der gleich nebenan hält.

Wer den Bus benutzt, muß wissen, daß ihm ein langer Anmarschweg bevorsteht, der dem Autofahrer erspart bleibt. Im Wagen kann man bis zum Fernsehsender etwas unterhalb des Gipfels des ersten der drei Berge hinauffahren. Der Fußgänger hingegen muß zunächst von der Dorfmitte Ngong bis zur Polizeikaserne hinaufwandern und dann rechts eine befahrbare Piste einschlagen. Der ziemlich steile Anstieg bis zum Fernsehsender, währenddessen man zusätzlich den Staub der vorüberfahrenden Fahrzeuge einatmet, dauert eine Stunde.

Diese Anstrengung wird allerdings durch den unerwarteten Blick ins *Rif Valley* belohnt, oder besser gesagt : sie ist die Vorbedingung dafür. Denn um den Gegensatz dieses krassen Landschaftswechsels voll auszukosten, muß man den Nordhang, dessen grüne Bewachsung die Unebenheiten des Geländes überdeckt, langsam hinaufgestiegen sein, muß gesehen haben, wie unten die Häuser des Dorfes zum Vorschein kommen, dann in der Ferne Nairobi sichtbar wird und, je nach den Wetterbedingungen, am Horizont die erhabene Silhouette des *Mount Kenya* aus den Wolken auftaucht oder aber, in den Wolkenmassen verborgen, erahnt wird.

Nachdem man oft angehalten hat, um Atem zu schöpfen, erreicht man endlich den Gipfel des ersten, dann den des zweiten und schließlich den des dritten, südlichsten Berges, den *Mount Lamwia,* der mit 2 600 m der höchste ist. Am Horizont entdeckt man zuerst im Südosten das gewaltige Bergmassiv des *Kilimandscharo,* im Westen die tiefe Talebene, aus der die verschiedenen Vulkane — vom *Shombole* bis zum *Longonot* — herausragen, und im Nordosten den Mount Kenya. Dank der Orientierungstafel auf dem Gipfel des Lamwia kann sich nach und nach jeder in dem Gewirr der Umrißlinien zurechtfinden und die einander überschneidenden und zum Teil verdeckenden Gebirgsmassen identifizieren ; wenn man sich länger hier aufhält, kann man auch die fast unmerkliche Bewegung der Schatten registrieren.

Hier ist man im Lande der *Maasci.* Der Name Lamwia leitet sich von » Lemuya « ab, der Bezeichnung für den *Clan Oloiboni.* Die Massai nennen die Ngong-Berge *Oloolaisen,* so heißen auch die Abkömmlinge des Clans Oloiboni.

Vier - Gipfel Wanderung

Am Nordhang begegnet man einzelnen Maasai, die dort ihre Herden hüten. Mehrere von ihnen sieht man — vor allem von nahem — in den Cafés von Ngong. An den meisten Tischen sitzen Hirten mit ihren langen Stöcken, unverkennbar durch ihre stark herabgezogenenen Ohrläppchen und ihre Milchgetränke. Nach dem raschen Anstieg über die Hänge, an denen man so mühevoll hinaufkletterte, kann man hier eine interessante Pause einlegen.

Es läßt sich auch ein anderer Rückweg wählen : vom Gipfel des Mount Lamwia aus folgt man der Gipfellinie noch ein Stück nach Nordosten und erreicht, nach einem abermaligen leichten Anstieg, einen vierten Berg und geht von dort aus zur Missionsstation *Kiserian* an der Straße nach *Magadi* hinab. Dieser Weg ist insofern ein Wagnis, als man in Kiserian keinen Bus erreicht, um nach Nairobi zurückfahren zu können, und ob man gerade ein abfahrbereites » Matatu « findet, ist sehr fraglich. Man läßt sich also zweckmäßig von einem Auto abholen. Mit einem geländegängigen Wagen kann der Fahrer übrigens über Kiserian hinaus bis fast auf halbe Höhe des letzten Berges fahren.

Wer selbst einen Wagen zur Verfügung hat und nicht wandern möchte, kann, ohne auszusteigen, auf einer Piste um die Berge herumfahren.

NGONG HILLS

Lage und Anreise : 16 km von Nairobi auf der Langata road, Karen oder Ngong road, Dörfer Karen und Ngong. »Matatus« und Autobus von Nairobi.

Unterkunft : Westwood Parc Country Club.

Wichtige Einrichtungen : Tankstelle. — Kleine Läden. — Cafés.

Nyahururu (Thomson's Falls)

■ Die Straße von *Nanyuki* nach Nyahururu ist die nördliche Grenze des Landes der *Kikuyu* ; sie führt am nördlichen Rande des *Nyandarua-Gebirges* entlang. Die Piste ist von allen Fahrzeugen zu befahren, allerdings, bis 15 km vor dem Ziel die Teerstraße anfängt, recht mühsam, und dabei im ganzen eintönig.

Sie führt durch endloses Weideland, bald kahl, bald von Dornbüschen bedeckt, hinter denen die nahen Nyandarua-Berge unsichtbar bleiben. Von Zeit zu Zeit wird man durch den Anblick von Netzgiraffen, Impalas, Kuhantilopen oder Trappen aus der Betäubung gerissen. Leoparden und Geparden gibt es zwar auch in dieser Gegend, aber man bekommt sie nicht zu sehen. Diese Route ist von *Samburu* aus die schnellste Verbindung nach *Naivasha* und *Maasai Mara* sowie *Nakuru* und dem Westen ; auch *Maralal* und (über eine sehr schöne Piste, die links von derjenigen nach Maralal abzweigt) der *Baringo-See* sind von Nyahururu aus zu erreichen.

Doch Nyahururu ist nicht nur ein Straßenknotenpunkt. Früher eine Hochburg der » settlers « in den Highlands, ist es heute ein aufblühendes Handelszentrum der Kikuyu und vor allem durch seine Wasserfälle bekannt. *Joseph Thomson* entdeckte als erster Europäer den Ort, wo der *Ewaso Narok* Fluß in einen etwa 70 m tiefen Felsenkessel hinabstürzt und durch einen vom Wasser gegrabenenen Canyon weiterfließt. Er gab ihm seinen eigenen Namen, der vor kurzem durch Nyahururu ersetzt wurde.

Den Wasserfällen gegenüber bildet die Felsklippe eine natürliche Terrasse, auf der man um ein *Lodge* im Stile desjenigen von Naro Moru Gärten angelegt hat : denn er liegt 2 360 m hoch. Man kann sich ein Pferd mieten und durch den schönen Wald von *Marmanet* am Nordrand der Stadt und des Lodge reiten.

Von wo aus sicht man die Wasserfälle am besten ?

Die Felsennase, von der aus man die Fälle am schönsten überblicken konnt, ist heute von Souvenirverkäufern besetzt. Seitdem machen sie den Fotografen mit Erfolg das Terrain streitig. Wer also einfach Ruhe sucht und den schönen Ausblick genießen will , hat das Nachsehen.

Zum Glück bleibt solchen Leuten die Möglichkeit, auf einem Pfad bis zum Wasserniveau hinabzusteigen. Er zweigt links vom Aussichtsfelsen ab. Die Abzweigstelle ist zwar von Auslagen und auf dem Boden kauernden »Künstlern« versperrt, aber man findet den Pfad schließlich doch und entkommt rasch dem Lärm, denn nur wenige wagen sich diesen steilen Abhang hinab : von Moos und Mikroalgen überwachsen und vom Sprühregen naß, sind die Steine stets schlüpfrig.

Auch wenn man sich nicht einem » Führer « anvertraut, der einem versichert, ohne ihn riskiere man sein Leben, muß man sich vorsehen, vor allem passendes Schuhwerk tragen (Profilsohlen und keine Absätze) und den Abstieg nicht nach 16 Uhr beginnen. Denn für Hin- und Rückweg muß man 2 bis 3 Stunden rechnen, wenn man sich Zeit nehmen will, und am Grunde der Schlucht bricht die Nacht schnell herein.

Am besten geht man am frühen Morgen los, so daß man nicht in der Tageshitze wieder aufzusteigen braucht. Am Nachmittag hat man dann noch Zeit, über die Brücke zum anderen Ufer des Canyons zu gehen, um von dort aus den schönen Blick auf das Lodge und seine Umgebung zu genießen.

NYAHURURU

Lage und Anreise : 56 km von Gilgil auf der geteerten C 77 bis zur A 104, dann 91 km auf dieser nach Nairobi. 94 km von Nanyuki auf der Piste C 76 (15 km östlich von Nyahururu geteert). — Busse und »Matatus« Flugplatz.

Unterkunft : Lodge und Campingplatz.

Wichtige Einrichtungen : Tankstelle. — Post. — Lebensmittelläden. — Bank.

Nyandarua

■ Dieser 760 km² große Nationalpark besteht aus Hochflächen in einer durchschnittlichen Höhe von 3 000 m mit einem ca. 4 000 m hohen Gipfel im Norden. Lange Zeit hieß er *Aberdare National Park*. Joseph Thomson hatte dem Gebirge im Jahre 1883 diesen Namen gegeben zu Ehren des damaligen Präsidenten der Royal Society of Geography in London, der seine Expedition finanziert hatte.

Es erstreckt sich über 64 km von Norden nach Süden und trennt das Land der *Kikuyu* im Osten von dem *Rift Valley* im Westen ; im Süden endet es mit dem über 3 900 m hohen *Mount Kinangop*. Während der steile Westabfall mit parallelen Bruchspalten den Grabeneinbruch markiert, gleitet der Osthang vom Heideland in der Höhe sanft hinab bis zu den Feldern der Kikuyu.

Das Wasser, das bei jedem Schritt aus dem Boden hervorquillt, speist zahlreiche Flüsse, unter ihnen die *Tana*, den längsten Fluß Kenias. Sie machen, sobald die Regenzeit einsetzt, die Pisten im Park unbefahrbar ; andererseits aber ermöglicht das Wasser eine reiche Vegetation von Zedern, Podocarpus, Kautschuk- und niedrigen Palisanderbäumen, sowie Bambus, Kreuzkraut, Lobelien, Baumheide und vielen anderen Hochgebirgspflanzen in den Heidegebieten der Gipfellagen. Die Flüsse finden ihren Weg durch den oft undurchdringlichen Regenwald und an ihrem windungsreichen Lauf bilden sich Galeriewälder und Lichtungen. Manchmal stürzen sie in Kaskaden hinab wie bei *Karura, Gura* oder *Chanya*.

Wie das benachbarte *Mount-Kenya-Massiv* zieht das Gebirge Freunde der Tierwelt und Wanderer an. Allerdings sind die höchsten Erhebungen *Ol Doinyo la Sattimma* (4 006) und *Kinangop* (3 909 m) unter Touristen viel weniger bekannt als die berühmten Baumhotels.

Die Baumhotels

Die meisten Leute lernen das Nyandarua-Gebirge nur dank eines straff geregelten Aufenthalts in einer dieser beiden Unterkünfte kennen — im *Treetops* oder im *Ark*. Beide sind neben einer Wasserstelle in der Waldzone erbaut, wo sich zahlreiche Tiere einfinden. Da man die Hotels als Einzelwanderer nicht aufsuchen kann, muß man sich einer strengen Besuchsregelung unterwerfen. Es ist nicht nur vorgeschrieben, daß man sein Zimmer in beiden Häusern im voraus bucht, sondern man kann sie auch nur über eine zwischengeschaltete Etappe erreichen. Die Besucher von treetops übernachten vorher im *Hotel Outspan* in *Nyeri* und werden nach dem Frühstück in Gruppen, um nicht zu sagen »truppweise«, in geländegängigen Fahrzeugen zum Zielort und am nächsten Morgen zurückgebracht. Mit den Kandidaten für die » Arche « spielt sich das gleiche Verfahren vom *Country Club* in *Mweiga* aus ab.

Mag man auch ein wenig unwillig sein über die hier geübte Form von Disziplin und das Geläute in der Nacht, sobald ein seltenes Tier in der Nähe des Tümpels oder der Salzlecken auftaucht — eine dieser Luxusbaracken muß man unbedingt erleben. Denn man muß zugeben, daß man dank des eingespielten Drills die Tiere zu sehen bekommt, die sich gewöhnlich in der sehr dichten Regenwaldzone versteckt halten. Oft kann man sie in ganzen Herden beobachten : Elefanten, Büffel, Kephaloph-Antilopen, Gazellen, Böcke, Elche, Warzenschweine, Buschkatzen, Affen, Frankolinhühner, Hyänen... Hat man Glück, sieht man auch Leoparden, Nashörner und selbst Löwen, sogar besonders wilde.

Treetops wurde 1932 in den Ästen eines riesigen Banyanbaums als einfache Holzhütte erbaut, welche die damalige Prinzessin Elizabeth mit ihrem Besuch beehrte (hier erreichte sie übrigens die Nachricht vom Tod ihres Vaters). Im Jahre 1954 steckten die Mau Mau Treetops in Brand. Diese für die Unabhängigkeit kämpfenden Partisanen befanden sich seit 1952 im Untergrund und hausten in den Wäldern des Mount Kenya oder des Aberdare Gebirges in völlig unsichtbaren Lagern verstreut.

Erst im Jahre 1957 baute man es wieder auf, diesmal aber nicht als Hütte, sonders als regelrechtes Hotel, das dem ursprünglichen Treetops nur insofern gleicht, als es inmitten der Bäume auf Pfählen ruht. Das Gebäude ist von breiten Laufgängen umgeben, auf denen Paviane die Besucher schikanieren. Über dem Hotel sind auf einer Aussichtsplattform Scheinwerfer angebracht, die die ganze Nacht hindurch strahlen. Die Plattform ist ständig von dick eigenmummelten Leuten besetzt, die sich nichts von dem ungewöhnlichen Schauspiel, das sich ständig auf der Lichtung abspielt, entgehen lassen wollen oder die auf irgendeinen »seltenen Vogel« warten.

Die im Jahre 1970 eingeweihte » Ark « betritt man über einen langen Steg, der zwischen den Bäumen hindurchläuft. Die Stelle wird von Nashörnern und Bongos bevorzugt aufgesucht, die — neben anderen Tieren — eine Vorliebe für diesen » Vorposten « in der Wald- und Heidezone der Hochplateaus haben.

Quer durch den Park

Will man jedoch die herrliche Natur recht kennenlernen, durchwandert man sie am besten oder fährt zumindest im Auto durch den ganzen Park. Bevor man eine solche Unternehmung antritt, muß man sich unbedingt bei der Verwaltung der National Parks am Eingang des National Park von Nairobi oder an Ort und Stelle, in Nyeri und Naivasha erkundigen. Denn abgesehen von den normalen Schließungszeiten im April und Mai, Juli und August und von Mitte Oktober bis Anfang Dezember, sind die im Regen gefährlichen Pisten oft für den Verkehr gesperrt.

Mehrere von ihnen ziehen sich durch den Park. Die schönste geht von *Nyeri* oder vielmehr *Mweiga* nach *Naivasha*. Sie führt zunächst durch eine schöne Kulturzone, in der die Menschen oft noch in den traditionellen Hütten wohnen. Dann steigt die Straße langsam in Serpentinen bis zum Parkeingang und dem Rand der Waldzone an, in der noch einige Baumriesen aus dem ursprünglichen Urwald übriggeblieben sind.

Diese Piste gewährt einen wunderbaren Blick auf die Gipfel des *Mount Kenya* und im oberen Teil auf den *Paß von Mweiga* und in das Tal, das man gerade hinter sich gelassen hat. Schließlich erreicht sie die Heidezone, wo immer sehr niedrige Temperaturen herrschen, und steigt bis » Jerusalem « weiter an, das am westlichen Rand über dem Rift Valley liegt : von hier aus überblickt man das ganze Tal bis hinüber zum *Mau Gebirge*.

Wer gern wandert, sollte auf jeden Fall Kontakt mit dem *Mountain Club* aufnehmen : dieser organisiert gemeinsame Wanderungen über das Wochenende und kann wertvolle Ratschläge erteilen. (POB 45741, Tel. : 50 17 47 in Nairobi). Wer lieber unabhängig bleibt, muß vorher die Erlaubnis zum Wandern und Zelten im Parkgelände beim *Warden Mountain National Parks* einholen (POB 22 in Nyeri, Tel. : Mweiga 24).

Am beliebtesten ist die etwa 20 km lange Wanderung am *Ol Doinyo la Sattimma*. Im Auto erreicht man den Ausgangspunkt von Nyeri, Mweiga oder Nyahururu aus. Auch hier ist es unentbehrlich, daß man sich eine genaue Karte kauft (Survey of Kenya : Nyeri SA 37 I), einen Führer mitnimmt und in einem geländegängigen Wagen hinauffährt.

NYANDARUA

Lage und Anreise : 147 km von Nairobi bis Nyeri am Osteingang des Parks auf der geteerten A 2. Flugplatz in Nyeri und bis zu dieser Stadt sämtliche Busse, MPS und »Matatus«.

Unterkunft : 2 Hotels in Nyeri, ein weiteres im Dorf Mweiga nördlich von Nyeri. 2 Lodges im Park und ein Anglercamp in Ngobit. Mehrere Campingplätze im Park.

Wichtige Einrichtungen : Tankstelle und Werkstatt. — Post. — Verschiedene Läden. — Markt. — Bank in Nyeri, sowie ein Golfplatz mit 9 holes.

Auskunft über den Park : *Chief Warden*, Nyandarua National Park, POB 22, Nyeri, Tel. : 24 in Mweiga.

Pate

Nur wenige Touristen haben die Zeit, sich Pate anzusehen. Mit einer » Dhau « muß man von Lamu aus die *Insel Manda* umsegeln, um in *Kizingitini* auf der Insel Pate zu landen. Die fährt nur zur Flutzeit ab; man muß sich also nach den Gezeiten richten.

Auf jeden Fall ist auf der Insel eine Übernachtung einzuplanen. Für eine Nacht findet man immer eine Unterkunft, wenn sie auch nicht so komfortabel ist wie in den guten Hotels von *Lamu, Shela* oder *Ras Kitau.*

Die Unterkunft ist nicht so problematisch wie der Weg zu den früheren Städten *Pate* und *Siyu.* Da ihr Hafen im Lauf der Jahrhunderte versandete, muß man in *Mtangawanda* an Land gehen und eine halbe Stunde nach Osten bis Pate und 2 1/2 Stunden nordöstlich von Pate bis Siyu wandern.

Wo einst zwei Städte mit einer ebenso hoch entwickelten Kultur wie die von Lamu lagen, findet man heute nur zwei einfache Dörfer. Aber die Ruinen des *Palastes von Pate* und der *Festung von Siyu* erzählen immer noch von der glanzvollen Vergangenheit der Insel, wie sie in der » schriftlichen Chronik von Pate « aufgezeichnet ist.

Entschlossener Widerstand friedlicher Inselbewohner

Im Jahre 1812 verlor der Sultan dieser Stadt ganz plötzlich seine Macht, als er — nicht bedenkend, daß er nur noch von seinem einstigen Ansehen zehrte — so unklug war, gegen den *Sultan von Oman* zu rebellieren und sich auf die Seite der *Mazrui von Mombasa* zu schlagen. Wollte er seine Revolte zum Erfolg führen, mußte er sich an einen ausreichend befestigten Platz zurückziehen können. Seine Wahl fiel unglücklicherweise auf die Festung Lamu, einen vor mehreren Jahren begonnenen Festungsbau, der rasch fertiggestellt werden konnte. Daß die sehr friedfertige Inselbevölkerung etwas dagegen haben könnte, kam ihm nicht in den Sinn.

Das empörte Lamu erhob sich gegen den Sultan und schlug ihn zur allgemeinen Überraschung in einem Seegefecht. Die Schiffe der Angreifer waren bei Ebbe vor Shela gestrandet, und die von Berserkerwut gepackten Verteidiger metzelten alle, die sie fanden, nieder. Danach wandten sie sich beruhigt wieder ihrer gewohnten friedlichen Tätigkeit zu und baten den Sultan von Oman, er möge in Zukunft solche Sorgen von ihnen fernhalten. Diese Bitte erfüllte er unverzüglich und so gründlich, daß Pate sich niemals mehr davon erholte. Siyu leistete noch lange Widerstand, denn seine Festung wurde erst 1865 geschleift.

Heute ist *Faza,* früher die drittgrößte Stadt der Insel, Hauptstadt, und man kann sie mit einem Schiff erreichen. Aus ihrer weniger glanzvollen Vergangenheit sind einige interessante *Moscheen* übriggeblieben. Praktisch erkannte die Stadt die Oberhoheit des Sultans von Oman, der sich zum Sultan von Sansibar gemacht hatte, nie an — was diesen jedoch wenig störte. *Nahbani,* der letzte Sultan von Pate, konnte sich so lange halten, wie Siyu Widerstand leistete. Im Jahre 1864 verließ er endgültig die Insel und begab sich aufs Festland.

Weitere blühende Städte auf der Insel Pate waren *Tundwa* (35 Minuten zu Fuß von Faza), *Ata* (zwischen Tundwa und Siyu) und *Shanga,* dessen Geschichte bis ins 12. Jahrhundert zurückreicht (eine dreiviertel Stunde von Siyu).

Auf der Rückfahrt sollte man die Insel *Manda* besuchen; dort sind auch noch bedeutende Spuren aus der Vergangenheit vorhanden. In der *Stadt Manda* an der Nordküste ist von einer Moschee aus dem 9. Jahrhundert ein sehr schöner » Mihrab « aus behauenem Korallengestein erhalten. Diese Siedlung soll vielleicht die älteste der Küste sein. *Takwa,* an einem schmalen Meeresarm, fast gegenüber Lamu, ist jünger; seine Blütezeit lag im 16. und 17. Jahrhundert. Für Archäologen ist besonders ein Pfeilergrab interessant. Auf dieser Insel, die stärker bevölkert ist als Lamu, liegen sehr viele ebenso interessante Dörfer aus unserer Zeit. Man kann sie leicht mit einer gemieteten » Dhau « erreichen. Aber wieviel Zeit müßte man haben, um sie alle zu sehen!

PATE

Lage und Anreise : drei Stunden per Schiff von Lamu ; einzige Anreisemöglichkeit.

Unterkunft : keine... es sei denn durch Zufall. Zeltmöglichkeit bei Faza, wo man sich auch verpflegen kann.

Samburu

■ 48 km nördlich von *Isiolo,* wo die Teerstraße von Nairobi aufhört, liegen die vereinigten Reservate *Samburu* und *Buffalo Springs.* Unter denen, die von Touristen regelmäßig aufgesucht werden, sind sie die am weitesten nördlich gelegenen. Östlich der Piste von Isiolo liegt noch ein drittes, kleineres und viel weniger bekanntes Reservat, *Shaba,* wo Joy Adamson zuletzt lebte.

Alle drei Reservate zusammen bilden ein Schutzgebiet von über 600 km². Infolge mehrjähriger Dürreperioden ist die Tierwelt hier stark dezimiert, besonders die Löwen sollen in weniger trockene Gebiete abgewandert sein. Ein weiterer Nachteil ist, daß das ökologische Gleichgewicht durch die starke Vermehrung der Elefanten gestört ist. Viele Bäume sind abgestorben, weil die Tiere ihre Rinde abgefressen haben, und mächtige abgebrochene Äste markieren die Wege der Elefanten.

Deshalb ist man aber vom Reservat Samburu noch keineswegs enttäuscht. Mitten darin liegt das wegen der Schönheit seiner Lage und seiner architektonischen Gestaltung berühmte Samburu River Lodge.

Rings um Samburu River Lodge

Ist man morgens von Nairobi aufgebrochen, erreicht man das Reservat um die heißeste Tageszeit : es herrscht eine trockene Hitze, und die Landschaft wirkt im schattenlosen Mittagslicht quälend eintönig. Plötzlich jedoch bemerkt man in der Ferne einen erstaunlich kräftigen Vegetationsstreifen. Das ist keine Luftspiegelung : durch den Park fließt ein Fluß, der *Uaso Nyiro,* und an seinem Ufer liegt das Hotel. In der Talrinne wächst üppiges Grün und ein wunderbarer Garten mit allen in Kenia heimischen Blütenbäumen, darunter eine Bignonia, deren flammende Trompetenblumen eine Giebelwand des Lodge bedecken.

Über dem breiten Fluß stufen sich zwei Terrassen ab ; so kann man von verschiedenen Höhen aus die Flußpferde und vor allem die Krokodile beobachten. Einige Meter von der unteren Terrasse entfernt liegen sie oft scheinheilig wie satte Bürger am Strand ; aber man traut ihnen besser nicht, denn Krokodile greifen den Menschen an. Zur Warnung möge die Erfahrung einer Zeltlerin dienen, die in diesem Fluß ihr Geschirr spülen wollte und dabei einer der Bestien nur mit knapper Not entkam.

Am Abend fallen die Leoparden, die man sonst nur selten zu sehen bekommt, über die Fleischstücke her, die für sie an einem Drahtgitter aufgespießt sind. Manchmal kommen sie im Familienverband, um die willkommene Gabe in Empfang zu nehmen, und man zählt bis zu fünf gleichzeitig. (Zur Beobachtung braucht man ein Fernglas, denn der Fluß ist, wie gesagt, breit). Zu jeder Zeit lassen sich Scharen von Spatzen auf den Tischen oder den Balustraden der Terrassen nieder, und unmittelbar neben den Krokodilen posieren hoheitsvoll die Marabustörche.

So schön das Lodge auch ist, die wahre Schönheit der Landschaft erlebt man erst auf einer » Safari «. Bei Tagesanbruch oder in der Abenddämmerung sollte man in der Umgebung des Flusses unter Fächerpalmen und von zartgrünen Lianen umschlungenen Akazien spazierengehen. Sollte man auf diesen gemächlichen Spaziergängen womöglich keinem Tier begegnen, so hinterläßt doch die dichte Pflanzenwelt, deren Grüntöne sich von den malvenfarbenen Bergen im Hintergrund abheben, unvergeßliche Eindrücke.

Aber trotz allem, was man über diesen Park gehört hat : es gibt doch eine Menge von Tieren zu sehen : zum Beispiel Scharen von blauen Perlhühnern, deren Farbe im milderen Licht der Dämmerung kräftiger hervortritt ; winzige Dik Diks von der gleichen Farbe wie die Dornbäume ; anmutige Giraffen-Antilopen mit langem Hals und dünnen Läufen, die wie Striche herabhängen, wenn sie auf den Hinterläufen stehend das spärliche Grün der Dornbäume äsen.

Die für dieses Reservat typischen Netzgiraffen zeigen sich fast überall, ebenso die Elefanten, die an den Fluß zum Trinken kommen, um ihn dann in langer Reihe zu durchwaten. Entfernt man sich vom Wasser, sieht man in der Ebene Büffel, Herden von zwanzig oder dreißig Tieren, wie sie die hohen Kräuter und Gräser der Savanne fressen. Von Zeit zu Zeit geht einer von ihnen zum Fluß hinab, um unbeweglich bis zur Brust im Wasser stehend, ein Bad zu nehmen.

Ein ganzes Heer von Pavianen hat sich eine Gruppe von Fächerpalmen zum Domizil erkoren : die » Dienerschaft « wirft die Früchte herab, zuerst für den » Anführer «, dann für die Weibchen, und die unersättlichen Klei-

Thika

nen fressen, was übrigbleibt. Die Paviane unterwerfen sich einer strengen Hierarchie, ebenso wie die Impalas : männliche Tiere halten sich bis zu hundert weibliche und verjagen die noch nicht erwachsenen Junggesellen aus dem Clan.

Fast unsichtbar vor dem Stamm eines Baumes hockt ein Galago (Ohrenmaki) mit seinen großen Augen und dem winzigen beigen Körper : der Stammbaum dieser Halbaffen reicht noch weiter zurück als der der Reptilien. Eine weitere Besonderheit in diesem Park ist das Grevy Zebra, das zarter gebaut und schöner ist als das Thomson Zebra.

Es gibt auch Elche, Zephalophs, Palmenkohlratten, Kudus, Schakale und Unmengen von Vögeln, darunter Webervögel, die ihre kugelrunden Nester an die Zweige der Akazien oder der nach ihren länglichen Früchten benannten Wurstbäume hängen.

Das an das Samburureservat angrenzende Reservat Buffalo Springs verdankt seinen Namen den Quellen, die inmitten eines kleinen Sumpfes hervorsprudeln und durch ein Becken fließen, das offenbar italienische Bomben während des Krieges in einem Felsblock ausgehöhlt haben. Es ist eine Wohltat, dorthinein zu springen, denn abgesehen von dieser Stelle würde man hier vergeblich nach einer Spur von Feuchtigkeit suchen. Leider kommt es vor, daß sich auch ein Krokodil in den Gräsern bei diesen Quellen hingestreckt und versteckt hat — wohl, um die Zeltler zu überraschen, die hier ihre Wäsche waschen.

SAMBURU

Lage und Anreise : ca. 350 km von Nairobi auf der A 2, bis Isiolo geteert. Busse und »Matatus« bis Isiolo. — Flugplatz im Reservat.

Unterkunft : mehrere Lodges, Bandas, Campingplätze im Reservat und dem benachbarten Reservat Buffalo Springs.

Wichtige Einrichtungen : Tankstellen bei den Lodges und in Isiolo. — Campingverpflegung in Isiolo.

THIKA

Lage und Anreise : 41 km von Nairobi bis zur A 2 auf der Autobahn. Alle Straßenverkehrsmittel.

Unterkunft : 1 Hotel-Restaurant.

Wichtige Einrichtungen : Tankstelle. — Post. — Bank. — Läden.

■ Im Lande der *Kikuyu* liegt am Ende der Autobahn von Nairobi ein friedliches Städtchen von 20 000 Einwohnern inmitten einer Ackerbau- und Industriezone : Thika. Hier wird in großer Menge Kaffee, Sisal und Ananas angebaut, und es gibt Zellstoffwerke, Ananaskonservenfabriken und Schaffellgerbereien.

Thika ist durch ein berühmtes Buch von Elspeth Huxley bekannt geworden : » Die Flamboyants von Thika «. Die Autorin hat die Welt der weißen » Settlers « (Pioniersiedler) wohl am genauesten beschrieben. Die im Buchtitel genannnten schönen Bäume mit ihren flammend roten Blüten wachsen zum Beispiel auf dem Rasen des hübschen Hotels » *Blue Post* «. Es liegt unmittelbar neben den *Chania-Wasserfällen,* die traditionsgemäß besucht werden, obwohl sie durch die Nutzbarmachung des Ufergeländes um ihre Wirkung gebracht worden sind.

Thika ist Ausgangsbasis für Ausflüge in die Umgebung. In der Nähe erstreckt sich einer der jüngsten Naturparks, *Ol Doinyo Sabuk,* auf einem 2 150 m hohen Gebirge — man sieht Büffel, Affen und vor allem eine reiche Vogelwelt.

Von Thika aus fährt man etwa 25 km auf der Straße nach *Garissa,* biegt dann rechts nach *Kilima Mbogo* ab. Im Park sieht man viel schönere und wildere Wasserfälle als diejenigen von Thika : *The Fourteen Falls.* Von der Höhe des Berges öffnet sich der Blick nach Süden auf die *Machakos Berge* und nach Norden sieht man bei schönem Wetter den Schnee auf dem *Mount Kenya.*

Von Thika aus kann man auch eine Tour zum *Mount Kinangop* machen . So nennen die Massai die Stätte, wo im Jahre 1875 der Stamm der *Purka* den Stamm der *Laikipiak* dezimierte. In der Sprache der Kikuyu heißt dies Gebirge *Nyandarua* und danach wurde das frühere Aberdare Gebirge und der gleichnamige Park benannt. Es erstreckt sich zwischen dem Kinangop im Süden und dem *Sattimma* im Norden als ein zum Teil sumpfiges Hochland. Der Kinangop hat drei Gipfel, deren nördlichster der höchste ist.

Von Thika aus fährt man 48 km auf der Straße nach *Mairi* bis zum Forstamt (Njabini). Von dort kann man noch 4 bis 5 km auf einer Piste in einem geländegängigen Fahrzeug weiterfahren und wandert dann zu Fuß in zwei bis drei Stunden zum Gipfel hinauf.

Tsavo National Park

■ Der Nationalpark wird durch die Eisenbahnlinie und den Nairobi-Mombasa Highway in *Tsavo East* und *Tsavo West* geteilt. Insgesamt hat er eine Fläche von 20 800 km² (Der Staat Israel hätte Platz darin ; Luxemburg umfaßt etwa die Hälfte dieses riesigen Gebiets).

Dieser Teil Kenias blieb unbesiedelt, weil der infolge der sehr geringen jährlichen Regenmenge trockene Boden zur Bebauung ungeeignet ist. Mit Recht konnte man also hoffen, das Gelände sei zur Erhaltung, ja Vermehrung der Tierwelt ideal geeignet. Seit der Eröffnung des Parks im Jahre 1947 hat sich aber gezeigt, daß die Situation in Tsavo wegen der Eelefanten und der Wilddiebe sehr viel heikler ist, als man annahm.

Lassen die Wilddiebe sie unbehelligt, vermehren sich die Elefanten, zerstören die Vegetation und gefährden so das ökologische Gleichgewicht und damit letztlich auch ihr eigenes Leben. Man sollte meinen, die Natur würde sich dank einer mehr oder winiger gut funktionierenden Regulierung selbst helfen, falls der Mensch sich nicht einmischt : je weniger Elefanten, umso ungestörter der Pflanzenwuchs, bis sich das Verhältnis umkehrt, das heißt, bis die vermehrten Elefanten aus Nahrungsmangel hinsterben. Die Vegetation regeneriert sich und der Kreislauf beginnt von neuem.

Indes zählte man im Jahre 1975 36 000 Elefanten, obgleich im Jahre 1971 infolge einer verheerenden Dürreperiode 6 000 Tiere gestorben waren, und man kam zu dem Ergebnis, man müsse der natürlichen Regulierung nachhelfen. Niemand konnte sich dazu entschließen, die Elefanten einfach abzuschießen — bis die Wilddiebe die Sache in die Hand nahmen. Im Jahre 1980 waren in Tsavo nur noch 10 000 Elefanten und 200 Nashörner von 5 000 übrig. Mit einem Mal war die Frage der Vermehrung der Tiere nicht mehr so wichtig.

Durch die Einrichtung des Tsavoparks wurden zwar keine Bauern geschädigt, aber umso mehr Volksstämme von Jägern, wie die *Taita*. Die Wilddieberei wurde dadurch zu einem heiklen Problem. Der Handel mit Elfenbein und Rhinozeroshorn ist zwar nicht neu, und die Taita hatten oft an den Karawanen, die das Material an die Küste transportierten, teilgenommen. Nur hatte man » vergessen «, sie über den enormen Gewinn aus dieser Ware in Kenntnis zu setzen. Seitdem sie wissen, wie die Geldwirtschaft funktioniert, wissen sie sich auch zu helfen !

So stehen die Dinge heute. Wer auf Tourismus *und* Elfenbein Wert legt, muß sich entscheiden : entweder er verkauft bzw. kauft Andenken aus Elfenbein oder zeigt bzw. sieht weiterhin lebendige Elefanten — beides läßt sich nicht miteinander vereinbaren.

Neben dem Profitproblem stellt sich noch eine andere Frage : in den nächsten 30 Jahren wird sich die Bevölkerung Kenias wahrscheinlich verdoppeln — und ein Elefant bedeutet eine Tonne Fleisch. Soll man hungernde Menschen daran hindern, Wild zu töten, unter dem Vorwand, die Tiere müßten geschützt werden, damit der Tourismus weiterhin Devisen bringt ? Diese Entscheidung dürfte nicht leicht sein. Zur Zeit ist den Wilddieben der Kampf angesagt, und der ganze Nordteil von Tsavo East, links des *Galana* Flusses ist gesperrt, damit man die wilden Jäger besser bekämpfen kann.

Trotz dieser schwerwiegenden Probleme ist der Tsavopark weiterhin eines der Juwele des kenianischen Tourismus, umso mehr, als die Elefanten, sobald sie sich bedroht fühlen, sich in größeren Scharen zusammenrotten, als wenn sie sich in Sicherheit wähnen. Es kommt infolgedessen nicht selten vor, daß man mehr als hundert Tiere auf einmal sieht. Wie sollte man da nicht meinen, die Fauna sei hier noch intakt ! Nichts ist intakt, aber *noch* ist alles sehr schön und sehr belebt. Die 100 000 Besucher, die jährlich auf den 5 500 km Piste von Tsavo umherfahren, können dort außer Elefanten und Nashörnern auch noch anderen Tieren begegnen : Löwen, Dorkasgazellen, Elchen, Antilopen, Giraffen, Flußpferden, Schakalen, Hyänen, Zebras, Dik Diks, Mangusten, Kudus, Leoparden, 500 Vogelarten und im Galata Fluß mehr Krokodilen, als sie je gesehen haben.

Die Chyului Hills

Es heißt, Tsavo bestehe zur Hauptsache aus eintönigen Savannen mit vielen » Gelbfieberbäumen « — aber eine vulkanische Epoche hat in dieser Zone auch zahlreiche Spuren hinterlassen, zum Beispiel in den Chyului-Bergen, einer Reihe von Vulkankegeln parallel zum Nairobi-Mombasa Highway zwischen den Orten *Emali* und *Mtito Andei.*

Der schönste Weg nach *Tsavo West* zweigt in *Sultan Hamud* vom Highway rechts ab in Richtung *Makukano* und führt zunächst durch eine fast kahle Ebene, dann durch Akazienwälder. Obwohl diese Zone nicht zum Park gehört, leben dort viele Tiere, denn sie wird von *Massai* bewohnt, die nicht jagen. Man sieht viele von diesen Hirten zwischen Makukano und *El Mau,* ebenso *Kamba,* die hier » Miraa « sammeln, eine Pflanze mit der stimulierenden Wirkung der Kolanuß.

Bevor man die Berge erreicht, erblickt man den *Kilimandscharo* und im Vordergrund eine Felsgruppe, die » *General de Gaulle's Rock* « genannt wird, weil ihre Form an eine große Nase erinnert. Diese 600 m hohen Felsen kann man besteigen ; in Höhlen hausen hier Stachelschweine und Hyänen.

Die Piste führt danach durch schwarze Lavahügel, die hier und da mit Pflanzen bedeckt sind und tiefe Krater haben. Dann fährt man durch *Chyului Gate* an dem Vulkan Shetani vorbei in den Park hinein. Den Vulkan kann man ebenso wie die vorher erwähnten Hügel besteigen, denn sie liegen außerhalb der Schutzzone. Auch Zelten ist dort erlaubt. Diese schöne Strecke wird selten befahren, obwohl sie nach nur 120 km wie die übliche Route nach Tsavo West führt, wo die drei Hauptlodges in geringer Entfernung voneinander liegen.

Unter ihnen hat *Ngulia Lodge* die schönste Lage auf dem Gipfel eines Berges, von dem aus man eine weite Ebene wie aus der Vogelperspektive überschaut.

Auge in Auge mit einem Flußferd

Zwischen *Chyului Gate* und *Ngulia* ist der Hauptanziehungspunkt *Mzima Springs :* das kühle, klare Wasser aus den Vulkanbergen, das 50 km unterirdisch fließt, fällt hier in Kaskaden von einer kleinen Anhöhe hinab und speist dann einen See, in dem Krokodile und Flußpferde leben. Letzteres bezweifelt man zwar, bis man nach geduldigem Warten in einem verglasten Beobachtungskasten im See plötzlich ein Flußpferd auf sich zukommen sieht.

Das gewaltige, auf dem Trockenen so plumpe Tier, bietet einen völlig anderen Anblick, wenn es schwimmt. Seine Körpermasse und seine Bewegungen sind unerwartet würdevoll und elegant. Von den neugierigen » Wesen «, die es beobachten, ebenso angezogen, wie diese von ihm, preßt es seine Nase gegen die Scheibe des Bullauges, nur wenige Zentimeter von denen der Menschen entfernt : was mag wohl in ihm vorgehen ?

Der *Murka Berg* weiter im Süden ist eine viel seltener aufgesuchte Beobachtungsstelle. Gerade weil nur wenige Leute sie kennen, kann man von hier aus eine von vielen Tieren belebte Prärie überschauen.

Im äußersten Südwesten liegt der *Jipe-See.* Die Grenze zu Tansania verläuft längs durch ihn hindurch. In einem gemieteten Boot kann man durch das Schilf rudern und vor der Kulisse des 70 km entfernten beschneiten Kilimandscharo Blumen betrachten und Tausende von Vögeln beobachten.

Tsavo East ist sehr viel trockener, flacher, eintöniger, und wird trotz mehrerer Lodges selten auf Touristenfahrten berührt. Am Ufer der *Galana* ist der Park besonders sehenswert, vor allem bei *Lugard's Fall* in der Nähe des Ortes Tsavo oder bei *Crocodile Point* zur Beobachtung der Riesenechsen.

TSAVO

Lage und Anreise : 329 km von Nairobi bis Voi, einem der Parkeingänge an der geteerten A 109, 158 km von Mombasa. Alle Straßenverkehrsmittel auf der A 109. Zug bis Voi. Landepiste im Park.

Unterkunft : zahlreiche Lodges in Tsavo West und East ; ebenso wie in den Taita Hills und im Mtito Andei, dem Haupteingang nach Tsavo West an der A 109. Bandas, Campingplätze.

Wichtige Einrichtungen : an jedem Parkeingang Tankstellen, Werkstätten, Snackbars, Cafés, Lebensmittelläden ; (insbesondere in Mtito Andei in der Nähe des Campingplatzes an der Straße in Tsavo West).

Auskünfte : Chief Warden, Tsavo National Park, POB 66 Voi, Tel. : 28 Voi.

Turkana-See

■ Früher hieß dies langgestreckte Binnenmeer » Rudolph-See «. Turkana ist der Name des aus Äthiopien stammenden nilotischen Hirtenvolks, das seit etwa tausend Jahren in den Steppen des Nordens lebt, schließlich ist nach ihnen der nördlichste Nationalpark benannt : das manchmal auch *Sibiloi-Park* genannte, am Nordostufer des Sees an die *Allia Bay* grenzende Schutzgebiet umfaßt 1 600 km².

Es hat sehr wenige Besucher. Selbst die Touristenfahrten nach *Loiengalani* gehen nicht über diesen Ort hinaus, weil die Pisten schlecht sind und keinerlei Nachschubmöglichkeit besteht. Nur einige kenianische Studenten kampieren dort, um unter der Ägide des Nationalmuseums die Fauna und Flora zu beobachten. Der Park ist reich an Oryx-Antilopen, Gereneuks und besonders an Vögeln : Reiher, Pelikane, Regenpfeifer, Lerchen, Sperlinge findet man... aber auch Krokodile und Flußpferde.

In *Koobi Fora* bei Sibiloi entdeckte Richard Leakey *Hominidenskelette* (Weiterentwicklungen des Australopithecus und Homo Habilis) und neben ihnen eine Reihe von Werkzeugen : von grob behauenen Steinen bis zu vollkommen bearbeiteten doppelseitigen Klingen. Die Funde sind zwei bis drei Millionen Jahre alt.

Das Westufer oder vielmehr die in einiger Entfernung vom See verlaufende Piste ist — wenigstens zur Zeit — etwas belebter. Hin und wieder fahren Lastwagen aus dem Sudan über *Lodwar* nach *Kitale* und *Kisumu*.

Von Lodwar aus kann zwei Lodges erreichen : im Norden das nur mit Boot zugängliche *Angling Lodge* auf einer Halbinsel, die die *Bucht von Ferguson* fast schließt ; die fast sämtlich direkt aus Nairobi eingeflogenen Gäste werden auf dem Flugplatz von Fahrzeugen des Lodge abgeholt. Im Süden liegt das *Elye Spring Lodge* mit Schwimmbad, » Bandas « und Bootsvermietung zum Angeln oder Wasserskilaufen.

Man kann diese Hotels am Ende der Welt auch mit dem Auto von Kitale aus erreichen, vorausgesetzt, der Wagen hat Vierradantrieb. Allerdings schrecken die meisten Reisenden vor dem Gedanken, diese Strecke zweimal zurücklegen zu müssen, zurück.

Mit einem sehr guten Fahrer, einem ausgezeichneten Fahrzeug und unter Hintansetzung jeglichen Komforts kann man sich abseits von der Straße nach Lodwar in das Gebiet der nomadischen *Turkana* wagen, um an Ort und Stelle zu prüfen, ob sie zu Recht in so schlechtem Rufe stehen oder nicht. Für Motorfahrzeuge haben sie wahrscheinlich nicht so viel übrig wie für Rinder. Für diese Steppenbewohner bleibt der Überfall auf die Herden des Nachbarn der perfekte Zeitvertreib schlechthin.

Die Turkana sind nach den Somali das zweitgrößte Hirtenvolk. Mit letzteren haben sie manches gemeinsam, vor allem die Aggressivität und den Expansionsdrang. Noch unlängst ausschließlich mit der Rinderzucht befaßt, haben sie nunmehr auch die Aufzucht von Kamelen, Schafen, Ziegen und Eseln übernommen. Sie haben sogar begonnen, Ackerbau zu treiben, zu fischen, zu jagen und Früchte zu sammeln. Sie gelten als große Meister in der Kunst des Überlebens um jeden Preis. Das wäre schätzenswert, wenn der Preis nicht manchmal in Diebstahl und Mord bestünde ! Sie ziehen nach Süden bis zum *Baringo-See* und nach Osten bis *Marsabit*.

Organisierte Fahrten

Touristen ohne Auto, die zum Turkana-See wollen, haben nur die Möglichkeit, mit irgendeinem Reiseunternehmen von Süden her über *Maralal* und *South Horr* anzureisen.

Auf diese Weise hat man Gelegenheit, ein wenig zu leiden und umso mehr den Augenblick auszukosten, wenn man den See erreicht : hat man stundenlang den ockerfarbenen Staub der Piste geschluckt und nördlich der bewaldeten *Nyiru-* und *Ol Doinyo Mara-Berge* die zunehmend steinige Wüste durchquert, in der es keinen Baum noch Strauch mehr gibt sondern nur noch Geröllfelder, die sich manchmal wie zu Grabhügeln auftürmen, dann spürt man, daß jetzt etwas passieren muß. Und wirklich : nach einem Anstieg der Piste, der kein Ende nehmen will, schreien die armen Reisenden im Chor : » Der See ! « — etwa wie weiland die Söldner des Cyrus : » Das Meer ! « Wahrlich, dies Wasser, das da plötzlich von der Höhe des Berges sichtbar wird in einem ungewöhnlichen Grün, so ganz anders als die Jade, mit der es gewöhnlich verglichen wird, scheint ein » verheißenes « Meer zu sein ! Doch ist es schön zu nennen ?

Die Farben des grandiosen Bildes sind nicht sehr harmonisch. *South Island,* die Insel im Süden, zeichnet sich mit ihren Spitzen und Steilwänden in einem schönen dunklen Braun ab. Aber das Gestein der erloschenen Vulkane, wie das des *Teleki* zur Linken, am Südende des Sees ist überraschenderweise malvenfarbig, ein Ton, der sich mit der Farbe des Wassers » beißt «. Dennoch : endlich Wasser !

Nach Wüstenstaub labendes Bad

Sobald die Autos anhalten, will sich alles hineinstürzen — aber der Lauf wird von den schlüpfrigen, mit Algen bedeckten Steinen behindert, so daß man ausrutscht, fällt, und schließlich nur noch vorsichtig kriecht. Doch was soll's ! Der Wind, der hier unaufhörlich bläst, peitscht den bloßen Körper mit unerwarteter Heftigkeit, Wassertropfen überschütten ihn wie mit spitzen Nadeln, so daß die der Wüste Entronnenen schließlich einfach ins Wasser fallen — ein herrlich kühles Wasser, zum Trinken klar, wirklich kaum salzig und bekömmlich.

Dies ist nur das erste Bad von vielen. Denn je öfter man die wüstenähnliche, steinige, vom Wind kahlgefegte Landschaft zwischen dem See und dem *Vulkan Kulal* (1 700 m) durchquert, desto mehr sehnt man sich danach, in das blaugrüne Wasser einzutauchen, in dem man Erfrischung und Ruhe findet.

Während des Aufenthalts an diesem See erlebt man immer wieder den Gegensatz zwischen den beiden Elementen : dem harten, ausgedörrten, windgepeitschten Land und dem einladenden, erholsamen, friedvollen Wasser... wenigstens am Ufer gibt es keine Krokodile, allerdings ein geheimnisvolles » Wesen «, das sich darin gefällt, die Badenden zu kneifen, so daß sie untereinander zu streiten beginnen, da sie sich gegenseitig verdächtigen.

Der Fisch (oder Wassergeist) lauert etwa hundert Meter vom Ufer entfernt, sucht sich ein Opfer, nimmt eine Wade oder einen Arm zwischen seine Zähne, Zangen oder Zehen — und verschwindet. Die Kinder von Loiengalani verraten auch nicht mehr, wenn man sie danach fragt — sie platzen nur vor Lachen heraus und versichern, da sei ein » Ungeheuer «, geben aber keine genauere Beschreibung.

Dieser Kobold ist ein harmloses Geheimnis verglichen mit dem ungeheuren Mysterium, das die karge Landschaft birgt. War sie etwa doch die Wiege der Menschheit ? Aber warum gerade hier, wo nichts wächst und wo die Luft ständig wie von Furien gepeitscht ist ? Nun, die Meinungen sind unterschiedlich : die etwas weiter nördlich lebenden, liebenswürdigen *El Molo* sind der Meinung, es gebe auf der Welt keinen wunderbareren Ort !

TURKANA-SEE

Lage und Anreise : über Kitale und Lodwar : 735 km von Nairobi bis Lodwar auf A 104 und B 2 bis Kitale geteert. — Über Nyahururu, Maralal : ca. 550 km bis Loengalani (293 km bis Maralal) über A 104 und C 77. Straßenverkehrsmittel bis Maralal oder Kitale. — Landepisten in Loiengalani, Elye Spring, Ferguson Golf.

Unterkunft : Lodge und Campingplatz in Loiengalani, 2 Lodges auf dem Westufer.

Wichtige Einrichtungen : Versorgung mit Wasser, Benzin und Vorräten in Odwa- oder Maralal.

Die Reise

Wie kommt man nach Kenia

Auf dem Luftwege

Nairobi wird jede Wode von 28 Luftfahrtgesellschaften angeflogen, die auf dem internationalen *Flughafen Jomo Kenyatta von Embakasi,* 12 km von der Hauptstadt entfernt, ihre Maschinen landen.

Häufigkeit der Flüge pro Woche :
Aeroflot : 1 Flug Moskau-Nairobi mit Zwischenlandung in Kairo.
Alitalia : 2 Flüge von Rom nach Johannesburg über Nairobi.
Air Madagascar : 2 Flüge Paris-Marseille-Nairobi-Tananarivo.
Air Zaïre : 1 Flug Kinshasa-Nairobi.
Air India : 4 Flüge zwischen Bombay-Madras-Kalkutta und Nairobi mit Verlängerung über Bangkok-Singapur-Hongkong-Tokio-Melbourne.
Air France : 4 Flüge Paris-Lyon oder Marseille-Athen-Nairobi oder Mombasa.
British Airways : tägliche Flüge zwischen London und Johannesburg.
Cameroun Airlines : 1 Flug Duala-Nairobi-Kinshasa.
El Al Israel : 2 Flüge Tel-Aviv-Nairobi-Johannesburg.
Egyptaire : 2 Flüge von Kairo mit Anschluß nach Asien.
Ethiopian Airlines : 8 Flüge Addis Abeba-Nairobi-Kinshasa-Duala-Lagos und Accra.
Iberia : 2 Flüge Madrid-Johannesburg über Nairobi.
Jemen Airways : 1 Flug Sanaa-Addis Abeba-Nairobi.
Kenya Airways : 34 Flüge mit Bestimmungsorten in Afrika, Europa, und den Inseln im Indischen Ozean.
KLM : 2 Flüge von Amsterdam nach Johannesburg.
Lufthansa : 4 Flüge von Frankfurt nach Johannesburg.
Nigeria Airways : 2 Flüge Lagos-Nairobi.
Olympic Airways : 4 Flüge Athen-Nairobi-Johannesburg.
Pakistan Airlines : 2 Flüge Karastschi-Nairobi.
Pan AM : 2 Flüge New York-Dakar-Abidjan-Monrovia-Lagos.
Sabena Airlines : 2 Flüge Brüssel-Nairobi.
Scandinavian Airlines : Kopenhagen-Zürich-Wien-Nairobi-Johannesburg.
Saudi Arabian Airlines : 2 Flüge Jeddah-Mogadishu-Nairobi.
Sudan Airways : 3 Flüge Khartum-Juba-Nairobi.
Swissair : 2 Flüge Zürich-Genf-Nairobi-Johannesburg.
Uganda Airlines : 7 Flüge von Entebbe nach Nairobi und anderen Zielorten.
Varig Brasilian Airlines : 1 Flug Rio-Nairobi.
Zambia Airways : 3 Flüge Lusaka-Nairobi.

Für Reisen mit Aufenthalt zwischen 90 und 45 Tagen wird für die regulären Flüge ein Touristentarif angeboten (Auskünfte erteilen für Deutschland Lufthansa oder alle Reiseagenturen, ebenso Kenya Airways, 8, rue Daunou 75002 Paris, Tel. : 261 82 93.)

Vor dem Rückflug ist die Flughafengebühr zu entrichten (sie ist bei der Buchung des Rückflugs zu bezahlen, sofern das Datum nicht schon bei Antritt der Reise oder auf dem Flughafen festgelegt wurde : zu Beginn des Jahres 1982 betrug sie 80 Ksh.

Es ist unmöglich, die Chartergesellschaften (insbesondere die englischen) aufzuzählen, die Sonderpreise anbieten, mit einfacher Unterkunft oder ohne solche. (s.u. organisierte Reisemöglichkeiten) Auch wenn man selbständig weiterreisen will, sind diese Angebote nicht zu verachten.

Auf dem Seeweg, auf dem Landweg

Es gibt keine regelmäßige direkte Schiffsverbindung zwischen einem europäischen Hafen und Mombasa. Man kann nur hoffen (obwohl einige Reedereien immer zurückhaltender darin werden), einen Kabinenplatz an Bord eines Frachtschiffs zu finden, das für die Reise von Europa zur Küste Kenias 4 Wochen braucht. Wer das Abenteuer liebt, kann zur Zeit auch durchaus einen der kleinen arabischen Segler benutzen, die seit Jahrtausenden von regelmäßigen Winden getrieben von der arabischen Halbinsel zur afrikanischen Küste fahren. Die in Mombasa verkauften Orientteppiche reisen auch auf diese Weise...

Der erste Hinderungsgrund ist die erforderliche Zeit : mindestens zwei Monate allein für die Hinfahrt. Zu den »happy few« gehören zum Beispiel Studenten und Wissenschafter, die ein »S'udienjahr« in Anspruch nehmen. Aber selbst, wenn sie über viele Wochen verfügen, schrecken sie davor zurück, daß sie zum Überleben einen Wagen in ausgezeichnetem Zustand brauchen (wer kennt ihn vor der Panne ?), der von einem hervorragen-

Fotos auf den vorhergehenden Seiten :
Sind auch die südlichen Gebiete des Landes
durch zahlreiche Teerstraßen miteinander verbunden,
ist doch zu bedenken, daß die Pisten in der Überzahl sind.
Im Norden braucht man geländegängige Fahrzeuge...
und Erfahrung.

den Fahrer gefahren wird (selbst unter Autofahrern gibt es Realisten !). Im übrigen ist es nicht ratsam, allein oder ohne Begleitfahrzeug zu reisen.

Schließlich kann es passieren, daß man sich plötzlich auf einem Kriegsschauplatz befindet. Da die politischen Verhältnisse einiger der auf dieser Reise berührten Länder sich schnell und häufig verändern, kommt zu der guten Kondition von Fahrer und Wagen hinzu, daß man sich auch politisch auf dem Laufenden hält. Es sind also viele Hindernisse zu überwinden.

Wer sich nicht scheut, auf längere Zeit einfache Unterbringungsmöglichkeiten mit fremden Reisegenossen zu teilen, und mehrere freie Monate zur Verfügung hat, findet Reiseunternehmen, die Fahrten im Lastwagen von Europa nach Afrika veranstalten. Nach Kenia gehen mindestens zwei von ihnen : *Magic Bus* (Paris, Sahara, Niger, Nigeria, Zentralafrik. Rep., Zaire, Ruanda und Tansania). *Guerba Expedition* (Stokehill Farm Devize, Wilts., England) : verschiedene Möglichkeiten mit freibleibenden Aufenthaltszeiten in jedem Land, darunter auch in Kenia, werden vorgeschlagen. Das erste veranschlagt drei Monate für die Hinreise, das zweite fünf... zu äußerst mäßigen Preisen.

Verschiedene Formen nicht organisierter Reisen

Man darf sich nichts vormachen : in Kenia ist die Einzelreise sehr viel teurer als in anderen Staaten, denn eine der Hauptattraktionen des Landes, die Parks und Reservate, sind nur für Autofahrer bzw. motorisierte Gruppen zugänglich. Und auf den immer seltener werdenden — übrigens auch hier schon gefährdeten — Anblick Tausender von Tieren in freier Wildbahn, die die Menschen sofern sie sich still verhalten, so nahe an sich herankommen lassen, daß man sie atmen sehen kann, möchte und kann man nicht verzichten. Man muß sich also entweder ein Auto mieten — was nicht billig ist — oder an einer organisierten »Safari« teilnehmen. Natürlich kann man immer noch zwischen verschiedenen Formen dieser Unternehmungen, die von den Agenturen in Nairobi oder Mombasa angeboten werden, wählen. Aber auch hier wieder stößt der Einzelreisende auf eine Schwierigkeit : alle Agenturen fordern eine Mindestteilnehmerzahl von vier, manchmal mehr Personen, damit sich eine Expedition rentiert. Die angebotenen Routen sind nicht alle gleich lohnend. Besonders außerhalb der Touristensaison muß der Einzelreisende oft auf einen Ausflug verzichten, falls sich niemand außer ihm dafür interessiert — es sei denn, er ist bereit, vier Plätze zu bezahlen !

Es gibt vier Möglichkeiten, dies Hindernis zu umgehen : die ideale Lösung ist, sich vor der Abreise mit drei anderen, die den eigenen Geschmack und Lebensrhythmus teilen, zusammenzutun : man kann sich ohnehin nur in der Menge isolieren. Dann dürfte es leicht sein, an Ort und Stelle die Reise nach der allgemeinen Stimmung aus der Vielfalt der Programme zusammenzustellen.

Im Gegensatz dazu ist das einfachste Verfahren, eines der zahlreichen Reiseangebote zu wählen, in denen alles enthalten ist : Hin- und Rückflug, Hotels (oft in Halbpension, damit man für einen Aufenthalt in Nairobi oder an der Küste etwas Bewegungsfreiheit hat), Reisen im Inland und verschiedene Exkursionen mit Begleitern. Man braucht sich dann um nichts zu kümmern, muß nur Zeitplan und Route einhalten und vor allem hinnehmen, daß in vielen Fällen die Faltprospekte nicht unbedingt der Wirklichkeit entsprechen. Alle Reiseagenturen können theoretisch die von den Tourenleitern auf den aktuellen Stand gebrachte Programmliste ausliefern. Ungenauigkeiten erklären sich daher, daß sie aus verschiedenen Gründen manche Programmpunkte verschweigen und mit mehreren Gesellschaften zusammenarbeiten.

Dritte Möglichkeit : man schreibt direkt an eine Tourismusagentur in Nairobi (z.B. *Universal Safari Tours,* Wabera Street, P.O Box 49 312 Nairobi). Auf eine Beschreibung des gewünschten Reisestils und der Route hin gibt der Leiter der Agentur dem Korrespondenten an, wer ihm in seinem Land am ehesten das gewünschte Programm anbieten kann, bzw. eine seinem Geschmack entsprechende Reiseroute speziell für ihn ausarbeiten kann. Diese wird dann mit den Leuten in Nairobi, die allein über das nötige Detailwissen verfügen, abgestimmt.

Schließlich gibt es noch eine vierte Möglichkeit, die zugleich volle Unabhängigkeit und den Besuch aller Parks garantiert : ein Pauschalvertrag für die

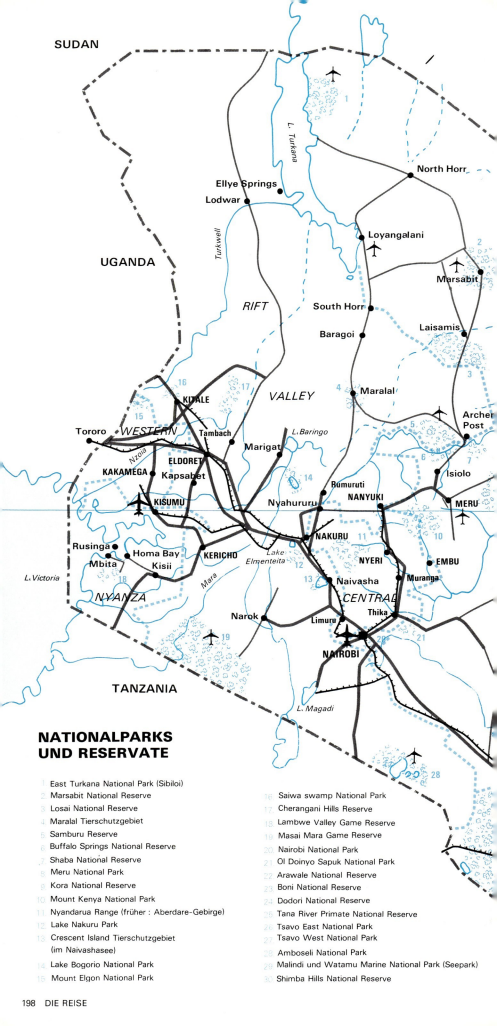

NATIONALPARKS UND RESERVATE

1. East Turkana National Park (Sibiloi)
2. Marsabit National Reserve
3. Losai National Reserve
4. Maralal Tierschutzgebiet
5. Samburu Reserve
6. Buffalo Springs National Reserve
7. Shaba National Reserve
8. Meru National Park
9. Kora National Reserve
10. Mount Kenya National Park
11. Nyandarua Range (früher: Aberdare-Gebirge)
12. Lake Nakuru Park
13. Crescent Island Tierschutzgebiet (im Naivashasee)
14. Lake Bogoria National Park
15. Mount Elgon National Park
16. Saiwa swamp National Park
17. Cherangani Hills Reserve
18. Lambwe Valley Game Reserve
19. Masai Mara Game Reserve
20. Nairobi National Park
21. Ol Doinyo Sapuk National Park
22. Arawale National Reserve
23. Boni National Reserve
24. Dodori National Reserve
25. Tana River Primate National Reserve
26. Tsavo East National Park
27. Tsavo West National Park
28. Amboseli National Park
29. Malindi und Watamu Marine National Park (Seepark)
30. Shimba Hills National Reserve

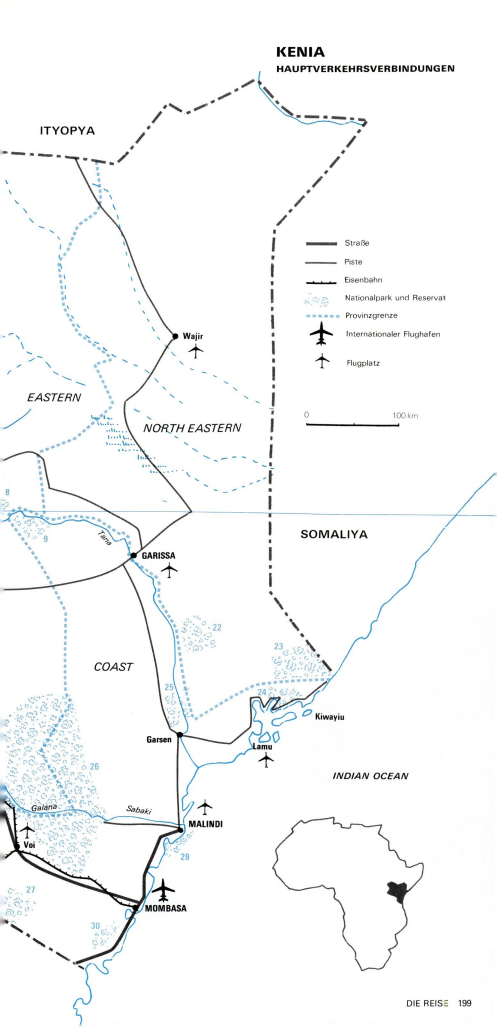

Flugreise, einen am Flughafen gestellten Wagen sowie den Aufenthalt mit oder ohne Vollpension in den Lodges, die man vor der Abreise aus einer fast vollständigen Landesliste auswählt. Zu berücksichtigen ist dabei, daß man mit ca. 50 % Aufschlag rechnen muß, falls man allein reist, und etwas unter 50 % für den Wagen, falls man ihn allein benutzt. Im übrigen erstreckt sich der Pauschalvertrag oft nur auf 1 000 km und eine Mietdauer von einer Woche. Außer wenn das Geld keine Rolle spielt, empfiehlt es sich also, diese Kilometer auf die Parks zu verwenden, für die der Wagen unentbehrlich ist.

Auswahl eines Parks

Man kann sich übrigens auch auf *einen* Park beschränken und in ihm mehrere Tage bleiben. Das ist sparsamer und oft lohnender, wenn man möglichst viele Tiere sehen will, als von einem Park zum anderen zu eilen — man muß nur Zeit, Geduld... und einen ortskundigen Begleiter haben. Was die Wahl des idealen Parks betrifft sind die Meinungen geteilt. Meist jedoch wird Maasai Mara vorgezogen. Wer sich dann noch gern, ohne durch einen genauen Zeitplan beschränkt zu sein, das Land ansehen möchte, kann sich ohne Schwierigkeit von einer Stadt zur anderen bewegen, insbesondere an der Küste, allerdings nicht im Norden. Dort fehlen nicht nur öffentliche Transportmittel, etwa zum und am Turkana-See (ausgenommen Flugzeuge), sondern auch mit einem Mietwagen kommt man nicht weit, denn die Pisten sind äußerst schwierig und bei Regenwetter sogar gefährlich. Es wäre unklug, sich allein mit einem unbekannten Fahrzeug auf eine meist menschenleere »Straße« zu wagen, noch dazu in einem so unwirtlichen Gelände. Entweder verzichtet man darauf, dieses Gebiet kennenzulernen, oder man nimmt sich einen erfahrenen Automechaniker als Fahrer.

Ansonsten gibt es mehrere Möglichkeiten : erstens, man nimmt an einer organisierten Tour in diese Gegend teil, z.B. der *Turkana Bus* der Gesellschaften *Kimbla* oder *Safari Services* (s.u. Touristenagenturen Kenias) ; zweitens, man läßt von einem Spezialisten eine Route für eine bestimmte Gruppe mit Vorbestellung in den einzelnen Lodges ausarbeiten ; drittens man schließt einen Pauschalvertrag ab über eine feste Anzahl von Tagen und Kilometern, die man beliebig nutzen kann, mit Gestellung einer kompletten Campingausrüstung und einem Dolmetscher als Führer, der nicht nur eventuelle Schwierigkeiten mit den Landesbewohnern klären sondern auch Reparaturen ausführen kann. Zweifellos ermöglicht die dritte Lösung das Erlebnis eines echten Abenteuers.

Das gilt übrigens nicht nur für den Norden : wer die Westregion mit ihren Bewohnern, den Luo, Baluhya oder Kalenjin kennenlernen möchte, wird kaum Programme finden, die diese Zone berücksichtigen. Die dritte der genannten Möglichkeiten schließt diese Lücke. Man kann übrigens leicht die Nordroute mit Maasai Mara und der Westregion kombinieren.

Wer über ein bestimmes Thema arbeiten oder spezielle Gebiete studieren will, z.B. Ethnologie, Alpinismus, Archäologie, Industrie, Zoologie, Botanik, braucht schließlich eine von Landeskundigen völlig individuell ausgearbeitete Reiseroute. Solche Wünsche kann z.B. die Agentur *UST* erfüllen. □

Reisemöglichkeiten im Landesinneren

Luftverkehr

Die Gesellschaft *Kenya Airways* führt regelmäßig Flüge von Nairobi nach Mombasa, Malindi, Lamu und Kisumu durch. *Pioneer Airlines* fliegt regelmäßig nach Lamu, Garissa, Marsabit-Moyale, Wajir-Mandera. Daneben gibt es mehrere *Chartergesellschaften* mit kleinen Flugzeugen von 5 bis 10 Plätzen, die auf Verlangen einen der 154 Flugplätze im Lande anfliegen (s. die Liste dieser Gesellschaften). Einige von ihnen sind auf bestimmte Zielhäfen spezialisiert. Andere fliegen alle Zielorte in Kenia und den Nachbarländern an. Die Mindestzahl der Passagiere beträgt vier Personen.

Zu dieser Liste ist das *Sonderflugzeug* des Kiwayu Lodge hinzuzurechnen, das zu der Insel gleichen Namens fliegt. Indem man sich mit der Leitung des Lodge verständigt, kann man ohne Aufpreis, selbst wenn man allein fliegt, an einem Flug zur Versorgung des Hotels von Lamu oder sogar Nairobi aus teilnehmen.

Eisenbahnverkehr und Straßenverkehrmittel

Kenia ist mit Recht stolz auf sein landesweites Eisenbahnnetz. Es reicht von Mombasa bis Kisumu über Nairobi und Nakuru, mit einer Abzweigung von Nakuru nach Eldoret und von Nairobi nach Nyeri und Nanyuki. Früher fuhren auch Personenzüge nach Kitale, aber die Linie ist neuerdings auf den Güterverkehr beschränkt.

Bemerkenswert ist weniger die Ausdehnung des Schienennetzes als der Komfort der Züge — zumindest in der ersten Klasse : im Vergleich zu dem, was hier geboten wird — Sauberkeit der Wagen, Luxus des Speisewagens (das Silbergeschirr wird allgemein bewundert !) — sieht es in sehr vielen afrikanischen Zügen kläglich aus. Dies wäre in der Tat die angenehmste Art, die Strecke Nairobi-Mombasa zurückzulegen, wenn nicht die Züge in beiden Richtungen am Abend gegen 19 Uhr abführen. Da es kaum eine halbe Stunde später Nacht ist, sieht man von der Landschaft nur die letzten 50 km, die in der Morgendämmerung durchfahren werden. Das ist wirklich schade.

Dafür fahren die Züge nach Nakuru, Kisumu und Eldoret dreimal wöchentlich am Tage, so daß man in aller Bequemlichkeit die herrliche Landschaft des Rift Valley und der Hochplateaus bewundern kann. Das einzig Unangenehme an dieser Linie ist, daß man infolge der Langsamkeit der ehrwürdigen Lokomotiven erst spät in Eldoret ankommt (22 Uhr). Man muß also sein Hotelzimmer vorbestellen. Auf keinen Fall kann man am selben Abend noch Kitale erreichen. Oft verzichtet man auf diese Reisemöglichkeit, um nicht den ganzen folgenden Vormittag auf dem Busbahnhof auf ein Fahrzeug warten zu müssen.

Trotzdem ist man froh, daß es den Omnibusbahnhof mit seinen *Bussen* und *Matatus* gibt. Es handelt sich um Fahrzeuge verschiedener Größe (aber gleich unbequem), die eine möglichst große Zahl von Reisenden zu einem bestimmten Ziel befördern. Was würde man ohne sie machen ! Selbst der eingefleischteste Optimist würde nicht behaupten, daß sie nur Vorzüge hätten.

Herzkranke sollten sie meiden, vor allem, wenn sie durch einen Glücksfall oder Großzügigkeit eines fremdenfreundlichen Kenianers einen Platz neben dem Fahrer erwischt haben. Auf den Teerstraßen sind klare gelbe oder weiße Striche gezogen. Man fragt sich nur, warum : nur Ausländer scheinen sie zu respektieren. Man muß sich damit abfinden... das ist jedoch schwierig, wenn besagte Linie eine Kuppe ohne Sichtmöglichkeit markiert. Fahrer dann auch noch zwei Wagen in fröhlichem Wettstreit nebeneinander her, um zu probieren, wer von ihnen als erster auf ein entgegenkommendes Fahrzeug prallt, wird die Sache ungemütlich ; doch letzten Endes gibt es in Kenia nicht mehr Tote durch Straßenunfälle als in anderen Ländern !

Noch ärgerlicher ist für den Reisenden, der gern die schöne Landschaft sehen will, wenn er in der hinteren Kabine zwischen zwei menschlichen Fleischmassen eingeklemmt ist und sich wegen der niedrigen Decke nach vorn beugen muß. Auch wenn er auf sein bißchen Bequemlichkeit von vornherein verzichtet, erscheint der Ausgang der Unternehmung nach ein paar Kilometern höchst zweifelhaft. Zum Glück gibt es die Plätze der vorderen Kabine, und manchmal kann der Fahrer zu seinem Leidwesen nicht länger warten, bis der Wagen optimal belastet ist. Im übrigen bleibt oft keine andere Wahl : in vielen kleinen Orten kann man sein Ziel nur auf diese Art erreichen. Denn das muß man den Fahrern dieser Matatus schon nachsagen: sie schrecken vor nichts zurück. Fahren sie nicht in den Norden, dann gewiß nicht wegen der schlechten Piste sondern einfach mangels Kundschaft. Von Isiolo aus fahren zum Beispiel wöchentlich zwei Matatus bis Marsabit trotz des Zustands der Piste.

Statt dieser Matatus hat man in vielen Orten andere Fahrmöglichkeiten. Höchster Luxus ist der *Minibus MPS*: es fährt einigermaßen pünktlich ab, ist bequem, sauber, in gutem Zustand und die Fahrer sind vernünftige Leute. Leider sind sie weniger zahlreich als die Matatus. Außerdem gibt es die großen Busse *OTC* oder *Malaika*, sie sind zwar etwas weniger verbreitet als die Matatus, aber in fast allen Regionen vertreten. Jeder hat seinen — sehr begrenzten — Sitzplatz. Es kann vorkommen, daß die 5 Kinder einer Familie auf 4 Knien der Eltern verteilt sitzen. Doch wir wollen nicht kleinlich sein.

Das eigentliche Ärgernis ist ihre Langsamkeit, besonders sonntags, wenn das einzige Fahrzeug am Tag anhält, um Neuigkeiten zu verbreiten oder zu empfangen, auf einen Fahrgast, der eine wichtige Besorgung hat, wartet, sich in jedem Dorf lange aufhält, kurz, den ohnehin schon ungeduldigen Westeuropäer aufreizt.

Eine ausgezeichnete Geduldsprobe: wie brächte es der Tourist, der nichts weiter zu tun hat, fertig, Anstoß zu nehmen an dem, was Fahrer und Kontrolleur mit einem Lächeln hinnehmen oder gar herausfordern! und wie soll man noch verärgert bleiben, wenn ein Mitreisender mit strahlendem Lächeln fragt, ob man schon bemerkt habe, daß dieser Bus wirklich überall und offenbar ohne Grund hält? Immerhin hat jemand, der das Land sehen möchte, geradezu reichlich Gelegenheit hierzu: er hat Zeit und überschaut alles von der Höhe dieser hochrädrigen Fahreuge. Auch muß betont werden, daß diese Busse zu regelmäßigen Zeiten fahren und nicht — oder nur wenig — warten, bis sie voll sind.

Schiffsverkehr und Stadtverkehrsmittel

Hierzu gibt es nicht viel zu sagen. Die Schiffe, die früher auf dem Viktoria-See fuhren und in verschiedenen Anrainerstaaten landeten, mußten ihren Verkehr seit dem Bruch der ostafrikanischen Wirtschaftsgemeinschaft zwischen Kenia, Uganda und Tansania einstellen. Es besteht noch ein regelmäßiger Schiffsverkehr von Kisumu nach Homa Bay (3 mal wöchentlich) und von Homa Bay nach Karungu (2 mal wöchentlich). Im Indischen Ozean kann man auf dem Seewege von Malindi nach Lamu fahren. Man braucht dazu einen Tag und muß den Mangel an Bequemlichkeit geduldig hinnehmen.

Im übrigen ist die Hauptattraktion für den Touristen eine Fahrt mit einer *Dhau*, dem kleinen arabischen Segelboot, wie sie seit Jahrtausenden den Indischen Ozean überquert haben. Von Lamu aus kann man zum Beispiel eine Fahrt um den Inselarchipel machen.

Mit den Seeleuten zu verhandeln erfordert Diplomatie und Festigkeit. Man muß sich aber vorher mit den anderen Passagieren absprechen: der angegebene Preis gilt nämlich für das ganze Schiff, und es ist ratsam, daß man Zeugen hat, die sich erinnern, welche Abmachungen vor der Abfahrt getroffen wurden. Ein Irrtum in der Auslegung ist leicht möglich!

Wer es bequem haben will, nutzt natürlich nicht das gut ausgebaute Verkehrsnetz der Stadtomnibusse aus sondern benutzt entweder den Pendelverkehr des Hotels, in dem er abgestiegen ist, oder ein Taxi, um ins Stadtzentrum zu fahren. Die zahlreichen Taxis gehören verschiedenen Gesellschaften. Man darf jedoch nicht einsteigen, ohne sich vorher mit dem Fahrer über den Fahrpreis geeinigt zu haben.

Die Taxis haben keinen Zähler (einige sind übrigens nicht einmal versichert). Man sollte auf jeden Fall Taxis mit gelbem Streifen benutzen (sie fahren im Prinzip nach einem vom Verkehrsamt angegebenen Tarif) — Oder zu Fuß gehen — oder eben in einen Autobus steigen.

Die Busse fahren häufig und in alle Stadtviertel (auch in Vororte bis nach Ngong, ebenso zum Nationalpark und den Bomas von Kenia). Zur Zeit der Verkehrsspitze werden sie durch Matatus ergänzt: die rasen mit viel Geklingel durch die Stadt, denn der Fahrkartenkontrolleur will die Kundschaft aufmerksam machen. Auf dem Trittbrett der hinteren Tür hält er sich mit einem Arm fest, gestikuliert und brüllt, in welche Richtung es geht, überschüttet Widerspenstige mit Anzüglichkeiten, schiebt die Fahrgäste rücksichtslos hinein und pfeift zwischen den Fingern zum Zeichen der Abfahrt, so daß ihn alle bewundernd angaffen.

Straßenzustand und Verkehrsbedingungen

Man hält sich am besten an die erprobten größten Mietwagenunternehmen *Avis, Europ Cars* oder *Hertz,* die den Zustand der Wagen und der Reifen überwachen und wenn sich ein technischer Fehler herausstellt, der dem Fahrer nicht angelastet werden kann, das Fahrzeug ohne Schwierigkeiten binnen kurzer Frist austauschen. Nach vorheriger Absprache kann man auch den Wagen in einer anderen Stadt zurückgeben, obwohl diese Möglichkeit beschränkt ist auf Nairobi, Mombasa, Diani Beach und Malindi.

Die Preise schwanken stark : zu Beginn des Jahres 1982 mußte man zum Beispiel für einen Wagen mit 4 Plätzen und unbeschränkter Kilometerzahl 2 320 Ksh rechnen, hinzu kommt die Versicherung und das Benzin, das etwa so teuer ist wie in Europa. Die Bezahlung ist bei der Wagenübergabe nebst einer Kautionssumme fällig (s.u. Liste der Mietwagenagenturen).

Im Jahre 1982 waren 4 640 km des Straßennetzes asphaltiert und 47 610 km befestigte Straßen oder unbefestigte Pisten. Laufend werden schlechte Teerstraßen repariert bzw. durch Parallelstücke ergänzt (wie das zur Zeit sehr schlechte Straßenstück zwischen Gilgil und Naivasha) oder frühere Pisten geteert (bzw. durch geteerte Parallelstücke ergänzt). Das ist besonders im Westen der Fall, wo Homa Bay durch eine küstennähere Straße als die alte Piste mit Kisumu verbunden wird ; ebenso das Stück zwischen Nbuku (südl.v: Meru) und Runyenje (nordöstl.v. Embu).

Falls man Kenia in der Regenzeit besucht, muß man sich unbedingt in der nächstgelegenen Stadt über den Zustand der Pisten erkundigen, ehe man sie befährt, denn manche verwandeln sich unvorhergesehen in unbenutzbare Schlammstrecken oder werden von Wadis abgeschnitten, die meist völlig trocken sind aber nach den ersten Gewittern zu reißenden Bächen werden. In höheren Lagen kann es auch außerhalb der üblichen Regenzeit regnen. Insbesondere der Nyandaruapark ist aus diesem Grunde für Touristenfahrzeuge oft nicht zugänglich.

Die Benzinversorgung wird erst nördlich von Kitale und Isiolo zum Problem. Bevor man von dort abfährt, muß man sich hinsichtlich Treibstoff und Wasser weitgehend unabhängig machen. Auch kann es vorkommen, daß manche Tankstellen im Inneren der Parks zeitweise kein Benzin mehr haben, im allgemeinen aber hat man dort nicht weit zu fahren, um seinen Tank wieder aufzufüllen. Am besten führt man ständig einen Reservekanister mit sich.

In Kenia herrscht Linksverkehr. Man gewöhnt sich ziemlich schnell daran. Viel problematischer ist für den Fußgänger das Überqueren einer Straße in der Stadt. Die Geschwindigkeitsbegrenzung (55 km/h in der Stadt, 100 km/h auf den Landstraßen) wurde bislang von jedermann mißachtet, zumindest auf den Landstraßen. Auf den Fernstraßen hat man aber jetzt Radargeräte — und Bußgelder — eingeführt.

Es gibt eine Reihe von Straßenkarten, darunter die von Shell, die vom Survey of Kenya herausgegebene Karte *Kenya and Northern Tanzania* sowie die vom Amt für Tourismus in Kenia und die von Freytag und Berndt herausgegebene Karte von *Ostafrika.* Am besten besorgt man sich mehrere, denn manche zeigen zwar die wichtigsten Lodges an, vergessen aber viele Berggipfel und umgekehrt. Auch die Entfernungen variieren.

Im übrigen muß man berücksichtigen, daß die früher in Meilen berechneten Entfernungen jetzt in Kilometern angegeben sind. Sicherheitshalber haben die neuen Karten meist zwei Ziffern in verschiedenen Farben, die eine in Meilen, die andere in Kilometern Karten, auf denen nur eine Ziffer angegeben ist, sind meist älteren Datums.

Wer wandern oder sich abseits der üblichen Touristenpfade bewegen will findet vom *Survey of Kenya* veröffentlichte regionale Karten. Sie sind im Public Map Office, Harambee Avenue, Nairobi erhältlich.

Alle, die per Anhalter zu fahren hoffen, sollten nicht allzu sehr mit dem Solidaritätsgefühl der Weißen rechnen : sie halten sehr selten an. Die Angelsachsen fahren vorbei, ohne einen anzuschauen : sie hätten ohnehin nur ihre Kommentare zu geben. Die anderen gestikulieren zwar wie Südländer, haben jedoch auch nicht mehr Lust anzuhalten als die ersteren, sie wahren nur die Form. Mit bedauerndem Lächeln deuten sie an, daß es sich nicht lohne, einzusteigen, weil sie nicht mehr weit fahren. Sie regen einen drum noch mehr auf !

Empfang und Aufenthalt

Wo erkundigt man sich ?

(S.u. Hauptvertretungen des kenianischen Tourismus im Ausland).
Das Ministerium für Tourismus befindet sich im City-Hall Way, Nairobi (gegenüber dem Hilton Hotel). Unmittelbar daneben, an der Ecke der Moi Avenue ist das frühere Informationsbüreau zum *Retail Reservation Office* der Gesellschaft African Tours and Hotels verwandelt worden. Man findet dort jedoch auch allgemeines Material, zum Beispiel die alle zwei Monate erscheinende Broschüre »What's on ?« mit vielen nützlichen Angaben (Hotels, Restaurants, Verkehrsmittel und ihre Fahrpläne, Nationalparks etc.)
Alles über die Nationalparks erfährt man bei dem *Wildlife Conservation and Management Department* am Eingang zum Nairobi National Park, Langata Road (Autobus Nr.24 am Omnibusbahnhof, s.Stadtplan von Nairobi) ; sowie bei der *East African Wildlife Society* City-Hall Way in dem Gebäude dem neben Hilton Hotel.
Für alle Französischsprechenden lohnt sich unbedingt ein Besuch des Maison Française mit dem Centre Culturel Français : es ist bemerkenswert aktiv und hat zwei ausgezeichnete Bibliotheken. Daneben erteilen natürlich die französische Agentur *Universal Safari Tours,* Wabera Street sowie für Englischsprechende die Haupttouristenagenturen von Nairobi und Mombasa guten Rat.

Einreiseformalitäten

Polizei : Zur Einreise nach Kenia braucht man einen gültigen Paß und Visa, die bei der kenianischen Botschaft des Heimatlandes erhältlich sind. Ferner wird der Flugschein oder eine Bestätigung der Fluggesellschaft sowie eine Visagebühr verlangt. Das Visum ist binnen 3 Tagen erhältlich und gilt drei Monate, außer für Geschäftsreisen.
Man kann es schriftlich beantragen, muß aber dann das von der Botschaft übersandte Formular ausfüllen und einschicken. Darüber vergehen mindestens 14 Tage. Man muß die für die Rücksendung des Passes notwendige Einschreibegebühr in Form von Briefmarken beilegen. Falls man aus Kenia ausreisen und wieder zurückkehren möchte, bedarf man mehrfacher Einreisevisa.
Autofahrer, die mit dem eigenen Wagen einreisen, wenden sich an den *Automobilclub von Kenia.* Er wird ihnen bei der Ausfüllung der Einreiseformalitäten behilflich sein. Natürlich müssen sie im Besitz einer grünen Versicherungskarte, des Fahrzeugscheins, des internationalen Führerscheins und eines internationalen Nummernschildes sein. Der internationale Führerschein gilt 90 Tage, muß aber bei der Einreise im Polizeikommissariat registriert werden.
Versicherungen : für einen Mietwagen muß eine zusätzliche Versicherungsgebühr zur Deckung der Material- und Personenschäden entrichtet werden. Einige Mietwagenunternehmen sind Mitglied der *Automobile Association of Kenya* (PO Box 40 087, Nairobi oder POB 83 001, Mombasa), wodurch der Mieter Anspruch auf Pannenhilfe auf den Hauptstraßen des Landes hat. Auf jeden Fall empfiehlt es sich, mit dem AA Kontakt aufzunehmen : er ist in der Lage, über den Zustand der Straßen, die man benutzen will, Auskunft zu geben und gibt einen Führer *(Guide to motoring in Kenya)* mit einer Liste der Werkstätten heraus. Vertretungen des AA sind in Nairobi, Mombasa, Eldoret, Kisumu und Nakuru.
Im übrigen kann man für einen Monat Mitglied der *Flying Doctors Association of Africa (*ärztlicher Flugdienst) werden, wodurch man im Falle einer Krankheit oder eines Unfalls ärztlich versorgt und nach Nairobi geflogen wird (POB 30 125, Tel. 50 13 01, Nairobi).

Gesundheit und Hygiene

Den Reisenden wird weiterhin empfohlen sich in ihrem Gesundheitszeugnis das Datum der letzten Pocken- und Gelbfieberschutzimpfung eintragen zu lassen, doch zur Zeit findet an den Grenzen keine Kontrolle mehr statt.
Es ist immer noch unerläßlich, gegen die Malaria (je nach Fabrikat täglich oder wöchentlich) Chinintabletten einzunehmen, und zwar während des ganzen Aufenthalts im Lande und noch zwei Monate nach der Rückkehr. Früher schienen 14 Tage ausreichend ; man hat jedoch festgestellt, daß die

Malaria auch nach mehreren Wochen erst ausbrechen kann.

Das Wasser birgt in heißen Ländern stets eine Gefahr in sich. In Nairobi und — theoretisch — in den » großen Städten « ist das Wasser behandelt, also trinkbar ; man weiß indessen nie, ob eine Stadt in dieser Hinsicht zu den » großen « zählt. Findet man in seinem Zimmer eine Karaffe mit Trinkwasser, weil das Leitungswasser nicht trinkbar ist, so wäre deren Fehlen ein sicheres Indiz, falls sie nicht einfach aus Nachlässigkeit fehlt. Man verläßt sich also besser nicht darauf und verlangt gefiltertes Wasser oder führt immer ein Gefäß mit selbst desinfiziertem Wasser (mit Hilfe von Tabletten) mit sich. Es gibt jetzt Mittel, die fast keinen unangenehmen Beigeschmack mehr haben. Aber auch äußerliche Anwendung von Wasser kann gefährlich sein : mit Ausnahme des Turkana-Sees sollte man in den Seen nicht baden, denn das Wasser könnte die Überträger der schrecklichen Saugwürmerkrankheit enthalten.

Es kann auch nicht genug betont werden, daß man sich der Sonne nicht zu stark aussetzen darf. Vor allem muß man durch Tragen einer Kopfbedeckung dem Sonnenstich vorbeugen. Auch die Haut sollte man nur allmählich an die Sonneneinstrahlung gewöhnen. Am ersten Tag genügen manchmal fünf Minuten, um die Haut zu röten. Es reicht, daß man sich im Gehen oder Schwimmen den Sonnenstrahlen aussetzt, letzteres kann für empfindliche Haut schon zu viel sein. Einfache Schuppenbildung muß nichts Schlimmes bedeuten, ernster sind jedoch Kopfweh und Erbrechen zu nehmen. Schließlich darf man nicht vergessen, daß Nairobi in 1 700 m Höhe liegt und daß der kleinste Berg höher als 2 000 m ist. Es sei denn, man bleibt nur an der Küste, muß man sich vor der Abreise vergewissern, ob einem die Höhe keine Schwierigkeiten — von einfacher Schlaflosigkeit bis zu Herzanfällen — bereiten wird. Im übrigen bleibt niemand, auch der Gesündeste nicht, vor der Bergkrankheit mit Übelkeit und mehr oder weniger starken Kopfschmerzen verschont, sobald er sich höher als 3 000 m befindet. Das ist weiter nicht schlimm, sofern man sich nicht auf sein Vorhaben versteift sondern wieder umkehrt. Am besten vermeidet man sie, indem man in Etappen aufsteigt, zum Beispiel ein paar Tage in der Höhe von Nairobi bleibt, dann eine Nacht am Fuße des Mount Kenya übernachtet (in Naro Moru unter anderen) und noch eine weitere Nacht in Met Station, die bereits in 3 000 m Höhe liegt, bevor man sich an die Besteigung der eigentlichen Gipfel wagt.

Welche Jahreszeit soll man wählen ?

Es kommt darauf an, welche Teile Kenias man besuchen will. An der Küste wirken sich die Regenfälle zum Beispiel nicht so stark aus wie in den gebirgigen Gegenden, die dann manchmal völlig unzugänglich werden. Es gibt theoretisch zwei Regenzeiten : von März bis Juni mit besonders reichlichen und häufigen Regenfällen und von Oktober bis Dezember. In den trockenen Nord- und Ostgebieten sind jedoch regenlose Jahre leider nicht selten. In den Highlands, den höchsten Gebirgsmassiven hingegen ist man nie ganz sicher, daß nicht im trockensten Monat Februar plötzlich Regen fällt.

Man darf sich jedoch nicht nur nach den Regenzeiten richten. An der Küste, die natürlich heißer ist als die Gebirgszonen, ist es während der heißesten Monate, von November bis März, angenehmer, weil dann ständig die Passatwinde wehen und Klimaanlagen fast überflüssig machen — was zur Folge hat, daß unkluge Sonnenbaderinnen in der sanften Brise nicht merken, wie die Sonnenstrahlen ihre Haut verbrennen.

Am Turkana-See im Norden kann man in der Zeit vor dem theoretischen Einsetzen der Regenfälle Anfang April keine Brise erwarten : Tag und Nacht haben dann Menschen, Tiere und Bäume Windstöße von schier unerträglicher Heftigkeit auszuhalten. Besser reist man etwas später dorthin, kurz nachdem der Regen gefallen ist. Denn dann sprießt üppiges Gras aus der trockenen Erde hervor zur Freude von Hirten und Herden. Und der Wind hat sich für eine Zeit lang beruhigt.

Die gesamte Highlandzone, das Mount-Kenya-Massiv, das Nyandaruagebirge sowie den Mount Elgon muß man in der Regenzeit meiden, weil zahlreiche Pisten dann unbefahrbar und selbst Bergwanderungen undurchführbar sind. Für diese Gegenden sind also vorwiegend die europäischen Wintermonate, von Ende Dezember bis Mitte März, anzuraten und für die, die sich an der Küste aufhalten wollen, die Monate Juli, August, September. Zu

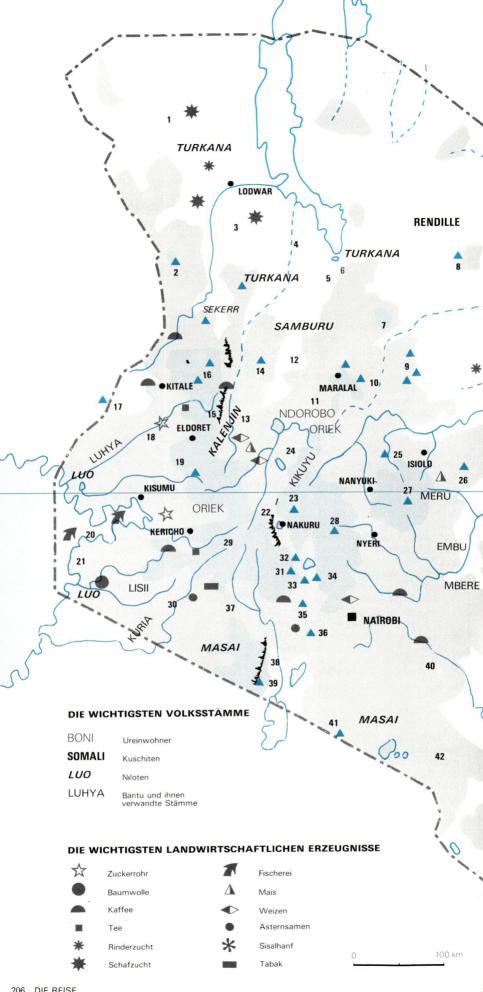

DIE WICHTIGSTEN BERGGIPFEL, GEBIRGSKETTEN UND STEILABHÄNGE

1. Murua Ngithigerr Hills
2. Karasuk Hills : 2 787 m
2 bis. Mount Sekerr : 3 325 m
3. Loichangamatak Hills : 2 066 m
4. Loriu Range
5. Nyiru Range (Mt Nyiru : 2 752 m)
6. Ol Doinyo Mara-Kette : 2 067 m
7. Ndoto Mountains : 2 637 m
8. Mt Marsabit : 1 707 m
9. Ol Doinyo Lenkiyi (Warges : 2 690 m, Matthews Peak : 2 375 m)
10. Saanta Hills : 2 584 m
11. Losiolo Escarpment : 2 470 m
12. Samburu Hills
13. Tuken Hills (von 2 000 bis 3 000 m)
14. Mt Tiati : 2 351 m
15. El Geyo Escarpment
16. Cherangani Hills (Sondhang : 3 206 m, 3 370 m)
17. Mt Elgon-Massiv ; höchster Gipfel in Uganda
18. Nandi Escarpment
19. Nyando Escarpment
20. Gembe Hills
21. Gwasi Hills
22. Kapkuti : 2 799 m
23. Menengai Krater
24. Laikipia Escarpment (2 610 m)
25. Loidaika Mountains (2 591 m)
26. Nyambeni Hills (Mt Itani : 2 514 m)
27. Mt Kenya-Massiv (höchste Erhebung : Mount Batian 5 199 m)
28. Nyandarua Range (früher : Aberdare-Gebirge ; höchste Erhebung Ol Doinyo la Satima : 3 999 m).
29. Mau Escarpment
30. Oloololo Escarpment
31. Mt Mellili (3 098 m)
32. Mt Eburru : 2 854 m
33. Hell's Gate
34. Mt Longonot-Krater : 2 776 m
35. Mt Susua (2 357 m)
36. Ngong Hills (höchste Erhebung Lamwiam : 2 460 m)
37. Loita Hills
38. Nluruman Escarpment (höchste Erhebung : 2 333 m)
39. Shombole-Krater (1 700 m)
40. Machakos Hills
41. Mt Ol Doinyo Orok (2 526 m)
42. Chyulu Range (2 174 m)
43. Taita Hills (Mt Muria : 2 210 m)
44. Shimba Hills (448 m)

RELIEF

- Steilhang
- Höhe über 1 000 m
- Höhe über 2 000 m
- Gipfel, höchste Erhebung

beachten ist indessen, daß für Hochseeangler die beste Zeit zwischen Oktober und Januar liegt und daß die Hotelpreise nach der Jahreszeit wechseln. Am niedrigsten sind sie in allen Hotels von April bis Ende Juni, am höchsten zwischen Juli und April. Einige Hotels (insbesondere im Westen) gewähren bis kurz vor Weihnachten die Niedrigpreise außerhalb der Saison. Offenbar ist dann der Aufenthalt dort weniger angenehm, aber es ist eine Möglichkeit, die Reisekosten zu reduzieren.

Auf jeden Fall sagt Kenia dank seiner mittleren Höhenlage von 1 700 Metern das ganze Jahr über allen denen zu, die sich vor der Hitze fürchten. Nairobi hat zum Beispiel ein herrliches Klima, manchmal ist es dort sogar ein wenig zu kühl am Abend. Die Tagestemperatur schwankt zwischen 23° und 27° C.Wer die Sonne sucht, findet sie dort zu jeder Jahreszeit.

Was muß man mitnehmen ?

Der Klimawechsel bedingt, daß man ziemlich viel Garderobe mitnehmen muß, um sich auf Temperaturen einzustellen, die nicht nur in den einzelnen Zonen sondern auch zu verschiedenen Tageszeiten stark wechseln. Grundsätzlich ist Kleidung aus leichtem Gewebe zu empfehlen, am besten mit synthetischen Stoffen vermischte Baumwolle. Sie ist kühl, trocknet in einer Nacht und braucht nicht gebügelt zu werden. Auf einer Safari sehen allerdings helle, leichte Kleider, Hosen oder Hemden schon nach wenigen Stunden stark mitgenommen aus. Wenn man nur zeltet und gerade genug Wasser hat, um sich jeden Tag selbst zu waschen, leisten Jeans die besten Dienste, wenn sie auch etwas warm sind.

Sobald man in höheren Lagen zeltet, muß man sich auf empfindliche Kälte einstellen : wollene Strumpfhosen oder, falls das Wetter unsicher ist, selbst solche aus undurchlässigem Gewebe sind unter einer Jeanshose durchaus zu empfehlen. Statt einer wattierten Steppjacke sollte man besser mehrere Pullover und T-Shirts tragen ; am Tage, wenn die Sonne scheint, kann man die einzelnen « Häute » nacheinander abstreifen, um sie nach Bedarf wieder überzuziehen, nebst Handschuhen oder Pudelmütze, wenn man höher steigt bzw. wenn es abends kalt wird.

Unentbehrlich ist Schuhwerk, das bis zum Knöchel geht und wasserundurchlässig ist — in den Heidegebieten oberhalb des Waldes trieft es allenthalben vor Nässe und man sinkt manchmal bis zu den Waden ein. Wohlgemerkt braucht man für Kletter- und Gletschertouren natürlich regelrechte Bergschuhe. Für die Nacht muß man einen warmen Daunenschlafanzug bzw. — sack haben — normale Schlafsäcke schützen nicht genug vor der Kälte. Im Camp Mackinder, das auch für Bergwanderer erreichbar ist, herrschen nachts Temperaturen unter 0° C, denn es liegt in 4 000 m Höhe. Schließlich ist ein wasserundurchlässiger Regenumhang für jeden Aufenthalt in der Regenzeit erforderlich.

Wer wird schon sein Badezeug (bitte *mit* Oberteil) vergessen, wenn er nach Afrika fährt, und seine Sonnenbrille — diese ist besonders wichtig, um sich vor dem Staub der Pisten und dem vom Wind aufgewirbelten Sand zu schützen.

An Gepäckstücken muß man eine große Tasche oder zwei kleine mitnehen : auf manchen Safaris ist die Anzahl der Gepäckstücke begrenzt, und wer wird sich schon für ein paar Nächte mit seinem ganzen Gepäck beladen ! In allen Hotels können die Gäste ihr Gepäck gratis in Aufbewahrungsräumen lassen.

Reiseapotheke und Campingmaterial

Eine Taschenlampe ist für Zeltler unentbehrlich und in vielen Lodges nützlich, weil die Stromerzeugungsaggregate nachts abgeschaltet werden. Vor der Abreise muß man sich gegen Kälte, Hitze oder Meerwasser mit feuchtigkeitsregulierender Creme und Lippensalbe versehen, denn der Wind macht die Lippen rissig. Mückensalbe und Juckreiz lindernde Salbe sind notwendig, sobald man die Nacht an einem Fluß oder See verbringt (außer in der Höhe). Gegen Darm-, Nasen-, und Augeninfektion und kleinere Wunden sind entsprechende Mittel vorzusehen, ebenso Heftpflaster, denn der kleinste Schnitt oder ein Bläschen entzünden sich sehr rasch. Die häufigen Verdauungsstörungen lassen sich leicht beheben, sofern man sie sofort bekämpft : z.B. die in Unmengen genossenen kohlensäurehaltigen Getränke durch Tee ersetzt.

Wer unabhängiges Camping vorzieht, kann sich alles notwendige Material in mehreren Geschäften in Nairobi leihen : z.B. bietet die Gesellschaft » *Habib rent a car* « Camping Cars mit Schlafdach an, d.h. auf dem Dach ist ein Zelt mit zwei Schlafplätzen angebracht, das man tagsüber zusammenfaltet. Filme und Tonbandkassetten kann man in Nairobi oder Mombasa kaufen.

Sicherheitsvorkehrungen

Nicht nur in Kenia wird gestohlen — aber hier, insbesondere in den großen Städten, sind die Taschendiebe ungewöhnlich geschickt und dreist. Deshalb sollte man unmittelbar nach der Ankunft dort, wo man die erste und oft auch die letzte Nacht verbringt, Paß, Rückflugschein und Geld hinterlegen. Kehrt man zwischen zwei Safaris zu seinem Ausgangspunkt zurück, nimmt man am besten nur die von jedem Teilnehmer benötigte Geldsumme mit. Von Travellers'Cheques fertige man zwei Listen ihrer Nummern an und bewahre sie an verschiedenen Stellen auf. Im Diebstahlsfall muß man dem Beamten des American Express zwecks Erstattung die Nummer der gestohlenen Schecks angeben können. Hinterlegt man seinen Paß in einem Safe, muß man sich die Paßnummer notieren, denn sie wird in jedem Hotel verlangt, unter Umständen sogar eine Photokopie. Muß man Paß, Flugschein und Geld bei sich behalten, weil man nicht zum Ausgangspunkt zurückkehrt, muß man sich auch die Nummer des Flugscheins, das Datum seiner Ausstellung und den Namen der Gesellschaft notieren.

Alle Wertsachen sollte man auf keinen Fall in einer Schultertasche mit sich tragen. Sie kann einem nicht nur leicht entrissen werden sondern fordert Gewaltanwendung geradezu heraus. Am besten bewahrt man sie in einer Innentasche der Jacke oder des Gürtels auf (sofern dieser aus Leder ist und keine Rückenschnalle hat wie einige Modelle, in deren vielen Taschen nicht nur die Eigentümerin bequem Geld und Papiere unterbringen und wiederfinden kann).

Vor einer anderen Unklugheit muß ebenso gewarnt werden : man darf nicht der Versuchung erliegen und sein Geld zu einem angeblich günstigen Kurs auf der Straße tauschen. Wird man dabei erwischt, hat man Gefängnisstrafe zu gewärtigen, denn es ist strengstens untersagt ; das Gleiche gilt, wenn man bei einer Kontrolle am Flughafen nicht anhand von Quittungen der dazu berechtigten Hotels oder Banken die Einlösung seiner Travellers'Cheques nachweisen kann. Ein nicht geringeres Risiko : der lächelnde junge Mann, der dem Touristen einen fantastischen Wechselkurs anbietet, hat oft Komplizen, die nur auf den Augenblick warten, in dem der Fremde sein Geld aushändigt. Er sieht sich von ein paar handfesten Burschen umringt, die die Scheine an sich reißen (wenn sie nicht gar Faustschläge austeilen), ohne das Wechselgeld herauszugeben.

Es ist auch nicht ratsam — vor allem für eine Frau — selbst am Tage allein in Parks spazierenzugehen. Hiervon wird sogar offiziell abgeraten. Glücklicherweise heißt das jedoch nicht, daß man jedesmal sein Leben riskiert, wenn man sich von der Herde entfernt.

Für alle, die ihre Freiheit und den Kontakt mit anderen Menschen lieben, ist diesen Warnungen jedoch hinzuzufügen : dort, wo sich Touristen aufhalten, ist die Gefahr relativ groß, sehr selten passiert jedoch etwas in einem Autobus, einem » Matatu « oder einem Volksviertel, vielleicht schon deshalb, weil der Fremde, der sich dorthin wagt, für zu arm oder zu klug angesehen wird, als daß er ein interessantes Beuteobjekt wäre. □

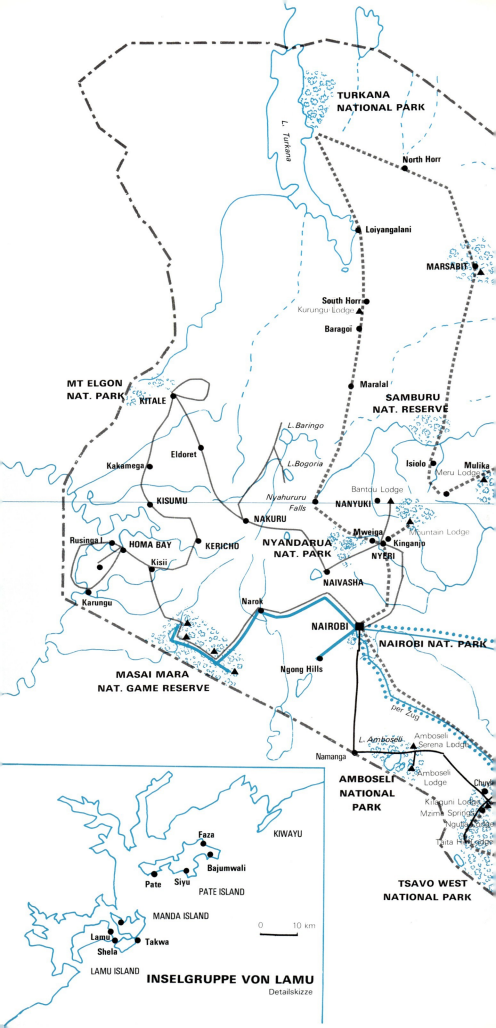

5 TOURENVORSCHLÄGE FÜR KENIA

———	Zwei Wochen : Parks und Küste
------	Drei Wochen : östliche Hälfte
———	Drei Wochen : westliche Hälfte
———	Eine Woche : in den Parks
•••••	Eine Woche : an der Küste
▲	Hauptlodge

0   100 km

- Garba-Tula
- **MERU NATIONAL PARK**
- GARISSA
- per Flugzeug
- per Flugzeug
- **TSAVO EAST NATIONAL PARK**
- KIWAIYU
- LAMU
- ito-Andei
- MALINDI
- Gedi
- **MALINDI, WATUMU MARINE NATIONAL PARKS**
- VOI
- Kilifi
- per Flugzeug
- Mtwapa Creek
- **SHIMBA HILLS NAT. RES.**
- MOMBASA
- Diani Beach
- Shimoni

Das Alltagsleben

- *Münzen und Geldscheine*

In Kenia gilt der kenianische Shilling zu hundert Cents. Das Geld besteht aus Scheinen zu 100, 50, 20, 10 und 5 Shillings und Münzen zu einem Shilling und 50 Cents aus Silber sowie 10 und 5 Centstücken aus Kupfer.

Seine Devisen kann man in allen Banken eintauschen (sie sind im allgemeinen nur von 9 bis 14 oder 14.30 Uhr geöffnet), sowie in allen großen Hotels (manche Lodges nehmen zwar Travellers'Cheques entgegen, sind dazu aber nicht berechtigt, können also auch keine Empfangsquittung ausstellen, wie sie bei der Ausreisekontrolle gefordert wird), oder selbst in einigen großen Geschäften. Der in den Banken gehandelte Wechselkurs ist immer — manchmal erheblich — günstiger.

Kreditkarten wie die vom American Express oder Diner's Club werden überall angenommen. Das sollte man bedenken, bevor man eine größere Summe Geldes mitnimmt, aber die Kennziffern muß man sich ebenso wie die des Flugscheins und der Travellers'Cheques für Diebstahl oder Verlust notieren.

Zu Beginn des Jahres 1982 schwankte der Dollarkurs zwischen 10.30 ksh und 10 ksh, und im März 1982 war 1 ksh = 0,205 DM wert.

- *Die landesüblichen Sprachen*

Die in Kenia am meisten gesprochenen Sprachen sind Englisch und Suaheli. Grundkenntnisse des Englischen sind erforderlich, denn niemand spricht andere europäische Sprachen, mit Ausnahme einiger Bediensteter oder Geschäftsführer großer, an internationale Kundschaft gewöhnter Hotels. Die Höflichkeit erfordert, daß man sich zumindest einige Umgangsformeln auf Suaheli einprägt. Niemand würde mehr erwarten, aber dazu sollte man in der Lage sein.

- *Die Zeitrechnung*

In Kenia wie ganz Ostafrika läuft die Uhr der Greenwich Mean Time (GMT) um 3 Stunden voraus, das heißt um 2 Stunden der mitteleuropäischen Win-

WICHTIGE REISEORGANISATOREN

■ **African Tours and Hotels** : *Standard Street, POB 30471, Tel : 336858, Nairobi. Moi Avenue, POB 90604, Tel : 25509, Mombasa.*
Block Hotels : *POB 40075, Tel : 22860, Nairobi. Nkrumah Road, POB 87669, Mombasa.*
Big Five Tours and Safaris : *Kenyatta Avenue, POB 10367, Tel : 29803, Nairobi. Nkrumah Road, POB 86922, Mombasa.*
Bunson Travel Services : *New Stanley Hotel, POB 45456, Tel : 21992 Nairobi. Filialen in Mombasa u. Malindi.*
Intra Safaris : *Kimathi Street, POB 50096, Tel : 332394, Nairobi. Filiale in Mombasa.*
Ivory Safaris : *Mama Ngina Street, POB 44082, Tel : 26623, Nairobi.*
Etco : *Vertretung von American Express in Mombasa, POB 90631, Nkrumah Road.*

terzeit und um eine Stunde der MEZ im Sommer. Das ganze Jahr über wird es — bis auf geringe Abweichungen — zwischen 6 und 7 Uhr Tag, und die Nacht bricht gegen 19 und 19.30 Uhr herein.

• *Die Postverbindungen*

Die Postämter sind von 8 bis 12 Uhr, auch samstags, geöffnet sowie von 14 bis 16.30 Uhr, außer samstags und sonntags. Zur Kennzeichnung der Adresse ist in Kenia nicht Straße und Hausnummer wichtig sondern das Postfach. Im Lande Umherreisende lassen sich ihre Post am besten postlagernd zur Hauptpost in Nairobi, Kenyatta Avenue, schicken. Da der Beamte nicht weiß, welches in einer europäischen Sprache der Name bsw. Vorname ist, kann der Brief unter verschiedenen Initialen eingeordnet sein. Man muß den Beamten darauf aufmerksam machen und ihn bitten in zwei Fächern nachzusehen. Man gewinnt dadurch kostbare Zeit.

Im Telefonverkehr mit Europa sind die selbstgewählten Verbindungen rasch hergestellt. Dasselbe gilt jedoch nicht für Gespräche, die von Städten im Inland mit Nairobi geführt werden : man wartet manchmal vergeblich auf sie. Man sollte sie nur im Notfall führen. Im übrigen ist es immer besser, von der Post als von einem Hotel aus anzurufen : der Tarif ist viel billiger und die Verbindung — in der Provinz — rascher hergestellt. Zwischen 18 und 6 Uhr gibt es einem verbilligten Nachttarif.

• *Elektrischer Strom*

Die Spannung beträgt überall 240 Volt, obgleich in einigen Hotels und Lodges Steckdosen für Rasierapparate mit 110 Volt vorgesehen sind. Da sie Dreifachstecker haben, muß man also einen Adapter bei sich haben.

• *Maßeinheiten*

Seit 1976 gilt in Kenia das metrische System. Viele Leute rechnen aber immer noch in Meilen, Fuß oder Pfunden.

Kimbla Keny : *Banda Street, POB 40090, Tel : 337892, Nairobi (Camping).*
Nilestar Tours : *Norfolk Hotel, POB 42291, Tel : 26997, Nairobi.*
Safari Camp Services : *Koinange Street, POB 44801, Tel : 29994, Nairobi (wie Kimbla auf Campingtouren im Norden bis zum Turkana-See spezilisiert).*
Universal Safari Tours : *Wabera Street, POB 49312 Tel : 336295, Nairobi (französische Agentur).*
Die meisten dieser Agenturen können auch Autos vermieten und auf Wunsch Sonderfahrten organisieren.
In den größten Hotels, besonders an der Küste, werden Ausflüge in die Umgebung organisiert.

- *Zigaretten*

Die beiden kenianischen Zigarettenmarken heißen » Embassy « und » Sportsman's «. Importierte Zigaretten sind zwei bis dreimal teurer. Wer dunklen Tabak raucht, mag das bedauern. Zigaretten werden wie in Deutschland in vielen Läden, Straßenständen und Hotelbars verkauft.

- *Toiletten*

Wie in Europa sind die Toiletten oft durch Silhouetten an den Türen gekennzeichnet, für Damen (Ladies) und Herren (Gents) getrennt. Vielerorts, z.B. auf Campingplätzen findet man auch nur den volkstümlichen, für beide Geschlechter gemeinsamen Ausdruck » choo «. Man ist sehr froh, daß es sie gibt, auch wenn sie meist nur aus einem von Palisadenpflöcken umgebenen Loch bestehen — eine willkommene Palisade !

- *Feiertage und arbeitsfreie Tage*

Abgesehen von den internationalen weltlichen Festtagen des 1. Januar und 1. Mai und den religiösen Feiertagen Karfreitag, Ostermontag, 25. (und 26.) Dezember (Boxing Day) sowie dem Fest zum Abschluß der Ramadanzeit hat Kenia drei eigene Festtage : 1. Juni (Tag der Selbstbestimmung), 20. Oktober (Jahrestag der Entlassung Jomo Kenyattas aus dem englischen Gefängnis) und 12. Dezember (Tag der Unabhängigkeit). Der Samstagnachmittag und der ganze Sonntag sind arbeitsfrei.

- *Apotheken*

Nicht nur in den großen sondern auch in den kleineren Städten sind sie zahlreich vertreten. Man kann sich also leicht mit notwendigen pharmazeutischen Produkten wie Desinfektionsmitteln, Mückensalbe, Aspirin und Chininpräparaten versorgen. Die Erzeugnisse der Schönheitsindustrie sind selten, sehr teuer, wenig variabel, insbesondere Schminke und natürlich Parfüms.

- *Der Tagesablauf*

In den Luxushotels und in den Lodges kann man manchmal ab 6 Uhr frühstücken oder zumindest einen » early tea « bekommen. In den meisten Häusern wird jedoch das komplette Frühstück um 7, manchmal um 7.30 Uhr serviert, und zwar nur im Speisesaal. Für den Zimmerservice wird in den großen Hotels entweder ein Aufschlag erhoben oder man bekommt nur ein » europäisches « Frühstück (Fruchtsaft, Tee oder Kaffee, Toast mit Butter und Marmelade). Ob man auf seinem Zimmer bleibt oder in den Speisesaal geht, man nimmt das Frühstück so früh wie möglich ein : auf Safari bricht man immer früh auf, nur in Nairobi wird von 8 bis 12, meist sogar bis 13 Uhr bedient. Dafür ist der Nachmittag kurz : ab 15 Uhr frühestens bis 17 Uhr spätestens.

Hat man in der Stadt nicht viel zu erledigen, wartet man besser, bis die Stoßzeit des Auto- und Busverkehrs vorüber ist, d.h. bis nach 9 Uhr. Vorher ist der Verkehr allzu stark, und in den öffentlichen Verkehrsmitteln kann man kaum atmen, wenn man überhaupt hineinkommt.

Der » lunch « zwischen 13 und 14.30 Uhr wird hier nicht wichtig genommen. Will man am Vormittag von Nairobi aus ein Lodge in einem der Parks erreichen, muß man manchmal auf das Mittagessen verzichten — was übrigens zu verkraften ist, nachdem man ein vollständiges Frühstück eingenommen hat !

Um 5 Uhr nachmittags schließen die Büros, Bibliotheken und Museen. Die meisten Geschäfte sind noch eine gute Stunde länger geöffnet, in den Volksvierteln schwatzen und lachen die Kunden sogar noch nach Einbruch der Nacht mit den zumeist indischen Kaufleuten.

Was fängt man am späten Nachmittag vor dem Abendessen an, das ja frühestens ab 19.30 Uhr, wenn nicht erst um 20 Uhr eingenommen wird und bis 21.30 Uhr dauern kann ? Am angenehmsten ist es, wenn man sich dann im Schwimmbad seines Hotels von den Anstrengungen des Tages entspannen und Appetit für das Abendessen holen kann.

Jedermann warnt den Neuling, in Nairobi nachts allein auszugehen, also ist es ein Vorteil, wenn man im Hotel selbst oder in unmittelbarer Nachbarschaft zu Abend essen kann. In jedem Falle warten aber vor der Tür immer ein paar Taxis, so daß man nach einem Kino-, Theater- oder Konzertbesuch noch ins Casino oder in einen Nightclub gehen kann.

Die Lebenshaltungskosten

Sie stellen schon eine Versuchung dar, diese Taxis, denn immer, wenn man abgespannt ist, taucht eines wie herbeigezaubert auf, und der Fahrer lädt einen mit einem umgarnenden Lächeln ein, einzusteigen. Man ist in Nairobi noch keine fünf Minuten unterwegs, so hört man schon ein verführerisches, fragendes » Yes ? «. Es ist mit Sicherheit ein Taxifahrer, der seine Dienste anbietet — leider sind sie recht teuer !

Zu Beginn des Jahres 1982 mußte man für die kleinste Fahrt 20 Ksh rechnen und 40 Ksh, um vom Stadtzentrum Nairobi zum Westlandsviertel zu gelangen, wohl gemerkt, nachdem man vorher mit Kenntnis des üblichen Tarifs den Preis abgesprochen hatte — sonst muß man sich aufs schlimmste gefaßt machen. Ist auch der Pendelverkehr von einigen außerhalb des Zentrums gelegenen Hotels an der Küste z.B. und der Stadtmitte gratis, so muß man doch immer mit 20 Ksh rechnen (Anfang ' 82). Das ist zwar viel weniger als die Hälfte von dem, was ein Taxi kostet, aber fast zehn mal mehr als der Tarif der in unmittelbarer Nähe abfahrenden Autobusse.

Und dennoch kommt man manchnicht umhin, ein Taxi zu benutzen. Der frühere stündliche Pendelverkehr zwischen dem Air Terminal der Kenya Airways in Nairobi und Embakasi ist zum Beispiel seit März 1982 eingestellt : eine böse Überraschung für den Reisenden, der mit dem Tarif von 20 Ksh gerechnet hatte und sich nun in letzter Minute gezwungen sieht, ein Taxi zu nehmen, das mindesten 150 Ksh kostet. Er kann noch froh sein, wenn er eines bekommt! Für Fahrten außerhalb der Städte dort, wo kein anderes Verkehrsmittel fährt, läßt sich kaum ein Preis angeben. Man muß dann wirklich mit allem rechnen : eine Fahrt von Kitale zum Mount Elgon Lodge (ca. 25 km) kann z.B. zwischen 200 und 400 Ksh kosten. In Nakuru hingegen kann man vielleicht schon für 200 Ksh im Nationalpark umherfahren (plus 90 Ksh Eintrittsgebühr für einen Fahrgast, Fahrer und Wagen). Es kann durchaus sein, daß man es umgekehrt antrifft, und in Kitale oder sonstwo es mit einem anständigen Fahrer zu tun hat, der mit sich reden läßt.

Im allgemeinen sind Busse, » Matatus « und Sammeltaxis sehr billig, im Verhältnis sogar am billigsten, wenn man z.B. Preise und Leistungen der Minibusse der Gessellschaft MPS berücksichtigt. Zu der angegebenen Zeit wurden für Fahrten von Nairobi nach Nanyuki oder Homa Bay z.B. weniger als 100 Ksh berechnet.

Eine Eisenbahnfahrt erster Klasse kostet etwa das doppelte einer Fahrt mit einem Sammeltaxi.

Ein Flug ist zehnmal so teuer wie eine Eisenbahnfahrt.

Übernachtung und Verpflegung

Die Hotelpreise sind — wie allenthalben — sehr weit gestaffelt, ebenso wie die gebotenen Leistungen. Natürlich kann man in einem sogenannten » boarding and lodging « sehr billig wohnen (in Nairobi z.B. für 80 Ksh und in den Städten im Landesinneren für noch weniger Geld). Dieser Preis schließt im allgemeinen » bed and breakfast « (Übernachtung und Frühstück) ein, man muß sich allerdings genau erkundigen. Es kann vorkommen, daß das Frühstück extra berechnet wird, zum Beispiel häufig in Nairobi. In diesen einfachen » lodgings « darf man in puncto Komfort und vor allem Sauberkeit nicht allzuviel erwarten. Am anderen Ende der Preisskala kostete Anfang 1982 ein Doppelzimmer mit Vollpension pro Person und Tag um 800 Ksh. Einbettzimmer gibt es praktisch nicht, eine Einzelperson muß mit 30 bis 50 % Aufschlag rechnen. Eine Pizza kostete etwa 30 Ksh, ein vollständiges Tellergericht mit Fleisch, Gemüse und manchmal Salat mindestens 40 Ksh. Die Tellergerichte sind im allgemeinen sehr reichlich bemessen : ein » kleines « Steak wiegt zum Beispiel 200 gr.

Das Essen

■ In Nairobi wie in fast allen großen Städten sind viele internationale Restaurants vertreten. Abgesehen von der »internationalen« sehr teuren Einheitsküche vieler Hotels sind am häufigsten die indische, chinesische, italienische und französische Gastronomie vertreten.

Die englische Küche macht sich vor allem durch ihre Gewohnheiten bemerkbar, z.B. der vor dem Nachtisch servierte Käse, sowie durch das berühmte Frühstück (Früchte, Cornflakes, eggs and bacon, oder gebratene Würstchen mit Tomaten, Fruchtsaft, Tee oder Kaffee, toasts, Butter (oft Margarine) und Marmelade. Dadurch hat man eine Grundlage. Darüberhinaus quillt in den Luxushotels an der Küste das Frühstücksbuffet von allerlei Lebensmitteln über. Man ist übrigens überrascht, wie schnell sich die Reisenden an diese opulenten »Mahlzeiten« anpassen... sobald sie »im Preis inbegriffen« sind!

In den meisten Hotels ersetzt das — bis auf einige warme Gerichte — in der Hauptsache kalte Frühstücksbuffet, an dem sich jeder nach Belieben bedienen kann, mehr und mehr den Lunch und — sonntags zumindest — allmählich auch das Abendessen. Das ist nicht unangenehm: man findet immer eine große Anzahl appetitlicher Salate, kalter Fleischschnitten, die leichter verdaulich sind als das in einer Soße schwimmende warme Fleisch, und eine ganze Reihe köstlicher Desserts (die schrecklichen englischen »jellies« kann man vergessen).

Die original kenianische Küche ist selten durch etwas anderes vertreten als das *Ugali,* ein Fleischragout mit in Wasser gekochtem und mit Bohnen vermischtem Hirsemehl, und das *Irio,* das mit Maismehl zubereitet wird. Spezialgerichte in Lamu sind das *kuku wakupaka,* Huhn mit Gewürzen, oder das *sukuma wiki na nyama,* eine Fleischpastete mit einem spinatähnlichen Gemüse. Die suahelische Küche ist in Wirklichkeit viel reichhaltiger, die Fremden haben nur keine Gelegenheit, sie kennenzulernen. Vor einiger Zeit hatte sich ein Europäer bemüht, in einem der schönen Häuser von Lamu ein Restaurant einzurichten, in dem die verfeinerte Atmosphäre dieser vielhundertjährigen Kultur wiederauflebte und ortsübliche Gerichte angeboten wurden. Seit seinem Tode ist dies Restaurant geschlossen, und man kann nur wünschen, daß jemand anders dieselbe Initiative ergreift.

Gewisse einheimische Erzeugnisse verleihen einer kenianischen Mahlzeit ihre Besonderheit, auch wenn sie nicht in Form von Originalgerichten angeboten werden. *Ananas* wird zu jeder Mahlzeit, zuerst zum Frühstück, gereicht und schmeckt besonders köstlich im Gebäck verarbeitet. Zum Frühstück wird auch die *Papayafrucht* gereicht, mit dem Saft unreifer Zitronen gewürzt schmeckt sie am besten. Die gekochten *Guaven* haben einen besonders feinen Geschmack. Im Februar/März bieten fliegende Händler auf den Straßen Nairobis Schachteln mit frischen *Erdbeeren* an, seltsamerweise erscheinen diese Früchte meist nicht auf den Tischen der Restaurants.

An der Küste gibt es ausgezeichnete Fische und Meeresfrüchte, doch auch die Seen liefern *Tilapias* und *Barsche,* der Naivasha-See *Krebse.* In allen Gebirgsbächen des Mount-Elgon, Mount-Kenya-Massivs und des Nyandarua-Gebirges wimmelt es von *Forellen.*

Da die Jagd verboten ist, sollte man meinen, niemand würde es wagen, Wildbret anzubieten: dem ist jedoch nicht so. Während in den Parks die Wildhüter manchmal unter Einsatz ihres Lebens den Wilddieben nachstellen, wird an den Buffets vieler Lodges das Fleisch von *Gazellen* und *Warzenschweinen* kalt oder als Ragout reichlich angeboten.

Wer im »Matatu« reist und das Mittagessen ausfallen lassen muß, findet an den Busbahnhöfen kaum etwas, um seinen Hunger zu stillen, es sei denn Bananen, Ananas (die man im Bus nicht gut schälen kann) oder in Tüten verkaufte Erdnüsse. Allenthalben werden völlig geschmacklose Biskuits verkauft, man ißt dann schon besser Früchte. In manchen Gebieten, insbesondere im Westen, kann man wie die Einheimischen *Rohrzucker* kauen, um seinen Durst zu betäuben, er schmeckt jedoch ziemlich fade, und man weiß nicht, was man mit den vielen Abfällen anfangen soll.

Die Getränke

Natürlich hat man in diesem Lande, das einen ausgezeichneten Tee produziert, englische Gewohnheiten angenommen und trinkt zu jeder Tageszeit *Tee.* Übrigens sind in allen Lodges mit Vollpension Tee und Kaffee in der Hauptmahlzeit inbegriffen. Im Gebirge rät man allgemein, während der

Bergwanderungen nur Tee zu trinken : er sei das beste Mittel gegen die Müdigkeit und die Bergkrankheit. Wenn man wirklich Durst hat, ist er auf jeden Fall angenehmer zu trinken als die scheußlichen gezuckerten oder ungezuckerten *Sprudelwasser,* die oft die einzig verfügbaren Getränke sind.

Kohlensäurefreies Mineralwasser gibt es entweder nicht oder es ist übermäßig teuer. Wie überall, so ist auch hier jemand, der (gefiltertes) Trinkwasser verlangt, beim Getränkekellner nicht beliebt ! Zur Strafe serviert er ihm oft lauwarmes Wasser oder ein einziges Glas. Eine ganze Karaffe zu verlangen hält man in einem Land, wo jedermann das einheimische *Bier* trinkt, für einen Sonderwunsch. Anderthalb Liter Bier (das übrigens sehr gut und wenig alkoholhaltig ist) trinken Männer wie Frauen ohne weiteres als Aperitif. Abgesehen von den einheimischen Biersorten gibt es noch andere in Kenia hergestellte Getränke, z.B. *Zuckerrohrschnaps* oder *Kaffeelikör.* Man sollte damit nicht gerade seinen Durst löschen. Ansonsten kann man *Kokosmilch mit Rum* trinken, das ist natürlich kein kenianisches Spezialgetränk. In allen besseren Hotels oder Restaurants kann man sehr teuren und selten guten *Wein* bekommen. Nur der Elsässer oder einige italienische Weine scheinen den Transport zu überstehen.

Gute Manieren

Die Tatsache daß das Land eines der wenigen Gebiete auf der Erde ist, in dem tierisches Leben noch weitgehend intakt ist, hat es in eine seltsame Lage versetzt : die Mehrzahl der Westeuropäer, die sich mit Recht um dieser Tierwelt willen dorthin begeben, scheinen zu vergessen, daß Kenia *auch* von Menschen bewohnt ist. Oder falls sich diese Vertreter einer » Herrenrasse « dessen bewußt sind, halten sie es offenbar für selbstverständlich, daß die Kenianer nur dazu da sind, ihnen das Leben zu erleichtern und sie zu bedienen !

Man braucht nur einige Worte mit dem Hotelpersonal zu wechseln, um zu merken, daß der eigene peinliche Eindruck, den so viele Muffel aller Nationen hinterlassen, nicht auf Einbildung beruht und daß die Einheimischen sich durch zahllose Beispiele von Gleichgültigkeit und Mißachtung ständig verletzt fühlen.

Es fehlt dabei leider nicht einmal an Verachtung oder Herablassung ! Sie äußert sich in allerlei unbedachten und unsinnigen Feststellungen aus dem Munde von Leuten, die, wie sie selbst zugeben, zum ersten Mal in Afrika sind, wie auch in jenem besonders törichten Betragen, daß man — unfähig, sich in einer anderen Sprache als der eigenen auszudrücken — hofft, sich in einem Kauderwelsch Leuten, die zumindest drei, oft mehr Sprachen sprechen, verständlich zu machen, als ob man es mit Zurückgebliebenen zu tun hätte !

Und wieviel kann man doch im Kontakt mit Kenianern aller Volksstämme und Religionen, die alle typisch afrikanische Eigenschaften gemeinsam haben, lernen : Menschliche Wärme, die Freude am Gespräch und die Kunst sich mitzuteilen ! Man lernt dabei nicht nur den anderen sondern auch sich selbst kennen. In diesen Gesprächen, in denen verschiedene Lebensweisen und Denkarten miteinander konfrontiert werden, kommt es nicht selten vor, daß man in der Antwort auf Fragen Dinge, die man bislang für selbstverständlich hielt, unter einem neuen Aspekt sieht. Nichts versteht sich von selbst, und es ist gut zu merken, daß man anderswo für die selben Probleme andere Antworten und Lösungen hat.

Auf einer Gruppenreise kommt man natürlich nicht leicht mit der Bevölkerung in Kontakt, obwohl dieser immer möglich ist, wenn man ihn wirklich sucht : es gibt immer einen Fahrer, einen Begleiter oder einen Koch, mit dem man während einer ganzen Safari zusammen ist. Selbst wenn man ihre Sprache nicht spricht — doch niemand verbietet einem ein paar Worte zu lernen, um seinen guten Willen zu beweisen — gibt es doch soviele Möglichkeiten sich mitzuteilen : eine Zigarette oder ein Glas auf der Rast anzubieten, wird immer verstanden. Und noch etwas anderes ist zu bedenken. Wenn sie nie — oder fast nie — einen Europäer in einem Bus oder » Matatu « sehen, kapseln stolze oder empfindsame Leute sich leicht ab, auch wenn sie es selten zugeben. An einer Autobushaltestelle, wie die anderen, Schlange stehen, die Masse akzeptieren — an die man doch oft in seiner Heimat so sehr gewöhnt ist ! — in einem Bus stehen bleiben, so daß man an die Knie der Sitzenden stößt : das ist auch eine Art, sich mitzuteilen und dem anderen ohne Worte zu sagen, daß man sich nicht für besser als der andere hält. Es kommt übrigens oft vor, daß einer Dame in solchen Fällen gern ein Sitzplatz angeboten wird. Das ist nicht nur eine Geste der Höflichkeit sondern auch ein diskreter Dank für den Solidaritätsbeweis. Es bedarf dann nicht einmal der Worte, damit der Kontakt hergestellt wird.

Wenn es um Geld geht, stoßen Westeuropäer bei Afrikanern besonders leicht auf Unverständnis und Gereiztheit. Aus naheliegenden Gründen glauben letztere, daß die Reisenden Geld haben, viel Geld, jedenfalls mehr als die weitaus meisten Landesbewohner. Unter diesen Umständen erwartet man, daß sich der Reisende großzügig zeigt. In den Hotels, Restaurants und Bars versteht sich das Trinkgeld von selbst und wird von den Touristen auch respektiert. Spannungen entstehen erst, wenn es um das Trinkgeld für den Fahrer und die ganze Begleitmannschaft auf einer Safari geht. Immer meint einer oder gar mehrere in der Gruppe, der Usus, pro Person und Reisetag 10 Ksh zu rechnen, (der Anfang '82 gebräuchliche Tarif), sei übertrieben, und sie versuchen, sich dem mehr oder weniger elegant zu entziehen. Zweierlei wird dabei übersehen. Zunächst einmal verdient der diesen Mannschaften aufgezwungene Arbeitsrhythmus einen angemessenen Dank : manchmal schon in der Morgendämmerung auf schwierigen Pisten fahren ; Risiken auf sich nehmen, wenn die Geschwindigkeitsgrenze überschritten wird, damit die Touristen vor Schließung des Restaurants ihr Tagesziel erreichen ; in einem Park von den erlaubten Pisten abweichen, um seltenen Tieren näher zu kommen (darauf steht ein Jahr Arbeitssperre und eine hohe Geldstrafe, falls man von einem Wildhüter erwischt wird). Ob man Löwen, Nashörner oder gar Geparden und Leoparden zu sehen bekommt oder nicht, das hängt meist von der Beobachtungsgabe, der Geschicklichkeit und dem guten Willen des Fahrers ab. Warum sollte er unbekannten Leuten zuliebe, die sich ihm nicht einmal dankbar erweisen, seine eigene Müdigkeit, seine Ruhe und Sicherheit vergessen ? — Schließlich aber hat der begleitende Mechaniker-Chauffeur, von dem alles abhängt, Zeit gehabt, die oft horrende Geldsumme abzuschätzen, die gleichen Leute, die mit dem Trinkgeld so knauserig sind, für » Souvenirs « ausgegeben haben. Was bedeuten die hundert Shillinge, die für geleistete Dienste gegeben oder verweigert wurden, angesichts der Ausgaben für Geschenke ? Oft sind sie kaum ein zehntel dieser Summe. Staunt man dann noch über die Bitterkeit derer, die mit angesehen haben, wie die Mitbringsel sich häuften, und am Ende zu hören bekommen, » man habe kein Geld mehr « ?

Das Feilschen

Es muß in diesem Zusammenhang darauf hingewiesen werden, daß der Tourist manchmal ohne mit der Wimper zu zucken die Fantasiepreise, die man ihm für seine Einkäufe abverlangt, bezahlt. Handeln ist in Afrika eine alte Gewohnheit, und wer die zu Beginn genannte Summe als Festpreis ansieht, gälte als Dummkopf — und wäre auch einer. Ebensowenig schätzt man es, wenn der Käufer das Gespräch abbricht, ohne weiter zu diskutieren — dies kann sich jedoch als eine gute Taktik erweisen, auch wenn man es nicht absichtlich getan hat. Nichts ist so wirksam wie dem Verkäufer zu zeigen, daß man nicht zum Kauf gewillt ist, und um ihn zu entmutigen einen lächerlich geringen Preis vorschlägt. Erstaunlicherweise akzeptiert er ihn dann oft ! Wer jedoch das geringste Kaufinteresse erkennen läßt, wird sofort durchschaut und muß es teurer bezahlen.

Keine Gnade auf beiden Seiten — das ist das allgemeine Gesetz bei jedem Handelsgespräch in Afrika. Wer diesen Kuhhandel verabscheut, tätigt seine Einkäufe besser in den Geschäften der großen Städte oder in den Hotels : dort gibt es kein Feilschen. Doch wenn man sich auf der Straße in ein Gefecht einzulassen wagt, muß man das Spiel der Entrüstung, Verzweiflung und des Nachgebens mitspielen und genau so lügen können wie der Handelspartner — zum Beispiel mit der größten Aufrichtigkeit versichern, daß man nicht mehr Geld bei sich habe. Diese Kriegslist ist genau so berechtigt wie die Behauptung, daheim stürbe eine ganze Familie vor Hunger...

Nicht nur in den vorher genannten Fällen ist die Geldfrage heikel sondern mehr noch, wenn es zu persönlichen Begegnungen kommt, z.B. mit Dorfbewohnern, denen man einen Besuch macht und die sich dann fotografieren lassen, ihr Haus zeigen und auf viele Fragen Antwort geben.

Man möchte nichts falsch machen

und schwankt zwischen mehreren Verhaltensweisen .Zuerst ist man von dem Gedanken, wahllos Geld oder Bonbons zu verteilen, schockiert, denn das könnte ja als ein Zeichen der Herrschaft über den » anderen « gedeutet werden, und Bettelei ist einem als beklagenswertes Resultat eines solchen Verhältnisses zuwider. Die Kinder machen sich zwar einen Sport daraus. Betrachtet man die Sache jedoch von einer anderen Seite, merkt man, daß die bloße Anwesenheit von Fremden, die unter großen Ausgaben von fernher kommen, eine nur allzu natürliche Begehrlichkeit auslösen muß. Wie soll man sich darüber entrüsten, daß Leute, die manchmal nichts haben und glauben, man selbst sei ein Krösus, der naiven Vorstellung huldigen, eine bessere Verteilung sei vielleicht möglich und auf jeden Fall gerecht ?

Um die schmeichelhafte Illusion zu bewahren, die Einheimischen liebten ihn um seiner selbst willen, weist mancher die Idee, Geldgeschenke zu machen, von sich und schenkt lieber Naturalien : Kleidung, Nahrung, Medikamente. Ist das wirklich taktvoller ? — Falls sich die Beschenkten diese Dinge nicht selbst besorgen können — ja. Falls sie jedoch nur Geld nötig hätten, um sie sich selbst nach Bedarf und Geschmack zu kaufen — nein. Es gibt in Wirklichkeit kein Rezept, das in allen Fällen anzuwenden wäre.

Wer gegen Geldgeschenke eingestellt ist, dem kann man den Ausspruch eines Dorfhäuptlings der El Molo am Turkana-See entgegenhalten. Als er gefragt wurde, warum sich sein Volksstamm nach einer alarmierenden Dezimierung plötzlich wieder vermehre, gab er zur Antwort : » Oh, das liegt sicher daran, daß wir uns besser, variabler und gesünder ernähren können, seitdem die Touristen uns Geld für ihre Fotos geben «.

Jedermann weiß, wie abstoßend es sein kann, sich das Recht zu erkaufen, einen Menschen zu fotografieren. Es kommt wohl auch hier wieder auf die Art, die Absicht und die Umstände an. Wichtig ist es, zu helfen? Freude zu bereiten und nicht zu bezahlen ; Freundschaft, nicht Mitleid, auch Gerechtigkeit und nicht Mildtätigkeit : darauf kommt es an. □

AUTOVERMIETUNG

■ **Across Africa Safaris :** *Standard Street, POB 49420, Tel. : 332744 in Nairobi, Agentur in Mombasa, POB82139, Moi Avenue.* **Archers Tours and Travel :** *Kimathi Street, POB 40097, Tel : 231131, Nairobi.*
American Express Travel Service : *Standard Street POB 40500, Tel : 334722, Nairobi.*
Avis Rent a Car : *Moi Avenue, POB 49795, Tel : 336794, Nairobi. Moi Avenue POB 84868, Mombasa.*
Arrows Cars : *Koinange Street, POB 46808, Tel : 24668 Nairobi.*
Coast Car Hire and Tours : *Kimathi Street, POB 56707, Tel : 20365, Nairobi.*
Europ Car : *POB 56803, Nairobi.*
Habib's Car : *Hailé Selassié Avenue, POB 48095, Tel : 20463, Nairobi.*
Highways Car Hire : *POB 84787, Tel : 20383, Mombasa.*
Hertz Rent a Car : *Muindi Mbingu Street, POB 42196 Tel : 331960, Nairobi. Filialen in Mombasa, Malindi, Diani Beach.*
Private Safaris : *Kenyatta Avenue : POB 45205, Tel : 337115, Nairobi. Moi Avenue POB 83012, Mombasa.*
Safariland : *Cabral Street, POB 48119, Tel : 334386, Nairobi.*
Southern Cross Safaris : *Kaunda Street, POB 48363, Tel : 26069, Nairobi. Moi Avenue, POB 90653, Mombasa.*
United Touring Company : *Muindi Mbingu Street, POB 42196. Tel : 331960, Nairobi. Moi Avenue, POB 84782, Mombasa.*

Unterkunft

■ Kenia ist wohl in Afrika eines der Länder mit den variabelsten Unterbringungsmöglichkeiten : von Luxushotels über Bandas bis zu den einfachsten Lodgings, in denen man seinen Aufenthalt verlängern kann, wenn das Geld knapp wird. *Bandas* sind Chalets mit einer Küche und mehreren Zimmern, eine sparsame Unterbringungsmöglichkeit : eine Gruppe kann je nach Bedarf die Betten unter sich aufteilen oder sie durch zusätzliche Matratzen ergänzen und die Mahlzeiten selbst zubereiten. Sie sind paktisch in allen Parks vertreten — oft in der Nähe der » *Lodges* «, Hotels mit im Park verteilten Bungalows, Schwimmbad, ein paar Läden, Landroververmietung usw. — ein zusätzlicher Vorzug der Bandas. Es gibt auch welche am Ufer des Naivasha-Sees, in Naro Moru, bei Malindi usw.

Eine Kategorie darunter liegen die *Berghütten* wie Met Station und Camp Mackinder im Mount Kenya Park oder die *Angler-Lager* in der gleichen Gegend, im Nyandarua-Gebirge sowie in der Umgebung von Kericho. In ihnen findet man nur das Allernotwendigste, meistens muß man alles mitbringen, selbst Trinkwasser, im Gegensatz zu den im allgemeinen gut ausgestatteten Bandas, die noch dazu in der Nähe eines Lebensmittelgeschäftes liegen.

Schließlich gibt es im ganzen Land zahlreiche *Campingplätze,* die noch sehr viel einfacher sind, oft ohne Wasser, » choo « und Schutzzaun.

In Nairobi, bei Mombasa, in Kitale, Naivasha und Malindi gibt es *Jugendherbergen* (Auskünfte bei Kenya Youth Hostel Association, POB 48661 Nairobi). Die YMCA- und YWCA-Häuser von Nairobi und das YMCA-Haus von Mombasa haben ihre Preise so sehr erhöht, daß sie nicht wesentlich unter den meisten Hotels liegen ; im übrigen sind sie voll Dauermieter.

Während der Hochsaison ist es manchmal unmöglich, unangemeldet unterzukommen. Daher muß man seine Reiseroute vorher festlegen und Zimmer oder Bandas von Nairobi aus vorbestellen. Man wendet sich an irgendeine Touristenagentur oder an eine der 8 Haupthotelketten Kenias, denen praktisch alle großen Häuser im Lande angehören. Wer in seinem Zeitplan unabhängig bleiben will, findet fast überall Unterkunft für eine Nacht, sofern er hinsichtlich des Komforts keine Ansprüche stellt.

Im folgenden seien einige Beispiele von Unterkünften aller Kategorien genannt ; sie sind nach Komfort, Lage, Preis ausgewählt, oder weil sie neu eröffnet sind.

Nairobi

New Stanley Hotel, an der Ecke Kenyatta Avenue und Kimathi Street, POB 30680, Tel : 33 32 33. (Kette der Block Hotels, 222 Zimmer, klimatisiert mit Bad). Eines der ältesten Häuser in Nairobi mitten in der Stadt. Besonders angenehm wegen seiner beiden Restaurants : eines im ersten Stock, gedämpft-luxuriöse Atmosphäre mit einem köstlichen kalten und warmen Buffet zum Lunch ; das andere » Thorn Tree « sehr billig mit einer Caféterrasse, die zu jeder Zeit einer der beliebtesten Treffpunkte der Hauptstadt ist. Ein Pfeiler in der Mitte dient als Anschlagsäule und Briefkasten für Leute, die einander suchen.

Norfolk, gegenüber der Universität an der Harrry Thuku Road, POB 40064, Tel : 33 54 22. Dies altehrwürdige Haus, praktisch so alt wie Nairobi, wurde durch ein Attentat teilweise zerstört. Es wird bald wieder hergerichtet sein. Die alte Terrasse und ein Teil des Erdgeschosses blieben unversehrt und ziehen weiterhin Gäste an, die den sehr englischen Charme des Hauses und seine gepflegten Quick Lunches (besonders Backwaren) lieben.

Jacaranda, Chiromo Road, Westlands, POB 14287, Tel : 74 22 72 ; 130 Zimmer mit Bad, Schwimmbad mit Snackbar, Restaurant, Bar und Pizzeria auf der anderen Straßenseite. Kostenloser Pendelverkehr für die Gäste ins Zentrum, denn das Hotel liegt ziemlich am Stadtrand. Aber diese Lage bietet nur Vorteile : ruhig, da es ein wenig abseits von der Straße liegt ; man kann zu Fuß am Wiesenufer des Nairobiflusses entlanggehen bis zum Museumsviertel und Nationaltheater, und findet alles, was man braucht, im Einkaufszentrum von Westlands, dem reichhaltigsten der Stadt (Bank, Buchhandlung, Lebensmittelgeschäfte, für solche, die im Arboretum oder im nahen City Park picknicken wollen; Blumen, Filme, Tonbänder, Apotheke und zwei Autobusse, die einen in wenigen Minuten bis ins Zentrum bringen). Man fühlt sich dort sehr schnell zu Hause.

An der Küste
von Süden nach Norden

Diani Reef Hotel, Vorbestellung bei Sonotels, BOP 61753 Nairobi, Tel. des Hotels Diani 2062, am Ende von Diani Beach gelegen. 150 klimatisierte Doppelzimmer, große Balkons zum Meer, Garten auf den Korallenklippen und Großschwimmbad mit Bar im Freien, man kann sogar seinen Drink im Wasser einnehmen. Neuestes Hotel am Platze, eines der luxuriösesten mit seinen Boutiquen, seinen beiden Restaurants, vielen Salons, Bar, Kaffeestuben und Zimmern mit allem Komfort. Bei der Ankunft wird der müde Reisende mit einem Glas Fruchtsaft empfangen, das ihn sogleich in gute Laune versetzt.

Manor Hotel, 2. Kategorie (K1.B), Nyerere Road, Mombasa, POB 84 851 Tel : 21 882). 61 Zimmer, Restaurant, Bar auf der Terrasse. Haus älteren Stils, wirklich eines der ältesten und sehr reizvoll. Sehr angenehm wegen seiner Lage in der Stadtmitte des alten Mombasa.

Whitesands (POB 90 173, Tel : 48 59 26, Mombasa). In Wirklichkeit liegt das Hotel in Bamburi, ca. 20 km nördlich von Mombasa unter ca. 10 Häusern vergleichbarer Art. Whitesands mit seinen zweistöckigen, strohgedeckten Gebäuden (alle Zimmer haben Terrassen mit Blick auf den Kokospalmensaum am Strand) hat dem Stil der anderen Häuser zum Vorbild gedient. Auf seinem Zimmer lebt man » meeresverbunden « : die zahlreichen Treppen ermöglichen von den Zimmerfluren unmittelbaren Zugang zum Strande.

Suli Suli Club in Malindi (POB 360, Tel : 382317). 40 Zimmer mit Kühlschrank, 10 Bungalows mit zwei Zimmern und Küche. Neu erbaut, etwas vom Strand entfernt. Inmitten herrlicher Gärten liegen die sehr eleganten und komfortablen Bungalows verstreut. Großes Schwimmbad, Tennis, Nightclub, vorzügliche Küche, sehr gute Bedienung. Das Hotel bietet nach zwei Wochen Aufenthalt eine zusätzliche Woche gratis an und organisiert zahlreiche Ausflüge in die Umgebung: Seeparks, Dorf Giriama, Gedi etc.

Bandas und Campinggelände von Silversands, zwei km von Malindi, mit Clubrestaurant, in dem man Bretter zum Windsurfing mieten kann. Am anderen Ende des Strandes der *Driftwood Beach Club* mit 35 Zimmern, einem Restaurant, Schwimmbad, sowie Cottages mit Küchen. Auf diese Weise sind in Silversands sämtliche Unterbringungsmöglichkeiten vollständig vertreten.

Petley's Inn in Lamu (POB 4, Tel.: 107). 14 Zimmer, ein winziges Schwimmbad, das oft ohne Wasser ist ! Das Hotel liegt jedoch in einem schönen Gebäude aus dem 19. Jahrhundert am Rand des Hafens. Vom Restaurant in der obersten Etage, wo es immer kühl ist, hat man einen herrlichen Blick auf die Stadt.

Kiwayu Lodge, Insel Kiwayu ; 10 Bungalows mit Doppelbetten und einer großen Hütte, Reception, Restaurant, Bar, Terrasse zum Meer, Boot, Angeln, Wasserski. Die Küche ist ausgezeichnet (einer der Orte in Kenia, wo man am besten ißt) and die Aufnahme so, daß man sich eher wie bei Freunden zu Gast als in einem Hotel fühlt.

Innerhalb der Parks
und in ihrer Nähe

Amboseli Serena Lodge (Vorbestellung Serena Lodges and Hotels, POB 48690 Nairobi, Tel.: 338656). 50 Zimmer in Bungalows im Massai-Stil. Die Farbe der Außenwände ist nicht schön, aber die Ausschmückung der Aufenthaltsräume und Innenhöfe sowie die Gartenanlagen verdienen höchstes Lob. Schwimmbad, Landepiste.

In der Nähe des Lake Bogoria National Park und seiner rosa Flamingos: *Lake Baringo Club:* Vorausbestellung unumgänglich bei Block Hotels, POB 47552, Nairobi, Tel.: 22860 ; am Westufer des Baringo-Sees wird ein schönes Schwimmbad von üppigen Gärten und einer Reihe niedriger Gebäude im spanischen Hazienda-Stil umrahmt, aber dieser Baustil ist nur angedeutet und die Umgebung ist hinreißend schön. Man kann Boote mieten, um die Uferdörfer und die Hauptinsel zu besuchen.

Mount Elgon Lodge, 16 Doppelzimmer (Vorbestellung durch African Tours and Hotels, POB 30 471, Tel.: 336858 Nairobi) ; das Reizvolle an diesem Hotel ist, daß man es oft für sich allein hat. Sehr hübscher Garten und herrlicher Ausblick auf das Tal. Nachts manchmal Trompeten in der Ferne. Am Eingang des Mount Elgon Parks. Man kann eine Fahrt durch den Park machen, indem man den Landrover des Lodge samt Fahrer mietet. Sehr erschwinglicher Preis für ein behagliches Zimmer und angenehme Umgebung in einer zum Hotel ausgebauten ehemaligen Farm.

Von Luxushotels zu Zeltlagern

Im Mount Kenya National Park und in seiner Nähe: *Mount Kenya Safari Lodge,* (9 km von Nanyuki, POB 35, Tel.: 55). Sehr luxuriös, weltbekannt, und snobistisch: man zieht sich dort zum Abendessen um und wer es nicht tut, hat keinen Zutritt zum Speisesaal. 12 Cottages mit je 2 Zimmern sind in einem Park verstreut (reichhaltige Vogelwelt). Tennis, geheiztes Schwimmbad, Sauna, Mietpferde mit 32 km langen Parcours im Wald, Forellenangeln und ein »Waisenhaus« für Jungtiere rechtfertigen den Ruf des Clubs.

Naro Moru: wie das oben genannte Haus profitiert auch dieser Hotelkomplex von dem Park. Er besteht aus einem Lodge (am besten vorbestellen durch Agentur oder direkt: POB 18, Tel.: 23) im englischen Stil, aus Holz gebaut, mit Bungalows, die, am gleichnamigen Fluß gelegen, unter einem Blumenflor versteckt sind; des weiteren fünf Bandas mit Eßraum und Küche, ebenfalls am Fluß inmitten blumenreicher Rasenflächen; und schließlich ein Campinggelände mit Duschen (das ist selten !). ein bezaubernder Ort, ruhig, tagsüber warm, nachts kühl — eine unerläßliche Etappe in 2 000 m Höhe für Touristen, die auf die benachbarten Gipfel steigen wollen.

Tiba Fishing Camp, auf der anderen Seite des Mount Kenya Massivs im Bezirk Embu. Ein Anglercamp am Tibafluß mit 6 Chalets , die mit einer Küche (Ofen mit Holz beheizt) ausgestattet sind. Wunderbar, um einige Tage in einer bezaubernden Landschaft ein Trapperdasein zu führen; man darf nur nicht vergessen, Vorräte und Trinkwasser mitzubringen.

Marsabit Lodge, POB 45, Tel.: 44. Mitten im Wald des Gebirges, das unvermutet aus der staubigen Steinwüste aufragt, liegen 25 Zimmer in Bungalows verteilt und eine Restaurant-Bar um einen Teich, der zahlreiche Tiere anlockt (darunter Elefanten, die wegen ihrer Größe berühmt sind). Nach einem Besuch des Turkana-Sees mit seinen Sturmwinden und der Wüstenglut ist dies ein wunderbar kühler und ruhiger Ort.

Maasai Mara, Governor's Camp (Vorbestellung durch Agentur erforderlich): am Ufer der Mara liegt ein Zeltlager mit 21 Zelten, die mit Duschraum ausgestattet sind. Der Preis erscheint zunächst ungewöhnlich hoch, aber die Dienstleistungen sind ebenso ungewöhnlich: Wäscherei, Schuhputzen inbegriffen, von Wildhütern geführte Safaris; ebenfalls im Pauschalpreis inbegriffen sind die abendlichen Besuche zahlreicher Tiere, die sogar bis ins Lager kommen; am Lagerfeuer im Park am Fluß eingenommene Mahlzeiten und ein Schockerlebnis für Reisende, die ohne Zwischenaufenthalt in Nairobi mit dem Flugzeug angereist sind und sich plötzlich von der Tierwelt eines der reichsten afrikanischen Parks umgeben sehen. Die Möglichkeit, den Park im Ballon zu überfliegen, verstärkt noch diesen Zauber.

Nakuru: ein anderes Zeltlager, das *Lion Hill Camp,* auf halber Höhe eines Hügels im Park auf dem Ostufer des Sees (POB 7094, Nakuru, Funktelefon 2129 Nairobi) mit luxuriösen Zelten samt Duschraum und einem verandaartigen Vorbau. Entzückender Garten voller Blumen und herrlicher Blick auf den See. Obwohl manche Vögel von Nakuru abgewandert sind, ist dies immer noch eine der reizvollsten Stellen Kenias.

Nyandarua National Park : ein weiterer Höhepunkt einer Kenia-Reise ist das berühmte *Treetops,* ehemals eine schlichte Hütte in einem Feigenbaum, dann nach Brandstiftung im Jahre 1954 durch die Mau Mau als Haus mit drei Etagen (45 Zimmern) auf Pfählen ruhend wiederaufgebaut. Der unterhalb der Terrassen und Balkons angelegte Teich wird von einer solchen Fülle von Tieren besucht, daß es untersagt ist, außerhalb des Hotels spazierenzugehen. Ein Besuch in Treetops ist gekoppelt mit einem Aufenthalt im Hotel *Oustpan* in Nyeri; denn man kann dort nicht aufgenommen werden, ohne sich mehrere Tage im voraus angemeldet zu haben (Block Hotel, POB 40075 Nairobi, Tel.: 22860) und vorher im oben erwähnten Outspan gewohnt zu haben. Man braucht das nicht zu bedauern, denn wenn man von Treetops zurückkommt, bleibt man gerne eine weitere Nacht in diesem entzückenden Hotel, von dem aus man den herrlichsten Blick auf den Mount Kenya hat, ein Panorama, umrahmt von üppig blühenden Bäumen im Garten. Abends wird in jedem Zimmer ein Holzfeuer angezündet. Zudem ist die Küche ausgezeichnet.

River Lodge, (Vorbestellung unerläßlich durch eine Reiseagentur oder in Wildlife Lodges, POB 47557 Nairobi), 57 Zimmer in Bungalows mit Veranden oder Zelten mit strohgedecktem Schutzdach und Duschraum. Baulich eines der schönsten Lodges, ebenso was die Gärten und die Lage am Uasi Nyiro Fluß anlangt. Dort finden sich zahlreiche Tiere ein. Abends kommen mit Sicherheit Krokodile, fast immer Leoparden: sie fressen die Fleischstücke, die man für sie auf einem Baum am anderen Ufer aufgespießt hat.

Im Westen

Das *Tea Hotel* von *Kericho* (Vorausbestellung absolut notwendig bei African Tours and Hotels): noch ein Star unter den Hotels, der trotz seines Alters immer wieder zahlreiche Besucher anzieht, denn dieses ältere Haus ist sehr gepflegt und liegt inmitten der schönen Bergregion des Mau-Waldes und zugleich im Hauptanbaugebiet des Tees (daher der Name). In der Nähe Forellenbäche. Das Hotel hat 40 luxuriös eingerichtete Zimmer, Tennisplätze, ein beheiztes Schwimmbad, einen Golfplatz, einen sehr schönen Garten und eine gute Küche.

Sunset Hotel von Kisumu (Vorbestellung bei African Tours and Hotels) : 50 Zimmer mit Bad und Klimaanlage auf 5 Etagen. Von den obersten Stockwerken hat man einen der schönsten Ausblicke auf den Viktoria See, besonders bei Sonnenuntergang. Das Hotel verfügt über ein Schiff, das die Gäste zur zwei Stunden von Kisumu entfernten Insel Ndere fährt. □

EINIGE RESTAURANTS

■ **Kisumu :** Alfirose *Odinga Oginga Spezialitäten : billige Fisch-, Curry- und Schnellgerichte.* — Expresso Coffee House : *Otuma : billige afrikanische und indische Gerichte.* — Lido : *Odinga Oginga : nach Mitternacht geöffnet, Snacks und Currygerichte.* — Mona Lisa : *Odinga Oginga : indische Vegetarierkost.*

Molo
Highlands Hotel : Molo-Mau Summit Road, in der Nähe eines Golfplatzes mit 9 holes ; Tennisplatz im Turi-Club.

Mombasa
Chinesische Küche ; *Chinese overseas : Moi Avenue.* Snacks : *Abbasi Tea Room : Abdul Nassir Road.* — *Arcade Café : Ambala House, Nkrumah Road.* — *Blue Fin : Meru Road.* — *La Fontanella : City House, Moi Av.* — *Hydro Hotel : Digo Rd : sehr billig.* — *Pistacchio Ice Cream : Chembe Rd : alle Fruchteissorten.*
Swahili : *Rekoda Hotel, Nyeri Street : sehr billig.*
Internationale Küche : *Mistral : Moi Av.* — *Simba : Port Reitz Airport.*

Sport, Theater, Tanzvorführungen

■ An erster Stelle steht natürlich die verbreitetste Sportart: das *Schwimmen,* in den Fluten des Indischen Ozeans, in den zahllosen Schwimmbädern aller Lodges und vieler Hotels, in Nairobi und selbst im fernen Turkana-See.

Schwimmen wird hier fast zur Lebensnotwendigkeit; beinahe unerläßlich ist auch der Gebrauch des Schnorchels, wenn man die Wunder der Seeparks bestaunen will.

Bei Ebbe hat man manchmal Grund unter den Füßen, daher nicht vergessen, wasserfeste Sandalen mitzunehmen, denn die Korallen sind sehr scharfkantig.

In der Nähe der Küste, besonders in den Meeresarmen, die die Inseln vom Festland trennen — wie z.B. in Kwayu — kann man *Wasserski* laufen, ebenso auf dem Turkana-See (wenn die Boote fahren !). Überall von Diani Beach bis Malindi spielt natürlich das *Windsurfing* die große Rolle. Eine der Attraktionen Kenias ist das *Fischen* auf jegliche Art. Unterwasserfischen (das nötige Gerät kann in den meisten Hotels an der Küste entliehen werden), Fischen mit Netz oder Angel auf den Felseninseln zwischen dem Korallenriff und der Küste. Zum Fischen auf dem offenen Meer braucht man keine besondere Erlaubnis; die Mietkosten für Boot und Angelgerät sind überall erschwinglich. Die fischreichsten Zonen liegen zwischen Mombasa und Malindi. Aber man kann praktisch an der ganzen Küste prächtige Fänge machen : Schwertfische und Haie über 400 kg, Riesenhaie 60 kg, Thunfische von 15 kg, die sich sehr nahe bei den Korallenbänken aufhalten (genauere Auskünfte erteilt The Chief Fisheries Officer, POB 241 Nairobi).

In den Seen findet man am häufigsten den Tilapia und im Turkana-See die mächtigen Nilbarsche. Die Forellen in den unzähligen Flüssen und Gebirgsbächen ziehen viele Amateurfischer an (um die Liste der Anglercamps sowie die Lizenz zum Forellenangeln und die zu beachtenden Vorschriften zu erhalten, wende man sich ebenfalls an *Fisheries Department Headquarters* in Nairobi, neben dem Museum).

Die *Jagd* ist inzwischen völlig untersagt.

Alpinismus: abgesehen von zahlreichen Bergwanderungen, die keinerlei technische Schwierigkeiten bieten, hat man Gelegenheit zum Klettern im Mount-Kenya-Massiv — hauptsächlich Gletschertouren, aber auch hochalpines Klettern — sowie im Nyandarua-Gebirge oder am Mount Elgon. Alles Nähere findet man im »Guide book to Mount Kenya and Kilimandscharo« oder in »The mountains of Kenya« von Peter Robson; Auskünfte erteilt auch der *Moutain Club of Kenya,* POB 45741, Nairobi, Tel.: 501747). Der Club hält auch regelmäßig Versammlungen ab, bei denen die Programme von Gruppenausflügen über das Wochenende festgelegt werden.

Tennis: im ganzen Land, insbesondere in Nairobi, im Jamhuri Park, (Nähe Ngong Road), gibt es sehr viele Tennisplätze. Der Polo-Club gewährt auch eine vorübergehende Mitgliedschaft. Hier gibt es auch Squash Plätze und ein Schwimmbad. Etwas weiter an der Karen Road liegt der *Karen Country Club.*

Reiten: jeden Sonntag finden auf dem Rennplatz an der Ngong Road Rennen statt sowie Polo-Spiele im Jamhuri Club. Pferdevermietung in zahlreichen Clubs oder Hotels, z.B. bei Nairobi im Lagata Castle oder Westwood Hotel, von wo aus man Reittouren in die nahen Ngong Hills machen kann. Man nehme Verbindung auf mit dem *Jockey Club,* POB 40373 Nairobi, Tel.: 565109/08.

Golf: in Kenia gibt es etwa 30 Golfplätze, darunter ca. 10 bei Nairobi.

Auf den Sportplätzen an der Ngong Road finden *Fußball*-und *Rugbyspiele* statt, in Kenia sehr geschätzte Sportarten. Ebenso beliebt ist der Laufsport bei den Kenianern, sowie alle anderen Arten der Leichtathletik. In den verschiedenen Disziplinen haben sich die Nationalsportler in zahlreichen internationalen Wettkämpfen ausgezeichnet.

Squash : auch hier gewähren zahlreiche Clubs Mitgliedschaft auf Zeit. Man nehme Verbindung auf mit der Sekretärin der *Kenya Squash Rakets Association,* Mrs. J.G. Paul, POB 49751 Nairobi, Tel.: 336857.

Theater und Tanz

Außer den 10 Kinos in Nairobi und den 6 in Mombasa (darunter ein »drive-in-cinema« im Freien) gibt es in der einen oder anderen Stadt Night-Clubs, Cabarets und Theatervorstellungen. In der Hauptstadt gibt es ein privates Theater, *The Maule Donavan Theatre,* und ein *Nationaltheater;* in

Mombasa tritt eine Laienspieltruppe im »Little Theatre« auf.

In Nairobi ist besonders auf das *Maison Française* mit seinem regen Kulturleben hinzuweisen. Hier werden Filme gezeigt, Theatertruppen, Sänger, Instrumentalisten treten auf und tagsüber finden wechselnde Ausstellungen aller Art statt. Für die Kenianer mögen diese Vorführungen von Interesse sein, aber man fragt sich, ob Fremde, die nur vorübergehend in der Stadt sind, solche Veranstaltungen zu sehen wünschen. Meist sind eher die traditionellen Tänze gefragt.

In Naibori gibt es nur einen Ort, an dem man diese sehen kann, und zwar täglich um 14.30 Uhr im Auditorium der »Bomas of Kenya«, wo Tanzgruppen mehrerer Volksstämme auftreten. Man muß leider sagen, daß in diesem supermodernen Rahmen keine Atmosphäre aufkommt. Es ist besonders trostlos, wenn auf den für zahlreiche Zuschauer bestimmten Rängen nur etwa 20 Leute verstreut sitzen. Anderenorts muß man sich mit Massai- oder Samburu-»Tänzen« begnügen, die für Touristen in mehreren Lodges oder auf der Mayer Farm zum Beipiel veranstaltet werden. Nur in Loiengalani auf dem Ostufer des Turkana-Sees versammeln sich allabendlich in den Vierteln der Samburu, Rendille, Turkana die jungen Männer, um zu singen und zu tanzen, ohne sich darum zu kümmern, ob sie Zuschauer haben oder nicht.

Leider werden diese Tänze ohne Instrument, lediglich von eher rhythmisch skandierten als gesungenen Worten begleitet und sind deshalb für Westeuropäer schwer zugänglich; im übrigen haben sie wenig Show-Effekt. Diesen haben nur die berühmten Sprünge der Massai und Samburu; ohne eine Andeutung von Anmut im Tanz, ruft die Härte ihrer Bewegungen bei einem Publikum, das sie nicht versteht und dabei eher Unbehagen empfindet, keine Begeisterung hervor. Dafür finden die Tänze der Giriama, die man an der Küste sehen kann, immer ein dankbares Publikum.

Andere Volksstämme haben auch ihre eigenen Formen von Tanz und Musik; aber auf organisierten Reisen hat man sehr selten Gelegenheit sie zu sehen. □

RESTAURANTS IN NAIROBI

■ Afrikanische Küche : *African heritage : Banda St*, *besonders zum Lunch. Zum Abendessen Buffet mit abessinischen Gerichten ; sie werden auch am Tisch serviert.*
— *JKA Resorts Club, hinter dem Flughafen : afrikanische und indische Gerichte, Diskothek, Garten.* — *Kariokor market : Race course Rd.* Chinesische Küche ; *China Garden : Aga Khan Walk.* — *Dragon pearl : Standard St.* — *Hong-Kong : Koinange St.* — *Mandarin : Tom M'Boya St.* — *Pagoda : Moi Av.* — *Tin Tin : Harambee Av.* Schnellgerichte : *Delamere coffee shop: auf der Terrasse des Norfolk Hotel.* — *Donavan Maule : in Theater.* — *Pizzagartenlokal gegenüber von Sacaranda.* — *Red ball : Kaundra St.* — *Thorn Tree : Terrasse des New Stanley.* Französische Küche : *Alan Bobbe's Bistro : Caltex house Koinange St.*, Fischgerichte. — *Le Château (Hotel Intercontinental).* — *Le Dolphin : Kimani Court Hotel (im 7. Stock am Schwimmbad).* — *Le jardin de Paris im Centre culturel français : Loita/Monravia St.* Indische Küche : *Curry pot : Moi Av., nicht teuer.* — *Lobster pot : Regal Mansion Cabral St., im Zentrum.* — *New Three Bells : Tom M'Boya St.* — *Safeer Hotel Ambassadeur : Tom M'Boya Str., (indische Musik).* — *Satkar : Moi Av., Vegetarierkost.* Italienische Küche : *Arturo's : Moi Av.* — *Lavarint's : Moi Av.* — *Marino's : International Life : House Mama Ngina St.* Japanische Küche : *Akasaka (Sixeighty Hotel).* Koreanische Küche : *Safari Park Hotel : Thika Road.* Fischspezialitäten : *Alan Bobbe's Bistro.* — *Lobsterpot.* — *Malindi terrace im Hilton.* — *Tamarind : National Bank House : Harambee St.*

Hotels

S: Schwimmbad. B: Bad. X: mit Restaurant. L: Laden. T: Tennisplatz.
K: Klimaanlage.

ORT NAME ANSCHRIFT	Kat.	Zimmer-zahl	Rest.	Leistungen	Tel.
AMBOSELI					
Namanga River Hotel an der Parkeinfahrt POB 4	C	25 B	X	S- Angeln	4
Amboseli Lodge POB 30139 Nairobi	B	54 Cottages B	X	S- L	27136 Nairobi
Amb. Safari Lodge		60 Bandas m. Dusche			—
Ol Tukai		12 Bandas		Lebensmittell.	
Amb. Serena Lodge POB 48690 Nairobi	A	50 B	X	S- L Tankstelle	338656
Kimana Lodge (westl. Parkausfahrt) POB 47342 Nairobi		24 in Bung. Dusche	X		
Camping ohne Komfort bei Ol Tukai					
BARINGO					
Lake Baringo Club Reserv. Block Hotels	B	14 Doppelzim. B u. Du	X	S- L., Tankst., Bootsverm.	335800
Baringo Island camp Reserv. POB 42475 Nairobi		25 Doppelzelte Dusche	X	Wasserski Bootsverm. Rundfahrten	25941 Nairobi
DIANI BEACH					
Leasure Lodge Reserv. POB 84388 Mombasa	A	122 B K	X	S., Disco, Auto- u. Bootsverm. Angeln. L	2011 Diani
Trade Winds Reserv. POB 8 Ukunda	A	106 B K	X	S. Segeln, Ski Disco	82288 Diani
Leopard Beach Reserv. POB 34 Ukunda	A	87 B K u. Kühlscht.	XX 4 Bars	Fris. S. Disco, Kino, L	82235 Diani
Two Fisches POB 23 Ukunda	B	122 B K		S. T. Tankst., Kino, Angeln, Bootsverm. Disco	82241 Diani
Robinson Boabab POB 84792 Mombasa	A	150 B K	X 3 Bars	S., Disco, Sport, Fris., Auto- u. Bootsverm. Tauchen, Angeln	82281 Diani
Jadini Beach POB 84616 Mombasa	A	160 B K	XXX	S., Disco, T., Kino	2051 Diani
Four twenty South POB 14681 Nairobi		7 Bungalows Bandas		Lebensmittell.	2034 Diani
Diani Reef POB 61753 Nairobi	A	150 B K	XX und Bars	S., Kino Kongreßraum, L., Disco, Unterhaltung	27571
ELDORET					
New Lincoln **New Paradise** **New Mahindi**				kleine, preisg. Hotels ohne Komfort	
Highlands In POB 2189 Eldoret		25 B			2076 Eldoret

ELGON

Mount Elgon Lodge Reserv. POB 30471 Nairobi		15 Dusche	X	Landroververm. für den Park	336858 Nairobi

EMBU

Izaak Walton Inn		24 B oder Dusche	X	Forellenfang	28 Embu

GARISSA

Elephant Camp (Korokora) Reserv. Ahamed Bros POB 40254 Nairobi		Zelte m. Dusche	X	Bootsausflüge auf der Tana	337146 Nairobi

HOMA BAI

Homa Bay hotel Reserv. POB 30471 Nairobi African Tours & Hotels		22 Doppelz. Dusche	X		336858 Nairobi

KAKAMEGA

Kakamega hotels Reserv. African T & H		40 Doppelz. Dusche	X	Kongreßraum S	—

MONT KENYA

Mont Kenya Safari Club POB 30667 Nairobi	A	70 B	X	S. T., Sauna Reiten, Fliegen, Angeln, Golf	335550 Nairobi
Mountain Lodge POB 30471 Nairobi	A	38 B od. Dusche	X		336858 Nairobi

KERICHO

Tea hotel African Tours & Hotels	A	43 B	X	S., T., Angeln, Golf, Squash	—

KIWAYU

Liwayu Lodge Reserv. Agentur UST POB 49312 Nairobi		10 Bungalows Dusche	X (ausgez.)	Flugexkursionen. Ski, Angeln	336295

KITALE

Kitale Hotel POB 41 Kitale	C	55 B	X		116

KISUMU

Sunset hotel African Tours & Hotels		50 B K	X	S., Seerund- fahrten	
New Kisumu Hotel POB 1690 Kisumu	C	55 B	X	Camping, im Hotelgarten	40336
Lake View POB 1216	C	25 einige m. Dusche			3141

KURUNGU (South Horr)

Zeltlager		ca. 10 Zelte m. Dusche		Restaurant. Bar	

LAMU

Pettey's Inn POB 4 Lamu	B	2 B	X u. Bar	S	48 107
New Mahrus POB 25		30 mit u. ohne Dusche od. Badewanne	X		1
Peponi Hotel (Shela) POB 24	B	14 B	X	kl. L	29

LIMURU

Farm Hotel Kentemere club		kleine Hotels	X		

LOIENGALANI

Oasis Safari Lodge Reserv. Archer's Tours POB 4097 mit angeschloss. Campingplatz	B	16 Dusche	X	S Bar	

KIKAMBALA

Whispering Palms POB 5 Kikambala m. angeschloss. Campingplatz	B	100 Doppelz. B.; K.	X Bars	2 S., L., Disco, T., Bogenschießen	639
Sun'n Sand POB 2 K	D	53 Doppelz. B.	X	S., Disco	55

KILIFI

Mnarani Reserv. African T & H	B	46 Doppelz. 4 B (einfach)	X	Wassersport, Disco, S., Squash, Fluglandepiste	18 Kilifi

MALINDI

Eden Roc POB 350	B	150 Doppelz. B	X	S., L., Angeln, T., Ski, Disco, Auto- u. Bootsverm. Mietpferde	8 Malindi
Sindbab Reserv. Block Hotels	B	63 B	X	(dieselben Leist.)	7 Malindi
Lawford's POB 20	C	140 B K	X	2 S., Disco, Auto- u. Boots- verm. etc.	6 od. 40224 Nairobi
Suli Suli Inn POB 360 M	B	m. Dusche Kühlsch. K	X	S., 2 T., L., Ausflüge, Disco	382 Malindi
Driftwood Beach Club Strand Silversands POB 63	D	30 Bungalows Dusche	X	S., T., Disco, Tauchen	155

Bandas u. Campinggelände mit Snackbar am Strand von Silversands neben dem Driftwood.

New Safari New Kenya New Mahrus		kleine preisg. Hotels im Zentrum

MARALAL

Maralal Safari Lodge POB 70 Maralal		24 Doppelz. B	X	60 Maralal ou 25641 Nairobi
Maralal Safari Camp POB 43262 Nairobi		14 Luxuszelte B, Dusche	X	23075 Nairobi

MARSABIT

Marsabit Lodge Reserv. African T & H POB		24 Doppelz. B	X	30471 Nairobi

Mehrere Campingplätze
im Park

MAASAI MARA

Keekorok Lodge Reserv. Block Hotels	A	60 Cottages, 10 Einzelz. Dusche	X	Ballonsafaris S., Autoverm. Fluglandepiste,	22860 Nairobi
Mara Serena Lodge Reserv. Serena Lodge & H POB 48690 Nairobi	A	60 Bungalows Duschraum	X	S., L., Tankst. Autoverm.	338656 Nairobi
Keekorok Tents **Governor's Camp** POB 48217 Nairobi	A	Luxuszeltlager 24 Doppelzelte Dusche	X	Safaris, Ballonfahrten Autoverm.	331871
Fig Tree POB 67868 Nairobi		Doppelzelte Dusche	X		21439
Buffalo Camp außerharb des Parks am NW-Ausgang		15 Doppelzelte Dusche	X		

MERU

Pig and Whistle POB 99 Meru		20 B	X	Angeln, Golf in der Nähe	288 Meru
Meru Mulika Lodge Reserv. A.T.H. mitten im Park	A	66 Doppelz. B	X	S., Tankst, Autoverm.	
Leopard Rock Safari Lodge Reserv. Bunson POB 45456 Mehr. Campinggelände		10 Bandas			21992 Nairobi

MOMBASA

Auf der Insel:

Outrigger POB 8245	A	42 Doppelz. B., K.	X	S., Disco. Bootsverm.	20822
Océanic POB 90371	B	84 B, K		S., Nightclub, Casino, Strand	31119
Manor POB 84851	B	58 Doppelz. B., K.	X		21882
Castle Hotel POB 84231	C	25 Doppelz. Dusche	X		23403
New Carlton, Moï Av. POB 84804	B	25 Doppelz. B	X		23776
Excellent: Hailé Sélassie POB 98888	C				25154
Splendid Cheik Jundani Road	C	34 B, K	X		20967
Lotus Hotel Cathedral Road	C				313207
Zahlr. kleine preisg. Hotels im Zentrum					
YMCA av.					

An der Südküste:

Shelly Beach Hotel (hinter der Fähre v. Likoni) **Shelly Beach Hotel** POB 96030 Likoni Mombasa	B	70 Doppelz. B	X	S., Disco, T., Auto- und Bootsverm.	451221

An der Nordküste:

NYALI

Nyali Beach Hotel POB 90581 Mombasa	A	180 B, K	X	S., Disco, Auto- u. Bootsverm. Ladengalerie		471551 Mombasa
Mombasa Beach POB 90414 oder ATH	A	100 Doppelz. B., K.	X	S., Disco, L., Auto- u. Bootsverm.		471861
Bahari Beach POB 81443	A	104 Doppelz. B., K.	X	(dieselben Leist. und 2 T.)		471603
Silver Beach POB 81443	A	112 Doppelz. B., K.	X	(dieselben Leist.)		471603
Reef Hotel POB 82234	A	105 Doppelz. B., K.	X	(dieselben Leist.)		471771

BUMBURI

Coraldene Beach POB 80940	D	21 Doppelz. Dusche			485421

Angeschl. Campingplätze

Ocean View POB 81127	C	71 Doppelz. Dusche	X	S	485601
White Sands POB 90173	B	120 Doppelz. B., K.	X	S., T., Disco, L., Auto- u. Bootsverm.	485926
Bumburi Beach POB 83966	C	59 Doppelz. Dusche	X		485601
Kenya Beach POB 81443	A	92 Doppelz. B., K.	X	S., Disco, L., Auto- u. Bootsverm.	485295
Severin Sea Lodge POB 82169	A	75 Doppelz. B., K.	X	S., Disco, L., Auto- u. Bootsverm.	485215

SHANZU

Red Lobster Inn POB 84988	D	4 Doppelz. u. 1 Suite	X	S., Bootsverm., Angeln	485351
Casuarina POB 82792	C	62 Doppelz.	X	S., Disco	485076
Coral Beach POB 81443	B	42 Doppelz., B	X	S., Disco, L., Minigolf	485221
Dolphin POB 81443	A	108 Doppelz. B., K.	XX	S., T., Kino, Disco, L., Fris., Ski usw.	484232

In der Nähe Sportzentrum für alle mögl. Sportarten sowie Bootsverleih zum Besuch des Korallenriffs.

NAIROBI

Luxushotels:

Hilton, Moï Avenue POB 30624		335 Doppelz., B	mehrere	S., L., Fris., Sauna, Autoverm.	334000
Intercontinental City-Hall Way POB 30353		440 Doppelz., B	X	Ladengalerie, S., Autoverm., Reisebüro	335550

Milimani (1,5 km westl.) POB 30715	74 Doppelz., B	XXX	Ladengalerie, S., Bank, Autoverm., Reisebüro	29461
Nairobi, Serena Av. POB 46302, Kenyatta Av.	198 Doppelz. B., K., Radio	XXX	S., Ladengal., Fris., Autoverm., Apotheke, Kongreßraum, Büros	337978

Im Central Park:

New Stanley, Kimathi St. POB 30680	224 Einzel- u. Doppelz., B., K.		L., Bank Reisebüro Autoverm.	333233
Norfolk Harry, Thuku Rd POB 40064	130 B., K.	XX	Sauna, S.	335422
Panafric, Valley Road (jenseits der Kenyatta Av.) POB 30486	172 Doppelz., u. 42 App. B., K.	XX	S., L., Bank, Nightclub	335166
Sixeighty Muindi Mbingu St. POB 43436	340 Doppelz., B., K.	XX	L., Bar, Nightclub	332680

Klasse B

Ambassadeur, Moï Av. POB 30399	80 Doppelz., B	X	Snack, nahe bei einem Golfplatz	336803
Boulevard Harry Thuku Rd POB 42831	70 Doppelz., B.	X	S., Wechselstube, L.	27567
Excelsior Kenyatta Av. POB 20015	61 Doppelz., B.	X		26481
Fairview Bishops Road POB 40842	111 Einzel- u. Doppelz., B.	X		723211
Grosvenor POB 41038	62 Einzel- u. Doppelz., B.	X	S., L.	21034
Jacaranda Westlands POB 14287	130 Doppelz., B.	X	S., L. Reisebüro, Taxis	742272
Kimani Court, Apart. Hotel Muranga Rd, POB 30278	80 Doppelz., B.	X	S., Ladengal., Sauna	333916
New Ainsworth (neben dem Casino) POB 40469				45574
New Mayfair Parklands POB 43817	105 Doppelz. u. Einzelz., B.	X	S., Sauna	742732
Safari Land Chiromo Rd POB 48119	Zimmer u. Cottages			45000
Westwood Park Country Club Ngong Rd, hinter Karen, POB 1737	Zimmer u. Campingplatz	X	S., T., Mietpferde	2233 Karen

Zahlreiche Boardings nördl. der Tom M'boya St:
Camping im City Park.
Jugendherberge: Ralph Bunche Rd. nahe Nairobi Hospital POB 48661, Tel. 21789. YMCA u. YWCA: State House Road, fast immer voll belegt.

NAIVASHA

Lake Naivasha Lodge POB 15	B	48 B., 10 Cot. B.	X	S., L., Angeln, Bootsverm.	136
Marina Club POB 85	B	14 Doppelz., B., 8 Cot., Dusche Bandas	X	S., Angeln, Bootsverm.	51 Y 2
Safariland Lodge POB 72	B	25 Doppelz. Bandas, 20 Luxuszelte Duschraum		S., Angeln, Bootsverm. Mietpferde Disco	29
Fischer's Man Camp (18 km am Südufer entlang) POB 14982 Nairobi		Luxuszelte u. Bandas (30 Pers).	X	Boots- u. Angelgerätverm.	742926 Nairobi

2 kleine schlichte
Hotels in der Stadt

NAKUKU

In der Stadt:

Stag's head POB 143	63 B.	X	Autoverm.	2516
Midland POB 257	50 B.	X	Autoverm., Disco	2543

Im Park:

Lake Nakuku Lodge POB 257	12 B.	X	S.	5 Y 6 Elmen- teita
Lion Hill Camp POB 7094	30 Doppelzelte Duschraum	X		Funk- ruf 2129 Nairobi

Mehrere Campingplätze im Park u. vor der Stadt.

NANYUKI

Sportman's Arms POB 3	36 B.	X Bar		2057
Bant Utamaduni Lodge zwischen Nanyuki u. Naro Moru POB 333 Burguret	Zimmer m. B.	X		1 Bur- guret

NARO MORU

Naro Moru Lodge POB 18	12 Doppelz., Dusche 7 Bandas Campingplatz B. u. Küche	X	Führer für den Park	23

NYAHURURU

Thomson's Falls Lodge POB 38	23 Doppelz., Dusche, Campingplatz	X	Mietpferde	6

NYANDARUA

Arik (Aberdare Country Club) Reserv. POB 49240	Z. ohne Dusche Duschraum	X	Beobachtung v. Tieren	332744 Nairobi

Aberdare Country Club POB wie das vorige Across Africa Safaris		15 Doppelz., B.	X	S., T., Mietpferde, Autoverm., Angeln, Landeplatz	
Treetops Reserv. 40075 Nairobi		45	X	Beobachtung v. Tieren	22860 Nairobi

NYERI

Oustpan POB 40075		35 B., Kamin	X	Gärten	22860
Nyeri Inn POB 159		Ein-, Zwei- u. Dreibettz., Dusche	X	Forellenfang	22432 Nairobi
Green Hills POB 313			X	S., Sauna Billard, Squash, Nightclub	2017

SAMBURU

Samburur Lodge Block Hotel 40075 Nairobi		56 Doppelz., Doppelzelte, Dusche	X	S., L., Tankst.	22860
Buffalo Springs Safari African Tours & Hotels		Bandas, Zelte Dusche	X		

SHIMONI

Südl. von Mombasa: **Pemba Channel** **Fishing Club** POB 54 Ukunda		Einige Bungalows m. Dusche	X	S., Boote, Angeln	5 Y 2

SOY

Soy Country Club POB 2	C	16 Doppelz., B.	X	S., Disco	1 Y 1

THIKA

Blue Post	C	10 Doppelz. m. B. u. 5 ohne	X		21313

TSAVO

TSAVO-WEST

Außerhalb des Parks:

Salt Lick Lodge Reserv. im Hilton Nairobi an der Str. Voi-Taveta	A	64 Doppelz., B.	X	Fahrzeug- verm.	
Taita Hills Lodge Reserv. im Hilton	A	60 Doppelz. 2 Suiten, B.	X	S., Autoverm.	
Kilaguni Lodge Reserv. ATH	B	37 Doppelz., B	X	S., Autoverm. Landepiste	
Ngulia Lodge Reserv. ATH	A	52 Dusche	X	S., Autoverm., Landepiste	
Ngulia Safari Camp		6 Bandas			
Kitani Lodge Reserv. Bunson Travel POB 4546 Nairobi		6 Bandas, B., Küche			

TSAVO-EAST

Voi Safari Lodge Reserv. ATH	A	50 Doppelz., B.	X	S., Autoverm., Tankst.	
Crododile Tended Camp POB 500 Malindi		24 Luxuszelte, Dusche, 5 km hinter Sala Gate	X		
Aruba Lodge Reserv. POB 4546 Nairobi		6 Cottages mit je 2 Doppelz. Waschraum Küche		Lebensmittell.	21992
Tsavo Safari Camp Reserv. POB 4546 Nairobi		30 Doppelzelte Dusche		Fahrzeug- verm.	742926
Bushwackers Safari Camp Reserv. POB 14982 Nairobi		10 Bandas, B.			742926
Tsavo Inn POB Mtito Andéi		32 Doppelz. Dusche			1 Y 1 Mtito
Campingplatz nahe von Voi u. Mtito Andéi					

TURKANA

Lake Turkana Fishing Lodge Reserv. Ivory Safari Tours POB 74609 Nairobi	18 Doppelz., B.	X	Tankst., Auto- u. Bootsverm.	26623
Elye Spring Lodge Reserv. Caspair POB 30103	13 Doppelz., B.	X	Tankst. Auto- u. Bootsverm.	501938

TURTLE BAY

Ocean Sports POB 340 Malindi	D	16 Bandas B. u. Küche	X		8 Wat.
Seafarers POB 274 Malindi	C	38 Doppelz. Dusche	X	S., L., Disco, Wassersport	6 Wat.
Turtle Bay POB 457 Malindi	B	106 Doppelz., B.	X	S., L., Disco, Wassersport	3 Wat.

WATAMU

Watamu Beach POB 300 Malindi	B	125 Doppelz.	X	S., 2 T., Disco, Auto- u. Bootsverm. Mietpferde Bowling	1 Wat.

Ortsverzeichnis

In diesem Ortsverzeichnis sind die im vorliegenden Buch beschriebenen Orte, Flüsse und Gegenden aufgeführt. Soweit sie gesondert abgehandelt werden, sind sie durch Fettdruck hervorgehoben.

■
Abundu Schlucht, 104
Ahero, 115
Akeriemet, 117
Alangarna, 130
Alia Bay (Bucht), 192
Amboseli (Nationales Wildreservat), **76**, 149
Ata, 187
Athi (Ebene von), 76
Athi (Fluß), 171

■
Baragoi, 81
Baringo See, 79, 84, 117, 184
Batian (Berg), 109, 110
Big Three Caves Grotten), 100
Bird Rock (Erhebung), 130
Blue Lagoon (Lagune), 100
Bogoria (See und Nationalpark), 80, **84**
Bomas (Hüttengruppen), 172
Buffalo Springs (Reservat), 188, 189
Bumburi, 155
Bungoma, 116

■
Casuarina Point, 133
Chanya Falls (Wasserfälle), 185
Cherangani Hills (Berge), 80, 117
Chyulu (Berge), 190
Chyulu Gate, 191
Creschent Island (Insel), 174
Crocodile Point, 191

■
Diani Beach, 85
Dodori (Nationalpark von), 118

■
Eburru (Berg), 93, 175
El Barta (Ebene), 81
Eldama Ravine, 80
Eldoret, 88, 117

Elephant camp, 94
El Geyo-Gebirge, 117
Elgon (Berg und Nationalpark), **89,** 116
Elgon Caves (Höhlen), 92
El Mau, 191
Elmenteita-See, 93, 175
El Molo, 128
Emali, 191
Embakasi (Flughafen), 171
Embu, 149, 180
Endao (Fluß), 79
Endebess, 92, 116
Endoinyo Narok (Hügel), 76
Ewaso Narok (Fluß), 184

■
Faza, 187
Fergusson (Bucht), 192
Fig tree (Camp) 41
Formosa (Bucht), 134
Fourteen Falls (Wasserfälle), 189

■
Galana (Fluß), 190
Garba Tula, 94, 105, 148
Garissa, 94
Garsen, 94, **96**
Gazi, 86
Gedi, 97, 133
Gembe (Berge), 104
Général de Gaulle's Rock (Fels), 191
Gibraltar Island (Insel), 79
Gilgil, 93, 136, 175
Gura, 185
Gwasi (Berg), 102

■
Hell's Gate (Schlucht), 175
Hell's Kitchen, 96
Hidabu-Hügel, 120
Hippo Point (Gegend), 115
Hippo Point (Beobachtungshütten von), 176
Homa (Berg), 104, 115
Homa Bay, 101, 114
Hyrax Hill (prähistorische Fundstätte), 177

■
Ilkek Station, 175

Ishakani, 118
Isiolo, 105, 138
Isodwe, 96
Itare (Fluß), 113

■
Jadini (Wald), 86
Jerusalem, 186
Jipe-See, 191
Jumba la Mtwana, 97, 156

■
Kabarnet, 79, 80, 117
Kabete, 126
Kaisut (Wüste), 138
Kajado, 76
Kakamega, 106
Kampi Ya Samali, 79
Kangemi, 126
Kaniamwia (Steilhang), 102
Kapenguria, 80, 117
Kapolet (Fluß), 117
Kapsakwony, 92, 116
Karantin, 138
Karen, 183
Kargi, 138
Kariandusi (prähistorische Fundstätte), 93
Karungu, 104, 114
Karura, 185
Kasamanga, 104
Kavirondo-Bucht, 101, 113, 114
Keekorok Lodge, 141
Kenya (Berg und Nationalpark), **108,** 182, 183, 185, 189
Kericho, 112, 144
Kerio (Fluß), 79, 117
Kiganjo, 110
Kilima Mbogo, 189
Kilimandjaro (Berg), 76, 77
Kilindini (Hafen), 153
Kimilili, 92, 116
Kinangop (Berg), 185, 189
Kinondo, 86
Kipsigi (Plateau), 115
Kipsonoi (Fluß), 113
Kipteget (Fluß), 113
Kirichwa Kubwa (Fluß), 169
Kiserian (Mission), 183
Kisii, 112, 181
Kisite Marine Park (Seepark), 86
Kisumu, 101, 104, 106, 112, 114, 141, 192
Kitale, 80, 89, 92, **116,** 192
Kiunga, 118

Kiungamwina, 118
Kiwayu, 118
Kizingitini, 187
Kongo (Moschee), 86
Koobi Fora (prähistorische Fundstätte), 192
Koitoboss (Berg), 89, 92
Kulal (Vulkan), 193
Kurungu, 82

■

Laboot, 92
Laikipia (Gebirge), 84
Laisamis, 138
Lambwe (Fluß und Tal), 102
Lamu, 96, 118, **120,** 187
Lamwia (Berg), 183
Langata, 183
Lenana (Berg), 109
Likoni (Fähre), 154
Limuru, 126
Lodwar, 117, 192
Logineye, 76
Loiengalani, 81, **128**
138, 192
Lolilia (Fluß), 81
Londiani, 144
Longonot (Vulkan), 126
175
Lorogi (Plateau), 136
Losai (Reservat), 138
Losiolo (Krater), 136
Luboi, 84
Lugard's Fall (Wasserfall), 191

■

Maasai Gorge, 175
Maasai Mara, 141, 181, 184
Machakos (Berge), 76, 189
Mackinder Station (Camp), 108
Magadi, 130, 183
Mairi, 189
Makalia (Fluß), 177
Makukano, 191
Malindi, 96, 97, **132**
Mambrui, 96, 134
Manda (Insel) 125, 187
Mara (Fluß), 141
Marafa, 96
Maralal, 136, 184
Marich Paß, 80, 117
Marigat, 79, 84, 117
Marikebuni, 96
Marishioni (Walder), 144
Marmanet (Wald), 184
Marsabit (Reservat, Stadt und Berg), 105, **138,** 180
Marun (Fluß), 117

Matandoni, 125
Mau (Gebirge, Wald), **144,** 176, 181, 186
Mau (Wald), 113
Mau Narok, 181
Mau Summit, 88, 144
Mayer Farm (Ranch), **145**
Mbara, 117
M'Bita, 102
Menengai (Krater), 177
Meru, 94, 105, **148**
Met Station (Hütte), 108
Mfangano (Insel), 104
Mida Creek (Bucht), 97, 100, 133
Mirunda (Bucht), 104
Mogotio, 79, 84
Mohurini, 115
Molo, 144
Mombasa, 97, 132, **150,** 190
Mtelo (Berg), 117
Mtito Andei, 191
Mtwapa Creek, 153, 155
Mtangawanda, 187
Murka (Berg), 191
Mvindeni-Omwa, 118
Mwachema (Fluß), 85
Mwana Mtawa, 118
Mweiga, 185, 186
Mzima Springs (Kaskade), 191

■

Nairobi, 160
Naivasha, 93, **174,** 184, 186
Nakuru, 79, 93, 117, 126, 174, **176,** 184
Nandi Gebirge, 115
Nandi (Wald.), 106
Nanyuki, 94, 105, 110, **180,** 184
Narok, 141, **181**
Naro Moru, 108, 109, **181**
Nakusontelon, 160
Ndere (Insel), 114
Ndoinya Marei (Berg), 115
Ndoto-Massiv, 81
Nelion (Berg), 109, 110
Ngomeni, 96
Ngong Hills (Bergkette), 136, **183**
Ngoroa, 79
Njoro, 144
Njemps, 80
Nkudu, 149
Ntiakitiak (Fluß), 141
Nwach, 115
Nyahruru (ex-Thomson's Fall, Wasserfälle), 136, 180, **184**
Nyali, 155
Nyandarua, 93, 110, **185,** 186
Nyando (Gebirge), 106

Nyando (Fluß), 115
Nyeri, 110, 181, 185, 186
Nyiru (Berge) 82, 192

■

Observation Point, 77
Ol Doinyo Mara (Berge), 81, 192
Ol Doinyo la Sattima (Berg), 186, 189
Ol Doinyo Sabuk (Park), 189
Ol Kokwa (Insel), 79
Oloololo (Gebirge), 141
Olorgesailie, 130
Oltepesi, 130
Orango, 115
Ol Tukai, 76

■

Pate (Insel u. Stadt), **187**
Pemba Channel (Meerenge), 86

■

Ras Kitau (Strand), 125, 187
Rift Valley, 79, 88, 93, 126, 136, 144, 145, 174, 177, 181, 183
Robinson (Insel), 96, 134
Rongo, 112
Rummuruti, 136
Runyenje, 149
Rusinga (Insel), 101, 104

■

Sagana, 110
SaiwaSwamps (Nationalpark), 117
Samburu (Berge), 81
Samburu (Reservat u. Stadt), 180, 184, **188**
Sansibar (Insel), 152
Sekerr (Kette), 117
Sendeni-Uchijuu, 118
Serengetti (Park), 141
Shaba (Reservat), 148, 188
Shanga, 187
Shela, 125, 132, 187
Shetani (Vulkan), 191
Shimba Hills (Reservat), 86
Shimoni, 86
Sibiloi (Park), 192
Silversands (Strand), 132

Siracho (Kette), 84
Sirimon (Eingang), 109
Siyu, 187
Sokorte Dika (Sumpf
 von), 138
Sokorte Guda (Kratersee),
 138
Solio (Ranch), 110
Sotik, 113, 181
South Horr, 82, 192
South Island (Insel),
 193
Sud Nyanza (Gegend),
 101
Sultan Hamud, 191
Suswa (Vulkan),
 126, 175

■
Takwa, 187
Talek (Fluß), 141
Tampach (Gebirge), 88
Tana (Fluß), 94, 96,
 121, 149
Teleki (Berg), 192
Teleki (Tal), 109
Thego (Camp), 110
Thika, 94, 181, **189**
Timau (Eingang), 109
Tindernet, 88
Transnzoïa (Gegend),
 116
Tsavo (National Park),
 134, **190**
Tugen (Land), 80
Tundwa, 187
Turtle Bay, 100, 133
Turkana (See), 79, 94,
 105, 117, 128, 136,
 138, **192**

■
Uansi Gishu (Distrikt),
 88
Uaso Nyiro (Fluß),
 188, 130
Ulanula (Berg), 138
Ura Gate (Eingang),
 149

■
Viktoria See, 101,
 114

■
Wasin (Insel), 86
Watamu, 100, 133
Whale Island (Insel),
 100
Webuye, 106

*Auf dieser Giraffengruppe
scheint des Himmels Drohung zu lasten...
Am Horizont erhebt sich wie eine Mauer
die düstere Masse des bekannten Vulkans Longonot.*

Kenia in Farbe

REIHE » REISEN HEUTE « BAND 53
FOTOS : JEAN-CLAUDE CARTON
ORIGINAL-TITEL : LE KENYA AUJOURD'HUI
© 1983 JEUNE AFRIQUE. PARIS 1318/1
VERTRIEB : GEO CENTER, STUTTGART, MÜNCHEN, BERLIN
ISBN 2-85258-242-2
ISSN 0182-5143

IN DIESER REIHE BEREITS ERSCHIENEN :

ÄGYPTEN IN FARBE
AUSTRALIEN IN FARBE
AUVERGNE IN FARBE
BRASILIEN IN FARBE
BRETAGNE IN FARBE
BURGUND, DAS BEAUJOLAIS
UND LYON IN FARBE
CHINA IN FARBE
ELSASS IN FARBE
FRANZÖSISCHE ATLANTIKKÜSTE
FRANZÖSISCHE HOCHALPEN IN FARBE
UND PERIGORD IN FARBE
GABUN IN FARBE
GRIECHELAND IN FARBE
GROSSBRITANNIEN IN FARBE
HOLLAND IN FARBE
INDIEN IN FARBE
INDONESIEN IN FARBE
INSEL MAURITIUS IN FARBE
JAPAN IN FARBE
JERUSALEM IN FARBE
JUGOSLAWIEN IN FARBE
KAMERUN IN FARBE
DIE KARIBIK IN FARBE
KORSIKA IN FARBE
MAROKKO IN FARBE
MEXICO IN FARBE
MOSKAU - LENINGRAD IN FARBE
NEW YORK IN FARBE
NORMANDIE IN FARBE
PARIS IN FARBE
PORTUGAL IN FARBE
PROVENCE UND COTE D'AZUR IN FARBE
ROM UND DER VATIKAN IN FARBE
SCHWEIZ UND LIECHTENSTEIN IN FARBE
DIE SEYCHELLEN IN FARBE
SIZILIEN IN FARBE
SKANDINAVIEN IN FARBE
SPANIEN IN FARBE
SRI LANKA IN FARBE
SYRIEN IN FARBE
TOGO IN FARBE
TUNESIEN IN FARBE

Imprimé en Italie
par Tipolitografia G. Canale & C. S.p.A. - Turin
Dépôt légal 1er trimestre 1983
n° d'éditeur 1353/1 - ISBN - 2 - 85258 - 286 - 4
ISSN 0240 - 8058